浙江文叢

兩浙鹽法備考二種

〔第一册〕

〔清〕楊昌濬　廖壽豐　修

浙江古籍出版社

圖書在版編目(CIP)數據

兩浙鹽法備二種 / (清) 楊昌濬, (清)廖壽豐修
. -- 杭州 : 浙江古籍出版社, 2021.9
(浙江文叢)
ISBN 978-7-5540-2087-6

Ⅰ. ①兩… Ⅱ. ①楊… ②廖… Ⅲ. ①鹽業史—浙江
—清代 Ⅳ. ①F426.82

中國版本圖書館CIP數據核字(2021)第175312號

兩浙鹽法備考二種

(全六册)

(清)楊昌濬　(清)廖壽豐　修

出版發行　浙江古籍出版社
(杭州市體育場路347號　郵編: 310006)
網　　址　http://zjgj.zjcbcm.com
責任編輯　沈宗宇
文字編輯　祖胤蛟
封面設計　吴思璐
責任校對　吴穎胤
責任印務　樓浩凱
照　　排　浙江時代出版服務有限公司
印　　刷　浙江新華數碼印務有限公司
開　　本　710 mm × 1000 mm　1/16
印　　張　127.75
版　　次　2021年9月第1版
印　　次　2021年9月第1次印刷
書　　號　ISBN 978-7-5540-2087-6
定　　價　980.00圓(精裝)

ISBN 978-7-5540-2087-6
9 787554 020876

前言

自漢武帝推行鹽鐵專營以來，鹽法因關涉國家經濟命脈，便成爲各項事務重中之重，故鹽法之制，歷代皆極爲重視，明清尤甚，各種有關鹽法制度的專書更是層出不窮，明代有《兩淮鹽法志》《山東鹽法志》，清代有《敕修河東鹽法志》《長蘆鹽法志》《重修兩淮鹽法志》等。盧定勳《兩浙鹽法續纂備考序》：『國家東南鹽利甲天下。而鹽政之繁賾，自兩淮外推兩浙。』由於浙江海岸線綿長，灘塗衆多，極利鹽業發展，浙江歷代鹽志修纂，向稱大觀。明嘉靖年間御史劉仕賢纂修有《兩浙鹺志》，清雍正年間浙江總督李衛纂修有《兩浙鹽法志》，嘉慶年間浙江巡撫阮元和兩浙鹽政使延豐重修《兩浙鹽法志》，同治年間浙江巡撫楊昌濬又重刻《兩浙鹽法志》。明清浙江鹽法專志，可謂完備。

本社『浙江文叢』先前已影印出版嘉慶重修《兩浙鹽法志》，然而此書記事止於清代中期，此後浙江鹽法專書尚有兩種，即《兩浙鹽法續纂備考》及《續纂兩浙鹽法備考》，實爲接續《兩浙鹽法志》而作，對於研究清代中後期浙江鹽業情況具有重要價值。

《兩浙鹽法續纂備考》十二卷，時任浙江巡撫楊昌濬、兩浙鹽運使靈杰等纂修。此書編纂時，浙江的鹽業秩序剛剛遭受太平天國的破壞，浙江地方正在籌備鹽業的恢復事務，留下大量的奏案和章程，俱爲一手史料；又由於浙江有其省情，許多奏案章程圍繞省情問題展開，具有較高史料價值。全書就浙江鹽業生産狀況，分爲票運、復綱、復引、復地、私收、竈地、條案七門。門下分篇，詳盡收録相關公文奏牘。此書刊刻於同治十三年（一八七四）。

《續纂兩浙鹽法備考》十二卷，時任浙江巡撫廖壽豐、兩浙鹽運使世杰等纂修。其書爲接續《兩浙鹽法續纂備考》之作。全書分爲票運、復引、復地、帑引、綱運五門。門下分篇，體例與同治本相同。此書修纂時，時局已較同治時大爲不同，浙江又是通商開埠之前綫，和國際經濟的密切交往、鹽業的飛速變化、製造技術的日新月異、人事管理上的新問題驟增等等情形，皆反映在此書收録的奏牘章程上。此書刊刻於光緒二十五年（一八九九）。

二書基本涵蓋了清代中晚期浙江關於鹽法的重要奏牘和章程，既是研究清代浙江鹽法的第一手史料，也是研究清代浙江經濟史的重要材料。此次出版，分别據首都圖書館藏《兩浙鹽法續纂備考》（同治十三年刻本）和上海圖書館藏《續纂兩浙鹽法備考》（光緒二十五年刻本）影印，並重新編製了目録，以便查檢。另，上海圖書館藏《續纂兩浙鹽法備考》正文各卷序次處，皆爲墨釘，查其他館藏，亦均如此，大概此刻本爲初稿，卷次尚未確定，後續擬有所增訂或釐定。如卷三爲『綱運』，卷六爲『綱運一』，查内文可知卷六奏案乃在卷三奏案之前。然爲存原書樣貌，本次影印未加更易，編次一仍其舊；爲便於翻檢，於新編目録中，此書依次標明卷數，讀者鑒之。

目録

兩浙鹽法續纂備考

兩浙鹽法續纂備考

續纂鹽法備考序

古今無不變之法然其變也或棘於時勢不得不

然而久且有以復其故蓋更新者一時之權宜而

復舊者永遠之經制也顧亦非急遽廹蹙以爲之

必試之有漸行之有序然後得而徐收其效耳

國家東南鹽利甲天下而鹽政之繁賾自兩淮外推兩

浙自來鹺商認運人有定名引有定地而

國家經制之設亦年有定綱綱有定額是以防限嚴而

徵課足也浙省自遭兵燹舊商流亡引地廢弛而

私鹽所在侵灌鹺政幾不可收拾幸左恪靖伯統軍克浙即議整鹺規抽釐改票變通成法而補救之荷澤馬端敏公繼其緒行之數年著有明效旣而陞任楚督李公與今中丞楊公相繼撫浙以爲票運可權宜一時未可爲經遠計也葢票販蹤靡常人無定名則便於詭脫運無定地則便於灑賣認無定引則便於短絀如是則法窮思變而變有不可究詰又當思漸以復其初於是仿照兩淮由票整綱分別規畫宏纖畢舉而大要復引地酌

課則責商以認運責運以認額人定則名無變遷地定則岸無侵越額定則引無短銷而恤商安竈以裕滋生之源戢梟收私以塞旁灌之竇正之有界督之有官稽之有籍故法日密而課日阜其上自徽廣金衢嚴下至嘉湖及江蘇五屬既復舊綱矣而甯台溫處仍行票運以麄充課則亦地情之不得不然亦惟因勢利導而已蓋行政無一定之法可復者復之不可復者通之視乎其時與地耳而開物成務有左馬二公及李制軍營創於先有

今中丞楊公力持於後則他日全綱規復無難也夫以今日課稅所入內應京協指撥之餉外濟塘工不時之需苟非經畫得宜詎免左支右絀而十數年來規制既立度支漸充是惟有治人以成治法而非漫然徒爲補綴之謀矣按兩浙鹽法自嘉慶初年修志後迄今廢墜弗輯久矣其間時移事異更變日多而軍興以還章益屢變然由變而復曩推行盡利如今日者殆漸臻上理之時乎杰承乏鹺務贊畫其間深懼成法隳壞弗任厥職幸數

東運使前任已將前抄舊本付諸剞劂名曰山東

鹽法續增備考出是本質諸蔚生都轉及總辦局

務余古香太守閱之稱善仿其體例編輯浙江鹽

法續纂備考十二卷勳與襄局事書成例得附敘

簡端

同治十三年甲戌冬月浙江布政使司盧定勳序

續纂鹽法備考叙

同治十二年春綱鹽局重刻兩浙鹽法志已復纂輯近十年來

上諭部議奏咨章程文劄爲鹽法備考十二卷計票運一卷復綱二卷復引二卷復地一卷收私二卷竈地一卷條案三卷書成請叙於余余惟江浙鹽務自左恪靖伯暨荷澤馬端敏公合肥李公相繼整理而余以眇薄承其後又數年矣課引迄未復舊方自滋愧其將何說之辭然余承乏監司之日久

凡數公之所爲創興規復因時制宜以慮始而圖終者咸得與議於其間而目擊夫釐然利病之故與其變通調劑之方今復忝總鹺綱方曰與此邦官商綢繆拮据思所以因勢而利導之則又烏能以不言夫從來國家行政未有不順人情而爲之制者也至於官山府海理大物博非氓庶所宜擅故或鹽池弛禁古諍臣必極論之謂不如此不足以操利權而靖爭端也我

朝重熙累洽立法盡善嘉慶以前浙省鹽綱整肅私靖

官銷正雜課欵無虞短絀葢其時戸口殷繁商人富實民亦知畏死而重犯法一加釐剔則美利旋興迨道光年間海上不靖於是私鹽日盛官引日滯商力日薄始而以雜墊正繼且無雜可墊於是乎減成完課定價收私徒决藩籬無補毫末銷愈滯而餉愈絀商人積年不領綱引咸豐三年以後遂至停辦奏銷鹽綱隳壞於斯爲極十年二月賊入杭垣浙西引地次第淪没明年浙東亦陷舊商死徙殆盡既無行鹽之地又無行鹽之人孑焉殘

黎仍難淡食梟犯乘機而起肆無忌憚則益潰敗決裂不可收拾矣洎恪靖伯率師入浙始抽鹽釐迄乎平定遂創行票運既而以格於部議不得已浙東復綱浙西復引壹切仍參用票章豈故爲其難哉蓋物窮必變變然後通勢使然也今雖未能悉復舊額而頻年來殫思竭慮救弊補偏浙東漸次改觀徽廣偏隅時或疏暢浙西亦認定課額歲入鹽課尚不爲少惟是浙鹽出產最多而引地有限竈餘之私溢於內淮岸之私侵於外加以戶口

彫殘商情疲困默體寬大好生之仁則私販未能遽絕深維實事求是之義則引領未能遽增況浙西所轄蘇松常鎮太各屬地既隔省江海四達私尤充斥辦法屢變卒鮮成效靖江一地亦無裨大局則又票運綱引之俱窮而不能無歉然於懷者

幸際海內

承平閭閻復業將見生齒日繁民知向義武夫悍卒去而為農願與諸君子力圖整頓日起有功俾煮海之利上下充然有餘於以復乾隆嘉慶之舊規

不難也然則後之任浙鹾者窮源竟委不於此編重有賴哉

同治十三年甲戌十月望日撫浙使者楊昌濬序

兩浙鹽法續纂備考序

鹽筴者天下之美利也利之所在非法不行或立綱以配運或招販以行票或設卡以徵釐或就場以收稅皆鹽法之彰明較著者棄成法而妄議更張不可也泥成法而鮮知通變無當也惟在審時度勢神明於法斯推行可以盡利溯查兩浙鹺務分綱商運先課後鹽從前引課年清年欵綱運至爲完善自乾隆五十八年鹽政改由織造管理至嘉慶末年商捐之欵遞年加增引課積壓愈重迨

道光元年鹽政仍復巡撫兼管維時撫浙者黃梅帥公截清積引大減浮費整理數綱每年徵完正帶各欵八九十萬至一百六十餘萬不等引銷課裕商力亦紓僉謂帥公清風亮節德業垂昭卽此整頓鹺綱之一端治績爲不可沒矣厥後海氛不靖私販乘間肆起官引因之滯銷奏銷以雜墊正甚至無雜可墊綱務疲敝幾於無可挽救二十九年江陰季制軍奉

命查辦浙江鹽務勳備員隨帶半途丁母憂旋里如何

查辦清釐未悉底蘊未幾粵匪下竄竊據金陵兩浙引岸漸次被擾銷滯商逃奏銷至於停辦疲敝無可措手迨曾文正公籌計浙鹽有餘艱於無地可售借浙引鹽運銷江右歸補浙課贏餘藉以濟軍名曰餉鹽亦爲一時補苴艮策及杭城失陷全局渙散不可收拾矣歲甲子左相國督師入浙規復杭城全省次第肅清始而抽釐濟餉繼而招販行票舊商漸歸復立綱運規模一振馬端敏公及今合肥李制軍踵而行之條理漸加邃密石泉中

丞繼秉鹾政數年來大加整飭正課如額雜欵亦充蒸蒸然漸復舊制夫鹽法有用而不竭之利無久而不變之理承平以前商運雖疲補救尚易爲力兵燹以後全綱盡壞創辦倍難見功此非審時度勢神明於法烏得推行以盡利耶癸酉春蔚生都轉重刊兩浙鹽法舊志既成思將兩浙平定後鹽法各案蒐輯成帙以資考訂商詢於勳因憶昔年隨同朱文端公查辦山東鹽務調查運署案卷見其抄錄數帙分類紀載甚晰同治四年承乏山

年來秉承有自少免愆尤因思先後整綱規條縷晰凡諸大府之謀謨內部外省之商榷同官各執事之建議法綦詳焉不有纂輯恐無以資考鏡爰分類編集成新案十二卷備他日修志之採上諸中丞乞鑒定而敘之杰不敏忝附名簡末而竊用原始以要終因誦詩曰不愆不忘率由舊章蓋鑒於成憲而罔有失也儻由今而漸推漸復以還承平鹺綱一切之制則且願樂贊其成焉

同治十三年甲戌十一月朔日兩浙鹽運使司靈

杰謹序

續纂職名

總纂

兵部侍郎兼都察院右副都御史浙江巡撫兼管鹽政楊昌濬

浙江承宣布政使司布政使盧定勳

兩浙江南等處都轉鹽運使司鹽運使宗室靈杰

提調

三品銜補用道前署浙江杭州府知府余本愚

編輯

兩浙杭甯紹温台鹽運分司運副李綸全

兩浙嘉松鹽運分司運判黃學良

兩浙候補鹽運司運副龔泰尌

兩浙候補鹽運司運副高尚縉

兩浙候補鹽運司運判鳳藻

兩浙候補鹽運司經歷陸沅

兩浙仁和場鹽課大使費兆銓

兩浙候補鹽課大使劉昺南

兩浙候補鹽課大使余純榮

兩浙候補鹽課大使宗得福

兩浙候補鹽課大使錢元涪

兩浙候補批驗所大使費巍成

兩浙候補鹽課大使薛寶田

兩浙鹽法續纂備考目錄

兩浙鹽法續纂備考卷一

票運

舊制引自部頒鹽憑引運額銷正引之外兼銷餘引所以備廣產溢銷以便商運也至如杭屬之仁和錢塘海甯餘杭嘉屬之石門海鹽平湖甯屬之鄞縣慈谿奉化鎮海象山紹屬之山陰會稽蕭山餘姚上虞嵊縣新昌皆分銷票引即肩住商鹽是也溯自咸豐庚申迄同治癸亥兩浙引地爲賊蹂躪殘徧商民星散竈戶流亡幾至不可收拾迨甲

子之春大軍進克省城嘉湖先後規復全省肅清間有舊商避寇來歸家室蕩然勢難責令照例領運因別籌補救之法於向銷有往之地仍按舊制責令各商認包額課其杭紹嘉松四所正引各地一律試行票運不分新舊各商但有納帑到庫即准給票認運庶幾兩浙引地不致廢弛而各場商竈可無漏私之虞矣纂票運

同治三年兩浙鹽運使爲詳請試行票運以裕餉課事竊兩浙鹽引年額應銷正票引目八十萬五千三百九十七道餘引十五萬道每年額徵正餘引課三十二萬數千兩有奇向有商人認數領運先課後鹽按綱造報奏銷因歷來行銷未能足額以內外雜款墊報全完道光年間岸情雖極疲滯通綱牵算尚能銷至五六成不等自咸豐三年金陵失陷淮海私鹽乘機侵灌杭嘉松三所銷數驟減甚有片引不銷之地所恃紹所各地尚能暢旺

加以辦理西鹽融銷淮界勉力措拄尙不至驟然廢墮至咸豐十年以後安徽之徽州府廣德州暨江蘇之蘇常松太各府州以次不守繼而浙省告陷所屬郡縣亦幾無完土官商星散竈戶逃亡數年來直不知官鹽爲何物奸民投隙而入公然以販私爲恒業其時以徧地賊蹤遂亦不能計慮及此自浙東各郡克復議令紹興設局試辦票鹽而所銷僅止一隅銷數仍未能暢足秖能爲得寸則寸之計本年二月間大軍進克省城嘉湖先後規

復全省肅清居民已漸次復業亟宜實力整頓以冀改復舊觀本司於四月間奉委兼署運使篆務目覩凋殘力圖蘇復無如文牘既全行燬失商竈又大半凋零間有一二舊商赴司晉謁亦皆避寇甫歸室家蕩洗勢難責令營運是現在浙江之鹽務不但求往日之暢銷不可得即欲如咸豐八九年之情形亦勢有不能夫天下無數百年不敝之法亦無窮極不變之理與其仍積疲之後相率因循不如乘更始之時別籌補救本司愚昧之見惟

有改行票運之一法擬請杭紹嘉松四所一律試改票鹽無論舊商新商但能納貲到庫即給票認地行運各府設立府局稽查銷數所收課銀全數提作正課解充軍餉內外雜課全行停支其萬不能不放之欵隨時稟請作正開銷以同治四年正月爲始試辦一年如果行之有效即詳請奏定永遠遵行現在甫經試辦各所情形不同所收票課多寡懸殊且有應分解江釐之欵勢難一律辦理雖皆由各局稟奉核定恐尚有隨時應行變通之

處一經奏定章程勢難更易應俟試辦數月後畫一釐定再行詳請具奏至鹽法首重緝私無論商運票運皆不能置之不議應如何籌欵設巡容移會各局從長議辦其票運不行之地或由官運或議招商隨時察看情形核實詳辦總之創辦之始惟認眞緝私以疏票引痛革浮費以抒商困核減賣價以敵鄰私嚴查煎數以杜影射舍此四者别無良策本司愚昧無知鹺綱謬領惟有秉承指示勉竭愚忱以期挽回於萬一所有議請試辦票運

大略情形理合詳候鑒核先行具奏并請咨明戶
部將應頒額引暫緩飭發庶辦理不致兩歧更有
請者浙鹽試行票運甫經議改將來能否暢旺毫
無把握且鹽爲計口授食之需各屬人戶流亡過
半勢不能兼人而食即實力整飭恐仍不能足額
部中成法具在設使按圖索驥則自運司以迄府
廳州縣各有督銷經銷處分在本司固責無旁貸
而該守令等既無引商可以督責票商又來往靡
常若按額考成未免向隅應請咨明吏戶二部查

考凡行票州縣暫免計考如果該守令等有意隳
銷本司當隨時詳請參劾果能溢銷原額仍隨時
據實保奬以示激勸為此具詳
計開
一杭嘉引地向來疲滯不能如紹所之暢旺且地
方被擾過甚若不稍示體恤不足以廣招徠現
議季鹽每引收繳正雜課銀二兩四錢不再抽
收釐捐以歸劃一
一紹所定章以五十引起票杭嘉甫經試辦議改

以三十引爲起票以期易於周轉

一杭嘉二所季鹽向以三百七十五觔爲一引現當私鹽充斥之際應酌加滷耗俾成本不致加重現擬關內各地每引准加滷耗二十五觔合成四百觔關外各地每引准加滷耗四十五觔合成四百二十觔分捆兩包不再別加包索正耗之外如掣有重觔卽照章議罰并將監捆之場員撤參

一紹所票鹽課釐議令買票時先繳一半其餘一

半到地銷售由局收繳杭嘉現議引課較輕且定以三十引起票商人易於轉運議令全數清繳再行給票以歸簡捷

一肩鹽章程向以八百觔成引按日挑銷現已飭場招集肩販製備木籌詳院請烙仍照章刊刷代引印單按引塡銷每觔抽收課釐錢二文赴司領單時先繳一半其餘赴場捆配時再行繳足由場按半月彙解一次准酌量開銷解費不准再向商販索取分文以免藉口

一向來配商各有認銷引數此時議改票運無論新商舊商但經繳足課銀卽准給票行運以納課之先後爲捆掣之次序不准紊亂攙壓以昭公允

一票鹽行運到地查明到岸日期挨次輪銷及賣價長落按日牌示有府局者由各府局經理無府局者由所在釐局經理俟何處銷數暢旺再於何處設立鹽局至嘉所應銷江蘇引地應如何委員設局之處再行議詳另劄飭遵

一票商赴司繳清課銀認明配銷何地卽給票赴捆一面將商名引數劄知場官并刋刷護照先期塡明劄發掣所存儲該商將所執印票呈由場官驗明給捆後卽將該商所執之票蓋印截角仍給商收執限令開運至掣所驗明鹽票相符換給護照至認銷州縣呈局驗明挨銷賣竣繳局截角彙送仍由司按月造具商名引數及所收課銀清冊送院備查

一紹所議收照費季鹽每引八十文住鹽每引四

十文肩鹽每引八文杭嘉二所現議季鹽照費每引六十文住鹽照費每引三十文肩鹽不收照費以示體恤

一領帖開設鹽行向應繳捐銀一千兩方准開張杭嘉二所引地凋敝勢難一律照辦應由各該府察看情形分別上中下等則飭於城鄉開設分銷官店上則捐銀一百兩中則捐銀七十兩下則捐銀五十兩由司給示代𥳑仍申報鹽院查考

一向來掣鹽由運司按季親臨監掣現在改行票運自應隨到隨掣以免稽延、杭所票鹽飭令杭所批驗所大使移駐海甯州所轄之長安壩地方掣驗嘉所票鹽飭令嘉興批驗所大使移駐海鹽縣所轄之璵城地方掣驗其餘經過地方若按段設卡稽查徒多浮費應由各釐卡委員查驗護照引數相符卽刻放行仍將某商運鹽若干係某日過卡按旬申報查考

一暢銷引地票商輻輳若偏僻地方票運不行日

久遂成廢地且私販充斥更復漫無稽考應由各該縣出示招集本地殷商赴司承運以免懸廢并查明各地城鄉現開醬坊共有幾處造具缸口清册申送以憑稽核銷數如敢銷售私鹽照例究辦

一河莊沙鹽向有杭所商人收買運往湖州廣德州各地搭銷近因無商收買遂致私運北渡由海甯州屬之華家衖一帶過塘浸入殊與商銷大有關礙現在黨山沙鹽已由紹局收買按成

搭配所有河莊沙鹽如有殷商情願收買者准其呈明給諭收買一體挼成搭銷仍劄飭海甯州營兵捕實力巡拏照章充賞

同治三年十月兼署浙江巡撫鹽政臣左宗棠奏

爲兩浙商鹽議請試行票運以資整頓而裕課餉

恭摺仰祈

聖鑒事竊照兩浙年額應銷正票引目八十萬五千三百九十七道餘引十五萬道每年額徵正餘引課三十二萬數千兩有奇向由商人認數領運先課後鹽按綱造報奏銷因歷來行銷未能足額每以內外雜欵墊報全完道光年間岸情雖極疲滯通綱牽算尚能銷至五六成不等自咸豐三年金陵

失陷淮海私鹽乘機侵灌杭嘉松三所銷數驟減甚至片引不銷所恃紹所引地稍暢加以辦理西鹽融銷淮界勉力揩拄尚不至全行廢墮至咸豐十年以後安徽之徽州府廣德州暨江蘇之蘇松常太各府州以次不守繼而浙省告陷所屬郡縣殘無完土官商星散竈戶逃亡奸民投隙而入公然以販私爲恒業其時徧地賊蹤無人過問自浙東郡縣先後克復以來始飭紹興設局暫時試辦票鹽然所銷僅止一隅爲數無幾本年二月間大

軍進克省城嘉湖相繼規復刻下全省肅清居民漸次復業亟宜實力整頓以冀改復舊規無如案牘既全行燬失商竈又大半凋零間有一二舊商亦皆避寇甫歸赤貧如洗勢難責令照舊運銷是現在兩浙鹽務不但求往日之暢銷不可得即欲如咸豐八九年之情形亦勢有不能與其仍積疲之後相率因循不若乘更始之時別籌補救擬請杭嘉紹松四所一律試改票鹽無論舊商新商但能納貲到庫即給票認地行運並於各府設立府

局稽查銷數所收課銀全數提作正課解充軍餉
內外雜課概行停支其萬不能不放之欵隨時酌
核支給作正開銷惟改引爲票未能限以定額能
否暢旺尚無把握應以同治四年正月爲始試辦
一年如果行之有效再行奏請遵行現在甫經試
辦各所情形不同所收票課多寡懸殊且有應行
分解江省釐欵勢難一律尚須隨時更改應俟試
辦數月後畫一釐定另行奏定章程至票運不行
之地或由官運或議招商應即察看情形核實辦

理總之創辦之始首重緝私以疏票引痛革浮費以抒商困核減賣價以敵鄰私嚴查煎數以杜影射舍此四者別無良策據兼署鹽運使蘇式敬詳請先行具奏前來臣查兩浙鹽務自遭兵燹商竈流離各口岸銷數疲憊已極若不暫議變通辦理必致無可挽救合無仰乞

恩施俯准將杭嘉紹松四所一律改行票運如果試辦有效再行酌定具奏請

旨遵行除咨明吏戸二部將應頒額引暫緩飭發并請

將運司以至府廳州縣督銷經銷處分暫免核計
考成外合將試辦票運大畧情形恭摺具奏十月
三十日議政王軍機大臣奉
旨戶部議奏欽此

同治四年戸部　爲遵

旨議奏事閩浙總督兼署浙江巡撫左宗棠奏兩浙商

鹽議請試行票運一摺同治三年十月三十日議

政王軍機大臣奉

旨戸部議奏欽此欽遵於十一月初二日由内閣抄出

到部據原奏内稱兩浙年額應銷正票引目八十

萬五千三百九十七道餘引十五萬道每年額徵

正餘引課三十二萬數千兩有奇向有商人認數

領運先課後鹽按綱造報奏銷至咸豐十年以後

浙江告陷所屬郡縣幾無完土官商星散竈戶逃亡奸民投隙而入公然以販私爲恒業其時徧地賊蹤無人過問自浙東郡縣先後克復始飭紹興設局暫時試辦票鹽刻下全省肅清亟宜實力整頓無如案牘既全行燬失竈戶亦大半凋零間有一二舊商亦皆避寇甫歸赤貧如洗勢難責令照舊運銷擬請杭嘉松紹四所一律試改票鹽無論舊商新商但能納貲到庫即給票認地行運並於各府設立府局稽查銷數所收課銀全數提作正

課解充軍餉內外雜課一概停收其不能不放之
欵隨時酌核支給以同治四年正月爲始試辦一
年如果行之有效再行奏請遵行現在甫經試辦
各所情形所收票課多寡懸殊且有應行分解江
省釐欵勢難一律尚須隨時更改應俟試辦數月
後另行奏定章程至票運不行之地或由官運或
議招商卽察看情形核實辦理除咨明吏戶二部
將應須額引暫緩飭發並請將運司以及府廳州
縣督銷經銷處分暫免核計考成外合將試辦票

運大畧情形具奏前來臣等伏查上年七月臣部以浙東軍務蕩平行令招商運鹽以濟民食而裕課項等因行知在案茲據左宗棠奏刻日全浙肅清亟宜整頓無如商竈凋零間有一二舊商亦皆赤貧如洗勢難照舊運銷擬請杭紹嘉松四所改行票鹽並以同治四年正月爲始試辦一年如果有效再行奏請遵行等語臣等查兩浙鹽務向由引商認運先課後鹽奏銷年清年欵立法甚善間有肩挑小販領票行銷皆在場竈相近地方零星

發販爲數無多易於稽核此外從無行票之議現在若將引鹽統改票鹽非但督銷徵課無從核計考成卽各販戶領票之後隨處灑賣充斥鄰省引地此爭彼奪擾亂鹺綱實非正辦惟據奏稱商竈凋零間有一二舊商亦貧如洗勢難照舊運銷尚係實在情形但恐旣准行票一年之後遂復狃於便安致令全浙引鹽從此渙散且恐隨處充斥有礙鄰省額引關係大局不可不預防其弊抑或倣照兩廣山東等省由商領運由官督銷成案試令

浙省各州縣及向銷浙鹽之松江廣信等府屬各歸各境或官運或民運或招商或招販聽其由本地自行分銷不准充斥鄰境且就各州縣戶口之盈虛分別引目之多寡由各該州縣赴運司衙門請領每次酌給幾成定限幾個月銷完交課之後再准續領不准絲毫拖欠一年之後將某縣暢銷某縣滯銷再行酌量更正並即嚴定考成倘有隱銷短課情事即將各該州縣照地丁錢糧例嚴參惟各州縣賢否不齊倘有藉行鹽之名按戶苛派

貽累民間及任聽胥差衙役需索商販不特無裨
鹺綱而商民受累不淺種種情形臣部無從懸斷
究竟是否可行應請
旨飭下閩浙總督兼署浙江巡撫左宗棠妥爲籌議奏
明核辦如實係改歸地方或多窒礙應令仍歸引
課以符定章至稱所收課銀全數解充軍餉等因
查浙省軍務雖平尚有善後事宜及分解江省釐
欵應准將課銀暫充軍餉一俟徵收較旺即應分
別截留聽候部撥所有臣等核議緣由理合恭摺

具奏本日議政王軍機大臣奉

旨依議欽此

同治五年兩浙運使牙釐省局爲浙省鹽務試辦
票運一年期滿查明銷數情形詳請奏咨事竊照
兩浙鹽務同治三年十月間前兼署撫鹽院左將
杭紹嘉松四所引鹽奏明改行票運課釐並收悉
充軍餉并請先行試辦一年等因旋於四年三月
間接奉部議以兩浙鹽務引商認運先課後鹽奏
銷年清年欵間有肩挑小販皆在場竈相近地方
爲數無多此外從無行票之議若統改票鹽非但
督銷徵課無從核計考成販戶隨處灑買充斥鄰

省撓亂鹽綱實非正辦惟商竈凋零勢難照舊運銷尚係實情但恐一年之後狃於便安全浙引鹽渙散充斥鄰省不可不防抑或仿照兩廣山東由商領運由官督銷試令各州縣各歸各境或官運或民運或招商或招販且就各州縣戶口之盈虛分別引目之多寡赴司請領每次酌給幾成限幾個月銷完交課續領不准拖欠一年之後酌量暢滯嚴定考成墮銷短課照地丁錢糧例嚴參至所收課銀全數解充軍餉浙省尚有善後事宜及分

解江省釐欵應准將課銀暫充軍餉一俟徵收較旺分别截留聽撥等因當奉到部文已在四年三月其時票運業經舉行而廣東山東章程未奉部發不能改辦本正任運司當即詳請就近咨抄俟抄到後再行籌議嗣於七八月間先後奉准覆咨轉發廣東鹽務省河合局章程山東官運商運暨除弊緝私章程下司當查山東一案係因東省鹽務先鹽後課致有懸欠而各州縣中間有商多絫革引多懸宕之處是以改爲先課後鹽並將無商

之地改歸官運廣東一案係因私充引滯埠商拖欠課銀故設法調劑厚集鹽本銀一百餘萬兩省河合局改埠歸綱查兩省改辦皆時値承平非若浙省現當兵燹之餘各引地俱屬無商配運且萬不能厚集資本至百餘萬之多似難援辦而接到章程時浙省票運業已行運八月有餘自應照原奏試辦一年期滿查明有無起色再行詳請奏咨至東省官運之法浙省改票後本屬兼行惟地方殘破秖能酌數運銷不能仍照舊額茲自四年正

月至十二月杪止業已一年期滿除抵充軍餉之
課釐銀兩不由運庫收支應由局歸軍需案內報
銷外所有局收課釐即屬商鹽正雜各欵仍應由
運司隨時查明銷收情形以憑據實具詳故自上
年試辦之初即飭各局將所收錢數按月造報一
面移會牙釐總局彙齊開送茲準移到四年分一
年收數有錢一百一萬七千五百二十四千八百
七十六文內扣除江蘇釐錢及局用巡費實收計
秖十之七八伏查浙省鹽務從前歷辦案卷被燬

無存正票引勅正雜科則皆難稽考本正任運司搜羅尋訪僅得道光二十五年乙巳綱科則抄本復檢查戶部則例及鹽法志暨節次詳請咨部發抄之奏銷交代各舊册開載浙江省杭紹嘉松温台六所正引七十萬四千六百九十九道內杭嘉紹三所正引共六十二萬二千七十五道七分五釐每引皆徵正課銀三錢九分有零松所每引徵正課銀四錢二釐有零二錢八分有零二錢五分有零不等温所八千四百七十一引每引皆徵正

課銀一錢九分有零台所一萬一千五百十九引二分五釐每引皆徵正課銀二錢七分有零又續添靖江包課改運正引三千道每引徵正課銀二錢六分有零又杭嘉甯紹行銷票引一十萬六百九十八道每引徵正課銀一錢九分有零又餘引十五萬道係各所商人酌量地情添配各照各地完課並無一定而紹所銷數較多又查雜欵科則向來隨時增減杭紹嘉松四所每引約自六七錢至二兩四五錢不等各按地情分別重輕亦惟紹

所最重溫台二所每引僅二分有零票引住鹽亦二分有零肩鹽則一分有零而嘉秀善桐四縣票引則並同正引附掣嘉所故雜款亦同正引其各所之引地紹嘉松三所專配之處居多惟杭所引地則與紹嘉兩所錯雜並銷而此外甯波府屬之定海廳太倉州屬之崇明縣則皆計丁包課不運商鹽共計每年商課正銀三十二萬五千二十兩七錢九釐合之縣場水鄉竈課額銀十一萬五千三百八十三兩三錢五分七釐共銀四十四萬四

百四兩六分六釐又查雜欵銀兩欵目繁多公息銀二十餘萬兩係發商生息修築海塘外銷報部之欵又公費銀十七萬餘兩係屬解部充餉及銅觔腳價暨外銷養廉等欵又河餉參價引費雜費等銀皆屬分別內銷外銷之欵數有二十餘萬兩至商捐商用各地巡緝經費以及一切善舉公用之欵名目甚多銀數更屬不少或動以萬計或僅有千百統而計之亦有四五十萬兩雜欵之數實數倍於正欵現在册卷蕩然秖就鹽法志及乙巳

綱科則計之然乙巳歷年已久且係輾轉傳抄之冊不足爲憑故未能按欵實計大抵雜欵銀數總在一百萬兩以外此從前鹽務引觔之原案以及正雜課欵之章程也至浙省鹽務嘉慶以前鹽綱整頓私靖官銷正雜課欵自不至於短絀迨後私鹽漸盛官引滯銷正課有虧則以雜墊正而年復一年正愈虧而雜愈墊不特商捐商用之巡費等欵不能以時請領甚至待修待築之海塘公息銀兩解部解各衙門之充餉充公欵項悉皆入墊不

給不解而私鹽日益充斥官引日益滯銷始而以雜整正漸至無雜可整於是又減成收課而課款愈絀銷鹽愈滯綱引積年不領咸豐三年以後遂至停辦奏銷此又咸豐十年以前近二三十年間浙省鹽務情形人所共知者也十年二月省城失守雖數日即復而四月間蘇省旋失嘉興繼陷浙省亦一再被圍杭嘉松三所引地已爲賊蹤出沒之區迨十一年衢防告警金嚴不守之後省城與甯紹等府盡陷於賊商人靡不遭難既無可以行

鹽之地又無可以行鹽之人而各屬殘黎遺孑淡食爲難凡愍不畏死之徒乘機私販無人禁止從此鹽務潰敗決裂不可收拾矣同治元年以來浙東各府屬逐漸規復而私販充斥不得已就鹽抽釐二年以後又在紹興招辦票鹽三年省城克復全省肅清而引商類多死亡或甚貧乏無可招徠時當更始自應別籌補救是以前鹽院左奏請將杭紹嘉松四所一律改行票運抵充軍餉設局收支在案此又咸豐十年以後同治四年以前之浙

省情形也又查四年十月以後杭紹嘉松各所試行票鹽章程係分浙東浙西本省之嘉湖二屬及江省之蘇松常鎮太五屬安省之廣德州一屬爲浙西專派道員在上海設立總局督辦運銷巡緝事宜各府皆分設府局其本省之金衢嚴三屬安省之徽州一屬江西之廣信一屬爲浙東亦專派道府大員在紹興設立總局督辦配鹽收課事宜各府亦皆分設府局而杭所則在省城另行設局委員辦理所有票運鹽觔係每票五十引每引觔

數仍照例定之杭嘉所三百七十五觔紹所三百五十五觔松所四百觔其行運浙西之杭所先係每引抽收正雜課銀二兩四錢嗣與嘉松二所並改每觔抽收課釐錢八文而引地之隸江蘇者江浙各分各半其行運浙東之杭所紹所皆抽收課釐錢十二文而場鹽之外尙有岱鹽一項出於定海廳所屬海中定岱各山嶴該處產滷甚旺以板淋滷曝曬成鹽夏秋更多惟陰雨無出小民因不用鍋煎等於無本營生遂爭事曬鹽私販商鹽停

運之後岱鹽遂徧充內地而沿海之蘇松太各引地爲尤甚其人旣悍且多驟難堵絕不得不行化私爲官之法收課銷鹽現在上海縣吳淞口設局查照杭嘉二所引觔之數分別捆配運銷嘉松各引地每觔抽收課釐錢十文內亦江浙各半又蕭山所屬之河莊私鹽山陰所屬之黨山私鹽從前本有收私之案現仍設局分收准行各所照完課釐其運鹽完課之法杭紹嘉松四所正引及嘉秀善桐票引商人赴局領票先完一半課釐赴場捆

配候掣給護起運投各府鹽局起棧發行由局定
價督飭鹽行分發各店挨次輪銷完繳後半課釐
並酌減鹽行之棧費其杭紹嘉松各所正引各地
無商行運之處則令州縣領鹽運銷先鹽後課至
杭嘉紹三所之杭嘉甯紹各屬票引肩住商販仍
照同治元年以來原辦之案改抽釐課杭甯嘉肩
販及就場抽收之課每觔三文紹屬肩販每觔四
文住商每觔六文緣從前開辦之時並未查明正
引票引輕重課之大有區別秖就地情能收之數

參以正引正雜課銀舊章酌量收取是以多寡不等又温台二所之温台處各屬引地温台地本産鹽處州叢山峻嶺商運難行亦查照元年以來原案設局抽釐其有商民領帖開設鹽行之處卽責令鹽行收繳釐課每觔三文五文八文十文不等又處屬山僻地方鹽販難到之處則委員運鹽往銷收取餘息此皆四年分杭紹嘉松温台六所鹽務正引票引暫行之新章也至各所巡緝事宜除甯紹温台處地方本有台州留防兵勇就近彈壓

並原設鹽捕汛兵照常巡緝外其杭紹嘉松四所各引地皆屬正引重課地方巡緝更宜嚴密是以嘉湖及蘇省各屬内地另派礮船委員帶領會同營汛各路嚴緝上海則添雇火輪船飛駛各口處處攔截杭嚴金衢一帶地方沿江分段委員設卡並於舊商中遴選熟習鹽務之人督同巡役會同營汛駕駛巡船上下緝拿至所需經費本於課釐每文之外飭商捐繳一毫以爲巡緝辦公之用嗣因巡費不敷甚鉅而從前此項巡費本屬開支雜

欵今課釐並收雜欵亦在其內應即就數開支此又四年分各所辦理巡緝之情形也復查浙鹽原額引數不計餘引每年亦應銷正票共引八十萬五千三百九十七道今統計四年分一年奏改票運之杭紹嘉松四所收數課釐併計合有三十萬九千餘引雖溫台二所數有溢銷而絀溢牽算尚絀銷四十九萬六千餘引之多惟以實收錢數合銀較之咸豐年間收數所短尚屬無多此又四年分行銷票運與原額比較之實數也本司復綜計

兩浙江蘇安徽江西四省各屬行鹽引地現在時勢之民數地情官鹽私販與從前原案引商章程及此時改辦票運情形悉心查核以民數論凡浙鹽引地除崇明一縣外無不經賊匪竄擾即間有城池未淪陷者亦俱被兵但輕重不同江省則江北較輕江南較重而蘇松常鎮太各屬鄉間今尚有人烟斷絕之處浙省則浙東較輕浙西較重而杭嘉湖金嚴各屬城鄉戶口今尚有不及萬人或僅萬餘人者江西之廣信安徽之徽州廣德皆被

賊蹂躪不堪各屬戶口所存無幾而浙鹽杭紹嘉松之七十萬有零重課正引皆在此兵災最重地方食鹽之人今少於昔計丁合引卽遵照部飭就各州縣戶口之盈虛分別引目之多寡恐食鹽民數不及原額之半以地情論除甯紹温台處正引肩住票引不計外衢州廣信徽州三屬離本省場竈及產私之地最遠金華廣德次之嚴州湖州又次之其嘉興蘇州松江太倉地皆沿海卽有離海稍遠與沿海而不設場竈之處亦相離甚近曩時

最遠之處私鹽難到巡緝尚易次遠之處亦秖須認眞辦巡惟離場竈甚近之處辦巡較難而蘇松太各屬遠在隔省呼應不靈辦巡尤難至常鎮二屬離浙省場竈較遠而與淮鹽之場竈相近易於侵越然長江天塹秖須重犒京口協沿江要口兵丁與靖江縣兵役嚴行巡緝卽難飛渡不若蘇松太海口綿長數百里處處可通卽重犒汛兵亦難堵截故常鎮滯銷之時一經整頓嚴巡無不暢銷然此皆咸豐以前之地情非所論於今日蓋自賊

匪肆擾官運不行無論場竈遠近概販私鹽不特蘇松太沿海各屬在在充斥卽內地無不侵銷故巡緝之地情難者更難易者亦甚不易以官鹽論杭紹嘉松各場竈無不沿海僻處雖經賊擾受害尚輕一自肅清人多復業卽不盡如從前之旺產然亦短絀無多每年仍有五六十萬引足敷四所原額配鹽未可令其停煎失所以私鹽論除向有淮私現以大江爲界彼此嚴巡可絕不計外岱鹽久爲大宗賊擾之後曬板日多銜銷日廣又增以

近年新添之餘姚曬鹽每年亦共有五六十萬引雖屬莠民亦關衣食斷不能立時禁絕夫整頓鹽綱自應行銷足額正雜全完今不異昔無如州縣之民數今半於昔官私之鹽數今倍於昔又加以地情之萬難辦理欲求復舊其勢甚難又查浙省鹽務舊章引商認運先課後鹽誠如部飭年清年欵辦法最爲妥善惟以雜墊正之後年年虛報全完各州縣督銷考成即片引不銷者亦以全完虛報名實不符漸至停辦奏銷鹽務廢弛此固奉行

之不善原非立法之不臧此後如照舊章辦理尚
可從實奏銷以絕流弊無如此時州縣凋殘民數
僅能及半即遵例計丁合引就數減删而場鹽之
數已倍於民食私鹽之數又倍於場鹽實在能銷
之數不過四分之一且此時汛兵鹽捕之外加以
委調添雇之文武員弁輪船礮船嚴密巡緝督押
票商僅能銷三十萬有零之引鹽若驟令舊商行
運恐難得力況舊商遭難者多招徠復業即有舊
商與其子弟擇私少能銷之地出而認充凡私多

難辦之區必皆避匿不來事多掣肘難行課欵更無把握況一載以來所收課釐二欵合之引數固屬無多而以錢合銀就時價一五計之究有六十餘萬兩抵作正課之外尚有雜欵銀三十餘萬兩現雖全充軍餉嗣後軍餉一停則課欵仍歸有着本司等竊以爲杭紹嘉松四所鹽務與其驟復舊章此後之額徵難必何如暫行票運上年之收數可稽仍俟數年之後巡緝如能得力私鹽日少而各州縣休養生息民數日多然後清查場竈及產

私之區裁併有場無鹽之缺添設有鹽無場之員
核明各場產鹽之多少酌定各屬民食之盈虧減
引定額查照舊章而損益之所有雜欵課銀亦應
大加刪減以恤商民益
國家賦稅取之於民者自有常經此時並收釐課較
之例徵之額加多當此軍餉緊廹之時原屬萬不
得已之舉將來定案之時自應核刪現暫毋庸更
議惟各處地情有因時暢滯之處仍應留心察看
量爲增減至温台二所正引溢銷之故温台所從

前原額本有四萬餘引載在鹽法志嗣以私充銷滯改歸別所故引少課輕而咸豐十年以前尚不能行銷足額現在按舫抽釐鹽非外來人皆土著而該處被擾亦輕鹽不加多民不加少是以溢銷然地皆沿海民風剛勁而向例課輕引少此後亦應隨時量減以順輿情凡此皆本司溯查之今昔實在情形然愚昧之見恐難得當所有浙省杭紹嘉松温台六所鹽務究應如何辦理之處理合縷晰詳請察核奏咨實爲公便再此時各所各引地

如有殷實商人情願認包完運引數多於行銷票運之數者現已准令認包先課後鹽以期漸復引商舊規但不能擇私少能銷之地先行佔認以致私多難辦之區永遠無人承認又崧太一帶地方現暫試行官運鹽勸紳民領銷之法如能行銷有效似可推行廣遠爲此會銜具詳仰祈察核具奏

同治五年八月浙江巡撫鹽政臣馬新貽奏爲浙
省鹽務試辦票運一年期滿查明銷數情形恭摺
奏祈
聖鑒事竊照兩浙鹽務前於同治三年十月間經前兼
署撫臣左宗棠將杭紹嘉松四所引鹽奏明改行
票運課釐並收悉充軍餉并請先行試辦一年旋
於四年三月間接准部議以兩浙鹽務引商認運
先課後鹽奏銷年清年欵間有肩挑小販皆在場
竈相近地方爲數無多此外從無行票之議若統

改票鹽非但督銷徵課無從核計考成販戶隨處灑賣充斥鄰省撓亂鹺綱實非正辦惟商竈凋零勢難照舊運銷尚係實情但恐一年之後狃於便安全浙引鹽渙散充斥鄰省不可不防抑或倣照兩廣山東由商領運由官督銷試令各州縣各歸各境或官運或民運或招商或招販且就各州縣戶口之盈虛分別引目之多寡赴司請領每次酌給幾成限幾個月銷完交課續領不准拖欠一年之後酌量暢滯嚴定考成墮銷短課照地丁錢糧

例嚴參至所收課銀全數解充軍餉浙省尚有善
後事宜及分辦江省鹽欵應准將課銀暫充軍餉
一俟徵收較旺分別截留聽撥等因具奏奉
旨依議欽此欽遵行文到臣當以奉到部文已在四年
三月其時票運業經舉行而廣東山東章程未奉
部發不能改辦經正任運使高卿培詳由臣就近
咨抄嗣於上年七八月間先後接准咨覆廣東鹽
務省河合局章程山東官運商運暨除弊緝私章
程當查山東一案係因東省鹽務先鹽後課致有

懸欠而各州縣中間有商多參革引多懸宕之處是以改爲先課後鹽並將無商之地改歸官運廣東一案係因私充引滯埠商拖欠課銀故設法調劑厚集鹽本銀一百餘萬兩省河合局改埠歸綱查兩省改辦皆時値承平非若浙省現當兵燹之餘各引地俱屬無商配運且萬不能厚集資本至百餘萬兩之多似難援辦而接到章程時浙省票鹽業已行運八月有餘自應照原奏試辦一年期滿查明有無起色再行詳請奏咨至東省官運之

法浙省改票後本屬兼行惟地方殘破秪能酌數
運銷不能仍照舊額茲自四年正月至十二月杪
止業已一年期滿所有局收抵充軍餉之課釐銀
兩雖不由運庫收支然卽係商鹽正雜各款仍應
由運司隨時查明銷數情形以憑稽考計同治四
年分一年收數有錢一百一萬七千五百二十四
千八百七十六文內扣除江蘇釐錢及局用巡費
實收計秪十之七八伏查浙省杭紹嘉松温台六
所正引七十萬四千六百九十九道又續添靖江

包課畝運正引三千道又杭嘉甯紹行銷票引十萬六百九十八道又餘引十五萬道共計每年商課正銀三十二萬五千二十七兩七錢九釐此外雜欵銀兩欵目繁多册卷蕩然未能按欵實計總在一百萬兩以外在嘉慶以前鹽綱整頓私靖官銷正雜課欵自不致於短絀迨後私鹽漸盛官引滯銷正課有虧則以雜墊正而年復一年正愈虧而雜愈墊漸至無雜可墊於是又減成收課而課欵愈絀銷鹽愈滯綱引積年不領咸豐三年以後

遂至停辦奏銷十一年省城復失全浙淪陷商人
靡不遭難奸徒乘機私販無人禁止從此鹽務潰
敗決裂不可收拾矣同治元年以來浙東各府屬
逐漸規復而私販充斥不得已就鹽抽釐二年以
後又在紹興招辦票鹽三年省城克復全省肅清
而引商大半死亡貧乏無可招徠時當更始自應
別籌補救經前兼署撫臣左宗棠奏准將杭紹嘉
松四所一律改行票運抵充軍餉設局收支在案
復查浙鹽原額引數不計餘引每年亦應銷正票

共引八十萬五千三百九十七道今統計四年分一年改辦票運之杭紹嘉松四所銷數合有三十萬九千餘引雖溫台二所數有溢銷而絀溢牽算尚缺銷四十九萬六千餘引惟以實收錢數合銀較之咸豐年間收數所短尚屬無多夫整頓鹽綱自應行銷足額正雜全完今不異昔無如此時地方凋殘民數尚不及半卽遵例計丁合引就數删減而場鹽之數已倍於民食私鹽之數又多於場鹽實在能銷引數不過四分之一此時汛兵鹽捕

之外加以委調添僱之文武員弁輪船礮船嚴密巡緝督押票商僅能銷三十萬有零之引鹽若驟令舊商行運安能有此力量況舊商遭難者多即有出而認充者皆擇私少能銷之地凡私多難辦之區必皆避匿不來事多掣肘課款更無把握且一載以來所收課釐二欵合之引數固屬無多而就實收之數以錢合銀約計時價究有五十餘萬兩抵作正課之外尚有雜欵銀二十餘萬兩均經奏明全充軍餉而同治四年鹽課項下奉撥京餉

銀十萬兩業已清解本年奉撥京餉及內務府兩項銀二十三萬兩亦已解過一半是鹽雖改票而課尚無虧與其驟復舊章此後之額徵難必何如暫行票運上年之收數可稽仍俟數年之後巡緝如能得力私鹽日少而各州縣休養生息民數日多然後清查場竈及產私之區裁并有場無鹽之缺添設有鹽無場之員核明各場產鹽之多少酌定各屬民食之盈虧減引定額查照舊章而損益之所有雜欵課銀亦應大加刪減以恤商民薹

國家賦稅取之於民者自有常經此時課釐並收較之例徵之額加多原因軍餉緊廹係屬萬不得已之舉將來定案之時自應核刪現暫毋庸更議惟各處地情有因時暢滯之處仍應留心察看量為增減據正任鹽運使高卿培署運使秦緗業及牙釐局司道會銜詳請具奏前來臣查兩浙鹽務自遭兵燹舊商星散無可招徠不得已改行票運竭力籌辦一年以來銷數雖不能加額而較之咸豐年間人繁世富之時所鈌無多此時若改復舊章

無論殷實之商無可招致即有出而承認者無非
擇銷旺私少之地其銷滯私多之區引商必不願
辦官運亦多掣肘必致引票兩懸轉無把握不若
暫行票運以收實濟仍俟數年後再行察看情形
改復舊章實因時勢所逼並非狃於便安合無仰
懇
天恩仍准將杭紹嘉松四所暫行票運以便商民此時
如有殷實商人情願認包完運引數多於行銷票
運之數者現亦准令認包先課後鹽以期漸復引

商舊規但不得擇私少能銷之地先行估認以致
私多難辦之區永遠無人承運又松太一帶地方
現暫試行官運鹽觔紳民領銷之法如能行銷有
效似可推行廣遠合并聲明除咨吏戶二部查照
外合將浙省鹽務試辦票運一年期滿查明銷數
情形恭摺具奏九月二十日軍機大臣奉
旨著照所請該部知道欽此

同治五年戸部爲奏明事山東司案呈內閣抄出
浙江巡撫馬新貽奏浙省鹽務試辦票運一年期
滿查明銷數情形一摺同治五年九月二十日軍
機大臣奉
旨著照所請該部知道欽此欽遵於本月二十二日抄
出到部相應恭錄
諭旨行文浙江巡撫將杭紹嘉松四所引地仍准暫行
票運如有殷商情願認包引數亦准認包概令先
課後鹽以符定制至原奏內稱同治四年正月起

十二月止一年期滿統收票課錢一百一萬七千五百二十四千八百七十六文扣除江蘇釐錢及局用巡費實收計祗十之七八等語查杭紹嘉松四所引地前經閩浙總督兼署浙江巡撫左宗棠奏請一律改票新舊各商但能納貲到庫卽給票認地行運各府設局稽查銷數所收票課多寡懸殊且有分解蘇省釐欵俟試辦數月後另行奏定章程在案是該省改票後一年內行銷實數各府均有分局可查票課徵收多寡不一究竟至多之

課徵錢若干至少之課徵錢若干亦必確有定數
給票認運以後沿途經過釐卡是否另納釐稅抑
秖於領票時納課一次所稱分解江蘇釐錢是否
專指松所引地並歸何府局提解至局用巡費原
爲例所應支通計四所引地現共設立幾局委員
薪水書役工食以及巡兵口糧每月共支給若干
此項給發之欵在票課項下如何分成提取該省
試辦已滿一年詳細章程既未據先期奏定此時
奏報又不將釐錢局用巡費等分晰剔出僅於收

數課錢一百一萬餘千內籠統扣除所稱實收數目秖有十之七八究竟扣除外實收若干並未劃清開報奏銷錢糧豈容似此牽混應令該撫嚴飭運使將四所引地銷票總數徵課細數轉飭局員據實造報並將扣除江蘇釐錢暨局用巡費一切章程迅速奏明立案其徵收票課一年內報解京餉提充本省軍餉各若干並令開具管收除在四柱清冊分所分局暨委員姓名詳細咨送到部以備存查至此後該省票課如俟一年截數後再行

奏報未免稽遲應令按照兩淮課鹽章程半年奏
報一次以歸迅速浙省地方人民漸次復業銷鹽
之數自應逐漸暢旺該撫務當嚴飭屬員認真巡
緝俾裕課源毋得僅據此次奏報銷數視爲定額
其温台二所引地據稱數有溢銷究較定額多銷
若干之處并即查明咨報毋稍遺漏可也

兩浙鹽法續纂備考卷一終

兩浙鹽法續纂備考卷二

綱運一

鹽之有綱所以分次序立定限也次序旣分則商無爭運搶銷之擾限有定程則課無短絀支離之漸更循舊章籌塘工生息之欵以繼府庫之不足今雖海宇澄淸戶民復業而商經凋敝之餘當寓存恤之意於是計票分綱春秋收課商名眞實領運按時舊制可期漸復而課欵有所憑準焉纂綱運

同治八年五月浙省牙釐總局司道浙江布政使
兩浙鹽運使爲會議詳請覈示事同治八年二月
二十七日奉鹽院劉開照得浙鹽改辦票運以來
行之數年雖有明效而票商並無限制聽其隨時
零星領運紛紛搶銷以致官棧不敷存儲分寄於
鹽行鹽店弊竇叢生且票商類多某記字號並無
眞名實姓設有弊端難於究詰自應仿照淮鹽章
程計票分綱以期變通盡利劉局立卽會同布政
司鹽運司將兩浙現在行票之地應如何計票分

綱繳課完釐分別運銷以昭公允之處妥議章程詳候察覈飭遵同日又奉劄開照得浙省應解京協各餉本年加至數十萬兩庫款實形支絀而海塘工程浩大需費尤鉅雖經設立捐輸局未能起色查浙省之利惟絲與鹽絲捐於正釐之外加抽善後塘工各捐頗著成效況從前鹽務本有塘工生息之款仍應酌量抽捐以裕經費現在行票之地已另劄飭議計票分綱以杜流弊所有塘工經費似可仿照淮鹽清水潭捐辦成法按票捐輸以

貲集腋劄局立即會同藩運兩司將票鹽作何抽
捐塘工經費之處分別覈議章程詳候察覈飭遵
毋違各等因奉此伏查兩浙鹽務自遭兵燹舊商
星散改辦票運數年以來頗有成效惟票運引數
並無限制商人僅以字號報運亦無姓名籍貫設
有獘端難於究詰自應仿照兩淮章程計票分綱
令商人呈報真名的姓分地認運商人一經報認
給予執照循環轉運不另招商獲自然之利得久
遠之基應令分別捐輸以濟塘工經費仍准其查

照絲捐塘工經費一體請奬在商人輸納無多可以定數配銷不致爲他人爭運並得仰邀奬叙自必踴躍樂輸而海塘工程需欵浩繁亦不無藉資補益惟更定之始必須明立章程茲本司道會同熟籌酌議章程十四條理合開摺詳請察覈示遵如蒙俯准再行擬送執照告示呈請印發一面將章程刊刷頒發俾使咸知遵守實爲公便再稽查舊時引商覈改鹽課銀欵以及整綱事務局中無案可稽應由本運司衙門查案辦理所有商捐塘

工經費仍由本局經收解濟工用合併聲明

抽捐塘工經費章程

一兩浙鹽務自遭兵燹舊商星散改辦票運數年頗有成效惟票運數目並無限制商人僅以字號報運亦無姓名籍貫設有弊端難於究詰自應仿照兩淮章程計票分綱令商人呈報眞名的姓分地認運俾有稽查而商人一經報認給予執照循環轉運不另招商應另分別捐輸酌定綱次庶免紛爭浙省現在撥餉浩繁而海塘

工費尤鉅浙中之利以綵鹽爲大宗綵捐已按
包另收塘工經費多年商情踴躍從前鹽務本
有塘工生息之欵擬令綱商認運綱鹽之始按
引捐輸塘工經費解濟工用仍請查照綵捐塘
工經費准其一體請奬以示鼓勵
一計票分綱應給予執照以爲信守商人報認綱
鹽繳捐後每百引給執照一張塡明商人姓名
行銷地方發給該商收執以便按綱捆運時將
執照持赴產鹽府局呈驗完課請發買單捆掣

給護春綱以上年八月示期完課開捆起運秋綱以當年二月示期完課開捆起運其完課運行一切仍照向章辦理另列印簿於給運後按綱分記俾有查考所有前項執照爲該商執守之據應由省局刊刷呈送鹽院蓋印以昭愼重請仍發省局轉給收執

一鹽課一項從前各歸引地一律收銀兵燹以後改行票運舊商流離星散市集又無銀號不得已改收錢欵原爲恤商起見現在商賈漸次復

業所有行銷之嘉湖金衢嚴嶶廣七屬現擬計票分綱年有定額所收鹽課現奉戶部指撥京餉自應改復舊制俾便批解擬請仍以票課錢數就現在時價改爲銀款俾商情課項兩無偏抑以後銀價或有長落卽照現定銀數爲準不再更改惟省城及紹興府城並嘉湖嶶廣等處商賈流通商人易銀完課尙能兌換其金衢嚴三府地方偏僻市面較小設或商人易銀維艱准以淨光本洋作抵銀款赴局完課倘願以銀

欵完課者仍聽其便惟須足色鏡面紋銀不准以低銀攙雜掗交礙難批解部餉各府鹽局不得抑勒留難仍候月終將此月内所收某商課銀若干某商課洋若干抵銀若干分别造冊送由總局查覈倘有不肖司事將所收洋錢私自易銀批解暗中侵蝕舞弊一經訪聞或被告發從嚴究辦府局委員失於覺察亦應撤叅仍將前定票運各地票課錢數查照現在市價適中參酌折收銀欵並每洋一元抵銀若干欵關正

課應由運司衙門分別核定稟請鹽院頒發告示通行曉諭俾昭信守而垂久遠

一各商認運各地銷鹽暢滯不同現定綱捐亦應分定等差除各商應完鹽課仍照票運定章按引完納外徽州一屬銷數最旺每引應定庚午綱捐庫平銀一兩二錢廣信衢州兩屬銷數稍次每引應定庚午綱捐庫平銀一兩嘉興湖州二屬銷數尤次每引應定庚午綱捐庫平銀八錢金華嚴州銷數較少每引應定庚午綱捐庫

平銀六錢諸暨義烏浦江三縣本歸商人包辦無須另招認商各屬既已分別繳捐歸綱該三縣情形較勝於金嚴每引應定庚午綱捐庫平銀八錢此項綱捐自庚午年呈繳一次仍卽各歸各地應行捆運之府局分別核收詳給執照此後逢綱驗照收課運鹽不再捐輸以恤商力至富陽臨安新城於潛昌化五縣銷數向絀並無商人行運應將捐數與引數暫爲緩定均俟招有認商再行酌議詳奪

一各屬課則本有區別地方情形亦有不同現定分綱酌派行運數目應查改票以來歷年銷數酌核定議每綱引數徽州所屬銷鹽較旺應照改票行運最多年分核加二成計春秋兩綱定爲五萬引衢州廣信嘉興湖州四屬銷數稍次應照改票行運最多年分核加一成計春秋兩綱衢州定爲三萬八千引廣信定爲四萬九千引嘉興定爲一萬四千引湖州連廣德州定爲三萬四千引金華嚴州二屬銷數尤次應照改

票行運最多年分爲綱引定數毋庸加成計春秋兩綱金華定爲五千八百引嚴州定爲一萬一千二百引又諸暨義烏浦江三縣地方逼近場竈私鹽最易侵灌前因官鹽滯銷飭商辦巡包課數年始有成效現辦分綱亦應照包課以來銷數最多之年爲綱引定數計春秋兩綱定爲一萬六千引又杭屬之富陽臨安新城於潛昌化五縣地方較小銷數最絀改票以來無商捆運皆由地方官辦理官運現在各屬分綱自

應一律招商認定惟引數難於預擬俟招有認
商再行酌議另詳核奪
一商人繳捐給予執照循環轉運應先儘舊商次
儘票商如所捐不及現定綱數再招新商足額
其所捐銀兩准照絲捐塘工經費請獎應查照
絲捐塘工經費成案由省局另刊捐單蓋用關
防每百引爲一張給商收執俟呈驗塡發執照
後再將捐單持赴海塘捐局請獎以憑查核
一現在計票定綱以一百引爲一票第資本有盈

絀即運數有多寡若不掣定名次必致爭先搶
運今定各商赴牙釐總局呈繳綱捐後先給捐
單仍以一票爲一籤傳齊各商當堂掣定名次
每票百引春綱先運五十引秋綱再運五十引
挨號赴場捆運秋綱即照春綱號數毋庸另掣
其有商人承運票數較多掣籤適遇聯號因而
資本周轉不及准各就各地於各商內互相調
換惟須彼此樂從不得抑勒爭競仍限一月內
赴局呈明並將捐單呈驗以便挨號填給執照

此係格外體恤逾限不准呈換至塡發執照後
卽以執照號數爲憑此後挨號完課運鹽不准
再有更改如各商認繳綱捐逾於現定票數請
照兩淮之式責令商人將綱捐半課先行呈繳
聽候另備空號竹籤入筒攙和按名掣籤如掣
得空籤者卽將綱捐半課發還以昭公允而免
爭執

一定綱給照完課捆運如春夏銷數較多卽以秋
綱提前捆運秋冬不敷卽提次年春綱若前綱

短銷餘賸之引應俟銷竣再行接銷後綱總以
接綱儘數銷足接續運銷不致紊亂

一綱鹽行銷之先後應仍照票鹽章程以到地之
先後挨次輪銷蓋鹽爲民食不可一日短少如
有商人托故延挨輪運不到或圖滷耗稍輕臨
期始運必得定以限制杜其趨避今定各商完
課領單後限兩月內過所掣驗倘有逾期將來
運鹽到地俟後到之鹽銷過三十票後再准輪
銷以示薄懲如批驗所書役不爲過掣因而躭

誤許該商就近赴產鹽府局或省局呈請提究

一定綱之前完課未運之鹽如係現在認綱之商卽令其抵作綱鹽其已運未銷及非現在認商而先經完課者應俟庚午綱開銷之日起按二成搭銷銷竣卽止

一各處存鹽甚多且有已經完課尚未捆運者現定計票分綱卽須舉辦若待前項票鹽全行銷竣尚須時日應以來年庚午綱爲始自庚午年正月初一日起一律行銷綱鹽以淸界限其餘

未銷票鹽悉照另擬條欵搭銷
一現定綱捐引鹽係自庚午年正月初一日春綱
銷起應於八年秋季先行通飭捆配起運之杭
所嘉所紹所各府鹽局一律停運一面劄查嘉
湖金衢嚴嶶廣各府局查其存棧之鹽倘有若
干引截至八年年底止是否足數配銷開摺呈
報查核倘鹽倘短缺稟明轉飭捆配府局撥照
所短引數收課給單捆運總以運足八年分銷
數爲止不准踰數多捆倘有存棧票鹽較多之

府約計銷至八年年底止尚有多餘者卽照另擬條欵俟庚午年正月初一日起與綱鹽二成搭銷以示限制

一黨山沙鹽向運浙東搭銷河莊沙鹽並現在議禁尙有存積之餘姚曬鹽向運浙西搭銷出鹽多寡隨時不同未便於綱數內定額應仍聽綱商因時捆買如願運沙曬鹽勅於完課請給買單時呈明於綱數作算其運往浙東之黨山沙鹽仍不得逾於定額運往浙西嘉湖之河莊餘

姚沙曬各鹽應令按照綱鹽分成搭運以衛場
竈而示限制以上各鹽運到各府局仍照歷來
章程按成搭銷俾昭公允
一此次定綱給照仍用票章循環轉運並不另招
他商此後官商休戚相關應照從前引鹽舊章
由各府局委員會同地方文武員弁責令商人
嚴行巡緝緣引鹽以巡緝爲要務巡緝既嚴私
鹽不能侵灌官引可期暢銷至如何巡緝之法
應令各府局委員因地制宜斟酌情形隨時禀

辦此外如有未盡事宜容再隨時詳請示遵

同治八年五月十九日奉鹽院李批查覈所議章程均尚妥協應准照辦此項銀兩由釐局經收俟有成數即原封解存運庫寄收至三五萬時稟候劄飭發司存典生息作爲塘工歲修之用仰卽遵照辦理仍將執照告示擬送印發一面刊頒章程俾知遵守餘並悉繳摺存

同治八年浙江巡撫兼管鹽政臣李瀚章奏爲浙
東及杭嘉湖三府票鹽辦理整綱以杜流弊並捐
輸經費以濟塘工要需仍俟試辦數年再行定制
恭摺奏祈
聖鑒事竊查浙鹽改票以來行之數年雖有明效而票
商並無限制聽其隨時領運紛紛搶銷類多某記
字號不列眞名的姓設有弊端難於究詰自應分
綱認運以專責成除江蘇五府州屬招商認運業
經奏奉

恩准試辦不計外其浙東各屬及杭嘉湖三府行票之地經臣飭藩運二司會同牙釐總局司道將如何計票分綱以期變通盡利妥議詳辦去後嗣據議覆請照淮鹽章程令商人呈報眞名的姓查照票運最多年分銷數核加額引分地認運按春秋兩季完課掣運以庚午年春綱爲始給予執照循環轉運並查從前鹽務本有塘工生息之欵茲擬仍令綱商分別銷地暢滯按引捐輸一次以濟塘工經費仍准查照塘捐定章一體請獎旋據各商分

地認定按年運銷計徽州府六萬引每引捐銀一兩二錢共銀七萬二千兩廣信府五萬四千引衢州府四萬二千引均每引捐銀一兩共銀九萬六千兩嘉興府一萬四千引湖州府連廣德州共三萬四千引浙東之諸義浦三縣共一萬六千引均每引捐銀八錢共銀五萬一千二百兩金華府六千四百引嚴州府一萬二千四百引杭州府六千引均每引捐銀六錢銀共一萬四千八百八十兩共認每年綱鹽二十四萬四千八百引繳到捐銀

共二十三萬四千八十兩當卽給予印照執守此後逢綱驗照收課運鹽不再捐輸以恤商力惟現係辦理票運整綱並非復引其完課捆運行銷各事宜仍應悉照票章辦理請俟試辦數年察看商力情形再行定制等情會詳請奏前來臣查此次辦理整綱捐輸既有裨於塘工要需而浙東及杭嘉湖票運年有定額商有認地不致如前搶銷從此稍有規模可冀漸復舊制仍俟試辦數年察看商力情形再請定案至各商捐繳經費尚屬踴躍

合無仰懇

皇上天恩准照捐輸塘工經費定章一體給予獎敘以

昭激勸除將前項銀兩劄飭藩運二司發典生息

或另行發存取息以作塘工歲修並令妥議章程

以垂久遠外合將辦理浙東及杭嘉湖三府票運

整綱並捐輸塘工經費緣由恭摺具奏同治九年

正月初六日軍機大臣奉

旨戶部議奏欽此

同治九年三月戶部爲遵

旨議奏事本任浙江巡撫李瀚章奏浙東杭嘉湖三府票鹽試辦整綱以杜流弊並捐輸經費以濟塘工一摺同治九年正月初六日軍機大臣奉

旨戶部議奏欽此欽遵由內閣抄出到部據原奏內稱浙鹽改票數年雖有明效而票商並無限制聽其隨時領運紛紛搶銷類多某記字號不列眞名的姓設有弊端難於究詰自應分綱認運以專責成除江蘇五府州屬招商認運業經奏准試辦外其

浙東各屬及杭嘉湖三府行票之地經臣飭藩運二司會同牙釐總局司道將如何計票分綱妥議詳辦去後嗣據議覆請照淮鹽章程令商人呈報眞名的姓查照票運最多年分銷數核加額引分地認運按春秋兩季完課掣運以庚午年春綱爲始給予執照循環轉運並查從前鹽務本有塘工生息之欵茲擬仍令綱商分別銷地暢滯按引捐輸一次以濟塘工經費仍准查照塘捐定章一體請奬旋據各商分地認定按年運銷計嚴州府六

萬引每引捐銀一兩二錢共銀七萬二千兩廣信府五萬四千引衢州府四萬二千引每引捐銀一兩共銀九萬六千兩嘉興府一萬四千引湖州府連廣德州共三萬四千引浙東之諸義浦三縣共一萬六千引均每引捐銀八錢共銀五萬一千二百兩金華府六千四百引嚴州府一萬二千四百引杭州府六千引每引捐銀六錢共銀一萬四千八百八十兩共認每年綱鹽二十四萬四千八百引繳呈捐銀共二十三萬四千八百兩當卽給予

印照執守此後逢綱驗照收課運鹽不再捐輸以
恤商力惟現係辦理票運整綱並非復引其完課
捆運行銷各事宜仍應悉照票章辦理請俟試辦
數年察看商力情形再行定制等情會詳請奏前
來臣查此次辦理整綱捐輸既有裨於塘工要需
而浙東及杭嘉湖票運年有定額商有認地不致
如前搶銷從此稍有規模可冀漸復舊制仍俟試
辦數年察看商力情形再請定案至各商捐輸經
費尚稱踴躍仰懇

大恩准照捐輸塘工經費定章一體給予獎敘以昭激
勸除將前項銀兩劄飭藩運二司發典生息或另
行發存取息以作塘工歲修並令妥議章程以垂
久遠等語臣等伏查兩浙鹽務同治三年省城克
復經陞任撫臣左宗棠以舊商星散認辦無人奏
請試行票運經臣部議覆飭令妥辦如有窒礙仍
歸引課舊章並於該省報收票課案內令體察情
形招復引商以期整頓各在案兩浙行鹽地界隸
浙東者甯紹溫台處金衢嚴八府江西廣信一府

安徽徽州一府廣德一州隸浙西者杭嘉湖三府江蘇蘇松常鎮太四府一州改票以後各府設立分局委員督銷蘇松常鎮太五屬局用巡費開銷較鉅上年六月撫臣李瀚章奏請招復引商減額認運每年銷引六萬六千道經臣部議覆准令試辦一年俟一年後查看銷數酌增引額再計考成以復舊制等因行知遵照亦在案茲李瀚章復以票商領運紛紛搶銷不列眞名的姓設有弊端難於究詰請將浙東及杭嘉湖三府行票之地照准

鹽章程令商人呈報眞名的姓查照票運最多年分銷數核加額引分地認運以庚午年春綱爲始給照循環轉運從前鹽務本有塘工生息之欵擬令綱商分別銷地暢滯按引捐輸一次以濟塘工經費仍准查照塘捐定章一體請獎計徽州等府共認每年綱鹽二十四萬四千八百引繳呈捐銀二十三萬四千八十兩其完課運銷事宜仍照票章辦理俟試辦數年察看商力情形再請定案捐繳經費銀兩飭藩運二司發典生息或另存取息

以作塘工歲修等因具奏前來臣等查例載正引七十萬四千六百九十九道票引一十萬六百九十八道餘引十五萬道咸豐九年以前每屆奏銷正票二引均係全完計實銷引八十萬五千三百九十餘道自改行票運府局報收課釐秖列錢數未及銷引數目今該撫請照票運最多年分銷數加額認運查票運銷數未能確核課釐數目有册可稽同治四年以後收數最多年分制錢一百十數萬串其餘年分亦均在一百萬串有奇該撫擬

將浙東並杭嘉湖三府以二十四萬四千八百引
作爲認銷額數合之江蘇五府州屬認銷六萬六
千之數前後併計僅有三十一萬四千餘引不及
綱運年分銷數十分之四其徵收引課比較票運
收數最多年分一百十數萬串能否加增亦未據
詳細聲叙惟行票日久既慮弊生綱引一時又難
盡復該撫籌辦票運整綱並仿照淮鹽章程令各
商具報姓名分地認運自爲預防流弊漸復舊規
起見臣等公同商酌應請准如該撫所奏認銷引

數自庚午年春綱爲始試辦一年俟一年後查看銷數情形加增引額核計考成其完課運銷事宜據稱悉照票章辦理應令查照票課章程分別引地按觔徵收仍遵照道光二十九年奏定浙鹽加觔成案配運掣鹽不得於奏定觔數之外再加耗觔致虧引額如該商等違例加耗一經發覺定將本商懲辦失察之該管運司叅處以肅鹺政其認商姓名並令造冊報部仍分晰某商認引若干認地幾處毋得僅按一府籠統開報致滋牽混其各

府所設分局應否酌量裁併現在認銷額數此後如何領用部引之處統由該撫詳查奏明辦理以符舊制又甯紹溫台處等五府各有正票二引定額現在是否一律認銷併令查明覆奏以憑考核至稱浙鹽本有塘工生息之欵擬令綱商分別銷地暢滯按引捐輸一次以濟塘工經費每引捐數自一兩二錢至八錢六錢不等徽州廣信衢州嘉湖廣德等府浙東諸義浦三縣金華嚴杭等府共認銷綱鹽二十四萬四千八百引捐銀二十三萬

四千八十兩給予印照執守此後逢綱驗照不再捐輸所捐銀兩飭藩運二司發典生息或另行發存取息以作塘工歲修等語查浙鹽塘工生息一欵係按引攤徵並有在引費項下提充海塘工用名目自綱引停運此欵久歸無着今議復綱鹽之始令認運各商分別引地暢滯各按引數捐輸塘工經費不惟有裨塘工藉可按驗商本應如該撫所奏准其按引捐輸以濟工用並准捐繳經費後給予印照執守此後逢綱驗照不再捐輸以恤商

力此項捐欵既稱給照逢綱呈驗庚午春綱以前
自必繳收清楚所稱發典生息或另存取息之處
於何年月起息每年可得息銀若干兩並令該撫
隨同每年奏銷清冊另冊報部此後加增引額卽
令先捐塘工經費俾昭劃一仍不得發存原捐商
人名下領本生息以杜取巧至請查照塘捐定章
一體請奬之處查同治三年六月間臣部議覆前
署浙江巡撫左宗棠奏興辦善後修築海塘案內
奏准按照浙省向行籌餉事例減成章程勸捐又

三年九月工部會同臣部議覆御史洪昌燕奏請速籌修築海塘案內奏准將專歸京銅局及皖省收捐並推廣章程各條准由浙省收捐又四年四月臣部議覆浙江巡撫馬新貽奏停止米捐並將海塘捐數酌減案內奏准將前次奏明由塘工收捐各條准其分別核減各等因先後欽奉
諭旨允准並由臣部將京局推廣各條核定銀數飛咨浙撫遵辦各在案此項按引捐輸既不在課鹺之內據該撫奏稱係爲接濟塘工之用自應准其按

照歷次奏定捐輸塘工經費章程一體給予獎叙
仍不得於票運案內所收課釐稍有牽混以防流
弊而昭核實所有臣等遵議緣由理合恭摺具陳
本日軍機大臣奉
旨依議欽此

同治九年二月浙江巡撫片奏再查浙鹽改票以來雖有明效而票商不列眞名的姓隨時領運搶銷設有弊端難於究詰是以前撫臣李瀚章飭司會局辦理整綱核加額引分地認運按春秋兩季完課掣運以庚午年春綱爲始給予執照循環轉運並令綱商分別銷地暢滯按引捐輸一次以濟塘工經費業經奏咨在案嗣據牙釐局司道詳浙省票鹽自同治三年起向歸該局辦理茲因釐務案牘日繁在局各員不克兼顧詳經前撫臣批准

在於省城設立督銷綱鹽總局專辦鹽務飭委運司主政督辦藩司會辦並飭各府局將釐捐鹽務分款報解以清欵目局用等項樽節開支作正報銷並通飭各鹽局及引地州縣實力巡緝整頓辦理數年可以規復舊制茲據督銷綱鹽總局鹽運司錫祉會同署藩司興奎詳請附奏立案前來臣查兩浙鹽務改辦票運不分正雜釐課並納暫歸牙釐局收放係屬創辦之始一時權宜之計今釐局既難兼顧而浙東各屬仍辦票綱自應另行設

局俾免轇轕所有一切收放報銷考核事宜均責成運司督同局員妥爲經理以杜推諉理合附片

陳明

同治九年戶部片奏再據署浙撫楊昌濬片稱浙
鹽辦理整綱核加額引分地認運以庚午年春綱
爲始給予執照循環轉運並令綱商分別銷地暢
滯按引捐輸一次以濟塘工經費業經奏咨在案
嗣據牙釐局司道詳經前撫臣批准在省城設立
督銷綱鹽總局專辦鹽務飭委運司主政藩司會
辦並飭各府局將釐稅鹽務分欵報解以清欵目
局用等項撙節開支作正報銷並通飭各鹽局及
引地州縣實力巡緝整頓以冀試辦數年規復舊

制據運司錫祉會同署藩司興奎詳請附奏立案
前來臣查浙鹽改票釐課歸于釐局收放係一時
權宜之計今釐局既難兼顧浙東各屬仍辦票綱
自應另行設局俾免轇轕所有一切收放報銷考
核事宜均責成運司督同局員妥爲經理以杜推
諉等因於同治九年三月初七日軍機大臣奉
旨覽欽此欽遵同正摺抄出到部臣等查浙東各屬試
辦票運整綱並捐輸經費以濟塘工業經臣部於
本年三月間議覆奏准茲署撫楊昌濬請在省城

另設綱鹽總局專司收放報銷由運司主政督同
局員經理係爲統一事權俾有專責起見應如所
奏辦理惟各府分局設立既多開支較鉅改票之
初由牙釐總局主持收放事屬權宜以致運司轉
多委卸現在辦理票綱責成運司主政既有省城
一局爲綱鹽之總滙其餘各府鹽釐分局應令酌
量裁撤以節縻費統俟引課復舊之日並將省城
綱鹽總局折歸運署以符舊制理合附片具陳

同治九年綱鹽局爲明定收課章程詳請核示以
免稽查事竊查詳定綱鹽章程按春秋兩綱輸繳
春綱以上年八月開辦秋綱以當年二月開辦卽
經通飭並曉諭在案惟是開辦本屆庚午春秋兩
綱春綱尙屬踴躍秋綱卽形疲玩現雖一律掃數
而拮据情形難以言喻本年八月應開收辛未春
綱迄今已逾兩月尙未破白且前據崴商汪仁盛
等以崴鹽滯銷請俟庚午秋綱銷竣再行開辦辛
未春綱等情業經批駁在案似此情形若不明定

章程示以限制難免貽誤課餉今本局酌擬章程四條呈請批示飭遵庶各商等知所儆戒得以遵期完納商力不致迫促課餉亦可無誤

綱鹽收課條陳

一各府屬綱商完繳前半課應以嚴廣兩府爲一期金衢嚴三府爲一期嚴廣定三八兩期金衢嚴定五十兩期先十日由收課府局臚列牌示標明某府屬商人某號起至某號止共若干票分兩期完納倘初三應完者初三不完展至初

八初八不完以十三爲度逾限一律議罰以昭烱戒而杜趨避

一每期應完票數應以認額之多寡即由收課府局分限酌完如第一期自第一號起至一百號止則第二期當以一百一號起至二百號止多寡悉由府局酌量牌示仍照各商原掣先後號次挨派以符定章

一逾限示罰應以遲逾之久暫分別罰數之多寡如初三日應完者延至十三以後每引罰銀二

錢延至二十三以後每引倍罰此後遲延按照遞加以示懲儆

一罰欵應以遲延續完課欵時隨正呈繳不作正項動撥存於局中爲鹽務公欵遇有因公要事須稟明支用無論多少由司局酌核定奪以昭公允

同治九年綱鹽局爲詳咨立案事同治九年六月
二十六日奉鹽院案行同治九年六月初五日准
户部咨開以兩浙引鹽杭紹嘉三所原定每引三
百三十五觔道光二十九年查辦鹽務案内紹所
每引加鹽二十觔杭嘉兩所每引加鹽四十觔止
完正課河餉不徵雜欵松所仍以四百觔爲定額
各省引鹽科則雜欵多於正欵加觔成案率因引
額滞銷免輸雜欵俾資調劑所有杭紹嘉松四所
認銷鹽觔應令恪遵道光二十九年奏定觔數辦

理所請另增加耗之處應毋庸議等因奉此遵即
通行各場所並諭知各所甲商一律遵照辦理在
案茲本司等細繹部文戶部以浙省引鹽既經減
額認銷正數已形短絀未便於道光二十九年奏
明加觔之外又有加耗是以指明止准加觔誠恐
有礙正引法至周密本司等責有攸歸亦不敢稍
事含混溯查同治三年改辦票運一切章程悉皆
創辦當時紹所正鹽每引統定三百五十五觔杭
嘉兩所正鹽每引統定三百七十五觔照詳定票

運科則按觔計算課釐一律全完並有將道光二十九年所加之觔減免課釐因而有此加耗正於恤商恤民之中寓以不背向章之意茲旣叠奉部文只准引鹽加觔不准票運加耗凡屬浙商莫不頂戴除庚午一屆春秋兩綱所收課釐皆在未奉部文以前且已運者早經到地未運者亦次第開捆只可仍照票運章程辦理外現値開辦辛未春綱自應遵奉部示恪遵道光二十九年奏明加觔成案辦理各無疑異紹所每引正鹽三百三十五

觔加鹽二十觔杭嘉兩所每引正鹽三百三十五
觔加鹽四十觔至所加之觔只完正課河餉不完
雜欵此指引鹽章程而言浙省改辦票運無分正
雜課釐併收卽以三百三十五觔照票章應收錢
數核計較之引鹽正雜課銀有增無減旣蒙戸部
體恤浙商准予加觔應完正課河餉查照引鹽成
案每觔不及二釐爲數無多現雖改辦綱運一切
仍是票章勢難分别正課河餉應請咨明戸部暫
且加恩免完正課河餉且俟綱鹽試辦一二年後

規復引章釐訂舊制再行更正辦理且現定綱運
額數較之歷年票運銷數加至數萬引之多本處
銷難足額今似此釐定則年額銷數亦稍事疏通
矣理合具文詳請咨明戶部立案

同治十年十一月戶部爲遵
旨議奏事同治十年十月初三日內閣奉
上諭御史奇臣奏請剔除浙東鹽務積弊仍照舊章辦理一摺著戶部議奏欽此欽遵抄出到部據原奏內稱竊維浙省善後事宜動需鉅款風聞浙東近來鹽務因設府局奸商猾吏圖利於中久恐有妨
國課同緣軍務初平浙東試行票運各府委員設局開設鹽行票商捆鹽先納半課運鹽到府由府局發鹽行出售其售得之價由鹽行呈局給商即將

未納之半課由局員坐扣鹽價之長落亦由局員隨時酌定同治八年改票爲綱府局鹽行及一切章程未改每逢運商販鹽到府該局員動輒以鹽壅爲詞故低其價以便鹽行收買及買竣復高其價以便鹽行轉售一出一入中飽已不可勝計況鹽價由行呈局由局給商其中延擱多日是鹽行收鹽無須現錢交價時鹽已出售行商不費資本獲利匪淺加以銀錢抵折益生諸弊且各府實銷引數較之各商承認引數並不相侔奴才愚以爲

浙東府局本爲扣收半課而設今改票爲綱商有一定之人似不妨令各商按照先課後鹽舊章於捆鹽時將應完全課先交運庫再行運鹽至鹽運到府即由運商自行售賣所有現設之府局鹽行俟應一併裁撤並令各商就實銷引數爲認運引數則前項獘端不禁自除等語臣等伏查兩浙鹽務向由引商認運先課後鹽立法甚善嗣經粵匪滋擾至同治三年全省克復陞任撫臣左宗棠以舊商星散認辦無人奏請試行票運由各府設立

分局委員承辦九年三月復據陞任撫臣李瀚章
奏請將浙東各屬及杭嘉湖三府行票之地照准
鹽章程令商人呈報眞名的姓分地認運經臣部
覆議准其自庚午年春綱爲始試辦一年並令將
認商姓名造冊報部暨將各府所設分局酌量裁
併是年四月又據該撫臣楊昌濬片奏在省城設
立綱鹽總局責成運使專司收放報銷亦經臣部
議准仍令將各府鹽釐分局分別裁撤以節縻費
各等因行知遵照在案兹據御史奇臣奏稱浙東

前因改行票運各府委員設局併開鹽行現經改票爲綱而府局鹽行依前設立其中鹽價低昂銀錢抵折百獘叢生請令各商按照先課後鹽舊章於捆鹽時先將全課完交運庫至運鹽到府卽由商人自行售賣所有府局鹽行一併裁撤並令各商就實銷引數爲認運引數以除獘端等語臣等查浙省各府分設鹽局前經臣部兩次奏令歸併裁撤非特慮浮費無益誠以鹽務本稱利藪設有不肖委員陽借奉公之名陰肆肥已之計必致奸

商猾吏迭相漁蠹於其間課帑因之而虧綱務因
之而壞如該御史所奏情形難保現時必無此弊
相應請
旨飭下浙江撫臣督率運使迅飭浙東認運各商循照
舊章先課後鹽將每引應完課欵於領運時全數
交納運鹽到地即由該商自行銷售毋庸假手行
商由局定價並將各府所設鹽局暨開設鹽行無
論浙東浙西一律裁撤即將裁撤日期專案奏報
以杜中飽而整鹺綱其府局裁撤以後商人亟勉

夾帶諸弊不可不防應令查照從前綱鹽章程由
運司派委妥員認眞掣驗過關盤查毋稍含混仍
令將自設局以來杭紹嘉松四所共有分局若干
處委員若干人每局每年費用若干數查照臣部
節次奏案分晰造具詳細清冊趕緊送部以憑考
核至浙東各商認運引數臣部前於議覆李瀚章
試辦整綱案內奏令俟試辦一年後加增引額核
計考成計自庚午春綱至今早逾一年上年各該
屬實銷鹽數若干辛未本綱曾否飭令各商增額

認運並令迅速查明據實奏覆再行核辦所有臣
等遵議緣由理合恭摺具陳
戶部片奏再查同治九年陞任浙江撫臣李瀚章
奏請將浙東及杭嘉湖三府行票之地自庚午年
春綱爲始照淮鹽章程令商人呈報眞名的姓分
地認運並令綱商按引捐輸塘工經費案內經臣
部議令將認商姓名及某商認引若干認地幾處
分晰造冊報部又現商認銷額數暫令給照領運
將來如何領用部引歸復舊制暨該省甯紹溫台

處五府向有正票二引定額曾否一律認銷均飭
查明覆奏辦理至綱商捐輸塘工經費據稱分別
銷地暢滯每引捐銀自一兩二錢至八錢六錢不
等浙東及杭嘉湖等府共認銷綱鹽二十四萬四
千八百引捐銀二十三萬四千八十兩請照塘捐
定章一體請獎所捐銀兩飭藩運二司發存生息
亦經臣部令將此項捐欵是否於庚午年春綱以
前繳收清楚及於何年月發交起息每年可得息
銀若干另造清冊隨同奏銷報部備查並准其按

照歷次奏定捐輸塘工經費章程給予獎叙各等
因奏准行知遵照在案迄今將屆兩年未據該省
隻字聲覆各商捐繳塘工銀兩亦未專案報部事
關鹺課及生息鉅款亟宜及早清釐以重帑項相
應請
旨飭下浙江撫臣嚴飭運使迅卽查照臣部前次奏案
指查各節將浙東及杭嘉湖三府各認商姓名並
認領引地實數及前項商捐塘工經費銀二十三
萬四千餘兩發存何處每年收息若干於何年月

起息分別造具詳細清冊限於年内趕緊達部俾
資稽核其各商認領引地引額數目並本届辛未
綱如何酌量加增所有加額後應隨引捐交塘工
經費續收若干數暨甯紹温台處五府正票各引
是否照章認銷悉令分晰詳查覆奏造冊報部毋
稍含混至塘工生息一項即以前次派定捐數二
十三萬四千餘兩核計每年應得息銀二萬餘兩
果能核實徵收年清年欵於塘工歲需裨益匪淺
應令該撫於每年奏銷案内另列一冊報部勿得

遺漏再查本年三月臣部以兩浙鹽務既經核定引額辦理綱鹽且試辦年限已滿咨令遵照奏案將革除耗觔查明確數歸入引額按年赴部領引仍將鹽引紙硃飯食銀兩隨同解部應並令該撫轉飭運使查照臣部奏咨各案迅即核明現銷引數赴部請領以符定制毋任遲違臣等爲慎重課欵起見理合附片具陳本日奉

旨依議欽此

同治十一年正月十二日戶部奏為遵
旨議奏事浙江巡撫楊昌濬奏兩浙綱引釐定課額飭
商承認以專責成一摺同治十年十二月十四日
軍機大臣奉
旨戶部議奏欽此欽遵由內閣抄出到部據原奏內稱
竊准部咨飭查兩浙綱鹽詳細章程卽經轉行遵
辦去後茲據督銷綱鹽總局布政使盧定勳署鹽
運使秦緗業詳稱兩浙鹽務界隸浙東者甯紹金
衢嚴溫台處八府江西廣信一府安徽徽州一府

隸浙西者杭嘉湖三府江蘇蘇松常鎮太四府一州安徽廣德一州統計正引七十萬四千六百九十九道票引十萬六百九十八道餘引十五萬道除餘引不計外實計正票引額八十萬五千三百九十七道每引正課銀三四五錢不等通年商課額徵正課銀三十二萬三千二十兩七錢九釐又雜欵項下解部充餉及銅觔腳價並支銷養廉按引帶徵公費銀十七萬餘兩此定例也在咸豐三年江皖被兵以前卽有本重私充引滯課懸之獘

道咸豐三年以後鹺綱盡弛至同治四年試辦票運無分正雜課釐並徵核計各屬收數每引自四千二百餘文至二千三百文不等較之例額正課固屬大相徑庭卽以向徵正課及一切雜費歸併核計亦屬有盈無絀綜計兩浙歷年票運徵收課釐錢數每年約一百萬串有奇然票商並無眞名的姓紛紛搶銷去來自便所有課釐錢文能否永無短絀實無把握奉部議令毋以票運狃爲故常亟應規復舊制爲一勞永逸之計同治八年曾經

奏明將浙西引地內之蘇松常鎮太五屬招商認
運六萬六千引同治九年續經奏明將浙東引地
內及浙西地內之杭嘉湖三屬招商認運二十四
萬四千八百引均經部議暫准試辦仍令隨時查
看銷數酌量加增引額現在試辦年餘查看各屬
情形均不無壅滯而部文又以割觔補引一再責
認不得已就浙東西均勻酌加實計共認綱運引
額三十三萬六千六百引但能否銷足尚無一定
把握惟引課數目若不及時釐定竊恐該商等恃

無責成疏銷不力就目前大局情形而論似應及早釐定課額俾專責成査引鹽之暢滯全在戶口之盈虧兵燹以來浙東浙西各引地徧遭蹂躪戶口凋零十存三四是以歷年辦理票運徵收錢文雖多於往日之額課而所銷鹽觔止及額引三分之一良以食引之人止有此數雖竭力緝私而引不加增也若不問戶口之盈虧強加引額未免有名無實徒致引滯課懸官商交困通盤籌畫目前整頓鹺綱不在驟復額引惟在保全正課現擬遵

照部議浙東每引正鹽三百三十五觔加觔二十觔浙西每引正鹽三百三十五觔加觔四十觔松所每引四百觔酌定課額分別引地責商認運統計杭嘉湖金衢嚴徽廣八府引地查照綱鹽認額分別上中下三等科則暫行試辦共徵銀四十一萬三千二百四十七兩蘇松常鎮太五屬共徵銀九萬四千兩又甯温台處及杭嘉紹三所肩住鹽釐徵銀十萬兩除縣場額徵水鄉竈課不計外鹽課一項總共應徵銀六十萬七千二百四十七兩

照時價一八合錢可得制錢一百九萬二千文有奇較之正票額引雖不及半而較之正雜額課已屬有盈卽較之近年票運所徵錢文亦並無短少而歲有一定之額商有一定之八引有一定之地收票運之利無票運之弊雖未能盡復舊規而章程已臻周密其完課捆運督銷諸事宜仍應悉照票章辦理再鹽課爲

國帑之正供不得絲毫減免亦未便輕議加增從前票運徵錢爲數過鉅係一時之權宜同治五年展

辦票運案內卽經奏明將來定制之時必須核減
現在引額未能復舊而課額不便稍虧是以釐定
科則不得不畧照票章從多核計較之向例多寡
懸殊將來戸口充盈銷路漸廣引額加增仍請勻
減科則以昭公允總之引額復舊課額亦須復舊
未便以此次釐定課則永遠奉行庶幾上不誤課
下不病商引可通行課可永保等情詳請具奏前
來臣覆核無異除咨部查照外合將兩浙綱引釐
定課額飭商承認緣由恭摺具奏等語臣等伏查

兩浙引鹽自同治三年浙江省城收復歴任撫臣左宗棠奏請各府設立分局試行票運當經臣部議准暫行試辦並隨時察看情形規復舊制嗣江蘇蘇松常鎮太四府一州票課錢文徵收短絀歴任撫臣馬新貽李瀚章等始議改辦官運未及舉行旋招復五屬舊商認引六萬六千道經臣部核准令照認額暫行試辦並查出認銷科則有增加耗觔名目節經奏令裁禁卽將裁去耗觔歸併加增額引其浙東並杭嘉湖三府票鹽同治九年正

月陞任撫臣李瀚章奏請試辦整綱令票商呈報眞名的姓按引捐輸塘工經費一次給予印照執守亦經臣部議准仍令將認商姓名並某商認引若干認地幾處以及塘工經費於何年月發商生息分晰造册報部上年十月議覆御史奇臣請除浙鹽積弊裁撤府局案內復催令浙撫將商名引數塘工息銀按照臣部前查各節趕緊造報並飭將浙東浙西各府鹽局一律裁撤卽將裁撤日期報部行知遵照各在案茲據浙撫楊昌濬以兩浙

綱引釐定課額飭商承認等情具奏大致謂同治
四年試辦票運無分正雜課釐並徵總計兩浙歷
年收數每年約一百萬串有奇嗣浙西引地内蘇
松常鎮太五屬同治八年招商認定六萬六千引
浙東引地暨浙西地内杭嘉湖三屬同治九年招
商認定二十四萬四千八百引試辦年餘各屬情
形均不無壅滯部文又以割觔補引一再責認兹
就浙東西均匀酌加核計共認綱鹽引額三十三
萬六千六百引遵照部議浙東每引正鹽三百三

十五觔加觔二十觔浙西每引正鹽三百三十五
觔加觔四十觔松所每引四百觔酌定課額分別
引地責商認運統計杭嘉湖金衢嚴徽廣八屬引
地查照綱鹽認額分别上中下三等科則暫行試
辦共徵銀四十一萬三千二百四十七兩蘇松常
鎭太五屬共徵銀九萬四千兩又甯温台處及杭
嘉紹三所肩住鹽䀋徵銀十萬兩除縣場額徵水
鄉竈課不計外鹽課一項總共應徵銀六十萬七
千二百四十七兩照時價一八合錢可得制錢一

百九萬二千文有奇較之近年票運所徵錢文並無短少而歲有一定之額商有一定之人引有一定之地收票運之利無票運之弊雖未能盡復舊規章程已臻周密其完課捆運督銷諸事宜仍應循照票章辦理等語臣等查兩浙鹽務改票之始同治四年徵收課釐錢文共一百一萬七十餘串其時地方甫經收復人民未盡復業徵收鹽釐止此數目所有局用巡費均就徵收數內開除自收數而言較之從前引課似屬有盈剔去開除仍形

減紲且票鹽自各府設立分局儘收儘報秖有縣
場竈課尙歸運司考成其餘漫無稽察上年十月
御史奇臣陳奏浙鹽弊病謂浙東改票爲綱府局
鹽行一切章程未改每逢商運販鹽到府局員輒
以鹽壅爲詞故低其價以便鹽行收買及買竣後
復高其價以便鹽行轉售一出一入利歸中飽各
府實銷引數較之各商承認引數並不相侔等語
是兩浙鹽務未能整頓皆因府局鹽行把持壟斷
夫鹽行昂價出售必致民間苦於食貴而貧賤者

買私銷認數目兩岐并防局員暗收私鹽而影射
以漁利且前此因票商來去無定設府局以資統
率並扣收運鹽到地一半課釐今則地有認商商
有認引業已自設商巡何必官增緝費可以自交
課欵何必由局扣收況府局收繳錢文仍須易銀
批解省局銀錢抵折諸獘易生臣部前核覆御史
條陳摺內議令浙撫查照先課後鹽舊章飭諭商
人將應交課欵於領運以前全數完交運庫所有
浙東西府局鹽行全數裁撤以期漸復舊規令該

撫將浙東金衢嚴嶺廣五屬並浙西杭嘉湖三屬
引地釐定科則飭商承認並將兩浙各地加耗鹽
觔裁併勻加額引自爲整飭鹺綱起見惟完課捆
運督銷諸事宜據稱仍循票章之舊核計該撫出
奏之日尚未接到裁撤府局部文應令該撫遵照
臣部前奏迅將府局鹽行一律裁撤其商人完課
捆運以及運司督銷考成統俟妥議章程覆奏到
日再由臣部核議其裁革耗觔加增引額一節據
稱就浙東西均勻酌加核計共認綱引額三十三

萬六千六百引惟蘇松常鎮太五屬於原認六萬六千引外勻加額引若干浙東暨浙西杭嘉湖三屬於原認二十四萬四千八百引外勻加額引若干未據分晰劃出考成分數無憑核計所請杭嘉湖金衢嚴徽廣八屬引地以上中下三等科則暫行試辦共徵銀四十一萬三千二百四十七兩蘇松常鎮太五屬共徵銀九萬四千兩又甯溫台處及杭嘉紹三所肩佳鹽鹺徵銀十萬兩鹽課一項總共徵銀六十萬七千二百四十七兩之處統令

該撫將各引地原認引數若干勻加引數若干另造清冊迅速報部並將上中下三等科則如何分定一併開報俟報到日由臣部酌核辦理至各地勻加引額尚有應繳塘工經費捐欵應令一體捐繳並與前捐各欵一同生息卽將生息年月專案造報其已認各引地商名引數亦一併造冊詳報毋再遲緩仍遵照例辦舊章赴部請領引張以資稽考至稱鹽課爲帑項正供不得絲毫減免亦未便輕議加增現在引額未能復舊課額不便稍虧

是以釐定科則仿照票章從多核計較之向例多
寡懸殊將來戶口充盈銷路漸廣引額加增仍請
勻減科則以昭公允所奏尚係實情統俟引額暨
內外課欵復舊之日再行詳核辦理所有臣等遵
議緣由理合恭摺覆陳軍機大臣奉
旨依議欽此

兩浙鹽法續纂備考　卷二　四六

同治十一年兩浙運使督銷綱鹽局會詳請奏綱鹽引地撤行留局事前奉劄准戸部於十年十一月咨開山東司案呈本部議復御史奇臣奏請剔除浙東鹽務積弊仍照舊章辦理並奉抄發原案以浙東鹽行府局日久弊生向緣軍務初平浙東試行票運各府委員設局開設鹽行票商捆運先納半課運鹽到局由府局發鹽行出售其售出之價由府局給商卽將未納之半課由局員坐扣鹽價之長落亦由局員隨時酌定八年改票爲綱一

切章程照舊每逢運商運鹽到府該府局員輒以
鹽壅爲詞故低其價以便鹽行收買及買竣復高
其價以便鹽行轉售一出一入中飽不可勝計況
鹽價由行呈局由局給商其中延擱多日獲利匪
淺加以銀錢抵折諸弊叢生請照先課後鹽章程
於開運時先交運庫再行運鹽所有現設之府局
鹽行似應一律裁撤令各商就實銷引數爲現認
引數並經戸部議准奉飭將指查各節分別核明
妥議詳辦遵卽諭飭杭紹嘉三所甲商逐細查明

原奏各情是否確有其事並令先課後鹽照章納課旋據杭紹嘉三所甲商聯名稟稱奉飭指查撤局裁行先課後鹽事宜會同各地引商公同籌議僉稱浙省被賊蹂躪從前商人星散四方規復後各商度日維艱無力重整舊業嗣奉改辦票運間有一二措資試辦全賴委員設局招商開行既濟民食且利行銷俾商等省就地承辦經費及至同治五六等年舊商漸次歸里九年奉諭改票爲綱商等勉强承認實亦力有未逮比年以來又因銷

不足額以所沾之微利賠滯銷之額課尤慮不敷
若遽令照章先課後鹽在衆商固未能含糊遵允
即商等尤不敢肩茲重任即如現辦章程課分先
後兩次完納每屆開綱猶此推彼諉必得甲商舌
敝唇焦始能清繳無悞凡此凋敝情形莫不共見
共聞委無纖毫矯飾至各府局員數年以來巡緝
疏銷實於商人大有裨益値此兵燹以後地方官
善後殷繁難期兼顧衆商甫奉招充於該地暢滯
應如何酌盈劑虛之處絕不諳練一旦先將府局

裁撤商力更形單薄先課後鹽就目前商力地情
而論委實難以措辦至鹽行不過一經手之責無
甚出入既奉諭飭當由商等自行設棧發銷子店
以仰副中外體恤商艱之至意然鹽行開設已久
驟然裁撤難保不與商等掣肘更應暫留府局借
資彈壓此外催課辦巡種種仰賴惟有仍乞俯念
衆情分先後半課裁行留局庶不致將歷年整頓
之地自商隳壞各等情據此並取具公同允議切
結在案伏查兩浙鹺務自咸豐初年以來引滯課

縣已非一日迨至同治三年省城克復各屬被兵以後無商可招不得已改行票運由官設局招商開行一時無殷實之家票商力多綿薄斷不能先課後鹽是以定章未運以前先完半課售銷以後補完半課正創辦之苦心亦裕課之權變也其時引地廢弛商情渙散雖欲整頓幾於無法可施幸得委員設局疏通銷路考察地情近數年來京餉協餉以及塘工要需終年收數總在百萬串以外因時變通之法亦不得盡謂無益也况鹽務之繁

賾有非智慮所能周及者即本司等初贊鹺綱竊謂今人之好爲其難何如宗法前人之較爲易及歷時既久遇事體察乃知今昔情形迥然各别若不度量商力詳審事機徒執舊章勢必權盡歸商至於不可收拾如浙西蘇松常鎮太四府一州於同治八年請歸舊制課聽商納巡歸商辦鹽由商銷試辦未及三年業已梟徒充斥認商坐困積壓之課追呼已至再至三設非官爲之力挽定至片引不銷揣之改章之初亦未始非希圖復舊然實

偏處此將有綱運不可票運不能之勢此尤本司
等昕夕焦思竟至無從補救而又不得不力圖補
救者也至浙東各屬自九年由票改綱引有一定
之額商有一定之名雖未全復舊規辦理已臻周
密如提鹽收課綱商自爲經理者居多已非復向
之票運概由府局出納兹奉戶部飭照舊章細繹
來文自係爲保全鹺政起見特兩浙鹺務命脉全
在浙東茍非確有把握何敢假人以權上年釐定
課額案內卽經聲明不在縣復舊制惟在保全正

課收票運之利革票運之弊即此謂也商稟一再縷陳商力不逮勢難先課後鹽此固本司等歷年以來目擊實情雖間有一二殷實之家大抵商人將本求利必較錙銖倘各地認額年銷年清有自然之利無積綱之累本司等具有天良豈肯不仰承戶部之苦心而嚴切責成認辦無如各地銷數年積一年每屆開綱必須三令五申方得零星湊集半課如此全課可想而知此不得不暫違部議而曲從商請仍留各府局非僅巡緝疏銷兩有裨

益而督催後半課銀尤爲切要之事各地鹽行已歷數載雖無商人指發其弊既經戸部議准裁撤本司等亦不敢過於拘執況據該甲商稟請自行設棧售銷亦與鹽行無異而行用雜費究可節省凡秤發鹽觔核定價值悉由商人經理自無擡價扣觔諸弊如是一轉移間於原奏之杜弊恤商既相脗合卽本司等疏銷裕課亦不至操縱由人至各府局除嶽廣兩屬專辦鹽務餘皆釐鹽兼辦可裁撤者無多此次更章以後商人以銀納課本無

銀錢兌易之責鹽行既撤各屬如何辦理皆委之商人果能漸臻上理固所深願設有疎虞亦應預爲防範兵燹後各地情形誠如甲商所禀非其熟諳遇有惟利是視之徒不顧引地之弛廢不問銷數之短絀竊恐擡價扣斛之弊不在鹽行而轉在綱商此尤非暫留府局就近稽查不足以昭儆戒也總之本運司職司鹾綱責無旁貸凡事之茍可遵行者莫不實力奉行既不能聽一面之詞更不敢執一巳之見此次接見甲商反覆辨難無非裕

課恤商其所以裕之恤之之道實非因地制宜就勢利導不能起色應請俯順商情裁行留局使商有經理之責官有監察之司一應銀錢交涉事宜概行革除通力合作互相考核本司等於各屬委員認眞遴選各府局用加意嚴芟以節縻費復將釐訂課額之案斟酌損益再辦二三年果能漸有規模官既無事察查商亦無從推諉然後議復舊規先課後鹽事事歸商除員撤局斯爲水到渠成不勞而獲之謂也此二三年中如金嚴腹內之地

口岸本小認額較輕設有結實可靠之商情殷包認仍可次第辦理如紹之諸義浦杭之臨富新於昌等縣亦皆綱鹽而歸商認辦惟在事期有濟決不泥定成案愚昧之見是否有當理合會詳

同治十一年浙江巡撫兼管鹽政臣楊昌濬奏為
兩浙綱鹽擬請裁行留局仍照綱章辦理恭摺仰
祈
聖鑒事竊臣接准部咨議覆御史奇臣奏請剔除浙東
鹽務積弊請照完課後鹽章程裁撤府局鹽行飭
商各就實銷引數認運等因經部議准咨行到臣
即經轉行核辦去後茲據會辦綱鹽總局布政使
盧定勳鹽運使靈杰會同詳稱飭據杭紹嘉三所
甲商聯名稟稱奉飭撤局裁行先課後鹽事宜會

同各地引商公同籌議僉稱浙省被賊蹂躪舊商星散規復後各商度日維艱無力重整舊業嗣奉改辦票運間有一二措貲試辦全賴委員設局招商開行既濟民食且利行銷及同治五六等年舊商漸次歸里八年奉諭改票爲綱商等勉强承認實亦力有未逮比年以來又因銷不足額以所沾之微利賠滯銷之額課尤慮不敷若遽遵飭先課後鹽在衆商固未能含糊遵允卽商等尤不敢肩茲重任卽如現辦章程課分先後兩次完納每屆

開綱猶多推諉必得甲商再三勸導始能清繳無誤凡此凋敝情形莫不共見共聞委無纖毫矯飾至各府局員數年以來巡緝疏銷實於商人大有裨益值此兵燹以後地方庶務殷繁難期兼顧衆商甫奉招充於該地暢滯情形未能諳練一旦先將府局裁撤商力更形單薄先課後鹽就目前商力地情而論委實難以措辦至鹽行不過經手之責無甚出入既奉諭裁當由商等自行設棧發銷子店以副體恤商艱之意然鹽行開設已久驟然

裁撤難保不與商等掣肘更應倚仗府局以資彈
壓此外催課辦巡種種仰賴惟有仍乞俯念衆情
分先後半課裁行留局庶不致將歷年整頓之地
自商隳壞各等情據此伏查兩浙鹺務自咸豐初
年以來引滯課懸已非一日迨同治三年省城克
復以後無商可招不得已改行票運由官設局招
商開行發銷因票商力薄定章未運以前先完半
課售銷已後補完半課正創辦之苦心亦裕課之
權變也其時引地廢弛商情渙散雖欲整頓幾於

無法可施幸而委員設局疏通銷路考察地情近
數年來京餉協餉以及塘工要需終年收數總在
百萬串以外因時變通之法亦不得盡謂無益也
況今昔情形逈別若不度量商力詳審事機徒執
舊章勢必權盡歸商至於不可收拾卽如江蘇之
四府一州前車不遠可爲殷鑒至浙東各屬自九
年由票改綱引有一定之額商有一定之名雖非
全復舊規辦理已臻周密如提鹽收課商人自爲
經理非復向之票運概由府局出納茲奉部議飭

照舊章雖爲保全鹺政起見而商稟一再縷陳力有不逮勢難先課後鹽委係實情不得不曲從其請以紓商力仍留各府局非僅巡緝疏銷兩有裨益而督催後半課銀尤爲切要之事各地鹽行議准裁撤由商自行設棧銷售亦與鹽行無異而行用雜費究可節省凡秤發鹽觔核定價值悉由商人經理自無擡價扣觔諸弊如是一轉移間於原奏之杜弊恤商既相脗合而疏銷裕課亦不致操縱由人至各府局除嶶州廣信兩屬專辦鹽務餘

皆釐局兼辦可裁無多此次更章以後商人以銀
納課本無銀錢兌易之事鹽行既撤經理皆商遇
有惟利是視之徒不顧引地廢弛銷數短絀竊恐
擡價扣觔之弊不在鹽行而轉在綱商此尤非暫
留府局就近稽查不足以昭約束也應請俯順商
情裁行留局使商有經理之責官有監察之任通
力合作互相考核仍於各屬委員認眞遴選該局
用欵加意嚴芟以節糜費復將釐訂課額之案斟
酌損益再辦二三年果能漸有規模官既無事察

查商亦無從推諉然後先課後鹽事事歸商除員
撤局以復舊制而免中墮此二三年中如金嚴腹
地口岸本小認額較輕設有結實可靠之商情殷
包認仍可次第辦理如紹之諸義浦杭之臨富於
新昌等縣亦皆綱鹽而歸商認辦惟在事機有濟
決不泥定成案等情會銜詳請核奏前來臣查兩
浙克復以後不特舊商窘乏即新商亦鮮殷實是
以改票之初議收半課又以創辦伊始不得不由
官經理兼收後半之課內惟嚴州廣信兩局地屬

隔省專司鹽務其餘各府均由釐局併辦迨整綱
之際循用票章迄今八九年來商民相安茲欲遽
責先課後鹽商力實有未逮且鹽行旣裁領運完
課無不責之於商若更撤局無官過問權盡歸商
隳銷誤課夾帶重運難保必無查核該司等所詳
均係實在情形所有兩浙辦理綱鹽相應懇
恩准予暫行留局以資稽察仍照現行定章先收半課
以恤商力從前所設鹽行概行裁撤由商辦理以
符原議除咨明戶部查照外理合恭摺覆奏軍機

大臣奉
旨戶部議奏欽此

兩浙鹽法續纂備考卷二終

兩浙鹽法續纂備考卷三

綱運二

同治十一年督銷綱鹽局爲釐定課則整飭鹺綱詳請示遵事案照同治十年因浙東西試辦綱運課釐無分各屬積綱日巨辦無起色經本局會同前署鹽運使奏細業詳請釐定課額並擬呈分別報撥條欵先後奏部覆准試辦嗣以御史奇臣奏請剔除鹽務積弊裁行撤局令各商先課後鹽查照舊章辦理復經部議飭遵於同治十一年三月

初八日奉飭司局會議詳覆遵即諭飭甲商議覆
兹據稟請裁行留局仍照綱章試辦已會銜詳請
覆奏在案所有各屬額課既奉戶部核准自應分
別正地減地查照從前舊章並參酌現在綱章飭
商公同妥議取具切結應請自癸酉綱起先行試
辦如果辦有成效再將科則細數詳請咨部立案
鹽行既經裁撤儲鹽發銷各事已據甲商稟請各
屬設立公堂選舉經商由運司衙門諭飭辦理所
有巡緝疏銷收課定價以及融銷積綱酌擬試辦

章程十二條開摺詳請核示再各地引數商名現

飭造冊另行詳送

章程

一課額請量地釐定也查票鹽章程原定浙東每

觔徵收課釐錢十二文浙西每觔徵收課釐錢

八文嗣以疏通銷路間有核減兩文者改綱仍

照舊章辦理茲既釐定課額自應畧仿兵燹以

前正減例案並參以票章仍分浙東西金衢嚴

皦廣杭嘉湖八屬衢皦廣三屬每引正雜課核

定銀一兩七錢四分蘭谿瑞安每引核定銀一兩七錢二分湯溪於潛昌化每引核定銀一兩六錢建德桐廬分水淳安壽昌每引核定銀一兩四錢金華新城每引核定銀一兩三錢富陽諸暨義烏浦江每引核定銀一兩五分嘉屬每引核定銀一兩二分湖屬並杭所之臨安每引核定銀一兩二錢二分已經分别責商承認並取具公同允議切結應請暫行試辦自癸酉年起先行試辦一年如果銷有成效再行由司造

冊詳送咨部立案其中如應有酌盈劑虛之處
亦俟試辦期滿察看銷數暢滯再請更正
一後半課銀請示以限制也查綱章每屆開綱由
杭紹嘉三局先收前半課其後半課俟綱商運
鹽到地銷出照扣此次釐定課額案內既將統
年應收銀數報部存案且報撥各款均分別指
定不容絲毫蒂欠惟各綱商因力有不及稟請
仍照舊章課分先後完納其前半課自應仍照
綱章分春秋兩綱春綱在上年八月開收秋綱

在本年二月開收毋庸再議至後半課如照向
章俟銷出後由府局扣收如有滯銷不無積課
應請就各地認額核計如嶶屬認額連割觔補
引每年六萬七千一百引按年以四季勻計每
季應銷鹽一萬六千七百餘引無論暢滯責成
該地公堂經商按季彙繳府局如正二三三個
月春季應銷之鹽其後半課定於四月掃數全
完四五六三個月夏季應銷之鹽定於七月掃
數全完此後照章推遞務在掃數清繳不准稍

有帶欠浙東西八屬綱鹽皆仿照一律辦理以符課額俾實力疏銷倘該經商承催不力照後定功過章程辦理

一售鹽價值應由商酌定通報也查綱章各地售價向由府局牌示統府一律其中暢滯不一以致銷路不能擴充茲既分別正地減地由商準量地情設法疏銷其價值高下自應由商斟酌核定以廣銷路仍責成該地經商開明某地某月售價若干並分款列註鹽本若干正雜課銀

若干水腳若干按旬報由府局彙至月終申報司局並另飭紹府局按旬將場鹽價値開報在司局固有所稽核而該商亦不致任意低昂所定之價即由府局懸牌以杜私擡價値之弊

一入屬經商請嚴定功過也查各屬裁撤鹽行以後凡疏通銷路籌辦巡緝一切雖有府局之員督率而張弛損益經商之責實居大半現在各府綱商紛紛禀保雖已飭令甲商加具保結其中賢愚不等是否爲守並擾克勝其任本局無

從查悉應請查照收課章程以一府認數按十二個月勻計每月應銷若干引以三個月爲一屆有銷逾派數者彙至年終由司頒發花紅匾額如不足派數者三個月初屆姑寬由府局稟請記過六個月次屆由府局稟請斥革倘有虧欠官課商本以及種種弊端因而墮銷誤課者皆著落原保各商攤賠庶保商知所儆戒而慎於選擇則疏銷引鹽可期得力仍責成該府局隨時稽察銷數按月稟報如府局委員有徇情

庇護或疏於覺察分別參撤

一各地儲鹽宜示以定數也綱商運鹽到地照章無分先後挨掣定名次挨號輪銷有名次在後者希圖滷耗較輕往往遲延不運以致近年各屬有已經到號而鹽未開運者多有脫銷之虞雖有議罰定章終不能杜其取巧之弊況金嚴以上多是山河一遇河乾水淺以及場竈艱產在在可虞嗣後擬責令查照各地認額無論銷數暢滯如嶶屬六萬七千引飭令常存一成鹽

六千七百引由府局隨時稽查遇有存不足額卽就近飭令在地經商函催趲運只准出陳易新不准有缺存額如有挨號不到仍照舊章每引罰洋三角以示薄懲如該號初次受罰以後二次仍復遲延卽由府局詳革引名另行招充各屬皆仿照辦理倘府局局員瞻徇情面一經覺察卽將局員參撤並將該經商照疏銷不力之條記過斥革

一運鹽到地應就近起儲也查各府局之下游縣

分應銷鹽飭若於運到府局投驗後再行折回運地未免多費運脚拋灑應請援照深渡榨溪提銷成案准其就近提存應責令該商於開運之先定往何縣稟由紹府局標明護照俾免影射惟各府局於入境地方須設稽查之處以資考察否則下游輕課官鹽經過三關之後無人過問致啟以輕侵重之弊

一積綱認額應八屬通融也查綱鹽認額自庚午年改辦各屬比較歷年額數或增至二三成或

四五成不等近年以來各地滯銷積綱以嚴
爲最此次減輕課額裁撤鹽行原爲疏通銷路
起見而釐定以後歲有奏銷必得截清款項應
請自癸酉年元旦日起無論何府概銷癸酉綱
鹽一俟本綱銷足卽接銷本屬歷年積綱仍截
至年終爲度次年亦先銷正綱次銷積綱並無
論浙東之金衢嚴徽廣浙西之杭嘉湖設遇該
地本年本綱銷足積綱又補銷完竣應准於鄰
近之屬或課額相等之地設有積綱仍由綱鹽

省局酌量地情通融改撥必得八屬銷數匀稱皆無積綱之累方准提綱或請加認額

一河黨沙鹽應酌量體恤也查河莊黨山皆係收私從前舊章以質嫩耗重每百觔酌加滷耗鹽五觔又於應完正雜課額項下酌減雜款銀數自改票以後因課釐無多未便核減又以沙鹽成本比場價較大滷耗較重是以於應加耗鹽之外黨山每引添加耗鹽八十觔河莊每引添加耗鹽百觔嗣奉部飭革除耗鹽於向章每百

觔量加五觔之外不能多增河鬻收商以有收無運再四稟請仍照舊章減課配運茲於各屬已定科則通盤核計比較報部銀數約餘銀六千四百餘兩查鬻山每年約收鹽一萬引河莊每年約收鹽六千引以四錢核計約符前數擬請自癸酉年起凡各屬配運沙鹽照該地科則每引核減銀四錢此外廠用雜費以及到地售價再行飭令平減俾與場鹽價值不甚懸殊如遇是年產數稍旺收數較多即責成收商存儲

以待次年配運俾與課額相符倘或積欠數多再請釐定辦理

一船私夾帶請通飭稽查也查錢江對渡義橋聞家堰一帶皆係肩鹽引地近年以來無論官船客船之船戶多有備買食鹽爲名水手亦復人人買帶至嚴州以上隨地隨時皆可兌換貨物積少成多礙銷匪淺除嚴飭錢江巡商富陽榷溪桐廬三關加意防察並請於聞家堰添設陸巡多派巡丁沿街巡視只准船戶照章買帶食

鹽不准水手分買如就近有窩頓之家亦卽隨時稟報拏辦但鹽卡只能稽查鹽船其官船客船似皆未便盤查應請通飭各釐卡務於驗貨之際留心察看如遇船戶水手等每船食鹽至十觔以外卽准該卡起獲送由該屬府局辦理多至三十觔以外將船戶解送地方官衙門照夾帶私鹽例懲辦

一剳觔加引應先給局照也查票章加耗奉部革除並令照數補引統計金衢嚴徽廣杭嘉湖八

屬均勻加派二萬四千二百引按照引名攤派數甚零星如添註正照殊覺參差若責令立時併計成票又恐互相抑勒應請格外體恤先行由局給發局照一俟該商等公同妥議允洽合成百引正數再行詳請給發院照以重執守

一温台撥款請動支釐金也查浙鹽改行票運之初所收鹽課曾經奏明抵充軍餉嗣以各處撤防又因京協撥餉日多應給營餉多由釐局支應其温台兩屬因釐款不敷支放仍以鹽款湊

撥此次釐定課額案內收支各項歲有定數並無餘款可撥所有温台兩屬月撥營餉應請劄飭該兩屬嗣後專動貨釐給放所收鹽釐另儲批解不得擅支以符額課

一雜費應歸商籌備也查釐定課額案內聲明各府局局用巡費雜支等款於應收正額項下提扣六釐抵充支放奉部覆稱如有不敷支放由商捐墊不得再動正款溯自改票以來京協餉路費川資各衙門辦公經費書役辛工飯食心

紅油燭紙張以及各地隨時添募水陸巡役西湖各廟香火書院膏火獎賞等費皆於耗款項下動支此次裁革耗款所有前項應支各款擬飭商遵奉部示另行籌備加二引費以資支發其支銷細數另行開摺呈送如票章向收觔提各款誠恐前項籌備不敷應請暫仍其舊一俟用款增減定案再行酌量裁減以恤商力

以上章程十二條擬請先行試辦其餘未盡事宜隨時詳請示遵

同治十一年戶部爲咨覆事山東司案呈准浙江巡撫咨稱兩浙鹽務隸浙東者甯紹金衢嚴温台處八府江西廣信一府安徽徽州一府隸浙西者杭嘉湖三府江蘇蘇松常鎮太四府一州安徽廣德一州統計正引七十萬四千六百九十九道票引十萬六百九十八道餘引十五萬道除餘引不計外實正票引額八十萬五千三百九十七道每引正課銀三四五錢不等通年商課額徵正課銀三十二萬三千二十兩七錢九釐又雜款項下解

部充餉及銅觔腳價並支銷養廉按引帶徵公費銀十七萬餘兩同治四年試辦票運無分正雜課釐並徵計各屬收數每引自四千二百餘文至二千三四百文不等歷年票運徵收課釐錢數每年約一百萬串有奇然票商並無眞名的姓紛紛搶銷去來自便同治八年奏明將浙西引地内之蘇松常鎭太五屬招商認行六萬六千引同治九年續經奏明將浙東引地及浙西引地内之杭嘉湖三屬招商認行二十四萬四千八百引均經部議

暫准試辦仍令隨時查看銷數酌量加增引額現
在試辦年餘查看各屬情形均不無壅滯部文又
以割觔補引一再責認不得已就東西均勻酌加
實計共認綱引三十三萬六千六百引但能否銷
足實無一定把握就目前情形亟應釐定課額俾
專責成遵照部議浙東每引正鹽三百三十五觔
加觔二十觔浙西每引正鹽三百三十五觔加觔
四十觔松所每引四百觔酌提課額分別引地責
商認運計杭嘉湖金衢嚴嶽廣八屬引地查照綱

鹽認額分別上中下三等科則暫行試辦共徵銀四十一萬三千二百四十七兩蘇松常鎮太五屬共徵銀九萬四千兩又甯溫台處及杭嘉紹三所肩住鹽釐徵銀十萬兩除縣場額徵水鄉竈課不計外鹽課一項總共應徵銀六十萬七千二百四十七兩歲有定額商有定人引有定地收票運之利無票運之弊雖未能盡復舊規章程已臻周密至完課捆運督銷諸事宜仍應悉照票章辦理其有前案所未備另擬條款於後統俟引數復舊再

行改遵鹽志以符定例等因咨部核覆前來查兩浙引鹽自同治三年省城收復奏辦票運無分正雜課釐併計按觔徵收嗣於同治八年將浙西之蘇松常鎮太四府一州招商認額六萬六千引九年復將浙東並浙西之杭嘉湖三府試辦票運整綱認額二十四萬四千八百引上年十二月該撫具奏兩浙綱引釐定課額內稱遵照部議割觔補引就浙東西均勻加增共認綱引額三十三萬六千六百引連肩佳鹽釐每年共徵銀六十萬七千

二百四十七兩完課捆運督銷諸事宜仍循票章之舊維時御史奇臣請裁府局之奏本部甫經議准該撫尙請循照舊章當於議覆摺內飭令遵照前奏將府局鹽行一律裁撤商人完課捆運及運司督銷考成統令妥議章程覆奏到日再行核辦所請杭嘉湖金衢嚴嶽廣八屬分上中下三等科則試辦徵銀四十一萬三千二百四十七兩蘇松常鎭太五屬徵銀九萬四千兩甯温台處及杭嘉湖三所肩佳鹽釐徵銀十萬兩總共徵銀六十萬

七千二百四十七兩並令將各引地原認引數若干勻加引數若干計上中下三等科則如何分定造冊報部等因行知遵照各在案茲據該撫咨部前因並擬條款請部核覆本部查此次條款將報撥及應支各項卽在釐定數內就款開除以期歲入有常額支可定自應准如所咨辦理惟該撫前後奏咨於現認引額三十三萬六千六百引之數能否銷足聲稱並無把握是兩浙引地派認之額雖定而實徵之課未定嗣後浙東西各處引課果

能徵足六十萬七千二百四十七兩之數卽准其
按照此次咨部款目開支倘課不足額自應將所
開巡費局用雜支等款核實删減更不得照此次
咨部數目開銷致虧正款至引額試辦課款卽係
試徵上次蘇松常鎮太五屬請定科則本部先令
仿照票章按觔徵收錢文旋經該撫瀝陳滯銷情
形始准按引交銀正雜通完造入撥冊聽候部撥
現杭嘉湖紹松衢嚴徽廣八屬所認額引該撫請定
科則如仍令仿照票課按觔交納錢文仍恐銷數

難期踴躍且府局鹽行業已飭次奏令裁撤並飭各商先課後鹽循復舊制所有科則亦應准如該撫所咨按引完交俾與蘇松常鎮太五屬事歸一律以期漸復成規至如何按上中下三等分別完課並某處引地某商承認應完課款若干八屬引地實有幾商承認其應完課若干統令該撫遵照前奏妥議章程一併覆奏仍令造具清冊報部以憑查核除所擬各條另附清單按款核覆外其浙東西引地現既認額試辦應令該撫查照舊章就

現認額數赴部請領引目藉資稽考並將裁撤各
府鹽局鹽行日期趕緊報部毋稍延緩相應咨覆
浙江巡撫查照辦理可也

戶部咨覆徵收鹽課章程

一綱課宜責商承認據稱同治三年改辦票運奏
明無分正雜課釐並收並無定額課有增減悉
皆因地制宜隨時伸縮茲既改辦綱票釐定課
額自應責商承認統計浙東金衢嚴徽廣及諸
義浦富新於昌正減各地實應徵課釐銀三十

五萬二百四十七兩杭嘉湖正減各地實應徵
課羹銀六萬三千兩蘇松常鎮太正減各地實
應徵課羹銀九萬四千兩統計浙東西實應徵
課羹銀五十萬七千二百四十七兩又甯温台
處四屬一時無商可招秪可仍抽鹽羹通年約
收錢七萬串杭紹嘉三所肩住引鹽仍照票鹽
章程辦理通年約收錢十萬餘串以上兩款以
錢易銀隨時按市價核計約共十萬兩連前綱
票課羹併計實在徵銀六十萬七千二百四十

七兩此外水鄉竈課額徵銀十一萬兩有奇除荒實徵若干入冊聽撥所有票綱課釐暫行責商承認至各地課引科則每引自一兩九錢以及一兩四五錢一兩不等應請先行由商量地認辦總之鹽不逾格課不短數等語查浙鹽銷路以金衢嚴徽廣等屬爲暢杭嘉湖三府次之蘇松常鎮太四府一州又次之兹當改辦綱票之始該撫請釐定課額分别浙東金衢嚴徽廣五屬浙西杭嘉湖三屬蘇松常鎮太五屬徵銀

五十萬七千二百四十七兩又甯温台處四屬
無商可招仍徵鹽釐錢文杭嘉紹三所肩住引
鹽亦徵錢文兩款計錢十七萬餘串合銀十萬
兩連前共徵銀六十萬七千二百四十七兩各
地綱課科則自一兩九錢以及一兩四五錢一
兩不等除各府屬分認引額詳細數目並認商
名姓均於咨覆案内行令該撫查報俟報到日
核辦外至所擬科則據稱每引自一兩九錢及
一兩四五錢一兩不等並未將正減各地某處

正課若干減課若干分晰造冊報部籠統之數
礙難稽核蘇松常鎮太五屬前於同治八年認
引六萬六千引案内業將科則分定造冊報部
據冊開應完課銀九萬五千六百八十六兩四
錢九分七毫八絲此次復稱五屬徵銀九萬四
千兩何以前後數目參差浙東諸義浦三縣同
治九年試辦票綱捐輸塘工經費案内另有認
銷引額認捐經費富新於昌等地同爲嶶嚴各
屬行鹽門戸是否另有認額均令該撫按照現

查各節詳細聲覆至兩浙引鹽綱課之外向有
票引票由綱商領運與淮北民販不同此次金
衢嚴徽廣杭嘉湖八屬所辦票綱大致仍以商
人領票循環運銷上年本部議覆御史奇臣整
頓浙鹺案內飭令浙撫裁撤府局鹽行並令商
人先課後鹽意在改票歸綱漸復舊制現在所
擬科則多者一兩九錢及一兩四五錢少僅一
兩較之票課計觔抽釐數目均有減輕惟欲權
經久之規總以通暢銷路爲主咨覆案內業已

准其按引核計科則與蘇松常鎮太事歸一律
仍俟該撫將本部指查各節覆奏到日再行詳
核辦理至擬定課款六十萬七千有奇塘工經
費商巡緝費藩運雜支各款悉在此內提取除
於各條項下另行核覆所有每年應徵水鄉竈
課等銀十一萬兩有奇除荒實徵銀數仍照例
造入春秋季撥冊內聽候部撥外該撫務當督
飭運司實力疏銷以期漸加額引增復課款毋
以此次所擬六十萬七千有奇之數即爲浙鹺

定額庶舊制可循官商兩利矣

一正雜課鹽宜分別報撥據稱定例浙鹽正課每引額徵銀四錢有零以八十萬道引額核計實徵銀三十二萬有奇現在通綱實額承認三十三萬六千六百引較之從前原額僅止十分之四惟京餉孔殷必須將正供先行籌足應請於鹽定課銀六十萬七千二百四十七兩之內仍照原額八十萬引全數提銀三十二萬三千二十兩七錢九鹽解充正課再以六萬兩提充按

引徵收之公費應請仍分春秋兩綱由局徵收彙解司庫造入春秋兩季撥册報部聽候指撥不容絲毫蒂欠再以八萬兩提充帑息爲海塘修築經費支銷細數應由海塘局彙造報銷以上統計開除銀四十六萬三千二十兩七錢九釐尚餘銀十四萬四千二百二十六兩一錢九分一釐應請全數提充雜款分別內銷外銷逐款隨案聲明如有所盈仍飭按綱附入撥册不得擅支等語查兩浙引鹽杭嘉紹三所每引原

定三百三十五觔徵正課銀三錢九分有奇道光二十九年查辦鹽務案內紹所加觔二十觔杭嘉二所加觔四十觔秖徵正課免收雜款核計每引應徵正課均在四錢有奇雜款如京書節省牙稅引目水脚功績等銀歲有定額公費分規滴珠等銀歲無定額按年題銷引規耗羨引費雜費陞折溢餘車脚等銀歲無定額按年咨銷引規及商捐雜費內塘工經費即取給於此其他省城善舉書院膏火亦復借資商力居

多自辦理票運一切名目暫停徵收現時改辦整綱該撫請在釐定課銀六十萬七千二百四十七兩內先提京餉次提塘工經費餘即提充雜款所擬亦均有條理惟近年餉需支絀各省鹽務項下無論徵課收釐一概歸公聽候部撥兩浙金衢嚴徽廣杭嘉湖八屬蘇松常鎮太五屬現請收課甯温台處四屬無商可招仍請收釐其每年統收之數均應造入該年奏銷冊內報部撥用本省應行提用之款即在冊內聲註

扣留抵用至京餉撥款向由本部核定數目專
案奏撥其塘工經費亦應由該撫專案奏明提
用歸案報銷均未便預先限以額數該撫所請
提正課銀三十二萬三千餘兩加提銀六萬兩
備撥京餉另提銀八萬兩備辦塘工等因自係
爲畫清京餉預籌要款起見惟京餉乃應遵照
本部每年指撥之數報解塘工經費仍應專案
請撥不得以此次一咨率行了事該省試辦期
内鹽課項下每年奉撥京餉如不足三十八萬

三千餘兩之數塘工用項如不足八萬兩之數該撫仍應將餘存銀兩封儲候撥毋得擅動總之鹽課項下候撥正款從前每年均在四十六萬餘兩現仍不准絲毫短少以重正課而昭核實至所稱餘銀十四萬四千二百二十六兩零全數提充雜款分別內銷外銷各節歸於下條另行核覆再查同治九年浙東試辦整綱奏明每引捐輸塘工經費一次共捐銀二十三萬四千八十兩聲明發商生息商人呈繳捐銀始准

認辦引地給予印照執守計此項捐銀早應繳
收清楚上年議覆御史奇臣條陳浙鹺案內曾
經奏令趕緊生息現尚未據造報查此項捐款
按二十三萬四千八十兩核計每年即應得息
銀二萬七千數百兩續捐之數尚不在內應令
該撫遵照節次奏案將息銀趕緊催提專案造
冊報部即作爲每年塘工經費仍由塘工局列
入收款彙造報銷至鹽課款項仍由運司徵存
報撥自票鹽分府試辦應交鹽課由局徵收報

撥稽核綦難易滋流弊此後無論綱票鹽課以及肩住鹽釐均令完繳運庫由運司總司稽核不得將徵存各款久存釐局致啟弊混仍令兼管鹽政之巡撫於運庫錢糧出入隨時考核按限盤查以復舊制

一巡費局用應照章核提據稱疏通銷路首重緝私浙省當兵燹以前稽查巡緝布置周詳上自錢江下至蘇常凡有隘口節節盤驗改票以後更形嚴密有官辦有商辦通年經費不貲均於

票課項下核實支給此次科則從多釐定全引
額課又已籌足提解自未便再令商人額外加
捐致滋苦累所有一切經費應請照章在徵銀
六十萬七千二百四十七兩內按照六釐餘存
雜款內提銀三萬六千四百三十四兩八錢二
分作爲各府各卡門巡緝薪貲紙張油燭賞號
之用通年秖准此數不得再有請益等語查巡
緝私鹽爲銷路緊要關鍵兵餉以前商巡緝費
在引費項下支給改票之後卽動用課釐現當

認辦綱引亟應力遏私銷以暢官引緝費一項自宜酌量籌給惟從前費出商捐由官支給今則請在額課內開支必須課額有盈始可支銷雜款查現請釐定之課額六十萬七千二百四十七兩內綱引三十三萬六千六百引能否銷足該撫文稱並無一定把握設引有滯銷即課難徵足開支之款一經核定便同成例應令該撫通年核計如現定六十萬七千二百四十七兩課款實能照額徵完奏銷無缺應准每年提

用緝費銀三萬六千兩卽在奏銷冊內開除倘課款徵不足數卽將緝費減成支放不敷之款由商捐墊俾昭核實而彰懲勸此係因現定課額統令造入奏銷冊報商捐無項暫予變通支給一俟引額復舊商力寬裕仍令由商按引捐輸公費繳存運庫照章支發以符定例

一藩運兩庫雜支請酌量給發據原擬章程內稱藩運兩庫應支各款款目繁多向例於額徵正課之外有引費公費車腳耗羨程費溢課租價

帑息等類皆支給大員養廉及場員養廉各衙門心紅紙張役食京餉路費西湖葴修書院膏火按款帶徵按款給發仍彚冊報部改票以後無分正雜舉凡可刪可減之款無不停給其必不得已之用項如養廉役食京餉路費書院膏火各要款均經奏明作正開銷藩運兩庫每月各提銀五千兩嗣因京協各餉派數漸多而票鹽收數年遜一年以致前項提款積欠至二十餘萬之多無可給發茲當改辦之初亟應通盤

核計請以餘存之雜款銀十萬七千七百九十
一兩四錢七分一釐內提織造公費銀五千兩
又藩運兩庫每年各提銀三萬兩先將不得不
支之款核實給發其餘銀四萬二千七百九十
一兩四錢七分一釐提存運庫以備緊急款項
及銀價不敷短絀之需等語查浙鹽舊章正課
河餉銅觔腳價入奏公費之外尚有不入奏引
費商輸雜費銀十六萬餘兩帑利銀二十三萬
餘兩以支應雜支及內外衙門辦公之用自改

定票章款無所出初屆票課案內有藩運兩庫每月提銀五千兩名目卽經本部奏令將每月所提銀款實支數目造冊報部前據該省將運庫支款具咨登覆因冊造未齊且有舛錯當飭令詳覆在案茲復據該撫請在課款開除項下每年提織造公費銀五千兩藩運兩庫各提銀三萬兩以供支款等因查織造公費五千兩從前奏銷冊內歷經開除有案應准照前提用至藩庫爲錢糧總滙向有鹽課項下撥給支放之

款自有一定應令藩司開具簡明清摺詳送該
撫咨部查核其運庫支放各款應令運司詳具
該撫一併咨報由本部按款核覆比照閩鹽改
票以後雜支各款分別奏明動用一俟奏准動
用之日卽在各該年奏銷冊內就款開除以昭
慎重至所請釐定課額六十萬七千二百四十
七兩有奇之數已於前條項下飭令統行造入
奏銷冊內將應行支給之款於冊內聲明開除
此外均應聽候部撥不得擅行動用所有餘銀

並由外支銷名目統俟引額復舊另行釐定科則之日再行辦理

同治十一年十二月戶部爲遵
旨議奏事浙江巡撫楊昌濬奏兩浙鹽務擬請裁行留局仍照現定章程辦理一摺同治十一年十一月十九日軍機大臣奉
旨戶部議奏欽此欽遵由內閣抄出到部據原奏內稱竊臣接准部咨議覆御史奇臣奏請剔除浙東鹽務積弊規復先課後鹽章程裁撤府局鹽行飭商各就實銷引數認運等因經部議准咨行即經轉行核辦去後現在課分兩次先後完納每屆開綱

猶多推諉必得再三勸導始能清繳無誤至各府局員數年來巡緝疏銷實於商人大有裨益一旦將局裁撤商力更形單薄先課後鹽目前委難措辦鹽行既奉諭裁撤由商等自行設棧發銷子店然鹽行開設已久驟然裁撤難保不與商等掣肘更應倚仗府局以資彈壓此外催課辦巡種種仰賴惟有仍乞俯念衆情分先後半課裁行留局各等情據此伏查兩浙鹽務自咸豐初年引滯課懸已非一日迨同治三年省城克復無商可招不得

已改行票運由官設局招商開行發銷因票商力薄定章未運以前先完半課售銷以後補完半課其時引地廢弛商情渙散幸得委員設局疏通銷路體察地情近年京餉協餉以及塘工要需收數總在百萬串以外今昔情形迥別若不度量商力徒執舊章勢必權盡歸商不可收拾浙東各屬自九年由票改綱引有一定之額商有一定之名提鹽收課商人自爲經理非復舊之票運概由府局出納兹奉部議飭照舊章而商稟一再呈求據會

辦綱鹽總局布政使盧定勳鹽運使靈杰詳稱飭發杭紹嘉三所甲商聯名稟稱會同各地引商公同籌議僉稱浙省舊商星散克復後度日維艱無力重整舊業嗣奉改辦票運間有一二措資試辦全賴委員招商開行接濟民食且利行銷及同治五六等年舊商漸次歸里八年奉諭改票爲綱商等勉强承認實係力有未逮比年銷不足額以所沾之微利賠滯銷之額課尤慮不敷若遽遵飭先課後鹽不敢負茲重任卽如現辦章程課分先後

向縷陳力有不逮勢難先課後鹽不得不曲從以紓商力仍留各府局巡緝疏銷督催後半課銀各地鹽行議准裁撤由商自行設棧銷售凡稱發鹽飭核定價值悉由商人經理各府局除徽州廣信兩局專辦鹽務餘皆釐局兼辦可裁無多此次更張以後商人以銀納課本無銀錢兌易之事鹽行旣撤經理皆商遇有惟利是視之徒不顧引地廢弛銷數短絀竊恐擡價加觔之弊不在鹽行而轉在綱商此尤非暫留府局就近稽查不足以昭約

束應請俯順商情裁行留局使商有經理之責官有監察之任仍於各局委員認眞遴選該局用款加意嚴芟將釐訂課額之案斟酌損益再辦二三年漸有規模官既無事察查商亦無從推諉然後先課後鹽除員撤局以復舊制而免中墮等情會銜詳請核奏前來臣查核實在情形相應懇
恩准予暫行留局以資稽查仍照現行定章先收半課以恤商力從前所設鹽行概行裁撤等語臣等伏查兩浙鹽務向由引商認運先課後鹽立法甚善

嗣經粵匪滋擾同治三年克復後歷任撫臣左宗棠以舊商星散認辦無人奏請試行票運各府設立分局委員經理九年三月陞任撫臣李瀚章復請將浙東各局及杭嘉湖三府行票之地照淮鹽章程令商呈報眞名的姓分地認運至四月間又據撫臣楊昌濬片奏在省城設立綱鹽總局由運使收放報銷均經臣部議准並令將各府局酌量裁撤十年十月御史奇臣奏請剔除浙東鹽務積弊裁撤各府屬鹽局鹽行令各商按照舊章先課

票歸綱仍按票章納課歷辦數年以來臣部查核該省奏報鹽課徵收銀數於現額尚不致短絀今該撫以浙商利微銷滯遽令先課後鹽力有未逮擬仍先收半課現在商本未充未便操之過蹙應如所請准其暫照現章仍令各該商於領運時先交半課即飭該運使督率實力催徵一俟將鹽出售隨時補交半課毋稍遲逾蒂欠並令體察情形稍緩一二年後商力漸紓務即循復舊章先課後鹽以重正供而符定制至所請暫留府局以資約

束一節查浙省鹽政撫臣有兼轄之權運使有經徵之責兼設運副運判各一員分司杭紹嘉松四所又每所各設批驗大使一員四所產鹽地界分爲三十二場每場各設鹽場大使一員誠以鹽課爲帑項大宗特置運使以下各官俾各專司其事同治四年該省甫經收復其時商散官虛左宗棠暫請由各府設局派員招商試行票運本係從權辦理之法迄今七八年業經漸復綱運舊章所有鹽務應辦各事宜隨墮銷誤課則有場員經徵於下

運使及兩分司督徵於上夾帶重運於起運時則有四所批驗大使依數掣盤是皆責有攸歸亦何必另派委員越俎以謀其事況鹽務素稱利藪在實任各員自慮考成或尙不敢任意營私若委員則陽借奉公之名陰遂分肥之實必致奸商滑吏迭相漁蠹於其閒流弊且不可勝詰前經臣部迭次奏令該省裁撤各府局並經御史奇臣風聞浙東鹽務積弊陳請剔除實欲藉以維持鹺政乃今該撫復欲暫留各局未免執意瞻徇臣部礙難核

准相應請
旨飭下浙江巡撫臣楊昌濬恪遵奏案迅將浙東西各
府所設鹽局一律裁撤委員概行檄調回省並將
裁局日期專案奏報其別項釐局委員亦即嚴飭
毋令絲毫干預鹽務並飭該運使督同所屬於鹽
觔則認眞掣驗過關盤查於課款則上緊徵收依
時完繳藉清積弊而挽頹綱所有臣等遵議緣由
理合恭摺具奏本日奉
旨依議欽此

戶部片奏再查同治十年十月臣部議兩浙鹽務既經核定引額辦理綱鹽其試辦年限已滿咨令遵照奏案革除耗觔歸入引額按年赴部請領並將鹽引紙硃飯食銀兩隨同解部等因奏准行知在案迄今一年之久未據該省委員赴部領引查課從鹽出鹽憑引銷即如河東鹽務改票以後亦按年赴部領引誠以課款攸關非須給引目無以核計考成兩浙鹽務辦理綱鹽已經數年若不按年請領部引何以稽銷數而重課款相應請

旨飭下浙江巡撫轉飭運使查照臣部前奏卽行遵照舊章派員赴部請領鹽引以符定制毋再遲延臣等爲慎重課款起見理合附片具陳

同治十一年十一月綱鹽局詳爲輕課增額以利行銷事案據嵊縣上虞餘姚三縣住商吳時茂葉復盛王煥奎等稟稱該三縣住鹽引地西有台私首衝東有餘私旺進南則奉化私鹽侵灌北則輕課肩鹽蔓延又兼鄞慈小竈沿江船私腹背受敵莫甚於此在昔課居下則每引徵銀一錢九分九釐四毫今每引繳課釐錢二千四百文較前加至六倍之多乞恩輕減等情當以該地認數較原額相去甚多批飭加意巡緝以冀暢銷未經准減復

據該住商等稟以嵊縣原額一正三餘二萬二千引全完銀不過四千三百八十六兩八錢今完一萬六千五百引每年共徵錢三萬九千六百千文已增六倍之多卽蒙恩施逾格較兵燹以前科則仍是有增無減仰懇垂念額引所短無多釐金數倍於課應如何量加體恤俾緝敵捕行尚可勉力辦銷等情又經批飭紹局查覆去後玆據覆到前情當經批候鹽釐章程定案再行酌量辦理正在核議間又據該商懇陳困苦情形並據聲明今浙

東五府各縣科則均在分別釐定若獨置住課於
不問不特課患未均且恐反其重輕疏銷愈滯如
諸義浦三縣舊制課居下則者釐定案內每引課
銀不過一兩有奇商等嵊上餘三縣今仍照票章
每引完納課釐錢二千四百文即以一八合銀已
在一兩三錢有零似與正地中減科則相埒不惟
有妨舊制抑且未合票章若以私充地勢而論則
諸義浦三縣中惟諸邑壤接山陰肩引一隅之礙
嵊上餘三縣既附場下又連台界且逼全浙著名

之餘私茍非商等不惜巨萬巡賫未必疏銷若此若以住課而與肩課相重輕即今住課每觔六文肩課每觔四文已不相侔商等不蒙恩加調劑不但住引苦於肩引并使住地更苦於正地等情具稟到局據此伏查釐定綱鹽科則案內已經聲明肩住鹽釐仍照向章辦理原不能援引減課惟住鹽引地逼近場竈與肩地相連且有餘私侵灌必得減價辦巡方能疏銷保課是以歷來科則輕於季鹽兵燹後課釐並收爲數較多乃一時權宜本

非舊制現在釐定科則原期輕課疏銷各地季課既減住鹽課重致有窒礙亦屬實在情形自不能不量予輕減以利行銷第該地包課認額嵊邑一萬六千五百引上虞一千引雖課款無虧而認數尚短茲本局酌核於住鹽向定每觔課錢六文之中減去一文二毫每引仍收錢一千九百二十文而於年額包課嵊縣加增一千五百引上虞加增五百引設有盈絀准其兩地通銷如此則課減額增於款項所短無多與諸義浦現定課則相等較

肩課仍多八毫計之例定住鹽科則尚增數倍俟將來銷暢額增再行酌辦至餘姚一地歲銷僅二三百引並未包課定額暫免加增如能於減課之後銷路稍暢再令認額包課一體融銷似於輕課恤商之中仍寓增額疏銷之意是否有當理合據情議詳奉鹽院批如詳辦理仰即飭遵

同治十年督銷綱鹽局爲示禁事照得各商行運引鹽例禁夾帶重觔及走水飛渡等弊前因票商稟以鹽包係屬重笨之物豈能毫髮無差且天時有潮燥不同紐桿有走動不等各所卡掣驗每致畸輕畸重懇請援照道光十五年更定掣驗章程辦理以恤商艱等情經運司衙門會同牙釐總局詳請准令刪多益寡通融牽算每引加重一二觔至五觔者免究重五六觔至十觔者按觔補課十觔以外者將鹽查封充公本商押究等因詳奉批

飭通行遵辦在案在當時原爲體恤商艱起見而日久難免弊生茲據富陽卡委員禀稱本年二月初一日查有商人鮑同泰胡南祥運赴義烏綱鹽各一百引眼同提包抽秤鮑同泰每引計多鹽八觔胡南祥每引計多鹽七觔禀請出示嚴禁以杜弊端而肅商運等情前來現當整飭鹺綱之際亟應出示嚴禁爲此示仰各綱商及商夥人等知悉嗣後行鹽務須恪守章程不得稍有夾帶多觔姑爲嘗試倘有不遵一經查出定卽分別究辦該卡

丁等亦不得藉端需索並干重究其各懍遵毋違

特示

同治十二年閏六月兩浙運使督銷綱鹽局爲會
詳咨覆事案奉牌開准戸部咨送原奏內開浙商
力微銷滯遽令先課後鹽力有未逮擬仍先收半
課自爲商本未充未便操之過蹙應准暫照現章
辦理至所請仍留府局一節查鹽政撫臣兼轄運
使經徵運副運判批驗大使各司其事何必另派
委員越俎以謀況實任各員自慮考成不敢任意
營私若委員流弊不可勝詰應令一律裁撤等語
轉行到司等因奉此遵即諭飭杭紹嘉三所甲商

會同各地引商籌商接辦茲據該甲商等聯名稟稱浙省自遭蹂躪商人星散鹽業凋零克復後改行票運間有一二措資試辦全賴委員設局招商接濟民食且利行銷嗣後舊商陸續歸里八年奉諭改票爲綱商等勉力承認復業維艱數年來巡緝疏銷仍恃各府局員相助爲理現奉部文撤局竊思商力益單仍乞俯順衆情暫准留局等因據此伏查兩浙鹽務向例引商認運先課後鹽銷鹽有一定之數納課有一定之時自可率循無誤迨

軍興以來商散課懸不得已改歸票運設局招商委員經理惟頭緒紛繁百倍於昔幸得各局委員分頭督辦每年收課約在制錢百餘萬串以外京餉協餉塘工善後莫不取給於此今雖逐漸規復舊制仍准參用票章分先後半課其後半課銀須售鹽以後按名追繳若以任之分司大使等員固屬責無旁貸無如浙鹽引地向無專設鹽官如徽廣金衢嚴等屬是也況自同治三年至今一應催課督銷久經局員承辦現時不得不藉資熟手較

爲得力在戸部議主裁撤不過恐局員侵涉鹽務
事權致滋流弊不知鹽務爲本運司專責如果局
員有礙本運司何肯隨同徇隱秖以催繳半課分
路疏銷及緝私彈壓諸務非局員不足以助指臂
是以不憚瀆陳仰懇據情咨部仍准暫留府局一
俟綱引全復舊例郎行一律裁撤幸勿遽改定章
致多窒礙且現止嶶廣等屬專設鹽局其餘俱歸
釐局兼辦所需局費更屬有限理合據情直陳實
爲保全鹺綱起見是否有當伏候核示秖遵合將

一時未能裁局緣由先行詳請咨明戶部立案爲
此具詳七月二十一日奉鹽院批仰候咨明戶部
查照立案

兩浙鹽法續纂備考卷三終

浙江文叢

兩浙鹽法備考二種

〔第二册〕

〔清〕楊昌濬　廖壽豐　修

浙江古籍出版社

兩浙鹽法續纂備考卷四

復引一

浙鹽分杭紹嘉松四所各以甲商領之江南之蘇松常鎮太四府一州分隸嘉松二所當兵燹後四所並辦票運事同一律惟此五屬雖引歸兩浙而地在鄰省票商之領運既不拔額銷引地之興廢亦難期整頓因有招復引商之議時以承平未久戶口猶虛遂額定年銷鹽六萬六千引由各商包課認運溢銷則照加紏銷則照賠繳計舊額尚不

及十分之三以地當江海口岸淮私每易侵
灌是在各商之巡緝嚴密場產自無壅積而官引
得以蒸蒸日上焉纂復引

同治六年九月浙江巡撫兼管鹽政臣馬新貽爲
查明江蘇五府州屬鹽務情形請改章試辦恭摺
仰祈
聖鑒事竊照兩浙鹽務前於同治三年十月間經前兼
署浙江巡撫臣左宗棠將杭紹嘉松四所引鹽奏
明改行票運課釐並收并請將府廳州縣督銷經
銷處分暫免核計考成旋於四年三月間接准部
議以兩浙鹽務引商認運先課後鹽奏銷年清年
欵間有肩挑小販皆在場竈相近地方爲數無多

若統改票鹽非但督銷徵課無從核計考成販戶
隨處灑賣充斥鄰省實非正辦惟商竈凋零勢難
照舊運銷尚係實情但恐一年之後狃於便安全
浙引鹽渙散不可不防抑或仿照兩廣山東由商
領運由官督銷試令各州縣各歸各境或官運或
招商或招販且就各州縣戶口之盈虛分別引目
之多寡由各該州縣赴運司衙門請領每次酌給
幾成限幾個月銷完交課續領不准拖欠一年之
後酌量暢滯嚴定考成墮銷短課照地丁錢糧例

嚴參等因行文到臣當以奉到部文已在四年三月其時票運業經舉行而廣東山東章程未奉部發經運司高卿培詳由臣就近咨抄嗣於七八月間先後接准咨覆轉行查辦去後茲據運司高卿培詳稱查廣東改埠歸綱一案厚集商資至百餘萬兩之多浙省現難援照至山東德州等州縣改令官辦之法浙省改票後本屬兼行並松太一帶地方試行官運鹽飭紳民領銷之法前於五年八月間查明票運試辦一年期滿詳請奏覆案内一

并聲明在案惟查山東官辦之法係責成各引地州縣自行領運浙省官辦之法係於票販不繼之處兼行官運其行之浙東地方者尚有功效行之蘇省及松太紳民領銷者毫無起色查同治四年兩浙所收課釐計一百三萬六千七百千文有奇五年所收數又過之核以引額固屬不足核以課額所絀尚屬無多但其中惟浙東較旺浙西杭嘉湖三府次之至蘇松常鎮太五府州所收課釐既少又不免銷耗於局用經費溯自兵燹以來蘇省

地方戸口雖極凋零應與浙省杭嘉湖無異而銷
數兩相懸殊推原其故總緣地屬隔省地方官弁
與浙省鹽務委員未能聯絡一氣且督銷經銷處
分業已暫免無關考成不無膜視以致場岱私鹽
日形充斥若由浙省多派巡船需費不資得不償
失而四府一州之地分設各局糜費滋多徒勞無
益不得不審度事勢隨時變更擬請裁撤前設蘇
省各局及派往巡船將蘇松常鎮太五府州引地
遵奉部議責成各州縣各歸各境自行籌欵或招

商招販集資領運並請復還督銷經銷考成至領銷數目查鹽法志載蘇松常鎮太五府州屬每年額銷場鹽二十九萬八千餘引又定岱一萬五千餘引亦配嘉松商人分銷各屬茲值凋敝之餘自難遽復原額然行票已閱兩年某縣暢銷某縣滯銷已有確數可稽以五府州屬合計之現銷不過原額十分之一分四五成以五府州屬分計之蘇松兩屬已及二分以上常州則一分以上鎮太不及一分內松屬上海縣係浙省設局之地年銷去

原額不遠茲將五府州屬通盤籌計以現銷數目參以原額酌量增減擬令蘇州府屬九縣每年暫領銷票鹽二萬六千引松江七縣一廳每年暫領銷六千五百引常州除靖江現由江省包課外其餘七縣每年暫領銷二萬一千引鎮江四縣每年暫領銷七千引太倉州屬除崇明包課外其餘一州三縣每年暫領銷二千五百引統計五府州屬共暫領銷票鹽六萬三千引照原額不過十分之二分有零仍不及杭嘉湖三府現銷之數俾易舉

行而無所藉口等情會同牙釐局司道及浙西局
員候補道馮禮藩詳請具奏前來臣查浙鹽行銷
蘇省各州縣自改行票運設局辦理以來私鹽充
斥銷數未暢雖殫竭心力設法整頓總未能稍見
起色若不亟圖更變坐視因循必致鹽綱日壞莫
可挽救合無仰懇
天恩俯准將蘇屬四府一州行銷浙鹽引地改章試辦
責成各該州縣各歸各境自行籌欵設法領運並
請仍復督銷經銷處分以專責成至各州縣現派

年銷引數應如何分銷飭由各該府州察看情形酌量勻派詳覆察辦所有分解兩省課釐及一切章程仍照現行票運俾免紛歧俟接准部覆後再將前設各局及派往巡船概行裁撤以節經費其代引照單由各該州縣赴運司衙門請領以憑配鹽運銷該五屬州縣係例配杭嘉松三所場鹽應令其照例各赴各場配掣仍於年終核計減成中銷數之暢滯照例辦理倘有隳銷短課情事當遵部議將各該州縣照地丁錢糧例嚴參至緝私處

分議敘並請援照道光二十九年山東案內戶部議奏章程分別辦理以昭懲勸似此寬以銷數嚴定考成在各該州縣責任攸關於督銷緝私各事宜自無不奮勉自愛在浙省裁汰局用經費減一分虛糜卽增一分正欵於課項實有裨益應俟行至一年後察看何屬銷數可增應如何加成領銷再行核飭辦理其該五府州屬之私鹽充斥以岱鹽爲大宗現在嚴行設法查辦此外浙省所屬地方疏銷應手之處仍行設局辦理票運暫勿

更改合并聲明除咨吏户工部查照外合將江蘇
五府州屬鹽務情形請改章試辦緣由恭摺具奏
十月二十三日軍機大臣奉
旨户部議奏欽此

同治六年戶部爲遵
旨議奏事浙江巡撫馬新貽奏兩浙運司所屬江蘇四
府一州鹽務請改由官運一摺同治六年十月二
十三日軍機大臣奉
旨戶部議奏欽此欽遵由內閣抄出到部據原奏內稱
兩浙杭紹嘉松四所引鹽前於同治三年十月經
前兼署撫臣左宗棠奏改票運課釐並收並將府
廳州縣督銷經銷處分暫免核計考成查同治四
年兩浙所收課釐計一百三萬六千七百千文有

奇五年所收數又過之核以引額固屬不足核以課額所絀尚屬無多其中浙東較旺浙西杭嘉湖三府次之至蘇松常鎮太四府一州所收課釐既少又不免銷耗於局用經費兵燹以後蘇省戸口凋零與浙省杭嘉湖無異而銷數懸殊總緣地屬隔省官弁與鹽務委員未能聯絡一氣以致場估私鹽日形充斥若由浙省多派巡船需費不貲得不償失擬請裁撤前設蘇省各局及派往巡船將蘇松常鎮太四府一州引地援照山東省官運成

案責成州縣各歸各境自行籌欵或招商招販集資領運並請復還督銷考成至領銷數目查鹽法志載蘇松常鎮太四府一州屬每年額銷場鹽二十九萬八千餘引又定岱鹽一萬五千餘引分配嘉松兩所匀銷自改行票運兩年以四府一州核計現銷不過原額十分之一分四五以五府州分計蘇松兩屬已及二分以上常州則一分以上鎮太不及一分內松屬上海縣係浙省設局之地銷數去原額不遠茲將五府州屬通盤籌計擬令蘇

州府屬九縣每年暫領銷票鹽二萬六千引松江七縣一廳每年暫領銷六千五百引常州除靖江現由江省包課外其餘七縣每年暫領銷二萬一千引鎮江四縣每年暫領銷七千引太倉州除崇明包課外其餘一州三縣每年暫領銷二千五百引統計五府州屬共暫領銷票鹽六萬三千引各州縣現派年銷引數應如何分銷飭各該府州察看情形酌量匀派詳覆察辦其代引照單由該州縣赴運司衙門請領以憑配鹽運銷該五屬州縣

係例配杭嘉松三所場鹽應令照例各赴各場配
掣仍於年終核計減成中銷數暢滯照例辦理此
外浙省所屬地方疏銷應手之處仍設局行票暫
勿更改等語臣等伏查兩浙鹽務向分杭紹嘉松
温台六所同治三年浙省初經收復舊商招集無
人前兼署撫臣左宗棠將杭紹嘉松四所引地奏
改票運經臣部議令仿照兩廣山東由商領運由
官督銷成案妥籌辦理並聲明改歸地方或多窒
礙應令仍歸引課以符定章等因原係爲疏銷引

鹽規復舊制起見茲據該撫馬新貽以行銷松所
鹽觔之蘇松常鎮太四府一州引地改票以來徵
收課釐較少已徵之欵又半耗於局用經費擬請
仿照山東德州二十州縣官運成案責成州縣各
歸各境自行籌欵招集商販領運運銷數目卽以
四府一州分銷併計共令暫領票鹽六萬三千引
仍赴各場配掣並請復還督銷考成等情具奏前
來臣等復加查核浙鹽改票松太地方先據該撫
奏明官運鹽觔紳民領銷實已參用官運成法現

復因銷數不足請援山東成案專歸官運並裁撤分局由各州縣自招商販籌欵運銷係爲撙節經費俾有專責起見惟立法之初必須因地制宜以期經久今按所擬章程詳加參酌與山東辦法既有不同於浙省鹺綱頗多關系謹就兩浙情形論之山東德州等二十州縣乏商懸岸接辦無人於道光二十九年改由州縣官運額銷引目暨應交各項課欵仍照商運一律交納先課後鹽名爲鹽由官運實則以官代商課欵錢糧並無短絀今松

所引地改歸官辦所定年額僅有六萬三千引湖州查原額在三十萬有奇引額懸殊課亦大絀且州縣雖定以考成分數陋習相沿不過完至七八分而止設此六萬三千引額經徵再缺十之二三是與松所數十州縣引地年銷額引纔四五萬較之原額三十萬有奇之數不足十分之二縱兵燹以後烟戶未復何至減額如此之甚銷數既減增復綦難此虧課之端未可與山東並論也山東以本省州縣運行本省之鹽運司鹽政經督催銷稽查

較易松所四府一州與浙江係屬隔省各該府州
勢力雖勻難以統攝倘州縣所招商販不守引界
領票之後捷足爭先互相侵灌甚或沿途灑賣在
浙省鹽政運司既因耳目難周鞭長莫及而蘇省
上司又以隣省鹺綱意存膜視不惟松所本境以
競銷而啟爭端浙江杭嘉兩所引岸更慮彼此侵
越此稽查之難未可與山東並論也山東州縣就
場配鹽無論官商均歸運司派員掣驗浙江定岱
私鹽徧地充斥松所又側有勻銷定岱鹽觔人情

趨利孰不舍遠而務近查定岱私鹽由海道達蘇
松境內朝發夕至州縣官辦以後雖令赴場配鹽
仍須假手商販商販嘗私必將借勻銷定岱爲名
影射場鹽前此商人夾帶尚恃官爲查察今以官
運販私誰復從而過問場鹽少人配運場課必至
宕懸更恐煎戸歇業無以爲生此場竈之害未可
與山東並論也大抵官運之法非不可試行而額
引之數亦未可驟減臣等公同商酌所有行銷松
所鹽觔之蘇松常鎮太四府一州引地擬請准如

該撫所奏暫行改章試辦責成各州縣各歸各境自行籌欵或招商或招販集資領運其年額應銷引目該撫所請按各府州暫領之數不惟比較舊額相去懸殊且未按州縣分晰勻派日後考成易涉牽混應仍令查照各該州縣未改票運以前銷引舊額酌減十分之二作爲官運暫領引額卽按此額數核計考成並仿山東章程將應交各項課欵照商運一律交納概令先課後鹽至應領引目試辦期內准由各該州縣自赴運司衙門請領代

引照單各赴各場配鹽運銷以清界限統於年終
核計如能掃數全完准由該撫題給獎敘倘有隳
銷短課即照地丁錢糧定例核計分數嚴參並請
飭下江蘇巡撫無分畛域飭屬嚴密緝私其緝私處分
議敘仍照道光二十九年臣部議覆山東案內章
程分別辦理統俟試辦一年後有無成效再由該
撫奏交臣部酌核覆奏施行仍將某州縣額運若
干現時減運暫領若干先行開具清冊專案報部
毋稍遲延總之官辦所以濟商運之窮而綱引實

行鹽之本上年九月該省奏報票運一年期滿案
內復據陳明如有殷商情願認包完運但可多於
現銷票運數目卽准認包期復引商舊規等因是
鹽務改票特一時權宜之計欲求整頓總以招復
引商爲正辦浙江地方收復已閱數年其中殷戶
諒不乏人如有情願認運者應卽飭令自松所爲
始按現銷票運實數加增認運概令先課後鹽正
雜並交某處招商有人卽將某處官運停止俟試
辦數年逐漸增復舊額在商人等得引地以爲世

業自必力求整頓較之州縣領銷似有把握並令

該撫轉飭運司認眞經理隨時奏覆毋稍延誤所

有臣等遵議緣由理合恭摺覆奏本日軍機大臣

奉

旨依議欽此

同治七年兩浙鹽運使牙釐省局浙西局司道爲
遵查議詳事奉鹽院案行同治七年正月二十三
日准戶部咨開山東司案呈本部議覆浙江巡撫
馬新貽請將兩浙松所江蘇五府州屬鹽務改歸
官辦一摺同治六年十二月初五日具奏本日軍
機大臣奉
旨依議欽此相應抄錄原奏恭錄
諭旨行文浙江巡撫遵照可也等因到本部院准此行
司即便查照毋違計黏抄內開戶部爲遵

旨議奏事浙江巡撫馬新貽奏兩浙運司所屬江蘇四
府一州鹽務請改由官運一摺同治六年十二月
十三日軍機大臣奉
旨戶部議奏欽此欽遵由內閣抄出到部據原奏內稱
兩浙杭紹嘉松四所引鹽前於同治三年十月經
前兼署撫臣左宗棠奏改票運課釐並收並將府
廳州縣督銷經銷處分暫免核計考成查同治四
年兩浙所收課釐計一百三萬六千七百千文有
奇五年所收數又過之核以引額固屬不足核以

課額所絀尚屬無多其中浙東較旺浙西杭嘉湖三府次之至蘇松常鎮太四府一州所收課釐既少又不免銷耗於局用經費兵燹以後蘇省戶口凋零與浙省杭嘉湖無異而銷數懸殊總緣地屬隔省官弁與鹽務委員未能聯絡一氣以致場岱私鹽日形充斥若由浙省多派巡船需費不貲得不償失擬請裁撤前設蘇省各局及派往巡船將蘇松常鎮太四府一州引地援照山東省官運成案責成州縣各歸各境自行籌欵或招商或招販

集資領運並請復還督銷考成至領銷數目查鹽法志載蘇松常鎮太四府一州屬每年額銷場鹽二十九萬五千餘引又定岱鹽一萬五千餘引分配嘉松兩所匀銷自改行票運兩年以四府一州核計現銷不過原額十分之一分四五以五府州分計蘇松兩屬已及二分以上常州則一分以上鎮太不及一分内松屬上海縣係浙省設局之地銷數去原額不遠兹將五府州屬通盤籌計擬令蘇州府屬九縣每年暫領銷票鹽二萬六千引松

江七縣一廳每年暫領銷六千五百引常州除靖
江現由江省包課外其餘七縣每年暫領銷二萬
一千引鎮江四縣每年暫領銷七千引太倉州除
崇明包課外其餘一州三縣每年暫領銷二千五
百引統計五府州屬共暫領票鹽六萬三千引各
州縣現派年銷引數應如何分銷飭由各該府州
察看情形酌量匀派詳覆察辦其代引照單由該
州縣赴運司衙門請領以憑配鹽運銷該五屬州
縣係例配杭嘉松三所場鹽應令照例各赴各場

配掣仍於年終核計減成中銷數暢滯照例辦理此外浙省所屬地方疏銷應手之處仍設局行票暫勿更改等語臣等伏查兩浙鹽務向分杭紹嘉松温台六所同治三年浙省初經收復舊商招集無人前兼署撫臣左宗棠將杭紹嘉松四所引地奏改票運經臣部議令仿照兩廣山東由商領運由官督銷成案妥籌辦理並聲明改歸地方或多窒礙應令仍歸引課以符定章等因原係爲疏銷鹽引規復舊制起見茲據該撫馬新貽以行銷松

所鹽觔之蘇松常鎮太四府一州引地改票以來徵收課釐較少已徵之欵又半耗於局用經費擬請仿照山東德州二十州縣官運成案責成州縣各歸各境自行籌欵招集商販領運運銷數目即以四府一州分銷併計共令暫領票鹽六萬三千引仍赴各場配掣並請復還督銷考成等情具奏前來臣等復加查核浙鹽改票松太地方先據該撫奏明官運鹽觔紳民領銷實已參用官運成法現復因銷數不足請援山東成案專歸官運並裁

撤分局由各州縣自招商販籌欵運銷係爲樽節
經費俾有責成起見惟立法之初必須因地制宜
以期經久今按所擬章程詳加參酌與山東辦法
既有不同於浙省鹺綱頗多關系謹就兩省情形
論之山東德州等二十縣乏商懸岸接辦無人於
道光二十九年改由州縣官運額銷引目暨應交
各項課欵仍照商運一律交納先課後鹽名爲鹽
由官運實則以官代商課欵錢糧並無短絀今松
所引地改歸官辦所定年額僅有六萬三千引溯

查原額在三十萬有奇引額懸殊課亦大絀且州縣雖定以考成分數陋習相沿不過完至七八分而止設此六萬三千引額經徵再缺十之二三是舉松所數十州縣引地年銷額引纔四五萬較之原額三十萬有奇之數不足十分之二縱兵燹以後烟戸未復何至減額如此之甚銷數既減增復綦難此虧苦之端未可與山東並論也山東以本省州縣運行本省之鹽運司鹽政經督催銷稽查較易松所四府一州與浙江係屬隔省各該府州

勢力雖匀難以統攝倘州縣所招商販不守引界
領票之後捷足爭先互相侵灌甚或沿途灑賣在
浙省鹽政運司既因耳目難周鞭長莫及而蘇省
上司又以隣省鹺綱意存膜視不惟松所本境以
競銷而啟爭端浙江杭嘉兩所引岸更慮彼此侵
越此稽察之難未可與山東並論也山東州縣就
場配鹽無論官商均歸運司派員掣驗浙江定岱
私鹽徧地充斥松所又例有匀銷定岱鹽觔人情
趨利孰不舍遠而務近查定岱私鹽由海道達蘇

松境內朝發夕至州縣官辦以後雖令赴場配鹽仍須假手商販商販營私必將借匀銷定岱爲名影射場鹽前次商人夾帶尚恃官爲查察今以官運販私誰復從而過問場鹽少人配運場課必至宕懸更恐煎戶歇業無以爲生此場竈之害未可與山東並論也大抵官運之法非不可試行而額引之數亦未可驟減臣等公同商酌所有行銷松所鹽觔之蘇松常鎮太四府一州引地擬請准如該撫所奏暫行改章試辦責成各州縣各歸各境

自行籌欵或招商或招販集資領運其年額應銷引目該撫所請按各府州縣暫領之數不惟比較舊額相去懸殊且未按州縣分晰匀派日後考成易涉牽混應仍令查照各該州縣未改票運以前銷引舊額酌減十分之二作爲官運暫領引額卽按此額數核計考成並仿山東章程將應繳各項課欵照商運一律交納概令先課後鹽至應領引目試辦期内准由各該州縣自赴運司衙門請領代引照單各赴各場配鹽運銷以清界限統於年

終核計如能掃數全完准由該撫題給獎敘倘有
墮銷短課即照地丁錢糧定例核計分數嚴參並
請
飭下江蘇巡撫無分畛域飭屬嚴密緝私其緝私處分
議敘仍照道光二十九年臣部議覆山東案內章
程分別辦理統俟試辦一年後有無成效再由該
撫奏交臣部酌核覆奏施行仍將某州縣額運若
干現時減運暫領若干先行開具清冊專案報部
毋稍遲延總之官辦所以濟商運之窮而綱引實

行鹽之本上年九月該省奏報票運一年期滿案內復據陳明如有殷商情願認包完運但可多於現銷票運數目卽准認包期復引商舊規等因是鹽務改票特一時權宜之計欲求整頓總以招復引商爲正辦浙江地方收復已閲數年其中殷戸諒不乏人如有情願認運者應卽飭令自忪所爲始按現銷票運實數加增認運概令先課後鹽正雜並交某處招商有人卽將某處官運停止俟試辦數年逐漸增復舊額在商人得引地以爲世業

自必力求整頓較之州縣領銷似有把握並令該
撫轉飭運司認眞經理隨時奏覆毋稍延誤所有
臣等遵議緣由理合恭摺覆奏等因下司本署司
遵查蘇松常鎮太四府一州各屬引鹽奉部議准
酌減二分應銷有八成之多此後專責州縣緝私
或能得力而戶口凋零食鹽者少恐尚不能如數
且行銷引鹽本當計丁合引該五屬地方遠在江
蘇似應詳請咨商江蘇撫院通飭該五屬查明年
來生聚復業戶口實在情形能否遵照部議八成

行銷而督銷考成既定原額八成又查照地丁錢糧定例核計處分綦嚴該五屬州縣俱隸江蘇考成攸關似亦應並請會奏定案當經詳奉鹽院咨商江蘇撫院飭查並由本署運司移會署蘇藩司劄飭各該屬州縣確查戶口實在情形嗣於同治七年六月初七日奉鹽院牌行五月三十日准江蘇撫院咨開據署藩司杜文瀾詳稱蘇松常鎮太五府州屬各引地銷數惟有責成五府州趕緊招復商販詳覆咨商浙鹽撫院會核具奏等情行司

會同牙釐浙西各局查照通籌議詳等因並奉抄
咨內開爲彙案查議詳覆事據署蘇州藩司杜文
瀾詳稱案奉劄准浙鹽撫院咨准戶部議覆江蘇
五府屬鹽務改歸官辦咨商飭查再行會奏定案
等因到院抄黏劄司遵照移會臬司轉飭所屬各
就地方情形確切查明詳覆核辦各等因並准浙
運司移會到司奉經轉飭各屬確查實在情形趕
緊詳候彙案核辦並又節催去後茲據蘇州府詳
據所屬之長洲等九縣會詳遵查蘇州等府屬行

銷浙鹽向由商人認地完課配引掣運官為督銷從前地方完善戶口蕃盛之時每年銷數不過十分之五六未有能及八成者自匪擾克復後改行票運完納課釐在上海設立總局各府州設立分局由浙省遴委道府大員及熟悉鹽務之同通州縣專心協力督運分銷秖及額鹽十分之二所派緝私礮船綦布星羅船堅礮利各有應領正餉猶因私鹽充斥官引滯銷經費浩繁得不償失始擬改章撤局責令蘇省地方官籌貲招商運銷藉用

兵以來戶口凋殘較從前十減其七少七成食鹽之人卽少七成銷鹽之路加以西有淮私東有岱私侵灌灑賣其價較廉人情惟利是趨旣不肯舍賤而買貴卽不能屏私而食官此舊額之未能遽復者也蘇省錢漕較重州縣政務本繁兵燹之餘勞來安集勸墾清糧業已日不暇給若再責令辦理總商甲商之事實覺兼顧難周如部議官辦督運仍須假手商販設商販不守引界隨地灑賣影射營私夾帶侵銷敗壞鹺綱所關尤鉅且按浙省

現辦情形分局派員專司其事竭各員之心思耳目以全力注之所銷不過二成州縣各有地方公事若令帶管其用心必不能如局員之一其致力必不能及局員之專浙省專派師船分頭堵緝猶時有私梟拒捕之案州縣如果募勇設船則經費繁重無欵可籌倘僅會營巡查則地廣人單難資堵截即此互相比較浙鹽改歸官運雖欲照浙中現銷二成之數亦已勢有所難況奉部議照原額八成認銷數目懸殊尤屬無從設法惟引地乃商

人世業事關切已則規復必赴以精心熟悉情形則補救必中其竅要果能招商復業認運提費緝私力求整頓數年之後生聚漸繁或可漸有起色再四籌商浙鹽歸官運銷諸多窒礙擬請仍循定制招集舊商復行引鹽庶認運配掣緝私督銷各有專責較官銷似有把握仍令試辦數年再行定額試辦期內並請免計考成由府詳轉並據松常鎮太四府州陸續詳覆情形相同均據聲明由商試辦數年再定引額試辦期內並請邀免核計督

銷考成各等情前來當查蘇松常鎮太五府州屬額銷正引二十九萬八千餘引內除靖江改食淮鹽崇明按年包課不計外實銷場鹽二十九萬四千餘引又額外定岱鹽一萬五千餘引分配嘉松兩所各引地前因辦理票運兩載核計各屬每年現銷引數多秖二成有餘少則不及一成課釐無多又消耗於局用經費得不償失經浙運司會同牙釐局浙西局援照山東官運成案詳請奏咨改歸該五屬州縣自行籌欵招商招販領運辦理復

還督銷考成並擬查照票鹽銷數酌量定額暫請領銷六萬三千引合計原額二成有餘今奉部議秪准酌減二成照原額八成行銷在戶部以州縣考成分數積習相沿不過完至七八分而止是以多定額數以裕課釐然即以七八分而論尚應銷鹽十餘萬引各屬兵燹之後戶口凋零人烟寥落計丁合引相去懸殊即就五六兩年而論由浙省委員設局督銷派船嚴緝所辦極爲周密而行銷之數僅止二成若歸州縣辦理籌欵則力既不能

官運則勢難兼顧且募勇僱船經費無出加以松太兩屬濱海臨江蘇常鎮三府西接大江東達太湖私販易於出没巡緝頗費周章當此蘇省元氣未復生聚未繁卽照原議二成領銷實係萬無把握若於二成之外稍再加增更屬無從設法本署司查核各屬所議均係實在情形惟有責成五府州趕緊招復商販合爲一局或分爲二局總期整而不散飭照原奏二成認運辦鹽納課自議緝私章程先行試辦一二年後俟有成效再行逐漸增

運以期規復舊額所有試辦期內督銷考成並請
暫免核計以昭平允是否有當相應彙議詳覆伏
候咨商浙鹽撫院會核具奏實爲公便等情到本
部院據此相應咨明貴鹽部院查照希卽彙核情
形具奏仍祈示覆等因下司本署運司奉經移會
本司道等公同核議遵查此案部覆係屬奉准援
照山東辦理官運惟引數秪准減去二成並以改
辦官運所以濟商運之窮仍以招復引商爲正辦
故文內議及如有商人認運卽將官運停止是於

准行官運之外仍令招復引商今據蘇藩司轉據蘇松常鎮太各屬詳稱各屬地方從前完善之時銷數不過十之五六現在戶口凋殘較從前十減其七而該州縣錢漕較重政務本繁兵燹之餘勞來安集勸墾清糧日不暇給未能兼顧官運而引地爲商人世業事關切已請招集舊商復行引鹽等語本司道等查蘇省現擬辦法係未能遵照部覆改辦官運而仍遵部議所及之招復引商責成州縣辦理所以爲浙鹽籌畫者已極周詳事似可

行應請照議辦理至所請仍照原奏二成認辦查
上年奏案總銷之數六萬三千引係屬二成有餘
部覆招復引商係飭按票運實數加增認運而各
屬銷數不同似未便額定二成應請飭令各商查
照票運銷數加增以遵部議仍於認定運銷之後
按年額數如有短少責令賠繳又所稱責成五府
州縣趕緊招復商販合爲一局或分爲二局等語
查各州縣引地向係各有引商茲因引商零落應
招新商或引商力有不逮未能獨辦另招夥商均

須殷實可靠此應由五屬州縣官察看保充一局
二局均無不可但掣鹽則當各歸各所仍循定章
州縣督銷考成並請復還至五屬引商居蘇省者
多在浙者少其有現行票鹽在浙之商人即由本
署運司飭令杭嘉松三所甲商傳諭迅赴江蘇遵
辦會詳奉准轉咨江蘇撫院速飭該五屬各府州
縣招復引商加增票運銷數詳請會奏定案並由
本署運司移會署蘇藩司劉飭該五屬各府州縣
趕緊招商詳辦去後旋據蘇州府長元吳三縣會

詳據引商潘宏昌等認銷引鹽查照四五六三年
票鹽銷數每年一萬引照額領銷二成有零當以
各邑運銷票鹽各地情形不同沿海地方不及一
成地居腹裏者本有二成該三縣係腹裏地方即
經本署運司批飭加增認運並據各該府州縣詳
據新舊各商紛紛認運核計所認之數皆屬無多
且訪知各舊商資本並不寬裕勉強承認以圖復
業各新商竟有並無貲本姑先佔認引地者而五
屬各地票商存鹽尚有數萬引當即劄飭各局停

運並劄各局員督飭甲商票商認商將所存之鹽
查明票商前半課暨成本路費並銷鹽遠近日期
之應得餘利令認商償還票商並令認商將後半
課先行完納俾認商不能無本空認而票商亦得
別謀生理移知署蘇藩司飭知五屬各州縣一體
遵照飭令各地認商皆加增認運由各該州縣取
具新舊各商認結並杭嘉松甲商保結加蓋印信
詳送續據蘇松常鎮太五屬三十一州縣先後遵
照詳送到司查核認包之數腹内各地江震長元

吳錫金等邑有三四成將及五成者沿海沿江各
地除上南華婁金暨丹徒等邑認數較多外不及
一二成者居多而核以各該地近年票鹽銷數則
皆已加增認數此固因地勢各有不同是以未能
一律而就所加之數體察地方實在情形似不能
再令加增惟各屬中有同城分縣不同城分縣從
前雖係一地現既分治自應分縣取結今該州縣
等皆併取一結未據分別取送又經本署運司駁
飭遵照部議各按州縣分晰勻派另行取結仍飭

催各局員暨該三所甲商督飭認商票商交價交鹽各在案茲據蘇常鎮松太票鹽各局員先後具禀各將票商存鹽查明本利議定價值已據各認商照數交淸將票鹽盤收於本年二月初六日起至三月初一等日先後接辦行運等情並據三所甲商禀同前由又據五屬各州縣分換各結詳請彙案轉詳等情到司據此本署司等伏查蘇松常鎮太五屬各州縣地方兵燹以後戶口凋殘食鹽之人本屬大減且地多濱臨江海私鹽又易侵銷

其在腹裏者止有長元吳江震錫金等縣而五屬
各州縣政務本繁未能兼顧鹽務自應遵照部議
招復引商認商核其所認之數多於票運所銷之
數者即准認包茲查五屬三十一州縣暨同配杭
嘉所場鹽與鎮屬毘連先於五年間認包之建平
一縣共三十二州縣認包鹽數六萬六千引雖較
之原額相去懸殊而與票運所銷已加增不少本
署司等竊以爲與其嚴辦票鹽而耗費旣多得不
償失似不如減復引鹽而課欵所入實而不虛惟

現辦引鹽自應查照舊章但自咸豐十年以後十
載不行引鹽不特案卷蕩然無所憑證且情形異
昔亦難照行惟有溯查鹽志參酌票章擬具條陳
先行試辦一二年仍由運司督飭州縣暨甲引各
商等察看情形籌議緝私疏官之法隨時詳辦以
期增引計考漸復舊規除將現擬條陳清摺並認
商編報清册暨認包各結呈送備案咨部外理合
備文會詳仰祈察核奏咨批示遵行奉批查閱來
詳章程均尙妥協仰候會同江蘇撫院酌核具奏

並抄摺咨明吏戸二部暨兩江督院查照至章程
內引鹽完課俟江鹺停止後再定科則一條查此
項江鹺已准江蘇咨覆停免劄司鹺定各地科則
在案現在此條改正聲明俟司詳議章程定案另
行咨部又五屬引課每年十二月內彙冊奏銷一
條查鹽課奏銷向係次年造報現在仍應照辦今
於章程內將次年二字代爲聲明矣仰即知照餘
並悉

同治七年准江蘇巡撫部院咨據署理蘇州藩司詳稱案奉撫院劄准浙鹽撫院咨准戶部咨開山東司案呈本部議覆浙江巡撫奏請將兩浙松所江蘇五府州屬鹽務改歸官辦一摺同治六年十二月初五日具奏本日軍機大臣奉

旨依議欽此相應抄錄原奏恭錄

諭旨行文浙江巡撫遵照可也等因准此咨明查照等因到院抄粘劄司即便移會一體轉飭遵照又奉劄准浙鹽撫院咨准戶部議覆兩浙松所江蘇五

府屬鹽務改歸官辦引額止准酌減二成應銷有
八分之多此後鹽務專責州縣緝私事宜或能得
力但行銷引鹽本當計丁合引該五府屬遠在江
蘇應通飭查明年來生聚復業戶口實在情形能
否遵照部議八成行銷其督銷考成又查照地丁
錢糧例核計處分綦嚴咨商飭查再行會奏定案
等因到院抄咨劄司遵照移會臬司轉飭所屬各
就地方情形確切查明詳覆核辦各等因並准浙
運司移會到司奉經轉飭各屬確查實在情形趕

緊詳候彙案核辦並節催去後茲據蘇州府詳據所屬之長洲等九縣會詳遵查蘇州等府屬行銷浙鹽向由商人認地完課配引掣運官爲督銷從前地方完善戶口蕃盛之時每年銷數不過十分之五六未有能及八成者自匪擾克復後改行票運完納釐課在上海設立總局各府州設立分局由浙省遴委道府大員及熟悉鹽務之同通州縣專心協力督運分銷秖及額鹽十分之二所派緝私礮船綦布星羅船堅礮利各有應領正餉猶以

私鹽充斥官引滯銷經費浩繁得不償失始擬改章撤局責令蘇省地方官籌資招商運銷葢用兵以來戶口凋殘較從前十減其七少七成食鹽之人卽少七成銷鹽之路加以西有淮私東有岱私侵灌灑賣其價較廉人情惟利是趨旣不肯舍賤而買貴卽不能屏私而食官此舊額之未能遽復者也蘇省錢漕較重州縣政務本繁兵燹之餘勞來安集勸墾清糧業已日不暇給若再責令辦理總商甲商之事實覺兼顧難周如部議官辦督運

仍須假手商販設商販不守引界隨地灑賣影射
營私夾帶侵銷敗壞鹺綱所關尤鉅且按浙省現
辦情形分局派員專司其事竭各員之心思耳目
以全力注之所銷不過二成州縣各有地方公事
若令帶管其用心必不能如局員之一其致力必
不能及局員之專浙省專派師船分頭堵緝猶時
有私梟拒捕之案州縣如果募勇設船則經費繁
重無欵可籌倘僅會營巡查則地廣人單難資堵
截即此互相比較浙鹽改歸官運雖欲照浙中現

銷二成之數亦已勢有所難況奉部議照原額八成認銷數目懸殊尤屬無從設法惟引地乃商人世業事關切己則規復必赴以精心熟悉情形則補救必中其窾要果能招商復業認運提費緝私力求整頓數年之後生聚漸繁或可漸有起色於是再四籌商浙鹽歸官運銷諸多窒礙擬請仍循定制招集舊商復行引鹽庶認運配掣緝私督銷各有專責較官銷似有把握仍令試辦數年再行定額試辦期內並請免計考成由府詳轉並據松

常鎮太四府州陸續詳覆情形相同均據聲明由
商試辦數年再定引額試辦期內並求邀免核計
督銷考成各等情前來伏查蘇松常鎮太五府州
屬額銷正引二十九萬八千餘引內除靖江改食
淮鹽崇明按年包課不計外實銷場鹽二十九萬
四千餘引又額外定岱鹽一萬五千餘引分配嘉
松兩所各引地前因辦理票運兩載核計各屬每
年現銷引數多秖二成有餘少則不及一成課釐
無多又消耗於局用經費得不償失經浙運司會

同牙釐局浙西局援照山東官運成案詳請奏咨改歸該五屬州縣自行籌欵招商招販領運辦理復還督銷考成並擬查照票鹽銷數酌量定額暫請領銷六萬三千引合計原額二成有餘今奉部議秖准酌減二成照原額八成行銷在戶部以州縣考成分數積習相沿不過完至七八分而止是以多定額數以裕課釐然即以七八分而論尚應銷鹽十餘萬引各屬兵燹之後戶口凋零八烟寥落計丁合引相去懸殊即就五六兩年而論由浙

省委員設局督銷派船嚴緝所辦極爲周密而行銷之數僅止二成若歸州縣辦理籌欵則力既不能官運則勢難兼顧且募勇僱船經費無出加以松太兩屬濱海臨江蘇常鎮三府西接大江東達太湖私販易於出没巡緝頗費周章當此蘇省元氣未復生聚未繁即照原議二成領銷實已萬無把握若於二成之外稍再加增更屬無從設法本署司查核各屬所議均係實在情形惟有責成五府州提緊招復商販合爲一局或分爲二局總期

整而不散飭照原奏二成認運辦鹽納課自議緝
私章程先行試辦一二年後俟有成效再行逐漸
增運以期規復舊額所有試辦期內督銷考成並
請暫免核計以昭平允是否有當相應彙議詳覆
伏候咨商浙鹽撫院會核具奏實爲公便等情到
本部院據此相應咨明請煩查照幸卽彙核情形
具奏仍祈示覆施行

同治七年浙江牙釐省局淮運司衙門移開案照
江蘇省蘇松常鎮太五府州屬鹽務招復引商一
案所有現在票商存鹽及各地鹽行並此後完課
銷鹽一切章程原應俟各商各赴引地州縣認定
引數之後再由本署司核議定案惟前據各府州
縣陸續具詳並據該甲商等稟分兩局招集各商
通力合作查照上年原奏引數認包而松江府屬
又有紳士嚴誠等歧稟請詳獨包一府之案常州
府屬又有借名朱心懷等七商之吳敦本赴司具

稟爭包常屬引地本署司當堂傳訊據供各商殷
實者少不能准包在案卽該甲商等所稟之各商
亦未必盡皆殷實本署司訪聞現在各處紛紛請
認之商人舊商中頗有勉强承認而資本實不寬
裕者新商中則有竟無資本姑先佔認引地徐圖
湊集者似此顢頇認數將來必誤通銷卽使追賠
亦仍歸無着自非驗資不可然呈資請驗恐其中
亦有假借情弊茲查五府州各屬票商存鹽共有
三萬餘引此後若令搭銷則曠日持久資本延擱

殊非體恤之道且引商復運之後所有銷鹽巡緝事宜必當全歸引商方能盡力整頓若與票商並銷亦未妥協此時自應將議銷票商存鹽章程於引商認數之前先行議定所有票商存鹽三萬餘引應令各引商從公議償鹽價運腳前課付交票商並找完後半課欵俾票商得歸資本可以別謀生理引商事權歸一銷鹽巡緝事宜必能盡力而引商之有資無資亦顯而易見自不至無本空認兹定舊商新商之認數者以認償票鹽價值運腳

前課並找完後半課之引數爲斷假如償價一千
引照完後半課者准其認數一千數百引或不及
二千引其能多償多完者亦照數多認查各商認
包之數每年共六萬三千餘引票商存鹽係三萬
餘引計有半年鹽數將來半年銷竣時或定章按
季掣鹽各商資本自可周轉如此辦理則赴縣認
數事有把握可期無誤運銷至此案暫時統包以
便通力合作將來仍應各銷各地此時赴縣具結
應行聲明認地之人以免將來轇轕又此案部議

係招復引商雖無商之地自應另招新商但案關部引各地舊商從前引數若干有無數照固應查明其新商所認之地是否舊商故絕抑係有商無力是何引名更應確查以憑核議定章彙案詳咨除移請蘇藩司並劄飭五屬府州縣暨諭飭該甲商馳赴蘇省會齊認商票商議明存鹽價值彙集各商價銀課銀交價完課赴縣認數具結並查明新舊各商數照引名外移局查照希即一體飭遵

同治七年十二月兩浙鹽運使奉鹽院案行同治
七年十一月二十九日准戶部咨開山東司案呈
兩浙運司所屬江蘇蘇松常鎮太四府一州引地
上年十月據浙江巡撫奏請改由地方試行官運
當經本部議覆令照各該府州縣舊時引額減二
成試辦並令官運如果試辦無效仍招商認辦較
有把握統令體察情形咨覆辦理等因行知在案
現計官運試辦將屆一年各該地方州縣領運引
數能否與本部飭辦額數相符一切應交課款能

否完足東南頻歲豐稔人民復業者多銷鹽自必
暢旺各該州縣不得仍以烟戶稀少爲詞墮銷虧
課倘或州縣官運無效本部歷次奏案本有飭令
招商認辦期復舊規之議現復據籍隸浙江等省
職員赴部呈請認辦蘇松常鎮太四府一州引地
除已批令前赴浙省自行具呈外查該職員等旣
經赴部呈請自願認辦引地者尚不乏人應令浙
江巡撫將一年內江蘇蘇松常鎮太四府一州引
地官運銷數暢滯情形先行查明聲覆並將四府

一州引地招商認辦之處一并體察情形通盤籌
畫毋狃便安毋存遷就總期課餉民食兩有裨益
方爲盡善並令趕緊登覆報部毋稍延緩可也等
因到本部院准此合就轉行仰司官吏卽便分別
查明先行詳請聲覆並將四府一州引地招商認
辦之處一并體察情形通盤籌畫趕緊詳咨核辦
毋再任延致干吏議等因奉此遵查江蘇五府州
屬引鹽先於前運使任內同治六年八月間會詳
請照山東成案責成各引地州縣各歸各境自行

籌欵領運或招商或招販集資辦理統計五府州屬共暫領銷六萬三千引一切章程仍照現行票運以免紛歧其代引照單由各該州縣赴運司衙門請領仍照向例各赴各場配掣仍於年終核計減成數目查明暢銷滯銷照例詳辦倘有墮銷短課情事卽遵部議將各州縣照地丁錢糧例嚴參詳請奏咨在案茲於同治七年二月初二日奉前鹽院行准戸部咨覆蘇松常鎮太四府一州應照舊額酌減十分之二作爲官運暫領引額卽據此

額數核計考成並仿山東章程將應繳各項課欵
一律交納概令先課後鹽至應領引目試辦期內
准由各該州縣自赴運司衙門請領代引照單各
赴各場配鹽運銷以清界限統於年終核計如能
掃數全完准由該撫題給獎敘倘有墮銷短課即
照地丁錢糧定例核計分數嚴參並請
勅下江蘇巡撫無分畛域飭屬嚴密緝私統俟試辦一
年後有無成效再由該撫奏交臣部酌核覆奏施
行仍將某州縣額運若干現將減運暫領若干先

行開具清冊專案報部毋稍遲延總之官辦所以
濟商運之窮而綱引實行鹽之本上年九月該省
奏報票運一年期滿案內復據陳明如有殷商情
願認包完運但可多於現銷票運數目卽准認包
期復引商舊額等因是鹽務改票特一時權宜之
計欲求整頓惟招復引商爲正辦浙江地方收復
已閱數年其中殷戶量不乏人如有情願認運者
應卽飭令自松所爲始按現銷票運實數加增認
運概令先課後鹽正雜並繳某處招商有人卽將

某處官運停止俟試辦數年逐漸增復舊額在商
人等得引地以爲世業自必力求整頓較之州縣
領銷似有把握並令該撫轉飭運司認眞經理隨
時奏覆毋稍遲誤等因下司奉經詳請前鹽院咨
明江蘇撫院並由司移行江蘇藩司暨各該州縣
趕緊遵照查辦去後旋於同治七年六月初七日
奉江蘇撫院咨據蘇藩司飭據蘇州府詳所屬長
洲等九縣會詳蘇屬行銷浙鹽向有商人認地完
課配引掣運官爲督銷從前地方完善戶口蕃盛

之時每年銷數不過十分之五六未有能及八成者自匪擾克復後秪銷十分之二所派緝私礮船碁布星羅船堅礮利各有應領正餉猶以私鹽充斥官引滯銷經費浩繁得不償失始擬改章撤局責令蘇省地方官籌資招商運銷藎用兵以來戶口凋殘較從前十減其七少七成食鹽之人卽少七成銷鹽之路加以西有淮私東有岱私侵灌灑賣其價較廉人情惟利是趨既不肯舍賤而買貴卽不能屏私而食官此舊額之未能遽復者也蘇

省錢漕較重州縣政務本繁兵燹之餘勞來安集勸墾清糧業已日不暇給若再責令辦理總商甲商之事實覺兼顧難周如部議官辦督運仍須假手商販設商販不守引界隨地灑賣影射營私夾帶侵銷敗壞鹺綱所關尤鉅且按浙省現辦情形分局派員專司其事竭各員之心思耳目以全力注之所銷不過二二成州縣各有地方公事若令帶管其用心必不能如局員之一其致力必不能如局員之專浙省專派師船分頭堵緝猶時有私梟

拒捕之案州縣如果募勇設船則經費繁重無欵
可籌倘僅會營巡查則地廣人單難資堵截即此
互相比較浙鹽改歸官運雖欲照浙中現銷二成
之數亦已勢有所難況奉部議照原額八成認銷
數目懸殊尤屬無從設法惟引地乃商人世業事
關切己則規復必赴以精心熟悉情形則補救必
中其竅要果能招商復業認運提費緝私力求整
頓數年之後生聚漸繁或可漸有起色於是再四
籌商浙鹽歸官運銷諸多窒礙擬請仍循定制招

集舊商復行引鹽庶認運配掣緝私督銷各有專
責較官銷似有把握仍令試辦數年再行定額試
辦期內並請免計考成由府詳轉並據松常鎮太
四府州陸續詳覆情形相同均據聲明由商試辦
數年再定引額試辦期內並求邀免核計督銷考
成各等情行司即便會同牙釐浙西各局查照來
咨通籌確核妥議具詳毋稍遲延等因遵經本署
司會局通籌核議該府州等所詳尙屬實情而所
擬招集舊商復行引鹽係遵部議之招復引商自

應如詳辦理卽經詳請咨明江蘇撫院速飭五屬
各府州縣立卽招商認數加增票運銷數先課後
鹽一面由司移知蘇藩司並劄飭各州縣暨諭飭
甲商招復各地引商其無商之地以及有商無力
者卽招集新商分赴各引地州縣認定引數具結
運銷卽經分別飭催已據該甲商等邀同各認商
各赴各州縣認數具結並據蘇州府長洲縣令申
送該縣商人潘宏昌等認結到司一俟各州縣申
送認結齊集後卽可移會蘇藩司劄飭各府州縣

並由司查議運銷完課一切章程彙總定案詳咨
茲奉前因除再移行嚴催取結申送以憑定案議
章詳咨外理合將江蘇省蘇松常鎮太四府一州
各屬引鹽遵照部議招復引商現在辦理情形各
緣由先行備文聲覆

兩浙鹽法續纂備考卷四終

兩浙鹽法續纂備考卷五

復引二

同治八年六月浙江巡撫兼管鹽政臣李瀚章會同護理江蘇巡撫臣張之萬奏爲江蘇蘇州等五府州屬鹽務招復引商分地認數設局委員督銷先行試辦請暫免州縣督銷考成恭摺仰祈

聖鑒事竊照江蘇蘇松常鎮太五府州屬鹽務經前撫臣馬新貽奏改官辦上年正月間接准戶部咨遵

旨議奏內開官運之法非不可試行而額引之數亦未

可縣減請如所奏暫行改章試辦其年額應銷引目應仍照銷引舊額酌減十分之二作爲官運暫領引額按數核計考成應繳各項課欵照商運一律交納先課後鹽准由各該州縣自赴運司衙門請領代引照單各赴各場配鹽運銷統俟試辦一年後有無成效再由該撫奏覆核辦如有情願認運者應即飭令自松所爲始按現銷票運實數加增認運概令先課後鹽正雜並交某處招商有人即將某處官運停止俟試辦數年逐漸增復舊額

較之州縣領銷似有把握等因奉
旨依議欽此恭錄行知遵照當經咨商江蘇撫臣飭查
咨覆各屬兵燹之後戶口凋零人煙寥落計丁合
引相去懸殊即照原議二成領銷實已萬無把握
若於二成之外再有加增更屬無從設法惟有責
成五府州趕緊招復引商飭照原奏二成認運自
議緝私章程先行試辦一二年俟有成效再行逐
漸增運試辦期內督銷考成暫免核計請彙核具
奏等因卽經行據浙江鹽運使江蘇布政使浙江

牙釐總局司道會同詳稱蘇松常鎮太各屬從前完善之時銷數不過十之五六現在戶口十減其七該州縣錢漕較重政務本繁未能兼顧官運而引地爲商人世業事關切己請招復舊商復行引鹽查上年原奏銷數六萬三千引僅止十分之二成有零而部定數銷十分之八數目懸殊應飭各商加增認運去後始據蘇州等府詳據商人潘宏昌等陸續認銷引地因所認之數較之近年銷數所增無幾當以運銷票鹽各地情形不同沿海地

方不及一成地居腹裏者本有二成且訪知各舊商資本不裕勉強承認以圖復業各新商竟有無資佔認者而各地票商存鹽尚有數萬引飭局停運並劄各局員督商查明存鹽前半課暨成本路費並銷鹽遠近日期之應得餘利令認商償還並令將後半課先行完納俾認商不能無本空認而票商亦得以別謀生理茲據各局員分稟查明本利議定價值照數交清票商將鹽盤收於本年二月初六起至三月初一等日先後接辦行運等情

查五屬三十一州縣暨同配杭嘉所場鹽與鎮屬昆連先于五年間認包之建平一縣共三十二州縣認包鹽數有六萬六千引雖較舊額相去懸殊而與票運所銷已增不少與其嚴辦票鹽耗費既多得不償失莫若減復引鹽而課欵不虛惟引鹽舊章十載不行不特案卷蕩然無所憑證且情形異昔亦難照行惟有溯查鹽志參酌票章擬具條陳先行試辦一二年仍由運司督飭州縣暨甲引各商察看情形籌議緝私疏銷之法以期增引計

考漸復舊規等情會詳請奏前來臣查浙西引地
敗壞已久自改行票運設局辦理以來定岱私鹽
多潑販於蘇松常鎮太各屬雖殫竭心力設法巡
緝總未能稍有起色緣該五屬州縣濱江沿海支
港紛歧若多派巡船需費不資多設分局糜費滋
多是以前撫臣馬新貽不得已而奏請改章試辦
責成各該州縣自行籌欵領運嗣經部議准辦而
於銷數改爲舊額十分之八相去懸殊官商皆未
領辦臣到任後節次咨准江蘇撫臣飭據蘇州等

府縣招復引商潘宏昌等陸續認銷鹽數共六萬

六千引按年核數如有短少責令賠課先行試辦

一二年暫免計考成仍令運司督飭州縣商人設

法緝私疏銷如有成效再行增引計考漸復舊規

除咨吏戶二部查照並將章程冊結咨送戶部外

合將江蘇蘇州等五府州屬鹽務招復引商分地

認數先行試辦暫免州縣考成緣由會同護理江

蘇撫臣張之萬恭摺具奏本月二十九日軍機大

臣奉

旨戶部議奏單並發欽此

一請發代引印單護照給商完課捆鹽運銷也查
引鹽商人向來赴司先請鹽政須發買鹽憲單
憑單請領部引入場捆鹽並於掣鹽時呈繳單
引過掣然後完課給予水程又憑程再請部引
現甫試辦不特不及請引即憲單水程轉輾給
領亦多周折應請須發代引印單入場捆鹽並
另給護照運銷以省案牘

一先課後鹽應令商人全完課銀後入場捆鹽也

查引鹽商人向來先請部引憲單捆鹽過掣然後完課票鹽章程則於請領買單護照之前先完半課其後半課則於銷鹽時由各府局收完今既復引鹽自應查照引章全完課款惟先請單引入場仍俟捆鹽過掣方能完課行運事較紆迴商人既有所不便且恐該商等捆鹽之後延不完運應令商人先完全課給予引單捆配並將護照發所如過掣無弊立卽發照運行以歸簡捷

一掣驗引鹽應於票章之中參用引章也引鹽舊章先本分季四掣嗣分上下半年兩掣至票鹽章程因兵燹之餘商力不足准其隨到隨掣以免守候現在認商似應查照票章於春季夏初秋季冬初隨到隨掣俾示體恤仍參用引章於夏間醬銷之前將上半年應掣包認之鹽冬間菜銷之前將下半年應掣包認之鹽一併完課掣運以利行銷

一引鹽完課應請暫照票章俟江釐停止後再定

科則也引鹽完課向分正雜科則按引徵完票鹽章程則按觔抽收釐課無分正雜從前浙西之杭嘉湖蘇松常鎮太八屬地情暢滯不同按引徵課自一兩數錢至二兩餘不等舉辦票鹽時該八屬地方沿海沿江私鹽易灌是以按觔抽釐減於浙東各地該八屬場鹽每觔概抽課釐錢八文岱鹽成本較輕則每觔十文而八屬中之蘇松常鎮太五府州係隸蘇省軍興之時向抽鹽釐嗣經浙省分設各局整頓鹽務而江

蘇鹽䇭未能卽停票商完納每觔八文十文䇭課之外未能再令完繳江䇭因以四文五文作爲浙課四文五文作爲江䇭令商人分别完繳在案今五屬改辦引鹽自應以䇭歸課復還科則業經本署運司詳奉咨請兩江總督免提江䇭現奉飭局查議在案此時引鹽課欵應俟議定停免之後察看各地暢滯情形䇭定重輕科則現仍暫照票章按觔抽收分完江䇭浙課

一五屬各地應分設兩局委員督銷也引商行鹽

從前皆自行巡緝疏銷向不委員督率惟此時新商既非熟習舊商亦已生疎地方文武州縣營汛以及營兵縣捕誠恐呼應不靈自應委員督銷以資統率聯絡而五屬地方寛廣並應分設兩局以蘇松太爲一局常鎮爲一局至委員薪水應由各地商人自行籌備不請官項以省

經費

一五屬辦巡銷鹽應准其通力合作也五屬地情雖異十年廢弛則同江海緝私實與內地緝私

相爲表裏而彼此銷鹽皆滯亦有彼善於此者此時甫經試辦各地皆無把握彼此若不相通整頓難期有濟所有各地商人緝私銷鹽一切事宜自應通力合作以收實效

一包認六萬六千引之課欵應責令照數全完也各地商人既經具結認包且有三所甲商出具保結引有絀銷即當賠課應於每屆年終合計五屬銷數如不及六萬六千引責令甲引各商照數賠完案係通力合作應行通銷通賠至本

年已已綱六萬六千引各地認商係於二三月間先後接辦其票商正月初一以後二三月以前所銷之鹽應歸認商六萬六千引數內核計一年銷數以昭公允而杜欠課

一完課錢文應令商人易銀納庫也查票章係按勅抽錢現暫照數完繳而運庫解支均須銀欵自應令商人於完課時查照市價將應完錢文核數易銀完納以便解支

一巡緝私鹽應照票鹽經費飭商自行分提嚴辦

也五屬私鹽充斥辦理票鹽時海巡江巡內巡
經費浩繁此時商巡如不照辦官引難銷現令
甲引商於完課之時自行按引計觔抽提存儲
公所仍照票鹽巡費分別支用內巡每觔定以
一文江海巡每觔定以二文以嚴巡緝
一五屬各州縣督銷考成應請暫免也此時既復
引鹽原應並復考成是以本署運司前詳仍請
復還茲本署司等復查五屬引鹽甫經試辦正
雜科則尚未釐定而該商人等雖已分地認包

實係通力合作盈絀併計包完六萬六千引似
應暫免考成請俟試辦一二年後察看各地銷
鹽暢滯情形再行定額計考惟商人行鹽全恃
州縣督率辦理方能有濟各州縣中如有以鄰
省鹽務意存膜視以致銷引日滯者仍隨時詳
請撤任參處其有認眞督辦行銷暢旺之員亦
即詳請奏奬以示勸懲
五屬引商鹽課應查照牙釐局收支冊分上下
半年查造並按年奏銷也兩浙票鹽課銀係由

牙釐局收支造冊移司詳咨此項引商鹽課係
由本運司衙門收存運庫解支自應於上下半
年援照票鹽收支冊另行造冊彙案詳咨並於
每年十二月彙冊奏銷以清欵目
一五屬各地整頓暢銷後舊商爭認加引應完預
課也現在招復引商原屬儘招舊商惟行鹽商
人當惟力是視舊商有力自應認包舊商無力
應招新商是以現在各地新商之認包者不少
所有該地無力舊商無貲盤買票鹽此時難以

認包而力雖不逮心實不甘一經各地整頓暢銷之後按年加引難保舊商不出而爭認紛紛訟擾屆時並無存鹽當買卽飭令驗資當卽發還仍不能知其有力無力自應先定預課章程凡舊商之爭認引地者認引一道卽令其預完二引課銀認至十百千引者皆加倍預完此項銀兩存儲運庫俟該商運銷引鹽逾於認額之時准於完納課銀之中十成搭扣一成陸續扣還以審商力而息訟端

同治八年戶部爲遵
旨議奏事浙江巡撫李瀚章奏江蘇蘇州等五府州屬
鹽務招商認數先行試辦一摺同治八年六月二
十九日軍機大臣奉
旨戶部議奏單併發欽此欽遵將原奏清單抄出到部
據原奏內稱江蘇蘇松常鎮太五府州屬鹽務前
撫臣馬新貽奏改官辦接准部咨仍照銷引舊額
酌減十分之二作爲官運暫領引額概令先課後
鹽正雜並交當經咨商江蘇撫臣飭查各屬兵燹

之後戶口凋零即照二成領銷已無把握若再加
增更屬無從設法惟有責成五府州招復引商飭
照二成認運自議緝私章程先行試辦一二年俟
有成效再行逐漸增運試辦期內督銷考成暫免
核計等因即據浙江鹽運使江蘇布政使浙江牙
釐總局司道會同詳稱蘇松常鎮太各屬從前完
善之時銷數不過十之五六現在戶口十減其七
該州縣錢漕較重政務本繁未能兼顧官運而引
地爲商人世業請招復舊商復行引鹽據蘇州等

府詳據商人潘宏昌等陸續認銷引地且訪知各地票商存鹽尚有數萬引飭局停運並劄各局員督商查明存鹽前半課暨成本路費並銷鹽遠近日期之應得餘利令認商償還並令將後半課先行完納俾認商不能無本空認而票商亦得別謀生理據各局員分稟查明本利議定價值照數交清票商將鹽盤收於本年二月初六日起至三月初一等日先後接辦行運等情查五屬三十一州縣暨同配杭嘉所場鹽與鎮屬毘連先於三月間

認包之建平一縣共三十二州縣認包鹽數有六
萬六千引雖較舊額相去懸殊與票運所銷已增
不少與其嚴辦票鹽耗費既多得不償失莫若滅
復引鹽課欵不虛惟引鹽舊章十載不行且情形
異昔惟有溯查鹽志參酌票章擬具條陳先行試
辦一二年仍由運司督飭州縣暨甲引各商察看
情形籌議緝私疏銷之法以期增引計考漸復舊
規等情會詳請奏前來臣查浙西引地敗壞已久
自行票運設局辦理以來定岱私鹽多潑販於蘇

松常鎮太各屬雖設法巡緝總未能稍有起色緣
該五屬州縣濱江沿海支港紛歧若多派巡船需
費不資多設分局縻費滋多是以前撫臣馬新貽
奏請改章試辦責成各該州縣自行籌備領運嗣
經部議銷數改爲舊額十分之八官商皆未領運
臣到任後節次咨准江蘇撫臣飭據蘇州等府縣
招復引商潘宏昌等陸續認銷鹽數共六萬六千
引按年核數如有短少責令賠課先行試辦一二
年暫免計考仍令運司督飭州縣商人設法緝私

疏銷如有成效再行增引計考漸復舊規除咨吏
戸二部查照並將章程冊結咨送戸部等語臣等
復查兩浙鹽務同治三年省城克復以後前陞任
撫臣左宗棠以舊商無人奏請暫行票運分府設
局辦理自同治四年正月試辦起每歲約收票課
釐錢一百萬串有奇各府收數以甯紹兩府爲多
杭嘉湖三府次之至江蘇蘇松常鎮太四府一州
引地向歸浙商領運改票以後由浙省派員赴上
海設局督銷綜計雇募緝船支發勇糧以及緝費

局用每歲開銷制錢六七萬串不等以四府一州
收數核計除去應解江蘇藩錢尙覺所入不敷所
用同治五年前歷任撫臣馬新貽奏改州縣官運
經臣部核議令照額引減成試辦本年正月復據
撫臣李瀚章以江蘇州縣錢漕繁重未能兼顧運
鹽請仍招復引商等情咨部經臣部行令將各商
認銷數目暨完課章程趕緊彙案報部以憑核辦
等因咨覆在案茲據該撫李瀚章查明四府一州
所屬計三十二州縣已飭據運司轉據各該州縣

招復新舊各商認定引數共六萬六千引於本年二月初六三月初一等日先後接運請先試辦一二年試辦期內將州縣督銷考成暫免核計並酌擬章程十二條具奏其各商認運引數亦據造冊咨送前來臣等查兩浙引鹽仍由商運自經兵燹舊商四散始議票章分府試辦蘇松常鎮太四府一州係江蘇地界行銷兩浙引鹽改票以後局用巡費支款倍於他處前陞任撫臣馬新貽議改官運末據領辦有人茲李瀚章仍請招復引商減額

認辦查四府一州屬例銷額引三十萬八千四百三十八道有奇認包引數六萬六千道按照舊額纔及十分之二第常鎮逼近淮岸蘇松太地處海濱私鹽均易侵灌票販既已滯銷官運復難兼顧若不量予變通口岸益形廢弛既據該撫體察情形招商認辦自爲整飭鹺綱起見臣等公同商酌應請將行銷浙鹽之蘇松常鎮太四府一州引地准如該撫所奏減額認運卽以六萬六千引作爲暫包引額先行試辦一年試辦期內州縣督銷考

成免其核計統俟一年屆滿查看銷數酌量加增引額再復考成以符舊制其票販積存引數由認商收買先後接運之處均應如該撫所擬辦理再查四府一州例配杭嘉松三所場鹽每引重三百七十五觔至四百觔課額自一兩數錢至二兩餘不等票運章程無分正雜課釐並徵浙西杭嘉松場鹽每觔收課釐錢八文按引計觔每引收課釐錢三千文及三千數百文現在四府一州招商減額名爲試行商運實仍沿襲票章所有試辦一年

旨依議欽此

理合恭摺具陳不日軍機大臣奉

命下臣部飭行知該撫遵照辦理所有臣等遵議緣由

御覽恭候

請單恭呈

以肅鹺政其另擬章程十一條謹校敘覆另繕

六千引課銀短鈔飭照該撫所擬責令各商分賠

收毋庸另議科則轉致避多就少至包額之六萬

期內隨令無分正雜按照票運課釐數目如數徵

同治八年戶部片奏再臣等正在核議間據浙撫
李瀚章將蘇松常鎮太四府一州引地各商應完
正雜科則造具清冊咨送到部據咨內聲稱五屬
引地皆私充難辦該商急公認運應量爲體恤將
票課八文按地分別酌減邇來銀價較昂以錢合
銀數更見絀各地科則每引正一兩一二錢至一
兩五六錢不等照舊章正雜并計每引須二兩以
外數實不敷又據冊開杭嘉二所各地每引正課
四錢有奇松所濱海各地每引正課二錢有奇合

之雜欵並外銷各欵每引約完一兩一二錢一兩五六錢不等通共五屬引地認運六萬六千引應完正雜各課銀九萬五千六百八十六兩四錢九分零等語臣等督飭司員按冊核算四府一州屬現時認額六萬六千引比較舊額纔十之二所擬科則正課一項按照舊制尚無短少其餘雜欵暨外交內銷各欵視前減額甚多現當初復引商必責令將從前應支各欵按引令交商力或虞未逮然從此著爲定章減輕科則年復一年虧鉠綦鉅

查該撫陳奏條欵內稱五屬引地通銷通賠不分
畛域飭照票章辦理是該省現辦章程係以認商
兼行票運臣部於議覆正摺內業已准令試辦一
年所有試辦期內自應仍令按照票運完課章程
蘇松常鎮太四府一州引地每觔完課八文毋庸
另議科則轉致避重就輕其應支銷各欵除緝費
外仍照票運章程核實造報統俟試辦期滿認運
引額加增再按從前應完科則按引全完奏明辦
理至五屬引地票運案內每觔提取四文劃作江

鼇致浙課因之減色今江鼇停收專歸浙課以每年銷引六萬六千道每引三百七十五觔暨四百觔核計一年所獲課欵總可得制錢二十萬串之數乃此次所報科則每年正雜併計共完銀九萬五千六百餘兩剔除雜欵外支各欵實在歸公正課銀秖三萬三千餘兩各該認商藉引地滯銷爲詞希圖減輕科則多占贏餘前經職員周衡等赴臣部呈請認辦四府一州引地曾據聲稱每年願交銀十萬兩可見各該引地銷數未必不勝於前

商運未必不有餘利豈得僅憑誑商一面之詞遽
將科則減輕永虧課額該撫務當通盤籌畫期於
裕課恤商兩有裨益是爲至要再查冊內聲稱同
治三年辦理票鹽杭嘉松紹四所皆酌加耗鹽江
蘇五屬常鎮六十觔蘇松太四十觔現擬援照道
光二十九年加觔成案將此項加耗鹽觔祇完正
課河餉不完雜款等因臣部查行鹽觔重例有定
額如有增加必須先行奏明核准後始爲遵辦兩
浙舉行票運其每票若干引每引若干觔曾經臣

部咨查旋據覆稱均循額引之舊並未將每票加
增觔數先期奏准何以此次冊開輒稱杭紹嘉松
各所引鹽均有加給耗觔至六十觔四十觔之多
臣部斷難核准應請
旨飭下浙江巡撫將耗觔名目即行禁革其松所引鹽
例定四百觔本無加觔成案至杭嘉松三所引鹽
令恪遵道光二十九年加觔奏案辦理如於奏定
加觔之外再有增加即將多餘鹽觔割沒入官照
私鹽例變價充公以符定制至四府一州現認六

萬六千引額裁去耗觔歸併核算計可增引數千
併令該府迅卽查明加增引額毋任隱混致虧課
欵所有臣等據咨奏緣由理合附片陳明
一請發代引印單護照給商完課捆鹽運銷一條
據稱引商向來赴運司衙門先請鹽政所發買
鹽印單憑單請領部引入場捆鹽並於掣鹽時
呈繳單引過掣然後完課給予水程又憑程再
請部引現甫試辦不特不及請引卽印單水程
輾轉給領亦多周折請由鹽政預發代引印單

入場捆鹽並另給護照運銷以省案牘等語查兩浙引鹽向由運司揀派官商赴部請領引目其買鹽時印單掣驗後水程均爲稽察防弊起見今該撫以試辦之初未及請領部引並印單水程輾轉給領事多周折請由鹽政頒發代引印單入場捆鹽另給護照運銷等語查蘇松常鎮太五屬引地甫經招商認運若令驟復舊規轉致畏難觀望應如該撫所請試辦期內暫免赴部領引其印單水程亦暫停給卽由鹽政頒

發代引印單入場捆鹽另給護照運銷以歸簡易統俟試辦一年後察看情形議復舊制毋得持有此次試辦章程置部引於不問是爲至要

一先課後鹽令商人全完課銀後入場捆鹽一條據稱引鹽商人向來先請部引印單捆鹽過掣然後完課票鹽章程則於請領買單護照之前先完半課其後半課則於銷鹽時由各府局收完今既復引鹽自應查照引章全完課欵惟先請單引入場仍俟捆鹽過掣方能完課行運事

較紆迴商人既有所不便且恐該商等捆鹽之
後延不完運應令商人先完全課給予印單捆
配並將護照發所如過掣無弊立卽發照運行
以歸簡易等語查兩浙綱引先鹽後課其課欵
俟捆鹽過掣始行完納誠以重觔夾帶種種弊
端均在掣驗之際過掣以後方令完課定章極
爲周密今該撫請於掣驗以前先完全課過掣
無弊卽發護照雖爲便商起見惟夾帶重觔之
弊不可不防應令於掣所派委公正賢員認眞

秤掣並將引單護照暨掣配鹽觔核對明確如查有引單數目浮於掣驗數目掣驗鹽包多於例定鹽觔之處立卽稟明鹽政扣除護照嚴定罰規毋稍寬縱

一掣驗引鹽應於票章之中參用引章一條據稱引鹽舊章先本分季四掣嗣分上下半年兩掣至票鹽章程因兵燹之餘商力不足准其隨到隨掣以免守候現在認商似應查照票章於春季夏初秋季冬初隨到隨掣俾示體恤仍參用

引章於夏間醬銷之前將上半年應掣包認之鹽冬間菜銷之前將下半年應掣包認之鹽一并完課掣運以利行銷等語查引鹽先分季四掣嗣分上下半年兩掣原以整飭鹺綱且免爭先搶運而守候稽留往往不免今試辦之初商散引碎應如該撫所擬查照票章於春季夏初秋季冬初隨到隨掣俾示體恤所有應掣包認之鹽卽令於夏間醬銷以前冬間菜銷以前一律完課掣運以利行銷

一引鹽完課俟運司釐定科則另詳咨部一條據稱引鹽完課向分正雜科則按引徵完票鹽章程則按觔抽收釐課無分正雜從前浙西之杭嘉湖蘇松常鎮太八屬地情暢滯不同按引徵課自一兩數錢至二兩餘不等舉辦票鹽時該八屬地方濱海沿江私鹽易灌是以按觔抽釐減於浙東各地該八屬場鹽每觔概抽釐課錢八文岱鹽成本較輕則每觔十文而八屬之蘇松常鎮太五府州係隸蘇省軍興之時向抽鹽

釐嗣經各省分設各局整頓鹽務而江蘇鹽釐
未能卽停票商完納每觔八文十文釐課之外
未能再令完納江釐因以四文五文作爲浙課
四文五文作爲江釐令商人分別完繳在案今
五屬改辦引鹽自應以釐歸課復還科則業經
咨准兩江督臣江蘇撫臣函覆停免抽釐除飭
運司察看各地暢滯情形查照成例釐定輕重
科則妥議章程詳明定案另行咨部備查等語
查引鹽舊章係正課雜欵並徵尚有應解京外

各衙門帑利等項均須按引交納自改行票章
奏明無分正雜統歸課釐兩項徵收浙東每觔
收課釐錢十二文浙西每觔收八文至十文蘇
松常鎮太五屬係浙西口岸例配杭嘉松三所
場鹽此三所額引觔數例定三百七十五觔至
四百觔不等按每觔八文每引三百七十五觔
核計應納課釐已需制錢三千文比較引章徵
課有盈無絀現五府州屬名雖試辦商運實仍
沿襲票章所有試辦期內應徵收課欵應照票

章無分正雜按引計觔每觔八文於請領代引印單時全數交納運庫不得短少其劃解江蘇一半釐錢卽行停止至該撫所請查照成例釐定輕重科則之處統俟試辦期滿增復引額核計考成之日再行妥議章程辦理以期久遠而昭劃一

一五屬各地應分設兩局委員督銷一條據稱引商行鹽從前皆自行巡緝疏銷向不委員督率惟此時新商既非熟習舊商亦已生疎地方文

武州縣營汛以及營兵縣捕誠恐呼應不靈自應委員督銷以資統率聯絡而五屬地方寬廣並應分設兩局以蘇松太爲一局常鎮爲一局至委員薪水應由各地商人自行籌備不請官項以節經費等語查蘇松常鎮太五屬運銷浙鹽事屬隔省地方文武呼應難期一氣該撫所請委員督銷之處自爲聯絡地方俾資統率起見應如所議辦理仍由該撫督同運司認眞查察如有督銷不力情弊卽從嚴參辦以專責成

其委員薪水卽由各商籌備無庸動用官項以歸撙節

一五屬辦巡銷鹽應准通力合作一條據稱五屬地情雖異十年廢弛則同江海緝私實與內地緝私相爲表裏而彼此銷鹽皆滯亦有彼善於此者此者此時甫經試辦各地皆無把握彼此若不相通整頓難期有濟所有各地商人緝私銷鹽一切事宜自應通力合作以收實效等語查五屬引地廢弛日久巡緝疏銷最關緊要應如該

撫所擬五屬界內准其通力合作俾收實效
一包認六萬六千引之課責令照數全完一條據
稱各地商人旣經具結認包且由三所甲商出
具保結引有絀銷卽當賠課應於每屆年終合
計五屬銷數如不及六萬六千引責令甲引各
商照數賠完案係通力合作應行通銷通賠至
本年己巳綱六萬六千引各地認商係於二三
月間先後接辦其票商正月初一以後二三月
以前所銷之鹽應歸認商六萬六千引數內核

計一年銷數以昭公允而杜欠課等語查五府州屬額引三十萬八千四百餘道今認包引數六萬六千道比較舊額纔及十分之二因招商伊始業於議覆正摺內准令試辦一年俟試辦期滿察看情形加增引額所有試辦期內自不得再有短絀倘銷不足數應如該撫所擬責令甲引各商通賠以杜欠課至認運各商甫於本年二三月間接續試辦其正二月間票運所銷之鹽亦應如該撫所擬統歸認商一年銷數內

核算以昭公允
一 完課錢文應令商人易銀納課 一 條據稱票章
係按銅抽錢現暫照數完繳而運庫解交均須
銀數自應令商人於完課時查照市價將應完
錢文核數易銀完納以便解交等語查引課舊
章本係按銀完納今請將應交課錢查照市價
核數易銀完納係與舊章相符應如所擬辦理
仍令該撫督飭運司嚴禁庫吏需索以恤商艱
而防奸蠹

一巡緝私鹽應照票鹽經費飭商自行分提嚴辦

一條據稱五屬私鹽充斥辦理票鹽時海巡江

巡內巡經費浩繁此時商巡如不照辦官引難

銷現令甲引商於完課之時自行按引計觔抽

提存儲公所仍照票鹽巡費分別支用內巡每

觔定以一文江海巡每觔定以二文以嚴巡緝

等語查巡緝私鹽最爲疏銷關鍵既據該撫核

定內巡江海各巡緝費由甲引各商完課時按

引計觔抽提存儲公所即係商捐商用應如所

擬辦理毋庸作正開銷並不得於完納官項內
挪墊借用以清界限而重庫欵至蘇松常鎮等
處淮私充斥鎮江一府尤爲蘇常門戶與淮南
通泰二十鹽場秖隔一江飛渡最易從前派鎮
江同知京口協副將常川巡緝嗣後奏歸常鎮
道專管現在四府一州既已招復引商其應如
何查緝之處應請
飭下兩江總督江蘇巡撫會同浙江巡撫妥議章程奏
明辦理

一五屬督銷考成應請暫免一條據稱此時既暫
復引鹽原應並復考成是以該署運司前詳仍
請復還茲該署司等復查五屬引鹽甫經試辦
正雜科則尚未釐定而該商人等雖已分地認
包實係通力合作盈絀並計包完六萬六千引
似應暫免考成請俟試辦一二年後察看各地
銷鹽暢滯情形再行定額計考惟商人行鹽全
恃州縣督率辦理方能有濟各州縣中如有以
鄰省鹽務意存膜視以致銷引日滯者仍隨時

詳請撤任參處其有認眞督辦行銷暢旺之員亦應酌奬以示勸懲等語查州縣督銷鹽引係按例銷引額作十分計考今五府州屬認包引數比較定額纔十之二於議覆正摺內准其試辦一年所有州縣督銷考成應暫免計核計疏銷之暢滯全恃地方州縣認眞督率應令試辦一年後體察情形加增引額復還考成以昭功過倘試辦期內各該州縣有以鄰省鹺綱意存膜視經該撫訪查確實卽行從嚴參辦毋稍徇

隱

一五屬引商鹽課應查照牙釐局收支冊分上下
半年査造並於次年造報奏銷一條據稱兩浙
票鹽課銀係由牙釐局收支造冊移司詳咨此
項引商鹽課係由運司衙門收存運庫解支自
應於上下半年援照票鹽收支冊另行造冊彙
案詳咨並於次年十二月彙冊奏銷以清款目
等語查兩浙引鹽例定次年十二月奏銷毋票
以後經臣部飭令仿照兩淮章程分上下半年

造報節據遵辦在案今五府州屬試辦引鹽其繳課運銷章程既查照票運辦理自應如該撫所擬仍分上下半年由運司另冊報部所有向例入奏應銷欵項卽按冊開列以資稽考並查照定例於次年十二月奏銷毋稍延緩

一五屬各地整頓暢銷後舊商爭認加引應完預課一條據稱現在招復引商原屬儘招舊商但行鹽商人惟力是視舊商有力自應包認舊商無力應招新商是以現在各地新商之認包者

不少所有該地無力舊商無資盤買票鹽此時
難以認包而力雖不逮心實不甘一經各地整
頓暢銷之後按年加引難保舊商不出而爭認
紛紛訟擾屆時並無存鹽當買即飭令驗資當
即發還仍不能知其有力無力自應先定預課
章程凡舊商之爭認引地者認引一道即令其
預完二引課銀認至十百千引者皆加倍預完
此項銀兩存儲運庫俟該商運銷引鹽逾於認
額之時准於完納課銀之中十成搭扣一成陸

續扣還以省商力而息訟端等語查五屬引地
現時包認數目纔及舊額十分之二一經整頓
必可暢銷人情憚於圖始舍難趨易倘新商包
認暢銷以後舊商出而爭認紛紛訟擾誠宜預
防該撫請先定預課章程凡舊商爭認引地認
引一道卽令預完二引課銀認至十百千引皆
加倍預完自爲審驗商資起見應如所擬辦理
至此項預完銀兩存儲運庫俟該商運銷引鹽
逾於認額之時准予完納課銀之中十成搭扣

一成陸續扣還所以保新商者成爲極厚而繩舊商者未免過苛且恐舊商無人出認即新商引地暢銷亦不肯自行首報加額行運課欵所關殊非淺鮮應令該撫改定章程將此項預完銀兩存儲運庫俟該商辦運兩年課無分毫蒂欠准於完納課銀之中十成搭扣二成陸續扣還計前項預完引課非數年後不能扣清亦足驗商本之盈虛不至爭端競起矣

同治八年六月兩浙運司衙門奉鹽院牌開准戶
部咨開山東司案呈准浙江巡撫咨據署運司馮
禮藩詳稱案准戶部咨開兩浙運司所屬江蘇蘇
松常鎭太四府一州引地前陞任巡撫馬奏請改
由地方州縣試行官運當經議令照各該府州縣
舊額減二成試辦如官運試辦無效仍招商認辦
統令體察情形咨覆辦理現計官運試辦將屆一
年領運引數能否與本部飭辦額數相符今將一
年內江蘇蘇松常鎭太四府一州引地官運銷數

暢滯情形先行查明聲覆並將四府一州引地招
商認辦之處一併體察情形通盤籌畫趕緊登覆
報部遵查江蘇五府州屬引鹽經前司高卿培詳
請照山東成案責成州縣各歸各境籌欵領運統
計五府州屬共暫領銷六萬三千引嗣准部覆蘇
松常鎮太四府一州應照舊額酌減十分之二作
爲官運暫領引額卽按此額數核計考成概令先
課後鹽等因下司詳請咨明江蘇撫院並移蘇藩
司遵辦旋據藩司會詳蘇屬行銷浙鹽向有商人

認地完課配引掣運官爲督銷從前地方完善戸口蕃盛每年銷數不過十分之五六未有能及八成者自匪擾克復後秖銷十分之二蓋戸口凋殘較從前十減其七少七成食鹽之人卽少七成銷之路加以西有淮私東有岱私侵灌灑賣其價較廉人情惟利是趨既不肯舍賤買貴卽不能屏私食官此舊額未能遽復也蘇省錢漕較重州縣政務本繁兵燹之餘勞來安集勸墾清糧日不暇給若再假手商販設不守引界灑賣侵銷敗壞鹺綱

所關尤鉅且浙省專派師船分投堵緝猶時有私梟拒捕之案州縣如果募勇設船則經費繁重無欵可籌倘僅會營巡查則地廣人單難資堵緝卽此互相比較改歸官運雖欲照浙中現銷二成之數亦已勢有所難惟引地乃商人世業事關切己規復必赴以精心熟悉情形補救必中其窾要果能招商復業認運提費緝私力求整頓數年之後生聚漸繁或可漸有起色仍令試辦數年再行定額試辦期內並請免計考成又據蘇松常鎮太四

府一州陸續詳覆情形相同本署司會局通籌核
議該府州等所詳洵屬實情自應如詳辦理一面
諭飭甲商招復各地引商其無商之地以及有商
無力者卽招集新商分赴各引地州縣認定引數
具結運銷已據該甲商等邀同各認商各赴各州
縣認數具結並據蘇州府長洲縣錢令申送該縣
商人潘宏昌認結到司一俟各州縣申送認結齊
集後卽可移會蘇藩司劄飭各府州縣並由司查
議運銷完課一切章程彙總定案詳咨再該五屬

各局票鹽除現銷外存鹽不少已由司劄飭各局督飭甲商邀集票商認商議定價值令認商交價完課領鹽接銷等情到院據此除咨移行飭催各州縣趕緊申送認結聲明實在數目彙核定案另行詳咨辦理外相應先行咨覆請煩查照施行前來查兩浙運司所屬蘇松常鎮太四府一州引地係以江蘇地面行銷兩浙鹽引同治四年改行票運四府一州引地由浙省派員在上海設局總辦四五兩年每年所收票運課釐錢文開除局用緝

周衡等在部呈請認辦四府一州引地復於上年
官運將屆一年未將試辦章程報部又浙省職員
二月奏覆後行知該省遵照在案嗣因該省奏改
辦如試辦無效仍招商認運以期經久於六年十
東情形不同行令照各引地舊額一減成暫行試
部核議江蘇行銷浙鹽係屬隔省稽察省銷與山
章程擬將四府一州引地改由州縣官運當經本
六年十月陞任浙江巡撫馬奏請仿照山東官運
費艱船價短糧及分解江蘇釐錢外實存無幾同治

九月咨查該撫令將四府一州一年內官運銷數
並招商認辦之處是否可行體察情形一併聲覆
各在案兹准浙江巡撫轉據署運司馮禮藩並江
蘇藩司會詳各情具覆到部大致謂蘇松常鎮太
四府一州引地從前戸口蕃盛銷數不過十分之
五六兵燹以後戸口減少十損其七少七成食鹽
之人卽少七成銷鹽之路江蘇州縣錢漕繁重無
暇兼辦總商甲商之事浙省設局運鹽專設師船
以資巡緝州縣如責令募勇旣覺經費難籌設僅

會營巡查地廣人單未必得力體察情形改歸官
運不特部議暫令銷引八成未能如額試辦即比
照浙局現銷二成亦復勢有所難應請招復舊日
引商以資整頓一面諭飭各引地舊商其並無舊
商及有商無力各地即招集新商分赴各引地認
數具結仍由各該引地坐落州縣申送認結俟送
齊後再將運銷完課一切章程彙總定案咨部等
語本部查蘇松常鎮太四府一州引地行銷浙鹽
事屬隔省巡緝稽查尤關緊要改票以後每屆收

數均消耗於緝費勇糧陞任前撫因思變通改由
官運兹據浙撫移行蘇藩司查覆各情仍請招商
認辦自係體察情形爲規覆舊制起見應准如所
咨將四府一州引地毋庸設局試行票運亦毋庸
改由州縣官運卽令該撫督飭運司趕緊招集妥
商分地認辦並將票運撤局新商接辦日期截清
界限先行報部毋稍牽混再查兩浙引鹽杭嘉松
三所每引例定三百七十五觔至四百觔徵正課
銀自一錢九分至四錢二分不等改票以後據報

以五十引爲一票每票觔數仍循舊制每觔收課
釐錢八文至十二文通計每引徵收課釐錢約三
四千文上下合銀二兩有奇現在招商認辦其完
課章程以及認銷數目尚未據該撫核定報部惟
查歷任前撫馬請改官運案內聲明四府一州共
領運六萬三千引上年職員周衡等在部呈請案
內聲稱四府一州每年繳引課銀十萬兩是無論
官商認運其爲可銷引數暨每年可得引課已有
明證該撫以票運官運均無把握仍請復商認辦

自必力求整頓於課欵民食兩有裨益其各商分
認引額比較官運六萬三千引之數自可加增應
完課欵自必愈求核實總之涓滴歸公卽按每引
完課二兩銷引六萬數千計之已可徵引課銀十
二三萬兩倘引額加增徵課數目尚不止此統令
先課後鹽並將一切浮費永遠刪除各項雜費名
目毋庸另設並不得於應完課欵內另提緝費以
昭核實至督銷考成以及領引事宜統俟該撫彙
案咨報到日再行核辦仍令將彙案章程趕緊報

部毋稍延緩相應咨覆浙江巡撫並江蘇巡撫一
體查照可也等因到本部院准此合就轉行爲此
仰司官吏卽便查照來咨指飭各事理迅卽分別
遵照辦理一面移知蘇藩司查照毋違須至案者

同治九年戶部爲遵

旨議奏事署浙江巡撫楊昌濬奏杭紹嘉松四屬票引

加耗並江蘇蘇州等五府州科則仍請循照辦理

以恤商力一摺同治九年三月初七日軍機大臣

奉

旨戶部議奏片併發欽此欽遵由內閣抄出到部據原

奏內稱竊查接管卷內江蘇等五府州屬鹽務招

商認運一案前經撫臣李瀚章擬具章程奏請先

行試辦並將應完引課科則數目咨明戶部查照

嗣淮戶部議奏另繕清單按欵覆核並准抄片內
開蘇松常鎮太四府一州引地仍照票課每觔完
課八文毋庸另議科則並飭將各所耗觔名目卽
行禁革各等因行司轉飭去後茲據運司錫祉前
署運司候補道馮禮藩會同牙釐局司道詳轉據
杭紹嘉松四所商人稟稱兩浙鹺務自前兼署撫
臣左宗棠督軍入浙先辦鹽釐繼辦票鹽其時商
散竈廢招徠煎銷係隨煎隨捆隨掣隨運暴鹽所
耗較多有虧商本水路則船少停待替駁小船種

種潑散陸路則現用車騾抛擲尤多鹽到滯銷則滴滷更多故不得不分別加耗卽如現在各局票鹽每引稱發浙東不及三百三四十觔浙西不及三百五六十觔而江省五屬公堂稱發時杭嘉亦秖三百五六十觔松所不過三百八九十觔尚短於正引觔數此其明證總之時勢變遷場產暴宿道路難易運銷暢滯均屬不同今若遵議禁革則正觔虧蝕更多商人血本銷乏之請仍准一律加耗以保商本而免虧累並另據杭嘉松商人稟稱五

屬科則向分正減自二兩有餘至一兩有奇不等票鹽改收錢欵浙課江釐共止八文委員駐地督辦僱用輪船巡海礮船巡江通計支撥巡費一欵幾至數十萬串每年銷鹽僅三四萬引上年議覆引商照現銷票引加增五成年定六萬六千引並查案分等定則而以票章歸公撥給之巡費提歸商辦商等於上年二三月間先後接辦銷數現未截止通牽約計賠課在所不免若科則不分每觔八文則極疲之地自必立成廢壞而延及腹內如

謂分地減則或恐避多就少查杭嘉松所正課向
分輕重銷鹽完課彼此從不攙越蓋科則最輕之
地必爲銷鹽最滯之區斷不肯以彼易此如謂職
員周衡等呈稱每年願交課銀十萬兩商等現課
尚少四千餘兩但以商等所輸課銀並提用巡費
每觔統牽實在九文有餘總計課欵巡費銀數實
在不止十萬兩請仍照科則投納課欵各等情撫
臣李瀚章未及核辦移交到臣查江省蘇松常鎮
太五屬鹽務現改舊商認引完課係屬參用票章

部議毋庸分定科則仍照票章不論何地一律完課每觔八文原無不可惟五屬各地有沿海沿江内地之分歷年銷鹽暢滯不同暢地多銷課重而銀數亦多滯地少銷課輕而銀數亦少上年該五屬自七月既分科則之後課重引多之地完數溢於認數課輕引少之地完數絀於認數而以銀數核計則溢數多於絀數查七月以後共完科則引課二萬九千二百九十餘引合銀四萬二千八百餘兩如以科則一兩三錢至一兩五六錢之數統

計勻牽每引不過一兩三錢止應合銀三萬八千
兩有零今溢銀四千八百餘兩自以各地有溢絀
重輕之故且票課每觔八文係於定課之時提錢
巡緝今若仍完八文照扣緝費則課欵既無重輕
之分將來統計銀數恐有短絀若令商人全捐巡
費力實不逮仰懇
天恩俯准將蘇屬五府州科則仍照前定完課毋庸更
改至兩浙耗鹽之由來委因暴鹽滷耗暨水路拋
散私衝銷滯折耗之故並懇

恩准將杭紹嘉松四所耗鹽仍照前撫臣左宗棠改票
原案分別給商以示體恤至江省五屬商人果能
辦巡認眞此後認數似可稍加其試辦年限上年
係兼銷票鹽未能核准引課應請本年再行試辦
一年俾得酌察地情分別辦理等語臣等伏查兩
浙運司所屬江蘇蘇松常鎮太四府一州引地改
票以後銷數減絀浙撫臣李瀚章奏請招復引商
減額認辦當經臣部核議准令試辦一年俟一年
後加額認運並以五府州屬招商認運現仍參用

票章所有應完課欵卽按照票運章程每觔完課
八文毋庸另議科則轉致避多就少每引觔數均
按道光二十九年奏定數目掣運不得另加耗觔
致虧引額於同治八年九月覆奏奉
旨依議欽此欽遵行知該撫遵照在案茲據署撫楊昌
濬以浙鹽改票杭紹嘉松四所均已酌加耗觔緣
場產既有暴宿轉運復多虧折更兼私充銷滯滷
耗尤重請仍准予加耗以保商本至五府州屬科
則請仍查照成案分別輕重按引完納無庸仿照

票章每觔八文計觔完課以抒商力其試辦年限
上年兼銷票鹽未能核准引課請再試辦一年察
看引地情形分別辦理等因具奏前來臣等查兩
浙引鹽杭嘉紹三所原定每引三百三十五觔道
光二十九年查辦鹽務案內紹所每引加鹽二十
觔杭嘉二所每引加鹽四十觔止完正課河餉不
徵雜欵松所仍以四百觔爲定額各省引鹽科則
雜欵多於正欵加觔成案率因引額滯銷免輸雜
課俾資調劑今浙鹽業已減額認銷未便再令加

耗減課並恐明加耗觔之外更有夾帶影射臣部
職綜度支深知鹺綱弊政以商私夾帶爲最甚若
竟准於加耗應銷正額必致大形減絀所有杭紹
嘉松四所認銷鹽觔應令恪遵道光二十九年奏
定觔數辦理該署撫所請另增耗鹽之處應毋庸
議仍令督飭運司嚴禁重觔夾帶一經查出卽行
割沒入官該撫總司鹺政尤當隨時密加訪察毋
得稍事瞻徇以清積弊而符定制至蘇松常鎮太
五屬釐定科則一節查浙鹽科則原分輕重惟該

撫上年擬定條欵內稱五屬包額認課通銷通賠
此次又稱課重引多之地完數溢於認數課輕引
少之地完數絀於認數以銀數核計溢數多於絀
數贏絀相權即通銷通賠之明證各該認商冀𧍱
定科則以後止將應完正課河餉列入奏銷報部
其餘外銷欵項無須入撥查兩浙歲銷額引八十
萬道照額全完可得報撥正課等銀四十萬兩有
奇現在認銷額數江蘇五屬秖六萬六千引浙東
並杭嘉湖三府共二十四萬四千八百引前後併

計較之舊額尚不及十分之四若統按從前科則僅將正課河餉等銀造入撥款計每引完納不過二三錢及五六錢不等報解歸公之數更形減絀且五屬完課既係通銷通賠畛域不分實與票運無異自未便將正雜外銷各款逐一分晰轉致京餉不敷籌撥所有該五屬應完課款仍令按照票章計觔完納以歸核實惟課輕引少之地既據該署撫聲稱銷數絀於認數應將分配松所引鹽認額較少之華亭婁縣奉賢金山上海南滙靑浦太

倉鎮洋嘉定寳山崑山新陽常熟昭文等十五州縣共一萬一千引每觔減收一文以七文完納其分配杭嘉二所各州縣引鹽仍按每觔八文徵收毋許短少並不得於八文七文内另提緝費以符奏案該署撫所請仍照前議分定科則之處亦毋庸議至稱試辦一年限内先因兼銷票鹽致引課未能核準請再辦一年察看引地情形等語查五府州應銷額引三十萬八千四百三十餘道上年該撫奏請招復引商認銷引六萬六千道臣部核

其由票改綱爲規復舊制起見准令暫照減額試
辦一年仍飭認眞巡緝實力疏銷以期增復引額
今試辦屆滿該署撫又請展辦一年其前辦一年
期內實徵課欵並五屬認額能否加增未據聲敘
應飭令該署撫迅速查覆並准自同治九年正月
起再行接辦一年該撫仍當督率運司實力稽查
勿以試銷引數作爲定額是爲至要所有臣等遵
議緣由理合恭摺具陳軍機大臣奉
旨依議欽此

同治十年二月戶部奏爲兩浙運司所屬江蘇四府一州鹽課暫按科則徵收仍令正雜通完造入撥欵並將耗觔永遠裁禁據咨改奏仰祈
聖鑒事竊據浙江巡撫楊昌濬咨稱前准部咨杭紹嘉松四所所票引加耗令即日停止蘇省五府州仍按票章計觔完課暨松所之華亭等十五州縣每觔減收一文並准再行試辦一年等因到院行司分飭議辦去後據江蘇五屬商人稟稱江省五屬本辦票鹽官爲巡緝因入不敷出奉改官運旋改舊

商認銷查照票銷加五成認數每年務足六萬六
千引名爲通銷通賠並以巡緝費重責令商等自
行巡緝兼恐各地或有廢弛并令通力合作認眞
嚴辦於票課四文江鼇四文之中量提巡費二文
完課六文其實按觔派計以所用巡費三文並計
課欵已每觔九文部駁恐商等避重就輕另改票
課八文伏查前奉通賠之議惟恐各地完課短絀
是以通計賠完並非通計不分輕重所完正雜課
欵均列冊造報一切應完公欵皆另行提捐從無

絲毫請領商等委無希冀外銷入撥之心至耗鹽
奉駁案關全局俟會同紹所甲商再行議稟等情
復據該管運司詳覆以兩浙耗鹽一欵既奉部嚴
駁自應革除惟江省五屬科則該商等所稟均係
實情雜欵課銀業經造入春秋撥冊雖註稱存備
以雜墊正之用上年迄今並無絲毫支發從前以
雜墊正虛報全完係咸豐十年以前歷久因循之
案現在滯銷更甚於前該商等認引無多自應照
案扣墊抵滯銷未完之課未便列作現完正課加

數又巡緝經費爲數實鉅茲酌提二支商人所用實不止二支且已改銀欵係就上年銀價合計作爲永定之數此時銀價日增與其改收銀價之日增票課錢文而事無把握不若按照舊章仍行科則分別輕重嚴責認商務使包認課銀有著之爲得應請暫照科則完運將耗鹽扣除至本查五屬認額能否加增查去冬具詳時各地完課之數核擬茲查上年銷數實尚短少只須嚴追該商等認完之課自當各顧身家世業盡力嚴巡斷不肯有

完無銷存鹽不售此後巡緝日嚴銷數似可望其
日加認數亦可漸增除將上年實徵課欵實銷引
鹽各數開具清摺咨部示遵各等語臣等伏查兩
浙引鹽行銷江蘇省蘇松常鎮太四府一州例定
額引三十萬八千四百三十八道有奇咸豐三年
以後地方叠經兵燹同治三年浙江省城收復前
任閩浙總督兼署浙撫左宗棠以舊商招復不易
奏改票鹽不分正雜統按每觔八文抽收即在八
文之內提出四文劃作蘇省鹽釐同治五年陞任

浙撫馬新貽奏請將四府一州引地改歸官運未及舉辦旋經陞任浙撫李瀚章奏請招復舊商即自同治八年爲始減額認運四府一州認銷六萬六千引應完正雜科則銀九萬五千六百八十六兩有奇當經臣部以所認六萬六千引比較舊額十分之二所擬科則正課一項按照從前尚無短少雜欵暨入支內銷各欵減額甚多令於試辦一年期內仍按照票運完課章程蘇松常鎮太四府一州引地每觔完課八文毋庸另議科則轉致避

重就輕並另將私加耗觔即行禁革於八年九月

奏覆行知該省遵照九年三月現任浙撫楊昌濬

於署任內覆奏請將五府州引鹽仍按科則完課

當經臣部議駁以五屬完課前擬條欵內稱係通

銷通賠實與票運無異若統按從前科則僅將正

課河餉等銀造入撥欵計每引完納不過二三錢

及五六錢不等歸公之數愈絀必致京餉不敷籌

撥仍令按照票章計觔完課分別杭嘉松三所場

鹽以八文七文完納並將耗鹽永遠裁禁於九年

四月覆奏行知遵照各在案茲該撫楊昌濬以耗鹽既奉嚴駁應飭停止至江蘇五屬科則商人業已自捐經費礙難仍按票課計觔徵收並稱各商所完雜欵亦均附入撥冊聲註留備以雜墊正之用因請查照咸豐十年以前成案如抵銷未完課欵無庸作爲正課加數咨請示覆前來臣等查兩浙引鹽行銷并及江皖各境蘇松常鎮太四府一州例定引額三十餘萬道從前滯銷年分准以雜欵抵完正課現時認商試辦僅六萬六千引居舊

額十分之二卽正雜各欵按冊全完亦祇徵銀九萬五千六百八十餘兩臣部兩次議覆奏案均令按照票課計觔完納正杜避重就輕之弊而該認商等必欲請按從前科則蓋以欵分正雜完課又有先後且以雜墊正卽爲將來拖欠地步殊不思浙鹺當日額多銷滯始設此抵墊名目通融奏銷今額認減前幾十之八猶欲沿襲抵墊成案希冀所完官欵引額已減無可減仍稱銷滯科則至輕而又輕難報全完臣部綜核度支無論計觔完納

按引徵收總以實在完課多寡爲斷查五屬辦理票運之日據職員周衡等在部呈請認引五萬道完課銀十萬兩當交浙撫查辦嗣該撫請復引商分定科則正雜通計僅銀九萬五千六百餘兩臣部恐商等避重就輕節次飭令按照票課計觔完納今計觔之議屢經該撫瀝陳謂商人業已自捐緝費礙難仍以八文七文完納且銀價增減無常以錢合銀確數難定所陳尙係實情惟以前擬科則九萬餘兩之內欲將雜欵撥抵滯銷口岸正課

是每年實交課銀必不能足九萬餘兩之數以從
前三十餘萬額引今減爲六萬六千道以從前應
完正雜數十萬兩鉅欵今分定科則九萬餘兩尚
且完不足數縱使將來銷路日漸通暢而利歸私
橐增課難期夫試辦之日一切章程正與各商力
圖更始抵墊一節已預存挪掩之計此後安望振
作臣等公同商酌所有蘇松常鎮太四府一州現
認額引六萬六千道試辦期內准照前擬科則按
引徵收無論正雜何欵奏銷限內均令一律掃數

全完造入春秋撥冊報部候撥不准藉詞銷滯將
暢岸已完雜欵撥入滯岸作抵正課如有拖欠即
令五屬通賠以符奏案仍嚴飭各商實力辦巡以
暢銷路慎勿惜費誤公致礙全局至耗鹽既經停
止每引截存餘觔應令查明確數奏加認額不得
以銷難足額一奏塞責總之浙鹺舊規已失錮習
尚存試辦期內全賴總司鹺政大員破除情面認
眞釐剔勿受矇蔽勿事因循方可振頹起靡加課
裕公至試辦年限同治八年正月起至是年十二

月止已滿一年續經該撫奏請展限一年現在已
經限滿並令該撫體察情形奏請加額認運是爲
至要再浙東各屬試辦綱鹽前經臣部飭令該撫
將詳細章程奏明報部迄今尚未登覆應並令趕
緊覆奏毋再延緩以資考核除將咨送八年分實
銷引數清摺二件另核咨覆外謹將五屬定擬科
則無分正雜概令全完造入撥欵據咨改奏緣由
恭摺具陳本日軍機大臣奉
旨知道了欽此

同治十一年刑部咨開內閣抄出浙江巡撫奏浙西引地試辦限滿銷數仍無起色等因一摺同治十一年正月二十八日奉

上諭楊昌濬奏浙西引地試辦限滿銷數仍無起色一摺浙西蘇松等四府一州爲浙鹽引地自改復商引以來試辦已逾兩年迄無成效各州縣自覓免督銷處分後遇有梟販之案視同隔膜以致私販橫行官課益絀亟應認眞整頓以挽積習嗣後江蘇蘇松常鎭太五屬督銷引鹽處分著照例復還並著曾國藩

何璟嚴飭地方文武實力緝私以衛引地如敢仍前
玩視及拿獲鹽犯有意開脫者卽行從嚴參辦至商
巡殺傷梟匪之案並准援照直隸山東例案免其議
抵所有耗餘加認之數著暫行寬免以恤商力該部
知道欽此欽遵抄出到部相應恭錄
諭旨行文浙江巡撫遵照可也

兩浙鹽法續纂備考卷五終

兩浙鹽法續纂備考卷六

復地

浙西之常州府屬各縣分列大江以南惟靖江一邑孤懸江北向運岱鹽載明鹺志當江浙兩省甫經克復淮浙舉辦票鹽之際淮江省咨以靖江一縣逼近淮場暫請改食淮鹽即由淮商認課解充浙饟所以絶岱私而衞淮界也然靖江地接兩淮而爲常蘇門戶若令久食淮鹽不獨違背舊制且慮淮私之泛濫由近及遠蔓延杭嘉引地實礙浙

鹾因於蘇松常鎮太五屬請復商引之時咨准將靖江一邑劃還浙地仍食浙鹽從此淮浙分疆杜彼侵此灌之弊州縣有核定之考成商引無隳銷之賠累而鹾綱整肅矣纂復地

同治十年兩浙鹽運使爲詳咨復還事案奉牌開
准兩江督部堂咨開准咨請將靖江一地復還兩
浙並請將詳議各條核准定案等由查黏抄各條
均屬妥協除分咨轉飭並查明江南江北在岸在
江營汛水師開單另行咨覆外惟靖江一縣孤懸
江北一銷岱鹽則淮界立形侵佔前於同治二年
咨請改銷淮鹽淮商照額代完浙課於浙無損於
淮有裨事屬兩全數年以來淮銷雖未暢旺浙課
無虞短絀況靖邑逼近通屬與場竈毘連居民買

食淮鹽路近價輕極爲稱便浙鹽運道旣遠又有一江之隔勢不能與淮敵與其改歸浙運而鹽被私侵何如暫歸淮銷而課終有著現在淮浙仍辦票運不得不因時權變應請轉飭浙運司照案將靖邑仍銷淮鹽一俟淮浙定額開綱再歸舊制於全局庶期有裨相應咨覆查照轉飭等因到本部院准此合行飭司即便查照辦理等因又奉牌開准江蘇撫院咨同前由行司各等因奉此本司道卽諭飭杭嘉甲商遵辦去後據杭嘉甲商朱源茂

等稟稱伏查靖江一地對峙江陰一帆飛渡朝發
朝至爲浙西堵截淮私最要門戶此鹺志所載疊
經江浙兩省督鹽院議奏而必以行銷浙鹽爲定
論也商等自上年認辦常鎮引地不惜重資合力
舉辦江巡內巡旱巡鎮府銷數始畧見起色而江
陰一地終不見銷甚有片引不行之勢九年并武
陽錫金亦被侵灌銷數幾不及上年之半推原其
故江靖兩邑本屬唇齒相依靖江旣銷淮鹽江陰
巡船卽不能越境查拏然辦銷全藉辦巡靖江一

日不歸浙岸江陰卽一日不能辦巡江陰一日不能辦巡常府貼近各縣卽一日不能辦銷而延及腹內引地亦必侵受其害如謂改歸浙運淮界立形侵佔暫歸淮銷浙課終歸有著伏讀兩江督院來咨內稱浙鹽價貴淮鹽價賤運道旣遠又有一江之隔等語是淮浙運道鹽價已在督院洞鑒之中似無以貴佔賤以遠侵近之理而引地旣復還浙界引課卽應由浙商認繳似亦不致無著如謂靖邑居民買食淮鹽路近價賤素爲稱便查靖江

既毘連淮場則淮私之徧地可知浙商運鹽到彼
勢非大減鹽價不能力求銷路而鹽係由浙運靖
分銷並非令居民赴浙買鹽似亦無不便之處如
謂淮浙現在仍辦票運因時權變尚可將靖邑暫
歸淮運查淮鹽未改票章而浙岸之蘇松常鎮太
四府一州已於上年奏改商辦包認引課靖江一
地似未便再假淮運致失浙西引地門戶有礙全
局商等爲辦巡疏銷並奉諭飭議不得不據實具
稟伏乞俯賜詳請鹽院咨請兩江督院將靖江引

地照案復還浙商認運辦課以固藩籬而於巡緝
事宜亦庶幾得有措手等情本司當卽批示尚未
具詳茲又據該甲商朱源茂等稟稱自上年入夏
以來淮私侵灌日盛一日不特對岸之江陰首受
其害卽蘇常鎮三屬銷數亦由此大爲絀滯緣浙
西引地全藉巡緝辦銷而堵截淮私又藉靖江一
地爲門戸今舍靖江咽喉之阨而求江陰唇齒之
依淮浙之分勢不兩立況靖邑逼近淮場場私素
稱淵藪若歸浙岸猶有顧忌一經淮銷無論是官

是私浙岸地勢已失關鍵難於顧問合再瀝情稟
請伏候迅賜詳咨復還引地以衛浙岸各等情據
此本司查該商等所稟係屬實在情形靖江一縣
江河地勢實爲蘇常等府屬行鹽之門戶是以從
前節次議奏均歸浙岸載入鹺志若借銷淮鹽則
路近價輕易於走私入浙歸還兩浙則浙鹽路遠
價貴無論官鹽私鹽皆無侵佔淮界之理況前案
本以淮浙俱行票鹽暫時借銷並未專案奏咨改
易引地此時浙鹽之蘇省五屬業已改復商運不

行票鹽自應將靖江一地仍還兩浙理合據稟具
詳伏乞察核批示祇遵另冊呈乞照詳施行奉批
仰候咨明兩淮督鹽院核覆飭遵

復也

同治十年署兩浙運使秦緗業爲遵飭查議詳請

奏咨事查接管卷內本年四月二十日奉鹽院劄

開照得蘇松常鎮太四府一州鹽務自八年改復

商引試辦已逾兩年仍未見有成效查現定認額

六萬六千引不過舊額十分之二而蘇省肅清已

久地方戶口滋衍加增銷路自應日見暢旺乃閩

近來不但不能多銷即所認之引亦銷不足額接

厥由來皆因該地方官漫無責成遇有梟販之徒

視同隔膜措端開脫不肯認眞嚴辦以致近年來

巡鹽弁勇被其戕害礮船被其焚燬已獲私鹽被其刼奪甚至糾衆拒捕不一而足雖經逐案咨請兩江部院江蘇撫院轉飭嚴拏而該地方官從未拏獲問抵一起且有已經拏獲以非正犯而開脫者故梟膽愈雄毫無顧忌私鹽之充斥官引之疲滯皆由於此查定例各州縣均有督銷考成先因改票免計迨改復引商以試辦期內仍請暫免計考奏咨在案現在已逾試辦年限似應將各州縣督銷考成照例查辦合行飭議劄司迅卽查議詳

候奏咨定案又於本年四月奉鹽院案行同治十
年四月十二日准戶部咨開山東司案呈本部據
咨改奏兩浙運使所屬江蘇四府一州鹽課暫按
科則徵收並將耗觔永遠裁禁一摺於同治十年
二月二十日具奏本日軍機大臣奉
旨知道了欽此相應抄錄原奏恭錄
諭旨行文浙江巡撫遵照可也等因到本部院准此合
就行司即便遵將截存耗鹽餘觔確查實數加認
引額並將綱鹽章程移會綱鹽局遵照前行部飭

及屢次飭催批劄事理分別登覆詳辦等因計黏單內開戶部奏案見復引門卷五各等因奉此前兼理運司未及議詳旋即卸事本署司抵任接准移交查江蘇五屬改復引鹽已逾兩年未見成效誠由該州縣督銷不力之故應行議復考成而試行票運業經期滿既奉戶部行催自應一并查議具詳遵查部飭認額課銀無論正雜奏銷期內掃數全完春秋報撥等因亦當遵辦又奉飭各商實力辦巡慎勿惜費誤公等因現亦督令該商寬籌

嚴緝惟奉飭將截存餘觔再加認額並以試行業
已期滿加額認運等因既經奉飭自應遵加惟卷
查同治八年分截至十二月止銷數較之票鹽時
雖加增不少而核之認數則短至一萬餘引雖已
於奏銷期內嚴追全完而商情已竭蹶萬分九年
分截至十二月止銷數則短至二萬餘引現在竭
力嚴追奏銷期內尚可全完但商力之不逮已可
概見且查本年按月銷數又少於去年是以錫前
司任內已據杭嘉所長洲元和吳縣無錫金匱丹

卷六　復地

徒各地引商潘宏昌等十八人先後稟請退辦本署司抵任之初又據嘉所甲商朱恆源瀝陳辦巡力竭情形懇求退辦雖皆批飭不准仍嚴飭各商遵照部行加認餘觔並加額認運節據各商具稟以認銷之六萬六千引現在實銷不及七成已屬賠累若再加耗餘力何能繼加額認運力更不逮稟懇寬免等情本署司察看五屬商情委因鹽難銷售無利可圖轉慮有追呼之累似此情形若不亟籌整頓之法以求實效而但責商人以加認餘

勑加額認運竊恐勢有不能且慮紛紛稟退岸懸課缺日益廢弛無所底止卷查錫前司任內督飭各商完課辦巡委已不遺餘力無如江海私鹽雖遵章飭令清源實力講求以江私而論則淮淅引地尙未劃清江北場竈私鹽仍前侵灌海私則更多於江私以岱鹽餘鹽爲大宗而岱鹽尤甚現經籌議先收岱鹽飭商赴岱查看情形又因運庫無款可籌商力有所不逮尙未舉行乃查辦餘鹽飭令從前滷戶仍賣各場煎辦官鹽一面嚴禁曬私

然沿海窮民藉以衣食禁絶實難現在州縣督銷
既不認眞營汛巡緝亦難得力商巡偶有殺傷卽
當擬抵巡務更因之而疎懈以致實銷引數年短
一年再查江蘇五屬鹽務自兵燹以來私鹽滿地
業經十載有餘不特販私之梟匪恃爲恒業卽食
私之平民亦視爲故常州縣營汛皆以爲積習相
沿無不泄泄視之似轉以商巡爲多事是以前辦
票鹽釐款入不敷出改辦引鹽始雖稍有起色旋
卽絀銷誠屬莫可如何驟難挽救然而

國課攸關自應亟圖整復之法本署司遵奉部飭暨
節次劄催並查照錫前司辦理各案竊以爲江私
清源應請先還靖江引地並禁淮揚偷漏海私清
源應請商收岱私並應接辦餘私至州縣督銷引
鹽例有處分應請復還考成營縣巡緝私鹽如能
拏獲大夥梟販應請從優獎敘商巡殺傷梟匪之
案應請查照直隸山東例案免其議抵現奉部飭
耗餘加認之數並請寬免仍以收私案內之商運
岱鹽課款抵完兹擬現請試辦之管見六條開摺

呈送除將商運岱鹽辦理事宜另行專案詳請奏

咨並移會綱鹽局將綱鹽事宜另案具詳外理合

遵飭議詳仰祈察核奏咨仍候示遵

條陳

一請劃還靖江引地並請嚴禁淮場偷漏以清江

私之源也查靖江一縣地居江北貼近淮場實

爲淮私侵銷常蘇之門戸地歸兩淮則兩浙官

商不能堵緝江北地歸兩浙則兩淮梟販難於

侵灌江南查鹽法志乾隆元年江南臬司郭朝

鼎請撥淮鹽奉部議駁乾隆五年兩江督院又
請改食淮鹽經前鹽院前撫院前兩江督院前
兩淮鹽院奏
旨會議奏定仍食浙鹽在案誠以是地不歸兩浙常蘇
兩屬斷難行運浙鹽之故自是以來已歷一百
數十年未嘗改易同治四年浙省改行票運時
奉前鹽院馬淮兩江督院曾咨以鹽綱未復淮
浙俱行票鹽請以是地暫食淮鹽包完浙課當
經高前司詳明是地情形必應歸浙今以票鹽

暫改原無不可但案關更改引地例應具奏應
否奏明之處詳請咨商兩江督院旋奉准咨以
暫改淮鹽毋庸具奏嗣於八年間江蘇五屬改
復引鹽該商人等稟請歸還又經錫前司詳奉
咨請未准歸浙本年又據商人具稟亦經兼理
盧藩司具詳已奉批准轉咨各在案本署司查
靖江一地前咨兩江督院是否允准尚未奉到
明文應再咨催至是地雖兩淮暫借未經奏咨
而包課報撥咨部有案此時自應並入議條請

將是地奏咨查照前案永歸兩浙並請咨明兩
江督院即於本年十二月底歸還兩浙以憑於
十一年正月由浙飭商接銷至淮商九十兩年
包課銀兩未經解浙並請追完清解入冊報撥
又查杭嘉所蘇常鎮等屬長洲元和吳縣吳江
震澤武進陽湖江陰靖江無錫金匱宜興荊溪
丹徒丹陽溧陽金壇等十七縣江私之源漏自
淮場溯自咸豐三年後淮鹽假道鎮常浙鹽已
片引不銷迨同治三年以來浙鹽行票改引歷

奉部議嚴禁淮私至今未能堵絶其侵佔之來路係由淮場對渡之丹徒丹陽武進江陰等邑各口灌入分銷而靖江一縣地處江北此時改食淮鹽因而該縣沿江一帶飛渡之私鹽更多皆氾濫於杭嘉所十七縣之中而歧分於松所之蘇太各屬者則由通州海門對渡侵銷於太倉鎮洋常熟昭文波及於崑山新陽嘉定寶山者也雖該所淮私之外另有海私偩鹽由海入浦入太湖侵灌長洲元和吳縣吳江震澤無錫

金匱宜興荊溪等縣更甚於淮私然該所十七
縣受淮私之害者居多是以江私之源實止兩
淮場竈並無別路私鹽因請咨明兩江督院轉
行兩淮運司飭令各場員嗣後嚴查各竈煎丁
不得再有偷漏查場員失察竈戶販買私鹽即
不知情亦干革職例議甚重該場員等如不嚴
查一經拏獲漏私究出來自何場應請照例議
處至大夥小販之私鹽船俱自兩淮入江應併
請咨飭訪地方州縣及經過各地方州縣嗣後

嚴密查拏毋使侵灌入江查本地私鹽興販出境以及私鹽過境失察之該管州縣吏目典史等官皆例有處分其明知故縱隱諱不報或輕爲開脫者俱干革職自後該地方官如不嚴拏一經獲到究明來路並請照例議處如此辦理似江私之源可清

一請飭商先收岱私並接辦餘鹽以靖海私也查蘇松太等屬常熟昭文崑山新陽華亭婁縣南滙上海青浦奉賢金山太倉鎮洋嘉定寶山等

十五州縣海私之源岱鹽居多餘鹽次之查岱鹽產自浙江定海廳定岱等山磊地方而此時岱山較多故皆謂之岱鹽溯自雍正年間開收岱鹽乾隆年間開收定鹽共有一萬六千餘引分銷嘉松等所先係煎鹽後改曬鹽而產鹽日多咸豐以前本有私鹽侵灌松太等屬自停收不運之後盡變而為私鹽由定海北渡而入松所之各海口同治三年改行票鹽之時先在上海設局收鹽搭銷杭嘉松各所嗣以岱民鬧局

查提案犯未獲因而停收雖設巡嚴禁而蘇松太沿海各州縣五百餘里之沙塗在在可以侵灌仍泛濫於十五州縣之中而歧分於蘇屬之吳江震澤長洲元和吳縣常屬之無錫金匱宜興荆溪等縣者係由海而入淞浦太湖者也然該所岱私之外尚有通州海門之淮私侵灌常昭太鎮等邑又有餘姚所產之曬鹽由海分侵蓋餘姚沿海產滷本多向有私鹽煎產道光元年帥前院飭商收私奏咨有案並將餘滷分買

於錢三束各場咸豐十年以後官鹽不行場滷
不銷而產滷更多乃改用曬板攤曬成鹽由海
達淞侵灌蘇松各屬亦經各前司設局飭商收
買此後秖准買滷不准曬鹽而地皆沿海禁絶
爲難此時清源之法自應先收來源最大之岱
鹽現已據杭嘉松商人招有外商陳昌遇湊集
厚貲擬於明年正月爲始開辦收鹽由司另案
詳請奏咨其餘姚私鹽亦附請咨部查發原案
接續收運如此辦理似海私之源可清

一州縣督銷引鹽考成應請復遵例定處分以嚴責成也查州縣墮銷引鹽初參處分按年核計例載欠一分者停其陞轉欠二分者降俸一級欠三分者降俸二級欠四分者降職一級欠五分者降二級調用欠六分者降三級調用欠七分者降四級調用秖准以軍功錢糧加級紀錄抵銷不准以融銷開復及別項級紀議抵欠八分以上者革職其二參處分係照徐淮臨海等倉錢糧於初參後限一年全完限滿仍不全完

原欠不及一分者罰俸一年一分二分者降三
級調用三分四分者降四級調用五分六分者
降五級調用七分八分者革職各等語是督銷
考成初叅甚輕惟銷不及五分者方予降調二
叅甚重原欠一分以上之不銷者即罹降調且
前後兩叅共僅兩年爲期亦速故州縣有所畏
憚督銷自能認眞應請自同治十一年爲始查
照五屬各州縣認定引數復還督銷考成按年
造冊報部照例議處

一江海水陸營汛應行會同嚴行巡緝並請將拏獲梟匪之員分别奬敘以期整頓有效也查杭嘉所各引地皆在大江之南淮私侵灌必當由北岸而達南岸不能飛越而長江提鎮統轄水師北岸有瓜州鎮南岸又有京口協鎮皆有將弁兵丁邏巡水陸口岸應請奏咨一體嚴巡以壯杭嘉所商巡之聲勢而靖江私又查松所各引地南自松屬之金山縣迤東而達華婁奉南上五縣暨太屬之嘉寶鎮太繞北而至蘇屬之

常昭各海口皆爲私鹽所進之地而松江之吳
淞口即從前三江既入之松江實爲太湖之尾
閭而中多巨浸故岱私又可由太湖而達蘇常
内地查松江郡城係江南提督駐劄之區福山
鎮總兵鎮守常昭之福山海口太湖地方亦有
協鎮水師駐守皆有將弁兵丁稽查陸路海口
巡哨水路湖海似並應奏咨一體嚴巡以壯松
所商巡之聲勢而靖海私至各營汛將弁等拏
獲大夥積慣巨梟私竄重大之案應請專案奏

獎其入鹽並獲之案亦分別鹽之多寡犯之輕

重獎敘俾皆知所激勸

一州縣訊辦巡役殺傷鹽匪之案應請查照直隸

山東新例辦理其訊問人鹽並獲之案並請查

照向例嚴辦以期私梟斂跡也本署司卷查五

屬鹽務自八年春間改辦引鹽以來除梟販拒

捕殺傷官弁勇丁之新舊各案尚未拏獲人犯

抵償外凡人鹽並獲之案解送州縣訊辦者不

少內除未結各案外間有詳辦各販各私之徒

罪[註]人犯餘皆以誤載私鹽誤趁私船或受僱誤
搖私船或受抵償債私鹽定案時僅予掌責杖
責或枷號發落亦因有病保釋或年老從寬釋
放者兩年以來案犯雖多而積慣之大夥梟窩
情節較重之犯竟不可得且自九年三月迄今
一載有餘並無辦徒之犯而巡役殺傷拒捕梟
匪之案共有三起一已議抵一係擬抵未結一
尚飭提局董巡役人等到蘇訊辦雖蘇臬司照
例辦理巡役殺傷案犯斷無枉縱卽人鹽並獲

之案該州縣等父母斯民或以供詞之堅執而
罪擬惟輕或因老病之堪憐而法當稍貸辦理
雖無不合但梟匪恃到案之從輕發落無法可
畏而私鹽因之更多巡役虞獲犯之偶或鬬傷
有命當償而巡務未免解體查同治九年刑部
奏定新例內開直隸山東兩省有鹽商僱募巡
役由州縣詳明運司轉報鹽院有名者如因緝
鹽匪致被殺傷或殺傷鹽匪者各照販私拒捕
殺傷並擅殺罪人本律例科斷若僅報州縣有名

並未詳司報院者仍各以凡鬬殺傷及興販私
鹽本律例從其重者論俟數年後梟匪稍戢仍
復舊例辦理各等語本署司復查兩浙鹽務兵
燹以來私鹽充斥而江蘇五屬爲尤甚不特梟
販視同恆業卽民戶亦無不食私陸路則有各
地各鄉之私窩私行水路則有專販之巢湖船
艒船夾帶之來往行船而大幇潑販者惟巢湖
船爲尤甚至各屬之民戶居鄉者先因堵禦賊
匪置有鎗礮器械者居多此時該民人等既不

以私鹽爲犯法卽聿爲梟匪護私州縣官又先
因甫經克復以勞心撫字爲先務未嘗顧問邇
年來則以積習因循不能懲創是以先行票鹽
甚難辦理江海水陸嚴行巡緝每年銷鹽止原
額一成左右迨八年改辦引鹽州縣以先有責
令辦鹽之議尚稍瞻顧而商巡亦嚴該梟匪等
不無有趦趄觀望之心是以實在銷數將及原
額二成九年分雖巡緝仍嚴而入鹽並獲之案
犯未嚴辦拒捕殺傷之梟例應抵命因而梟販

如故銷數又絀於八年是該五屬私梟雖戢情
形更甚於直隸山東卽浙東西之鹽不旺銷亦
以梟販横行之故嗣後應請將兩浙及江蘇各
屬商僱巡役因梟匪拒捕彼此殺傷之案准照
直隸山東新例辦理亦俟梟匪既戢之後仍復
舊例並請嚴飭五屬各州縣此後訊辦人鹽並
獲案情較重者嚴究是否大夥梟匪照例辦罪
勿皆以各販各私暨誤載誤趁等語從輕發落
現在肅清已久當以除莠爲安良而鹽課爲正

供毋再以隔省而膜視仍飭令會同營局督飭商人嚴行巡緝先將各地鹽匪之私窩私行及水路之巢湖船艄船一律查拏淨盡房屋入官船隻鋸截以絕根株併飭查明各州縣各鄉民戶有藏匿鎗礮器械者一律搜繳無遺以杜架護而靖地方惟案關援改例條是否可行應請奏明併咨戶部並分咨刑部核議定案

一請寬免耗鹽截存餘觔也查前據該商稟八九兩年認額銷數委未銷足業經賠累力難再賠

似屬實情茲又據稟稱現辦岱鹽應於六萬六
千引外另完課款如能收私淨盡轉運迅速完
數當多應請以此抵免等情本署司查該商等
認課賠完本已苦累岱鹽課款本在認額之外
似可准行相應併請奏咨寬免

同治十年五月兩浙鹽院據鹽運使具詳案奉牌
准兩江督部堂馬咨覆請將靖邑仍銷淮鹽一俟
淮浙定額開綱再歸舊制又奉行准護理江蘇撫
院張咨同前由各等因行司本司遵即諭飭杭嘉
甲商遵辦去後據杭嘉甲商朱源茂等稟稱伏查
靖江一地對峙江陰一帆飛渡朝發朝至爲浙西
堵截淮私最要門戶此鹺志所載叠經江浙兩省
大憲議奏而必以行銷浙鹽爲定論也商等自上
年認辦常鎮引地不惜重資合力舉辦江巡內巡

旱巡鎮府銷數始畧見起色而江陰一地終不見
銷甚有片引不行之勢九年并武陽錫金亦被侵
灌銷數幾不及上年之半推原其故江靖兩邑本
屬唇齒相依靖江旣銷淮鹽江陰巡船卽不能越
境查拏而辦銷全藉辦巡靖江一日不歸浙岸江
陰卽一日不能辦巡江陰一日不能辦巡常府貼
近各縣卽一日不能辦銷而延及腹內引地亦必
侵受其害如謂改歸浙運淮界立形侵佔暫歸淮
銷浙課終歸有著伏讀兩江督院來咨內稱浙鹽

價貴淮鹽價賤運道既遠又有一江之隔等語是淮浙運道鹽價已在督院洞鑒之中似無以貴估賤以遠侵近之理而引地既復還浙界引課卽由浙商認繳似亦不致無著如謂靖邑居民買食淮鹽路近價賤素爲稱便查靖江既毘連淮場則淮私之徧地可知浙商運鹽到彼勢非大減鹽價不能力求銷路而鹽係由浙運靖分銷並非令居民赴浙買鹽似亦無不便之處如謂淮浙現在仍辦票運因時權變尚可將靖邑暫歸淮運查淮鹽未

改票章而浙岸之蘇松常鎮太四府一州於上年
奏改商辦包認引課靖江一地似未便再假淮運
致失浙西引地門戶有礙全局商等爲辦巡疏銷
並奉諭飭議不得不據實具稟伏乞俯賜詳請鹽
院咨請兩江督院將靖江引地照案復還浙商認
運辦課以固藩籬而於巡緝事宜亦庶幾得有措
手等情本司當卽批示尚未具詳兹又據該甲商
朱源茂等稟稱自上年入夏以來淮私侵灌日盛
一日不特對岸之江陰首受其害卽蘇常鎮三屬

銷數亦由此大爲絀滯緣浙西引地全藉巡緝辦銷而堵截淮私又藉靖江一地爲門戶今舍靖江咽喉之阨而求江陰唇齒之依淮浙之分勢不兩立況靖邑逼近淮場場私素稱淵藪若歸浙岸猶有顧忌一經淮銷無論是官是私浙岸地勢已失關鍵難於顧問合再瀝情稟請伏候迅賜詳咨復還引地以衞浙岸各等情據此本司查該商等所稟係屬實在情形靖江一縣江河地勢實爲蘇常等府屬行鹽門戶是以從前節次議奏均歸浙岸

載入鹾志若借銷淮鹽則路近價輕易於走私入浙歸還兩浙則浙鹽路遠價貴無論官鹽私鹽皆無侵佔淮界之理况前案本以淮浙俱行票鹽暫時借銷並未專案奏咨改易引地此時浙鹽之蘇省五屬業已改復商運不行票鹽自應將靖江一地仍還兩浙理合據稟具詳伏乞察核批示祇遵等情到本部院據此查靖江一縣前以淮浙均行票鹽暫由淮商包課上年蘇省五府州改復引鹽即據司詳請咨復歸浙銷嗣淮前兩淮督鹽部堂

馬咨以淮鹽路近價輕極爲稱便浙鹽運道既遠
又有一江之隔勢不能與淮敵請仍銷淮鹽等因
轉飭在案兹據詳稱靖江一邑實爲蘇常等府屬
行鹽門戸若借銷淮鹽則路近價輕易於走私入
浙似應仍還兩浙以符定制除批示外相應咨請
爲此合咨貴爵閣督鹽部堂煩請查照希將靖江
引地還浙行銷仍祈核覆施行

同治十年十二月兩江督部堂淮浙江撫部院楊
詳咨劃還靖江引地事據署浙江鹽運使秦緗業
詳稱查靖江一縣地居江北貼近淮場實爲淮私
侵銷蘇常之門戶地歸兩淮則兩浙官商不能堵
緝江北地歸兩浙則兩淮梟販難於侵灌江南查
鹽法志載屢經部議仍食浙鹽百數十年未嘗改
易同治四年浙省改行票鹽經兩江督院曾咨以
淮浙俱行票鹽請以是地暫食淮鹽包完浙課嗣
於八年間蘇屬改復引鹽該商人等稟請歸還經

前司詳咨未准歸浙本年又經詳咨是否允准尚
未奉到明文應再咨催兩江督院卽於本年十二
月底歸完兩浙以憑於十一年正月由浙飭商接
銷等情到本部院據此查是案前據司詳於本年
五月內咨請貴爵閣督部堂查照還浙行銷在案
未准示覆據詳前情合再咨請爲此合咨貴爵閣
督部堂煩請查照前咨轉飭淮運司卽將靖江引
地卽於本年十二月底歸還兩浙以符定制仍祈
核覆施行

同治十一年兩浙鹽院准兩江督部堂咨開同治十一年七月十一日准戶部咨山東司案呈浙江巡撫咨稱據運使秦緗業詳稱查接管卷內奉劄開照得蘇松常鎮太四府一州鹽務自八年改復商引試辦已逾兩年仍未見成效查現定認額六萬六千引不過舊額十分之二而蘇省肅清已久地方戶口逐漸加增銷路自應日見暢旺乃聞近來不但未能多銷即所認之引亦銷不足額揆厥由來皆因該地方官漫無責成遇有梟販之案視

同隔膜借端開脫不肯認眞嚴辦以致近年來巡
鹽弁勇被其戕害礟船被其焚燬已獲私鹽被其
刼奪甚至糾衆拒捕不一而足雖經逐案咨請兩
江總督江蘇巡撫轉飭嚴拏而該地方官從未拏
獲問抵一起且有已經拏獲以非正犯而開脫者
故梟膽愈雄毫無顧忌私鹽之充斥官引之疲滯
皆由於此查定例各州縣均有督銷考成先因改
票免計迨改復商引以試辦期內仍請暫免計考
奏咨在案現在已逾試辦年限似應將各州縣督

銷考成照例查辦飭司議詳定案等因又准戶部
咨黏單內開所有蘇松常鎮太四府一州現認額
引六萬六千道試辦期內准照前擬科則按引徵
收無論正雜何款奏銷限內均應一律掃數全完
造入春秋撥冊報部候撥不准藉詞銷滯將暢岸
已完雜款撥入滯岸作抵正課如有拖欠即令五
屬通賠以符奏案仍嚴飭各商實力辦巡以暢銷
路愼勿惜費誤公致礙全局至耗鹽既經停止每
引截存餘觔應令查明確數奏加認額不得以銷

嘉所長洲元和吳縣無錫金匱丹徒各地引商潘宏昌等十八人先後稟請退辦本署司抵任之初又據嘉所甲商朱恒源瀝陳辦巡力竭情形懇求退辦雖皆批飭不准仍嚴飭各商遵照部行加認餘觔並加額認運即據各商具稟以認銷之六萬六千引現在實銷不及七成已屬賠累若再加耗餘力何能繼加額認運力更不逮稟請寬免等情本署司察看該五屬商情委因鹽難銷售無利可圖且慮有追呼之累似此情形若不亟籌整頓之

法以求實效而但責商人以加認餘觔加額認運
竊恐勢有不能更慮紛紛稟退岸懸課缺日益廢
弛無所底止查前運司錫祉任內督飭各商完課
辦巡委已不遺餘力無如江海私鹽雖遵奉院批
飭令正本清源實力講求以江私而論則淮浙引
地尚未劃清江北場竈私鹽仍前侵灌海私則更
多於江私以岱鹽餘鹽爲大宗而岱鹽爲尤甚現
籌議先收岱鹽飭商試辦並查辦餘鹽飭令從前
滷戶仍賣各場煎辦官鹽一面嚴禁曬私然沿海

窮民藉以衣食仍未能禁絕現在州縣督銷既不
認眞營汛巡緝亦難得力商巡偶有殺傷即當擬
抵巡務更因之疎懈以致實銷引數年短一年並
查江蘇五屬鹽務自兵燹以來私鹽徧地業經十
載有餘不特販私之梟匪恃爲恆業即食私之平
民亦視爲故常州縣營汛皆以爲積習相沿無不
泄泄視之且轉以商巡爲多事是以前辦票鹽釐
款入不敷出改辦引鹽始雖稍有起色旋即絀銷
誠屬莫可如何驟難挽救然而

國課攸關是應亟圖整復之法因遵奉部飭暨節次
院劄并查照辦理各原案竊以爲江私淸源應請
先還靖江引地並禁淮場偷漏海私淸源應請試
辦商收岱鹽并應接辦餘私至州縣督銷引鹽例
有處分應請復還考成營縣巡緝私鹽如能拏獲
大夥梟販應請從優獎敘商巡殺傷梟匪之案應
請查照直隸山東例案免其議抵又現奉部飭耗
餘加認之數並請寬免仍以收私案內之商運岱
鹽課款抵完今擬現請試辦各條開摺呈送除將

商運岱鹽另案辦理並移會綱鹽局將綱鹽事宜
另行具詳外理合遵飭議詳仰祈奏咨等情到本
部院據此查核所議各條為整頓鹽務起見均屬
可行惟商收岱鹽事未開辦尚無把握除飭運司
督飭委辦俟有端倪再行詳請奏咨定案並將復
還州縣考成商巡援例二條分別奏咨并劃還靖
江引地江海巡緝二條咨請江省督撫核辦外合
將司呈條陳照錄咨部煩請查照核覆施行等因
并據咨送該署運司條陳清摺一扣前來查同治

十一年正月二十二日內閣抄出浙江巡撫奏浙西引地試辦限滿仍無起色請復考成並免耗餘加認引額一摺同治十一年正月二十一日欽奉

上諭楊昌濬奏浙西引地試辦限滿仍無起色一摺浙西蘇松常鎮太等四府一州爲浙鹽引地自改復商引以來試辦已逾兩年迄無成效各州縣自寬免督銷處分後遇有梟販之案視同隔膜以致私販橫行官課益絀亟應認眞整頓以挽積習嗣後江蘇蘇松常鎮太五屬督銷引鹽處分照例復還并著曾國藩

何璟嚴飭地方文武實力緝私以衞引地如敢仍前玩視及拏獲盜犯有意開脫者卽行從嚴參辦至商巡殺傷梟匪之案並准援照直隸山東例案免其議抵所有耗餘加認之數著暫行寬免以恤商力該部知道欽此欽遵行知浙江巡撫兩江總督江蘇巡撫遵照各在案兹復據該撫咨報前來并將該署運使所擬條陳咨請核覆前來本部查該署司所擬各條如蘇松常鎮太五屬請復州縣督銷考成商巡殺傷梟匪之案援照直隸山東例案免其議抵

裁革耗舫暫免加認引額均經該撫具奏奉

旨允准他如劃還靖江引地嚴禁淮場偷漏江海水陸營汛會同嚴行巡緝收買岱鹽接辦餘鹽即以抵完課款各節均爲疏銷要著除商收岱鹽據稱事未開辦尚無把握應俟辦有章程再行報部外其餘各條先由本部按條核覆統令該撫咨商兩江江蘇各督撫詳核妥議合詞會奏以肅鹺綱而符舊制相應咨復浙江巡撫暨兩江總督江蘇巡撫一體查照可也計單等因到本署部堂准此除抄

單飭淮運司暨蘇藩臬司遵照核明詳覆察辦

外相應抄單咨會爲此合咨貴部院請煩查照施

行

條陳

一請劃還靖江引地並請嚴禁淮場偷漏以靖江

私之源據稱查靖江一縣地居江北貼近淮場

實爲淮私侵銷常蘇之門戸地歸兩淮則兩浙

官商不能堵緝江北地歸兩浙則兩淮梟販難

於侵灌江南查鹽法志載乾隆元年江南臬司

郭朝鼎請撥淮鹽奉部議駁乾隆元年兩江總
督又請改食淮鹽經前鹽政前巡撫前兩江總
督前兩淮鹽政奏
旨會議奏定仍食浙鹽在案誠以是地不歸兩浙常
蘇兩屬斷難行運浙鹽之故自是以來已歷一
百數十年未嘗改易同治四年浙省改行票運
時奉前鹽院淮兩江總督咨以綱鹽未復淮浙
俱行票鹽請以是地暫食淮鹽包完浙課當經
前運司高卿培詳明是地情形必應歸浙今以

票鹽暫改原無不可但案關更改引地例應具
奏應否奏明之處詳請咨商兩江總督旋奉准
咨以暫改淮鹽毋庸具奏嗣於八年間江蘇五
屬改復引鹽該商人等稟請歸還又經前運司
錫祉詳奉咨請未准歸浙本年又據商人具稟
亦經兼理綱鹽局藩司盧定勳具詳已奉批准
轉咨各在案本署司查靖江一地前咨兩江總
督是否允准尚未奉到明文應再咨催至是地
雖兩淮暫借未經奏咨而包課報撥咨部有案

此時自應並入議條請將是地奏咨查[illegible]
永歸兩浙並請咨明兩江總督卽於是年十二
月底歸還兩浙以憑於十一年正月由浙飭商
接銷至淮商九十兩年包課銀兩尙未解浙並
請追完清解入册報撥又查杭嘉所蘇松常鎮
等屬長洲元和吳縣吳江震澤武進陽湖江陰
靖江無錫金匱宜興荆溪丹徒丹陽溧陽金壇
等十七州縣江私之源漏自淮場溯自咸豐三
年後淮鹽假道鎭常浙鹽已片引不銷迨同治

三年以來浙鹽行票改引歷奉部議嚴禁淮私至今未能堵截其侵佔之來路係由淮揚對渡之丹徒丹陽武進江陰等邑各口灌入分銷而靖江一縣地處江北此時改食淮鹽該縣沿江一帶飛渡之私鹽更多皆泛濫於杭嘉所十七縣之中而歧分於松所之蘇太各屬者則通州海門對渡侵銷於太倉鎮洋常熟昭文波及於崑山新陽嘉定寶山雖該所淮私之外另有海私岱鹽由海入浦入太湖侵灌長洲元和吳縣

吳江震澤無錫金匱宜興荆溪等縣亦同於淮
私然該所十七縣受淮私之害者居多是以江
私之源實止兩淮場竈並無別路私鹽應請咨
明兩江總督轉行兩淮運司飭令各場員嗣後
嚴查各竈煎丁不得再有偷漏查場員失察竈
戶販買私鹽卽不知情亦干革職例議甚重該
場員等如不嚴查一經拏獲漏私究出來自何
場應請照例議處至大夥小販之私鹽船俱自
兩淮入江應請咨飭該地方州縣及經過各地

方州縣嗣後嚴密查拏毋使侵灌入江查本地私鹽與販出境以及私鹽過境失察之該管州縣吏目典史等官皆有處分其明知故縱隱諱不報或輕爲開脫者俱干革職自後該地方官如不嚴拏一經獲到究明來路並請照例議處如此辦理似江私之源可清等語本部查行鹽地方逼近場竈居多食鹽甚便應徵鹽課或攤入地丁完納或由商人包納謂之包課浙東之定海一廳浙西之崇明一縣均因地處海濱歲

徵包課銀兩造入奏銷至靖江一縣向食浙鹽
同治四年浙鹽改票江督請暫食淮鹽包完浙
課當時並未據奏明立案今浙撫請將靖江引
地歸還兩浙仍食浙鹽自爲規復舊制起見應
如該撫所咨將靖江引地卽行歸還兩浙並將
九十兩年未完包課銀兩趕緊解清入冊報撥
此後如仍有淮商藉包課之名侵銷浙境卽由
浙撫奏參嚴辦以清引界而杜隱射至所稱江
私之源實止兩淮場竈並無別路私鹽亟應申

明定例設法嚴禁應由該撫咨明江督按照現
擬章程轉飭遵照辦理毋稍徇縱
一州縣督銷引鹽考成請復還例定處分以嚴責
成據稱查州縣墮銷引鹽初參處分按年核計
例載欠一分者停其陞轉欠二分者降俸一級
欠三分者降俸二級欠四分者降職一級欠五
分者降二級調用欠六分者降三級調用欠七
分者降四級調用只准以軍功錢糧加級抵銷
不准以融銷開復及別項級紀議抵欠八分以

上者革職其二參處分係照徐淮臨海等倉錢
糧於初參後限一年全完限滿仍不全完原欠
不及一分者罰俸一年一分二分者降三級調
用欠三分四分者降四級調用五分六分者降
五級調用欠七分八分者革職各等語是督銷
考成初參甚輕惟銷不及五分者方予降調二
參甚重原欠一分以上之不銷者卽罹降調且
前後兩參共僅兩年爲期亦速故州縣有所畏
憚督銷自能認眞應請自同治十一年爲始査

照五屬各州縣認定引數復還督銷考成按年
造冊報部照例議處等語本部查江蘇五屬行
銷浙引若不嚴定考成必致意存膜視該撫前
請復還督銷引鹽處分業已欽奉
諭旨飭令江督撫實力辦理茲復將例定處分聲請自
同治十一年爲始按年造冊報部自爲愼重考
成嚴懲墮銷起見應令該撫咨行江省各督撫
轉飭遵照並先期分咨吏部以資考核
一江海水陸營汛應會同嚴緝並將拏獲梟匪之

員分別獎敘據稱杭嘉所各引地皆在大江之南淮私侵灌必當由北岸而達南岸不能飛越而長江提鎮統轄水師北岸有瓜州鎮南岸又有京口協鎮皆有將弁兵丁邏巡水陸口岸應請咨明一體嚴巡以壯杭嘉所商巡之聲勢而靖江私又查松所各引地南自松屬之金山縣迤東而達華婁奉南上五縣暨太屬之嘉寶鎮太繞北而至蘇屬之常昭各海口皆爲私鹽所近之地而松江之吳淞口卽從前三江旣入之

松江實爲太湖之尾閭中多巨浸故岱私又可
由太湖而達蘇常內地查松江郡城係江南提
鎮駐紥之區福山鎮總兵鎮守常昭之福山海
口太湖地方亦有協鎮水師駐守皆有將弁兵
丁稽察陸路海口巡哨水路湖海似應並請咨
明一體嚴巡以壯松所商巡之聲勢而靖海私
至各營汛將弁等拏獲大夥積慣巨梟私窩重
大之案應請專案奏獎其人鹽並獲之案亦分
別鹽之多寡犯之輕重獎敘俾皆知所激勸等

語本部查五屬引地濱臨江海私鹽處處可通
前於同治八年議覆浙撫請定五屬招商認辦
案內飭令江省督撫查照定例飭屬巡緝江南
淮私以暢銷路今據聲稱五屬引地隸杭嘉者
淮私從江西飛渡隸松所者岱私由湖海偷越
因請會同江南提督暨各鎮協合力嚴緝並請
各營汎將弁有能拏獲大夥積慣巨梟私窩重
大之案專案奏獎其入鹽並獲之案分别奬敘
自爲整頓緝務起見惟事屬隔省必須兩江總

督嚴飭所屬不分界域認眞辦理乃有實濟應由該撫咨商江督將如何分别勸懲之處妥議章程會銜具奏庶各營汛不致以鄰省鹺綱視同隔膜而私匪可期斂跡矣

一州縣汛辦巡役殺傷盜匪之案請查照直隸山東新例辦理其人鹽並獲之案並請查照向例嚴辦以期私梟斂跡據稱本署司卷查五屬鹽務自八年春間改辦引鹽以來除梟販拒捕殺傷官弁勇丁之新舊各案尚未拏獲人犯抵償

外凡人鹽並獲之案解送州縣審辦者不少內除未結各案外間有詳辦各販各私之徒罪人犯餘皆以誤載私鹽誤趁私船或受僱誤搖私船或受抵償債私鹽定案時僅予掌責杖責或枷號發落亦有因病保釋或年老從寬釋放者兩年以來案犯雖多而積慣之大夥梟窩情節較重之犯竟不可得且九年三月迄今一載有餘並無辦徒之犯而巡役殺傷拒捕梟匪之案共有三起一已議抵一係擬抵未結一尚飭提

局董巡役人等到蘇訊辦雖蘇臬司照例辦理
巡役殺傷案犯斷無枉縱卽人鹽並獲之案該
州縣等父母斯民或以供詞之堅執而罪擬惟
輕或因老病之堪憐而法當稍貸辦理雖無不
合但梟匪恃到案之從輕發落無法可畏而私
鹽因之更多巡役虞獲犯之偶或鬬傷有命當
償而巡務未免解體查同治九年刑部奏定新
例內開直隸山東兩省有鹽商僱募巡役由州
縣詳明運司轉報鹽院有名者如因緝鹽匪致

被殺傷或殺傷鹽匪者各照販私拒捕殺傷並
擅殺罪人本律科斷若僅報州縣有名並未詳
司報院者仍各以凡鬬殺傷及與販私鹽本律
例從其重者論俟數年後梟匪稍戢仍復舊例
辦理各等語本署司復查兩浙鹽務兵燹以來
私鹽充斥而江蘇五屬爲尤甚不特梟販視爲
恒業卽民戶亦無不食私陸路則有各地各鄉
之私窩私行水路則有專販之巢湖船艄船夾
帶之來往行船而大帮潑販者惟巢湖船爲尤

甚至各屬民戶居鄉者先因堵禦賊匪置有鎗礮器械者居多此時該民人等旣不以私鹽爲犯法卽羣爲梟匪護私州縣官吏又先因甫經克復以勞心撫字爲先務未嘗顧問邇年來則以積習因循不能懲創是以先行票鹽甚難辦理江海水陸嚴行巡緝每年銷鹽止原額一成左右迨八年改辦引鹽州縣以先有責令辦鹽之議尙稍瞻顧而商巡亦嚴該梟匪等不無有趦趄觀望之心是以實在銷數將及原額二成

九年分雖巡緝仍嚴而人鹽並獲之案犯未嚴
辦拒捕殺傷之梟例應抵命因而梟販如故銷
數又絀於八年是該五屬私梟雖戢情形更甚
於直隸山東郎浙東西之鹽不旺銷亦以梟販
橫行之故嗣後應請將兩浙及江蘇各屬商僱
巡役因梟匪拒捕彼此殺傷之案准照直隸山
東新例辦理亦俟梟匪既戢之後仍復舊例並
請嚴飭五屬各州縣此後訊辦人鹽並獲案情
較重者嚴究是否大夥梟匪照例辦罪勿借各

販各私暨誤載誤趁等語從輕發落現在肅清
已久當以除莠爲安良當視鹽課爲正供毋再
以隔省而膜視仍飭令會同營局督飭商人嚴
行巡緝先將各地鹽匪之私窩私行及水路之
巢湖船艒船一律查拏淨盡房屋入官船隻鋸
截以絕根株并飭查明各州縣各鄉民戶有藏
匿鎗礮器械者一律搜繳無遺以杜架護而靖
地方惟案關援改例條是否可行應請奏明備
咨戶部並分咨刑部核議定案等語本部查商

巡殺傷梟匪援照山東例案免其議抵業已欽

奉

諭旨允准並咨行該撫遵照在案茲復據稱地方州縣於拏獲梟匪之案動多開脫以致梟匪益無顧忌並請將各地鹽匪之私窩私行及水陸巢湖船艄船一律查拏淨盡房屋入官船隻鋸截各鄉民戶有藏匿鎗礟器械者一律收繳無遺以杜架護而靖地方各節自爲嚴懲梟販起見應由該撫咨行江蘇巡撫嚴飭遵照辦理仍令分

咨刑部立案毋稍遺漏

一寬免耗鹽截存餘觔據稱前據該商稟八九兩年認額銷數委未銷足業經賠累力難再賠似屬實情兹又據稟稱現辦岱鹽應於六萬六千引外另完課款如能收私淨盡轉運迅速完數當多應請以此抵免等情本署司查該商等認課賠完本已苦累岱鹽課款本在認額之外似可准行似應併請奏咨寬免等語本部查耗鹽截存餘觔應行加認引額之數業已欽奉

諭旨暫行寬免至岱私如何收買及另收課款之處應
俟該省辦有章程報部之日再行酌核辦理

兩浙鹽法續纂備考卷六終

浙江文叢

兩浙鹽法備考二種

〔第三册〕

〔清〕楊昌濬　廖壽豐　修

浙江古籍出版社

兩浙鹽法續纂備考卷七

收私一

兩浙沙地濱海沿江潮汐所至滷戶刮淋積貯以供場竈煎熬是爲官滷如蕭山之河莊山陰之黨山餘姚之十八彈口定海之舟岱各山在在產滷是處窮民恒恃小竈曬販爲業實場竈中之蠹賊也積習相沿梟風難遏私充官滯額課攸關遂循舊例飭商集資派員督收存厫與場鹽按成搭配運銷雖云化私爲官實爲通權達變之舉庶使海

角殘黎無一夫失所而官私並濟矣纂收私

同治二年總辦浙紹鹽茶釐稅局候補道禀案奉
憲劄以紹所鹽務向爲浙餉大宗現在辦理雖稍
有端緒而銷數未見暢旺或因緝私章程尚未周
密所致一切應行籌畫之處奉飭會同查明實在
情形禀候核奪等因奉劄後遵即自嚴抵紹諮訪
情形悉心商酌查紹屬六場承平之日竈戶領本
煎鹽商人繳課領運是以金衢嚴徽廣各府皆係
行銷紹所季鹽引地從前年額課銀計有數十萬
兩實爲餉項大宗自咸豐十一年杭城不守以後

引目全行遺失各商四處星散本年紹城克復後
奉劄委赴紹興辦理鹽務遵與甯紹台道細心商
酌改引爲票招商捆運並於各府設立官鹽總局
俾該商運鹽到地得以寄儲銷賣大致粗定而行
銷未見暢旺總由私鹽充斥以致官引滯銷緣紹
屬八縣除諸暨嵊縣新昌外其山陰會稽蕭山上
虞餘姚五縣皆係沿海瀕江該處居民向以私煎
爲業若不設法禁止官鹽焉能暢銷卽以現在情
形而論嚴州運鹽較多衢嚴次之廣信則因閩粵

淮私侵灌且路途較遠盤費較多致無商人領運金華雖有商人領運核數無多推原其故蓋因金屬之義浦兩縣則與紹屬諸暨毘連東陽一縣又與紹屬嵊縣毘連山路紛歧四通八達私販鹽觔每由諸暨嵊縣取道侵灌其富陽桐廬兩縣又與蕭山僅隔一江本年職道籌議章程曾亦計及請於瀔渚破塘阮江婁公四處派員設卡並飭義橋臨浦各釐局兼帶稽查惟相沿已久且人數衆多一旦遽行禁止又恐別生事端職道等商酌再三

惟有化私爲官之一法擬於錢清相近之沙地曹娥毘連之餘姚擇地設立兩厫或委員或招商查明鹽價計觔購收私鹽工本遜於官鹽其價亦較官鹽稍減收有成數遇有票商繳課領運即令赴厫捆配運赴上游銷售一面出示曉諭劄飭各卡不准私販出境並請通飭金衢嚴官鹽府局同地方府縣及通省牙釐總局轉飭各釐卡遇有前項鹽販即作私論似此變通辦理私販不能挑赴別處銷賣而就地購收獲利無多或可冀其分圖別

業私竈亦可從此減少矣惟由紹至金嚴等處山程水陸紛歧前設各卡如須易地扼要之處容再察看情形相機辦理擬呈條欵仰祈核示祇遵

條欵

一收私保衛引地應禁其販往別處也查紹屬私鹽沿江一帶無業居民皆以私煎私販爲業積習相沿日增月盛人數既多幾有孥不勝孥之勢始則本地銷賣尙知畏懼斂跡繼則結隊成羣公然明目張膽遂致自鄉及城由近達遠金

華嚴州及富陽新城各引地日漸侵灌不知銷鹽自有定額私鹽侵銷一分卽官鹽少銷一分現既就地設廠收買應於山會緊接之諸暨嵊縣毘連之東陽各要口委員設卡禁止越販並於沿江各口如有已設鹺局者卽令鹺局委員兼帶稽查其尚未設有鹺局者應另相機辦理如此嚴行禁止私販不能越界侵灌官鹽引地自能日漸暢銷矣

一私竈私販鹽觔應擇地設廠收買也查紹屬沿

江貧民素以私煎爲業其私竈最多者蕭山之
河莊山會之黨山膏澤嚴家漊上虞之瀝海所
等處爲私竈私販聚集之所此外餘姚沿海貧
民又以刮滷攤板曬鹽不費柴火是以近年以
來該處曬板之鹽較之各處尤多查河莊黨山
等處私鹽曾於嘉慶年間招商收私配季運赴
嶶州之黟休歙三縣銷賣後因私竈日漸增添
銷路僅止三縣致有收買之名而無收買之實
現在金衢嚴嶶廣各處皆係紹所引地所收私

鹽如有商人完納釐課捆運何處銷賣悉聽其便仍於錢清曹娥兩處擇地設立兩廠給價收買庶私販得有銷售之處不致別生事端

一設廠收私應先出示曉諭也查私販成羣結隊類皆強悍之徒且積習相沿若輩專以販私爲恒業現在設廠購買恐人數衆多一時未能盡知請俟奉到院批後一面擇地設廠一面出示曉諭定以時日曉以利害使人人自知不致藉端生事

一收私鹽本應先籌欵墊給也查私鹽徧地一經設廠收買若輩無業貧民鹽到卽須給價自應先事預籌或於現在所收季鹽釐金項下酌撥若干現在金衢嚴嚴廣各府均已設有府局已據各商先後捆運私鹽既由官廠收買卽與官鹽無二遇有商人請引運鹽令其或赴場竈或赴鹽廠捆配運銷得能隨收隨賣廠無積鹽所墊鹽本卽可逐漸歸欵矣

一設廠就地收私應酌定鹽價也查私竈煎鹽工

工較輕其攤板曬鹽者更省柴火費用鹽本既輕賣價亦賤民間貪賤食私遂致行銷日廣現擬設廠購收按觔給價應核其工本酌量購收使無鉅利可獲不過藉以餬口其有年力强壯者或可冀其改圖別業矣

一收私計觔給價應較準官秤也查私販鹽觔價既便宜秤又加大民戶貪賤買食逐致私販日多惟私鹽隨煎隨賣非若官鹽之煎好儲倉者可比現在設廠收買將來招商捆運存儲日久

滷耗必多擬請於收私時仍用民間加大十八兩市秤倂商人捆運時卽用十六兩官秤仍由紹局較準須發使無藉口

一各卡抽收鹽釐應行一律停止也本年春夏之間上游一帶民有食淡之虞是以於水陸各要口擇地設卡抽收鹽釐並令義橋臨浦各釐局兼帶抽收原係一時權宜之計現議設廠收私不准其販赴別處銷售所有各局卡抽收鹽釐應卽一律停止如有前項鹽販查獲卽以私論

一緝私明定賞罰以期事有實效也查私販鹽觔現既設廠收買既不准其侵銷引地亦不准其就地私賣應請通飭金衢嚴紹台各府轉飭各縣督飭鹽捕認眞巡緝並通飭金衢嚴巖廣各府鹽局遇有私販鹽觔即行查拏懲辦仍以所獲鹽觔四成充公六成給賞如詢係官竈私運銷賣查明竈戶何人從重究罰場官知情一併撤叅仍嚴禁鹽捕人等不得擾累滋事奉兼署浙鹽撫院左批據禀各條尚屬可行仰卽分飭

照辦將來有應行變通之處再稟候核奪

河私

同治四年九月浙江捐輸牙釐總局兩浙鹽運使

爲會詳事案據杭嘉兩所商人朱源茂朱恒源禀

稱竊查浙西行鹽引地各有專場各場商竈煎鹽

均資客滷隨煎隨報立法綦嚴從無偷漏惟浙東

錢清場所轄之河莊地名南沙離場窵遠沙地遼

濶土滷自產無待採買該處沿海居民悉藉煎鹽

度日於浙西錢塘海甯等處僅一江之隔片帆直

達一經過塘東衢嘉府各縣西灌杭湖兩府到處

蔓延甚至下河私梟沿途接販嘉湖兩府地處水鄉支河汊港無處不通縱巡緝周密時有弋一漏百之虞嘉慶年間蒙大憲奏請發帑商收沿塘設巡禁其下流化私緝私相輔而行引地藉以保衛惟該處小鍋私煎火候不足存儲倉廒滷耗甚重向章照場掣外每引加耗十七觔到地與場鹽一體銷售此貼補隨時滷耗之原委也對江向設兩廒辛工車脚費用浩繁向章照正地科則雜欵內每引減庫紋七錢六分此津貼廒用之原委也沿

塘一帶向設巡船往來堵緝多派幹捕陸路梭巡
向章於沙鹽完課內每引扣撥沙巡庫紋三錢此
籌備經費之原委也遵行數十年歷著成效現在
兵燹之後商力困乏固不待言卽庫藏一時亦未
充裕未敢遽請發帑減課惟有招集同商鳩資合
辦請附於許村場商舍設立倉厫招徠南沙煎戶
由許村場查造花名按圖發簽派期輪收並請劄
飭許村場督收督捆劄飭杭批驗遵例掣驗以愼
鹾綱票商運鹽先赴督運府局照章先完半課赴

場領運至捆運鹽觔請仿浙東黨山章程每引照杭嘉新定場掣四百十五觔外恩加耗鹽六十觔如遇廣德等地照章另加四十觔以資貼補至到地銷售未便仿照黨沙例隨到隨搭查新章行銷岱鹽另編字號場鹽銷出五百引接銷岱鹽五百引蘇松向爲岱鹽淵藪應以場岱對銷以疏其源嘉湖兩屬向無岱鹽請以沙鹽仿照岱例另編字號場沙互銷似此場鹽不爲沙鹽所積壓收沙鹽即以除場鹽之蠧賊銷有把握收無間斷究之多

收一分私鹽卽多銷一分官鹽滴滴歸公絲毫不爽然化私之外尤以緝私爲首重沿塘一帶江路兩面巡費甚鉅若禀請給發巡費於課項又多窒礙再四思維萬難籌欵擬以沙鹽新加之耗觔籌爲巡緝之費用現當整飭鹺綱商等亦圖報效擬請劄知各府局沙鹽到地除向例每引加耗十七觔外新加耗鹽四十三觔此項課錢每引計有三百八十文之多應請隨同半課每引折收錢三百八十文由辦巡委員赴局支領派船巡緝所收巡

費積少成多再請移撥礮船駐紮要隘會同堵緝則私源自絕官銷自旺矣至關外蘇松各地互銷岱鹽沙鹽未便爭銷如有票商願運沙鹽者請照向章每引加耗十七觔以免虧折運到賣局隨同場鹽挨次輪銷查杭紹二所向係通銷河莊又爲錢清場所轄浙東各地應請准其一律運銷惟製驗須歸杭所以清界限觔兩悉照黨山以歸劃一運到賣局附入黨山之末黨沙銷出二百引請搭河莊一百引似此搭銷於浙東大局似無窒礙商

等愚昧之見合無仰求俯鑒核詳至收鹽細章及
認識商名再爲續禀等情到司當經批飭杭所官
鹽局核議詳覆去後嗣據杭所局員詳稱遵查河
莊沙鹽係屬私煎前於嘉慶年間奉大憲奏請發
帑收買行運浙西歷著成效惟兵燹以後案卷毀
失辦理章程已無可稽今該商等情願招集同商
鳩資收買聽商捆配行運浙西係屬化私爲官自
應俯如所請第浙東係紹所引地上年行運黨鹽
原議與季鹽三七搭銷嗣因季鹽壅滯改爲二八

搭銷業奉通行遵辦在案據請以河莊沙鹽一律
行運浙東恐於紹鹽大有關礙且收私原非正辦
亦屬萬不得已之舉故應查造煎戶花名清冊予
以限制不准額外多煎據請仿照蘇松岱鹽例另
編字號場沙互銷是欲以一隅之私鹽對銷兩所
之場鹽誠恐從此私煎日旺而官煎日絀所議挨
銷殊欠允協另行籌議擬請將所收河莊私鹽仿
照現行黨鹽章程由委員督收督捆僅行浙西杭
嘉兩所引地不運浙東先在杭所局完納半課由

杭所掣驗後運赴認投府局挨次搭銷查浙西各地不止行銷場鹽沙鹽尙有岱餘等鹽插入輪銷與浙東之僅銷場鹽黨鹽者不同若以沙鹽與場鹽亦二八搭銷合之餘岱已不及一成可否與場鹽三七搭銷以疏銷路如第一票沙鹽於何日到地卽與是日應銷之場鹽三七搭銷嗣後續到之沙鹽接續挨次輪搭不准攙前越後亦不准與岱鹽並搭其正耗鹽觔據請查照杭嘉兩所現定各地場掣外加耗鹽六十觔行運蘇常鎮者加十七

觔其耗鹽六十觔內除向例每引加耗十七觔外
以四十三觔抽課辦巡係爲緝私起見應卽名曰
巡費稍示區別每引應收錢三百七十八文四毫
卽由杭局核收隨時給商人朱源茂等具領俾得
多僱鹽捕分派巡船於沿江水陸要路梭織巡緝
倘此後仍有私鹽偷渡錢江侵入杭嘉肩季引地
卽惟該商等是問再廒倉向設何處未據聲明據
請務於許村場商舍設立廒倉是否舊址抑係創
造其沙鹽渡江應如何分別官私除飭該商等確

切查明並妥議收鹽章程另禀請示先行遵批核議詳請示遵等情詳覆到司又經批飭將倉厫地址及渡江分別官私並收鹽章程催商速覆一併議詳各在案今又據杭所局員詳稱遵即飭催該商等確切查覆去後兹據杭商朱源茂禀稱遵即會同各商悉心籌議開具條陳一請委員清查河莊沿海煎户設立篷帳造具花名清册每日解鹽到厫記明某户交鹽幾籮下午按户秤收結賬後按户憑票發錢不得紊亂如有帶滷爛暴以及攙

和石灰等鹽當卽發回以清弊竇一請收鹽厫秤照場撃加一以貼貯厫滷耗一請收鹽厫價照滷價申算掛牌示價以昭公允一請河莊厫秤收鹽飭發至對江馬牧上倉用奉憲收鹽旗幟以資標識一請在河莊沿海一帶巡緝派役梭巡江中僱用滷船按汛截查均歸督收委員會同巡商督理稽查惟海甯至杭沿塘百里皆通下河向歸長安千總帶標兵百名杭嘉湖三府如有下游私鹽獲解懲辦頗立功效應請詳請復額以資巡緝一請

設立辦商巡商各一名各給戳諭以憑稟覆事件
並收鹽商人各名下認定股數出具認結以後不
得增減以免推諉一請查獲私鹽應就馬牧鹽廠
交解票商捆運時按引納課其鹽觔照收價全行
充賞以資鼓勵一請運費照票商捆運之數每引
計錢三百八十文繳廠應辦實用若干由督收委
員稟報倘有不敷可否另行籌欵以資津貼或於
杭嘉湖三府巡費內酌數撥發以衛藩籬一請明
定收額以免壅積沿海窮黎全藉煎鹽餬口若儘

數收買必至收不勝收查黨山收額每年以一萬六千引爲率浙西銷數較窄應請減半定額銷數果暢再行稟請續加一請附入浙西新章通飭各府局第一票沙鹽到地即與是日應銷之場鹽三七搭銷不得攙越以免偏枯各等情查該商稟請委員在於河莊督辦將所收鹽觔發至對江大荆馬牧上倉用奉憲收鹽旗幟事似可行應請飭備旗幟蓋用憲印以資標識至收鹽厫秤照摯加一自因滷耗過重之故收鹽厫價照滷價申算亦尚

公允至所請督收委員會同巡商在於河莊沿海一帶兼督巡緝派役梭巡江中僱用滷船按汛截查似可照行應請嚴飭委員巡商實力巡緝務收實效所請應設辦商巡商各一名似應請飭該商朱源茂遴選諳練老成熟悉鹾務之商稟請頒給諭戳俾得隨時稟辦一切事宜並飭將收鹽各商出具認股甘結由該商加結呈送以免推諉其請將所獲私鹽解交馬收鹽廠全行充賞一層查現定新章凡獲到私鹽以五成充公五成給賞今擬

仍請照章辦理照收鹽價値以五成給賞五成歸
厫公用由督收委員按月造報以符定章而舒公
欵惟所議巡費一欵沙鹽場摯例每引加耗十七
觔外新章加鹽四十三觔計課錢應三百七十八
文四毫於捆鹽時隨繳收厫俾作巡用其巡費日
用若干由督收委員確實造冊報銷自應准行至
所請海甯至杭沿塘百里皆通下河向歸長安千
總帶標兵百名如有杭嘉湖三府下游私鹽獲解
懲辦應請復額等語查長安營標兵從前巡緝雖

著成效現在尚未收標而杭嘉湖三府亦無巡費
可以撥資津貼所請是否可行應請核奪至定收
鹽額該商請照黨山減半議定河莊以每年收鹽
八千引爲率查浙西銷路本與紹所較窄若不明
定收數沿海窮黎全藉煎鹽餬口必致收不勝收
應請俯照該商定數收辦如將來銷路暢旺自應
加數收買以廣銷路而裕引課至沙鹽到地即與
是日應銷之場鹽三七搭銷係照黨山原議章程
自應通飭各府局一律搭銷以示招徠以上該商

所議各條已經逐加籌核悉心妥議是否有當理合據情議詳伏候察核批示並請詳明鹽院批飭遵辦等情正在核詳間又續據商人朱源茂稟稱前請每引新加耗鹽四十三觔計課錢三百七十八文四毫於票商捆鹽時隨繳收厫並稟明運往常鎮關外每引止請加耗十七觔不加新耗彼時原冀行運浙東故不計及關外今奉核議沙鹽既不能行運浙東每年核收鹽觔僅定以八千引為率八千引之中除運往關外大半不計外其所輸

巡費在 共不過三千餘引通盤核算非特功虧一簣竟至束手無策思維至再惟有請將常鎮關外一律准加耗鹽四十三觔其所輸巡費仍繳收厫俾貼辦巡而全公務禀請鑒准併詳等情前來本司伏查杭局議詳該商禀請各條內稱委員在河莊督辦將所收鹽觔發至對江大荊馬牧上倉用奉憲收鹽旗幟一層事屬可行惟隨收隨送陸續渡江恐有私鹽混雜河莊向有舊厫儘可多儲自應俟收有成數然後禀請委員給發印旗押送過

江以示區別其厫秤觔兩本應照黨山一律辦理
以昭劃一惟加一秤收核與黨山每觔加二兩之
數亦不相上下自應如議加一照部掣每十觔加
鹽一觔以貼滷耗至巡緝事宜則應仿照諸義[illegible]
辦法專責商巡毋須由官經理所獲私鹽議以五
成給賞五成專歸該厫公用核與定章未符仍應
以五成充賞五成充公其耗鹽每引四十三觔核
計課欵實有三百七十八文四毫卽作經費巡用
甚爲妥協應由商人經理造册委員爲之轉報長

安弁兵現在向未收標應毋庸議將來委員隨時稽查其餘各條均尙妥協至續據該商所請將常鎭關外一律准加耗鹽四十三觔所輸巡費仍繳收廠俾貼辦巡等情查該商等本擬行運浙東是以原議關外各地有岱鹽互銷沙鹽未便與爭之說倘有票商願運者仍照向章每引僅加耗十七觔今浙東既未便行運河莊沙鹽其關外常鎭引地自應與嘉湖等地一體運銷所有四十三觔之耗鹽自應一律加給抵作巡費俾辦巡費用不致

掣肘其餘招商捆運一切應辦事宜容俟由局委
員並飭議收商人隨同妥爲辦理隨時呈報外理
合會同核議詳請是否有當伏候察核批示遵辦
十月十一日奉鹽院批如詳辦理仰即分飭遵照
其餘招商捆運一切應行事宜仍令委員商人協
同妥辦隨時詳報查核毋違

黨私

同治三年二月黨山商人金兆元鮑恒泰金德裕胡南孫楚豐孫永昌謝承泰朱廣益稟爲奉諭試辦稟請詳定章程以便遵辦事查得黨山地方遼闊產私最廣前院憲因地制宜奏准簽商發帑減課加觔六十年來私靖課旺著有成效匪擾以後各商星散停收已久以致私販橫行官銷短絀現奉面諭飭商等悉心條議實力收辦仰見慎始圖終之至意伏思商等在廒收辦有一日之鹽卽需

一日之本全賴票商轆轤採買使厫鹽不致存積坐收無估擱之患查南沙與季鹽柴滷成本相同而經費運腳較量且色味實有高下賣價勢須分別釐課亦應從減庶幾本輕價賤出售較速運商冀其踴躍則商等收鹽成本自可源源接濟矣惟應如何酌減之處商等未便擅專應請確核定數俾可遵行其尚有應時酌變新章庶商民兩有裨益謹擬八則稟呈憲鑒是否有當伏祈俯賜察核詳請通飭五局以便商等遵章試辦實爲公便

章程

一收鹽價值宜隨滷價爲長落煎鹽成本柴草工食雖有低昻惟滷恒視晴雨爲貴賤出入最大向照三東兩場禀報滷價以定廠鹽收價使沙民既無重利又不賠累最爲平允至運商採買惟核計成本照季鹽酌量平減以期招徠

一收秤宜照舊頒發烙秤使沙民信從黨山收鹽向章鹽院頒發烙秤行用沙民相安已久現在烙秤尚存比較新頒局秤每觔約重二兩核與

原稟用十八兩秤收鹽相符應請仍舊辦理

一兵燹之後商收資本微薄請暫撥鳌課以資接濟南沙創收之時向有發帑之例當此軍餉緊急未敢援請惟商等資本微薄而新章收私又不分界域爲數必多計需成本二三萬串商等極力設措一萬串應請暫撥鳌課一二萬串以資接濟俟試辦一年後即行繳清

一滷耗宜照舊例加貼使運商少賠累南沙鹽質不敵季鹽故折耗較季鹽爲重向例奏准每引

照季鹽加耗十八觔以貼沿途及堆積折耗若
照季鹽一律運南之商勢必外加賠累不足以
廣招徠應請照舊辦理
一各局賣價宜照季鹽酌減使領鹽踴躍南沙鹽
質較次故藿課亦輕減倘南季同價領鹽者何
肯舍季買南惟有照季鹽每觔酌減二文以廣
招徠而便民食
一分成搭銷宜歸各府局劃一辦理南季向係並
貯兩壩逐批搭運甚便今所壩不能堆貯新章

隨運隨掣五場地面遼闊若令此場捆季彼場捆南不特捆築需時且兩番採買事甚周折難期運商樂從運南運季宜各從商便惟有於南沙到局之日季七南三由各府局分成搭銷在領鹽者既減價值自無推諉之情運鹽者事出簡易亦少煩瑣之累

一挨銷宜分別南季各局章季鹽挨次輪銷本屬平允惟南季既聽各運到鹽必有多寡先後之不同而南季又須搭銷惟有南沙到局另編字

號隨到隨搭第與出局之季鹽搭定成數不隨
存棧之季鹽分別先後

一輕運本以廣招徠運南運季既聽商便而現皆新商總以南沙爲無利可圖之人領運運停則收停收停則窮黎藉以擁衆不獨售私無忌且必釀成事端惟有使運商成本較輕格外優恤庶領運易而認運者多應請將紹局應繳半課及沿途護船經費統歸各府局扣收彙解於釐課毫無短少在運商樂有補苴所有局費照費

爲數無多仍由府局呈繳且便查核申報存案
奉紹興府局批據稟及所議各條已悉所有設
厰收私須用鹽本應由該商等公同籌備將來
設有短缺本局隨時稟請量爲借給至運鹽應
繳一半課釐及𥕢船經費概歸各府局收解之
處事屬可行已據情轉稟督鹽憲矣該商等卽
遵諭邀集各原商出具切結送局查核一面趕
緊設厰收買仍查明何處係走私要隘應如何
緝拿以杜侵銷季鹽引地並卽察看地勢稟候

校辦冊違

同治三年三月黨山商人金兆元鮑恒泰許信敘
何萬茂孫永昌孫楚豐朱廣益胡南禀爲聲明例
案迅賜轉禀以便招運事竊商等奉諭收辦南沙
遵將新舊章程參酌具禀均蒙准行在案惟商等
資本微薄全賴票商轆轤採買廒鹽可以源源
接收無如南季柴滷成本相同而經費運脚較貴
且鹽質既判高低賣價勢須減讓故前憲權衡並
施每引照季鹽減課一兩一錢有奇以資津貼各
商成本大可輕鬆收配自然踴躍月計不足歲計

有餘此名減實增之道也現在軍需浩繁或恐緩
不濟急未便遽請援減但票商不能賤買於廒又
須賤買於局因此畏足事出恒情商等一再熟籌
惟有倣定岱之例照季鹽額耗之外酌加觔兩二
成其釐課暫令照季鹽完納雖較從前五成減二
之課相去尚殊而挹彼注此票商共仰恩施曲全
補苴庶可希冀招徠至走私要隘諸義浦爲陸路
之藩籬富陽爲水道之門戶該四地果能減價以
敵私設巡以堵私則正地之私鹽自靖而山會蕭

之義橋臨浦夏履橋離渚等處又爲該四地走私之要隘所設卡局停止抽釐杜其影射並責成委員僱役嚴緝明定賞罰以期實效如是辨理既截其販私之路又清其化私之源似於季鹽引地日有起色是否有當並乞察裁爲此備情再稟伏乞俯賜轉稟俾得遵行奉浙紹鹽茶釐局批查南沙私鹽鐵鍋小竈鹽質潮濕滷耗甚重自應與官竈季鹽稍加區別量爲變通惟所請額耗之外酌加二成未免過多今定票商赴廠買運南沙鹽觔每

引定額正鹽三百五十五觔外運赴金衢嚴者每引統加耗鹽一百觔運赴嚴州廣信者每引統加耗鹽一百二十觔核計每引添增六十二觔足資津貼商人買運南沙鹽觔於護照內加蓋戳記另編字號鹽到府局卽與現在銷售出局之季鹽三成搭銷比照季鹽每觔減價二文出售其應完釐課准其統俟銷畢後並由各府局扣收批解似此明定章程格外體恤運商自然踴躍廠鹽不致有存積之虞矣候轉稟撫鹽院批示再行出示招商

可也

同治三年三月黨山董商金兆元稟爲遵呈認結
叩賜詳請定案一面給諭遵守以專責成事竊奉
憲諭轉奉兼署撫鹽憲左批飭紹屬黨山私鹽疊
諭令商招集原商集資收辦商等遵諭不避辛艱
會於本月初七十三等日在黨厫地方兩次邀集
勸辦查原商向來十一人認成十三股兵燹之後
商資益薄其中有不能照舊全認者亦有不願承
辦者不得已招集原商外另招新商共十六人補
符十三股原額惟各商承辦厫務事關責成卽有

頂退向稟運憲衙門詳請各給額照以爲信守免致推諉現奉憲諭卽以此次認定股分爲準嗣後不得添退應請援案各給憲諭俾令遵守以免貽誤實爲公便再現在倉廒業已修整並請擇日開廒合併聲明奉紹府局批據稟集貲收私各商分股承認具結請諭緣由均悉已分別給諭劄發官廠委員轉給矣認結附卷

同治三年五月商人汪振泰汪振興禀爲瀝陳原委叩請給發買單一起捆運事竊商等於四月二十四日備具鹽價買定南沙橛鹽共四百引運赴衢屬搭銷迨至憲局遵奉定章先完照費請給買單當奉諄諭以凡赴嚴衢等處行銷者必得先繳礮船經費然後准給買單緣商資本不敷無可設措暫行退回㕑鹽二百引將此項鹽本抵繳礮船經費業奉給發買單赴廠挨號候捆在案嗣蒙憲恩體恤所有礮船經費仍准赴卡完納各商聞之

莫不欣戴現在商等趕緊專人赴衢措得資本惟
程途窎遠甫於昨日抵廠今仍向厫買鹽二百引
以抵前數遵完照費請給買單第恐號數有先後
之别捆運有遲早之虞若仍挨次輪流必致守候
需時未免向隅可否仰懇俯察原情恩賜仍歸前
號一起捆運掣驗出自逾路鴻施頂戴上禀奉浙
紹鹽茶釐税總局批捆運南沙廠鹽後完課釐已
屬格外體恤其礟船經費過卡即須完納是以飭
令商人均在本局先繳設一時無措亦仍聽其便

至該商人等先後請運鹽觔自應各挨買單字號
捆運何得將續領買單請歸前號致紊定章所禀
斷難准行

同治三年五月黨山董商金兆元禀為補股結認
叩請給諭承辦事竊商蒙給諭招致認商辦理南
沙一案當即持諭招集各商遵奉定章措資試辦
在案惟思開廠以來收數日形暢旺股本自當充
足查該辦商許悖敘徐茂元李成裕孫日升金德
裕朱廣益等名下照舊尚有應認股分共計四股
當此實力辦公之際不容稍存諉卸應請飭令措
資仍照舊股補足結認庶於厫務得有實濟股本
不至竭蹶為此合取各商認結呈乞俯准給諭飭

令該商按股補認并求轉報撫鹽憲備案施行奉
浙紹鹽茶釐稅總局批收辦黨山南沙私鹽前經
諭飭該商等認定股分之後不得添退并報明督
鹽憲立案旋據該商等招集新舊各商十六人合
成十三股具結稟送自應按照十三股辦理不得
於十三股外再行加添以杜有利則來無利則退
之弊且收私原宜多設廠所俾無遺漏查蕭山之
河莊亦係私竈私販聚集之所往往渡江侵灌杭
所引地前於嘉慶年間亦曾招商收配現在省城

已復杭所引地亦應保衞該商等既踴躍從事着
即籌集多貲另議稟辦可也

同治三年八月浙紹鹽茶釐稅總局稟本年七月
十五日奉運司文開據三江場大使秦克昌詳據
該場辦商錢萃泉等稟以紹所黨山南沙收鹽耗
鹺較多先鹽後課開廠兩三月業已售出一萬餘
千引之多與前定年額一萬六千引計之逾額過
多至季鹽銷數絀滯深恐虧課滯銷詳請設法疏
銷以安季業等情希卽核明覆司以憑核辦計粘
抄詳又於七月二十七日奉捐輸牙釐總局劄開
准運司衙門咨同前由查南沙鹽鹺自設廠收買

至今共已收鹽若干引各商請領買單捆運者計有若干引劄局詳細確查妥議具詳以憑核明移覆各等因奉此伏查南沙鹽觔因其侵灌金嚴引地是以本年另議新章招商設廠收買與季鹽分成搭銷稟蒙批准在案茲據三江場大使轉據辦商錢萃泉等具稟前情查南沙鹽自四月初一日設廠收買起至現在止該廠每月收鹽不過千餘引核之從前原額一萬六千引數尚不相上下已據各票商陸續請領買單計有二萬餘引內已給

護照捆運者僅五千八百餘引其餘雖請買單均
皆待鹽未運以現在起運之鹽數核開廠至今之
日期似不致有逾前額場商所禀未免砌詞聳聽
且南沙收私本有定案並非創辦何致虧課滯銷
如果沙鹽不收聽其充斥試問能不侵灌引地另
可籌繳課釐乎因查沙鹽未捆者多已於七月間
將買單暫行停給一俟前給買單將次運竣再行
照章填給至前議先運後課到地三七搭銷緣舉
辦之始既慮票商捆運不前且恐鹽數較前增多

是以廣爲招徠俾免積滯此時請運沙鹽既多鹽數又約畧可計自應量爲核減以昭平允而免藉口除已給買單業經捆運之鹽不計外其餘雖請買單尚未給護捆運者請以此次禀奉批示之日起查照季鹽章程先完一半課釐鹽到各府局改爲二八搭銷每鹽一百引內銷季鹽八十引沙鹽二十引以爲定章是否有當理合會議禀請仰祈察核批示以便轉移遵照再南沙加耗數目原因質嫩耗重若再核減誠恐票商不願捆運廠鹽一

經積滯成本卽難轉運應請免減以示體恤合併
聲明奉督鹽院左批據禀南沙鹽觔先完一半釐
課改爲二成搭銷準如禀辦理仰卽移行遵照

同治三年十月黨廒原辦商人許惇敘徐茂元李成裕爲叩請恩准補股以全世業而慎職守事竊商等向奉前憲簽點黨廒收辦沙鹽存倉配運自嘉慶年間南廒創始以來原諭許惇敘認收兩股徐茂元認收一股李成裕認收一股迄今數十餘年纘傳承辦世守定章從無貽誤於咸豐辛酉年冬匪擾浙東之後收停廒閉商等亦潛避於上海甬東等處今春蒙諭飭令董商金兆元招集原商變通試辦商等聞招歸來當卽籌措資本赴廒遵

辦乃董商金兆元業經將股分稟定內開許惇敘
認收一股徐茂元認收半股李成裕且未列股名
另集新商數人承辦稟覆惟是商等世業南厫辦
公歷有年所不敢自存畏葸應將原辦股分照舊
認收以昭專職嗣於五月間董商金兆元曾具稟
紹府局請諭飭商等原辦股分應一律補足庶得
股本充盈收數可期暢旺蒙局批飭商等籌集多
資往收河莊另議稟辦等因第思商等係發辦南
厫原商河莊素非熟手且河莊向有杭所商人承

辦商等何敢越俎代謀徒生妄議現在南厰運商
買單赴捆者幾及二萬餘引之多而捆數未能及
半皆緣限於股本以至收數短絀不能應捆商等
心存踴躍不敢退縮且世業纘承何甘自棄情願
將原辦股分備資認收實力承辦爲此瀝訴簽辦
前情禀乞俯准補股認收給諭承辦伏候批示秖
遵呈送甘結並求轉報撫鹽院憲備案施行奉運
司衙門批河莊沙鹽此時尚未籌辦應無庸議至
黨山沙鹽買單者已及二萬餘引而捆數未見暢

足此事但問銷數之盈絀原不計股分之多少該商等既係原辦黨㡉自應照舊飭補候移會紹局核明辦理但該商等禀認之後如仍不能備資收辦則惟該商等是問勉之

同治五年三月黨山收私委員稟奉劄飭查明該
商許惇敘等是否實係當日舊商其稟內所認股
數有無不實並查詢現辦之董商金兆元等公同
集議應行如何補股一併稟覆核辦等因奉此遵
即查詢並飭現辦商人公同集議旋據該商金兆
元等稟稱竊商等自同治三年黨山開辦之時事
屬創始艱辛原辦同商兵燹之後俱多星散未能
充原額十三股資本故招募新商入額由紹郡鹽
茶局給諭認定股分措資收辦嗣經許惇敘等先

後回歸稟請補股收辦奉諭飭查許惇敘李成裕
徐茂元等委係舊商所稟股分亦無虛冒似可補
復祖業理合稟請轉詳准許惇敘等所稟股分須
發憲諭一體辦公正在集議間又有舊商朱廣益
半股孫日升半股金德裕半股並求援案稟補查
朱廣益等亦係開辦時遠出在外未及周知與許
惇敘事同一律尚求原念舊商准予一體給諭補
入俾得同沐恩施不使向隅獨抱免致一補再補
有煩案牘商等仰體憲意俯洽衆情不敢稍存私

見至原額十三股本無增減第念後來者確係老
商尙屬情有可原而新商之在辦者亦難退出業
經邀集公議增定十七股同舟共濟併力辦公嗣
後作爲定額永禁補續以免爭攘爲此稟請轉詳
准如所請股分一體承辦等情前來據此伏查憲
劄内開該商許惇敘李成裕徐茂元委係當日發
點舊商所稟股分並無不實復查董商金兆元等
稟内聲稱並請補股之朱廣益孫日升金德裕亦
係原辦老商所有呈稟各情復又遍詢現在辦商

均無異詞至從前老商業已陸續稟補此後並無
遺缺可免再煩案牘理合據實稟覆伏乞俯賜察
核其應否准予補股之處伏候訓示遵行奉運司
衙門批據稟董商金兆元等查明許惇敘等請補
股分並無虛冒暨舊商朱廣益孫日升金德裕三
商名下各有半股一併請補以十七股定案等情
仰候給諭該商等照舊認收仍將新舊各商認定
股分開明清摺呈送以憑查核此次定案之後不
得再有請補致煩案牘

同治五年三月署兩浙鹽運使司諭黨山收配商人知悉案准前司移交黨山收私委員稟覆二月十七日奉前司劄飭查明該商許惇敘等是否實係當日舊商其稟內所認股數有無不實並查詢現辦之董商金兆元等公同集議旋據該商金兆元等議查許惇敘李承裕徐茂元等委係舊商所稟股分亦無虛冒似可補復祖業稟請轉詳准許惇敘等稟認股分給諭收辦正在集議間又有舊商朱廣益半股孫日升半股金德裕半股並求援

案稟補查朱廣益等亦係開辦時違出在外未及
周知與許惇敘等事同一律准予一體給諭補股
認收並聲明向來原額十三股本無增減第念後
來者確係老商尚屬情有可原而新商之在辦者
亦難退出業經邀集公議增定十七股同舟共濟
併力辦公嗣後作爲定額永禁補續以免爭攘稟
請轉詳一體給諭收配等情前來本署司查紹所
黨山南沙化私爲官前經簽定十三股認收年共
以一萬六千引爲額兵燹以後改行票運原額難

循改爲二八隨季搭銷前因舊商未集招集新商
挨股收配今該舊商等以祖業相傳歷辦有年稟
請補股經該新商等公同集議增定新舊十七股
收配事尙允協除批飭將新舊各商認定股分開
摺呈送一體給諭外合行諭飭諭到該商遵照卽
將認定名下股分備資收配毋稍惰誤切切特諭

同治十二年十月督銷兩浙綱鹽總局爲移知事
據南沙收商兼配廣信綱商金兆元等禀稱竊查
黨山沙鹽係屬化私爲官從前課則減輸鹽准攙
銷係爲資養沿海窮黎而免偷漏起見故收價與
場鹽不同自票運改綱裁革耗觔各綱商以貴買
於厫賤售於市均視捆運南沙爲畏途以致厫滿
停收仰蒙體察情形核減課銀四錢藉以貼補捆
數漸見行動然收多配少厫滿如前經甲商吳敬
儀查明從前攙銷之法禀荷恩准劄飭各府局試

辦之後販鹽始得捆清乃各商均已配運各地均已行銷惟廣府一局以各處人情不同辦理礙難劃一擬照票章沙鹽每觔試減一文仰見體恤商艱之至意查廣府一屬除玉山一縣本商自行設棧外其鉛山等縣係租與子店領銷非若徽衢各店均係本商自設得以攙和勻銷此廣府局所謂人情不同者職是之故並查南沙現在每年定運一萬引以二十一萬餘引計之分配勻銷不及二十分之一以廣屬一府認運核計每年六萬四百

八十引應銷南沙不及三千引爲數甚微似於民
食亦無窒礙如遵照運司衙門批示攙和一成之
說似尚不足況商等均有包課責成何敢有礙銷
路自貽伊戚且票運搭銷亦是和勻出售與其搭
售之後由店攙和而漫無準繩不若未售之前由
商攙搭而轉有限制是攙銷之法係爲疏通沙鹽
起見並非爲綱鹽圖利計也商等因兼收配未敢
坐困除稟運司衙門外不得不瀝情稟乞俯賜察
核恩准劄飭廣信府局暫行試辦倘實於銷路有

礙再行稟請更正伏祈批示等情到局據此查南沙所收之鹽向稱質嫩耗重不利行銷前據該甲商稟請到局卽批飭各府局察看地情有無窒礙稟覆飭遵昨據該局稟稱各處人情不同辦理礙難劃一正爲顧全銷路起見業經批飭辦理茲據該商等稟稱均有包課之責何敢自礙銷路此等情詞亦難深信姑念通年核計爲數無多候劄飭暫行攙和試賣如果實礙銷路應卽稟請更正不得自貽伊戚除批示並劄廣信鹽局遵照外擬合

移知爲此合咨貴司衙門查照

餘私

同治十年署兩浙鹽運使司諭紹所甲商鮑存經知悉據該商面陳清摺內稱餘邑沙塗綿亘十八灘口沙民曬鹽爲業由來已久即使減板除肩漁之外至少亦在三四萬引之則統歸石堰原商收配固無不可而爲數既重又屬改章恐於場竈僭銷有所藉口擬飭紹屬之金三東三場傳集現煎之竈諭以引地漏私有關大局願否會同石堰原商合股集貲收買本署司查飭商收私係化私爲

官之辦法歷有例案可循謂石堰私鹽數多則可謂之改章則不可至竈戶係煎鹽之人若令其停煎收私悖理違例且以彼場之竈戶收此場之私鹽轉販配商更屬干礙鹽法斷難詳辦現值昇平之際事事皆當詳請奏明並請咨部不能如前數年之可以從權辦理也查此案現已據石堰原辦商人吳玉慶許承順稟覆石堰地方東至餘姚界之高一竈等處西至上虞界之王家埠等處其間綿亘一百數十里從前均係小鍋私煎自道光年

開化私爲官開辦之時分作三段其東界之高一
竈迤西而至勝山頭爲一段所出之鹽歸鄞奉慈
餘住賣係餘商羅永清承辦其西界之王家埠迤
東而至馬家路爲一段歸石堰鹽舍承辦並該地
住賣其間如崔陳路高王路等處出滷最旺石堰
舍收辦有餘則出售與錢三東西黃等場供煎其
中路自勝山頭之禮一竈起至馬家路三分之一
止爲一段即前稟所謂埋上埋下團者歸商等東
西兩厫收辦每年共出鹽一萬六千引銷售浙東

此昔日之情形也在同治六年間商等請辦之時該處曬板已有六七萬塊今則不下十萬餘塊散漫無稽不可收拾若不設法安頓仍恐於岱鹽章程未免窒礙商等查從前創辦之初先係收買私煎在後改作刮滷交煎昔日之窮黎私曬今則十倍於前此時再行舉辦實屬因中之創似應仍請循照舊章先辦收私但商等從前承辦界址僅止埋上埋下兩團其自勝山頭以東馬家路以西均有商合承辦此時若仍照舊章僅辦中路而置兩

路於不問不特兩路窮黎坐嘆向隅且於安頓之
法仍屬挂一漏萬若統將三路全行舉辦則所出
鹽觔又不下十餘萬引之多核之一萬六千引之
舊額不及十分之二且查近年綱額僅止二十餘
萬引五場煎竈所產鹽觔雖不及十分之三而驟
然加此鉅額在各場竈不免藉爲口實致啟訟端
商等世業於兹前經請辦樂意趨公今荷招徠慰
深願望總期於餘私有所安頓於場竈無所窒礙
於

國課有所加益於部案無所違背或循照舊章仍分
段落辦理或另行設法變通辦理商等當即馳赴
該地親自察看情形現今實在板數若干每年出
鹽若干以及可以勸化而掣毀者若干並如何妥
議章程謹當會同紹甲商妥議籌商再行核實稟
覆除稟綱鹽局外爲此合詞稟請核示等情據此
查該原商所稟循照舊章分段辦理或設法變通
均應趕緊查明實在情形應行如何議辦之處切
實稟覆察奪除批飭仍候綱鹽局示遵外合亟一

并諭飭諭到該甲商立卽遵照指飭事理刻日逐
一稟覆以憑於年內核定具詳明年接續佔鹽開
辦毋再遲延致干差委嚴催凛之

同治十年兩浙鹽運使爲移會事案據原辦石堰商人吳玉慶等禀稱餘姚縣之石堰地方濱海漲沙產滷最旺沿海居民日以煎私爲業道光二年間奉前鹽院帥查照南沙章程化私爲官奏請於埋上埋下團建設七竈招撫窮黎挨次輪煎即將所產鹽觔飭令慈餘鄞奉四縣票商按日收買認配肩住引目其私鍋小竈一概拏毀其餘滷則賣與錢三東西黃等場供煎道光五年間奉前鹽院黃暨前司周以竈舍坍塌屢有停煎檄委甯紹分

司會同縣場親往履勘設法整頓准議飭令紹所各商配銷季引飭據前甲商金裕新等稟請令該辦商吳玉慶許丞順二人出資建辦令該地貧民刮滷交煎諭飭商等前往復竈開煎所產之鹽自運掣配每年一萬六千引名爲石堰小鹽專配紹所各地行銷餘引兵燹以後廒竈毀壞現擬勉力集湊資本仍請於埋上下團建復東西二廒先行試辦收買鹽觔旋即續請每廒各設一竈試辦開煎每年仍照原額收煎一萬六千引惟現擬辦收

殊非商等本意其必先行收買者因曬板甚多沿海居民習爲故業驟復煎竈恐人情未能帖服其必續設二竈者以曬鹽究干例禁冀得逐漸勸化與其曬鹽而勞何如售滷而逸是與窮黎以謀食之門且勉以自新之路并求諭示該團灘口嚴禁曬板循照舊案刮滷供煎以冀將來漸復六竈秖煎不收該地曬板可望盡絕再查石堰科則向章每引正雜銀一兩八錢六分九釐六絲核之現在新章每引照時價多輸錢一千八百文有零其運

路有三江九壩之險盤駁上落折耗較多雖暫行收買鹽觔鹽課未敢請減如或仍復煎竈則再加柴火人工運送折耗成本較重必得請照向章科則輸納以輕商本而利轉舒其辦收之地仍在埋上下兩團其餘團分鞭長莫及未能驟禁曬板僅准售滷似宜仍歸嘉松收運惟今昔情形不同非親自履勘不足以昭慎重仰求須發憲諭兩道飭令商等二人馳赴該地會同石堰場宰詳加察看其如何開通淤塞河道招集車船建復倉房備辦

器具并如何收買運銷輸納各事宜應請仍照南
沙章程逐一斟新酌舊再行妥議條陳稟候核奪
商等爲裕課靖私起見據實陳明察核俯准詳咨
定案等情到司據此前司當查餘姚曬鹽私販本
應設法禁絕惟該商所稟舊案運署無存未便遽
行准辦卽經劄飭紹興府局先行體察該處曬私
情形通盤查議詳覆察辦並令該商檢同各前司
諭飭該商等建竈收辦原劄諭抄呈前甲商稟經
委員詳請咨部原案呈候察核一面移會牙釐局

一體飭辦旋據原辦紹所石堰商人吳玉慶許永順等稟稱遵查從前承辦石堰煎配歷經前甲商會同委員縣場議稟定案並奉各前院給諭遵辦舊時案卷本極繁多迨屢遭兵燹原奉劄諭印照及所錄大宗全案燬失殆盡僅有摘錄緊要之底冊數本攜帶出城埋藏廒厫滷地迄今幸存尚足以資稽考惟原本紙張霉爛難于翻閱茲擇要者錄成一本並檢同原給印照暨改准給運兩聯官單送呈察核所有試辦收煎變通各事宜另擬條

陳續呈察核印照仰求核明發還等情前來據經
劄飭紹府局體察議詳並移牙釐局一體飭催體
察情形妥議詳辦並將所呈印照仍諭發該辦商
收執各在案今據杭嘉松三所甲商禀呈收運岱
鹽條陳內議及餘私即經諭飭紹甲商明白會議
禀覆並詳奉鹽院批司飭令紹甲商將安頓餘私
一層速即籌議另案詳辦等因奉經諭飭紹甲商
會同杭嘉松三所甲商妥議禀覆核辦去後迄今
未據議覆茲查該原辦石堰商人吳玉慶等禀請

集貲仍于埋上下團建廒試辦收運餘姚曬私鹽
觔似亦安頓餘私之一法究竟是否可行自應一
併飭令籌議除劄紹興府局並諭紹甲商暨原辦
商人議覆核辦外擬合移請爲此合移貴局請煩
查照希卽一體轉飭併同妥速籌議稟覆核辦望
速施行

同治十一年杭嘉松三所商人朱源茂朱恒源許
慶晉爲稟請明定餘鹽章程以釋衆慮而全大局
叩求恩賜核詳事竊商等前以浙西引地疲壞不
得已作背城之舉因議收運岱私年餘甫蒙定案
現今事在必行此誠浙西商衆海外窮黎共沐鴻
恩於靡既者也然僅辦岱私不辦餘私則并此收
岱私之力似屬勞而無功商等隨侍經年渥蒙教
訓殊有不敢安於緘默者謹陳端末以備採擇焉
伏查餘姚地方尙居腹裏原非岱山之孤懸海外

者可比但濱海窮民藉曬板爲活者兵燹後無異
於岱山迺年侵灌浙西者十之七八浙東者十之
二三其害實與岱私相埒岱私既議收運而置餘
私於不問是竭力辦岱適足爲餘私暢銷獨擅其
利顧或謂餘姚曬鹽迭奉撫鹽院刋示諭禁秖准
辦滷不啻三令五中爲時已閱三載之久所有曬
存鹽觔計亦早可銷竣如果愚民凜奉威嚴自當
日就斂跡商等亦何必嘵嘵不休無如該地曬戶
陽奉其名陰行其狡而其中並有不能專責出滷

而不出鹽之勢蓋沙塗有子母之分子沙去海近地勢低潮汐不時往來出滷既多舟運亦易至母沙去海已遠不通舟楫惟遇大汛潮水亦能灌入潮退則彙蓄成溝拖泥帶水滷汁渾濁且由車裝運上船夫價浩大故母沙之滷無人願售秪能曬鹽卽滷運局之至今未能開辦者亦以此耳且餘姚之運滷向有定章本屬正辦目下浙西各場亦未嘗不運滷而餘鹽之漏私何以並不見減可見運滷者固運滷曬鹽者仍曬鹽以目前地勢人情

而論雖設滷運局而不毀板終未能絕其曬鹽之
根株也然則將一律議禁乎勢必請派幹練大員
督帶兵役搜捕凡有曬板一概犁毀或者此風可
息然而肅清之後元氣未充設使竟事驅除恐大
戶逋逃窮民就縛一經鞭撻立破身家當非仁者
之所忍言將一律議收乎而舊時石堰部額僅止
一萬六千引行運浙東所屬界限又祇埋上埋下
兩團如崔陳路馬家路高王路旺產之區不在界
內卽原辦石堰商人亦難以一萬六千之額包十

餘萬引之鹽若僅照原案辦理餘者聽其自然是仍掩耳盜鈴之舉商等所不敢欺現在岱鹽即日開辦商等糾合內外各商集此鉅資無非冀保浙西引地若明知餘鹽不辦有害場岱各鹽銷路而不先行稟明盲昧從事非但承辦各商受累無窮並恐議收岱私之效未見而餘私更橫不可制從此引滯課懸即六萬六千之額亦將坐廢商等身家固不足惜終恐有辜憲恩即使嚴辦江海各巡專顧江蘇五屬引地其勢必侵灌嘉湖各地以鄰

爲竈商等所不忍爲況同辦一事何敢遽分彼此
平因此人人各懷疑慮進退兩難紹甲商亦復輾
轉籌商無從下手總之餘岱未能偏舉鹽滷仍須
並行商等再四思維偏行察訪深知子沙之滷可
運母沙之滷必不能運富戶出租之板可毀貧戶
仰藉之板恐難盡毀如能確查板塊分別毀留或
毀七留三毀六留四切實辦理則出鹽有定數辦
事有把握應請准復石堰一萬六千引舊額仍銷
浙東設使出鹽稍有盈餘安頓亦易爲力如果私

仍復石堰一萬六千引舊額運銷浙東之處能否
能偏舉鹽滷仍須並行議將餘鹽板塊分別毀留
禁爲是等因在案茲既據詳甲商等稟稱餘岱未
詳奉鹽院批飭祇准運滷不准曬鹽此時仍應嚴
批查上年原議試辦收運岱鹽案內請接收餘鹽
採納延賜核詳請示定章急切上稟奉運司衙門
相關商之紹甲商亦同意見用敢瀝陳伏乞俯加
法外施仁則衆慮可釋大局可全矣商等因痛癢
淨官暢浙東引額亦可酌量加增所望寬中示猛

准行候據情詳請鹽院批示另行飭遵

同治十一年二月兩浙鹽運使爲據情詳請示遵事竊據杭嘉松三所甲商朱源茂朱恒源許慶曾禀稱商等前以浙西引地疲壞不得已議收岱私年餘甫蒙定案事在必行然僅辦岱私不辦餘私則併此收岱鹽之力似屬勞而無功商等不敢安於緘默謹陳端末以備採擇伏查餘姚地方尚居腹裏原非岱山之孤懸海外者可比但濱海窮民藉曬板爲活者兵燹後無異於岱山邇年侵灌浙西者十之七八浙東者十之二三其害實與岱私

相埒岱私既議收運而置餘私於不問是竭力辦岱適足爲餘私暢銷獨擅其利顧或謂餘姚曬鹽迭奉撫鹽院刊示諭禁只准辦滷不啻三令五申爲時已閲三載之久所有曬存鹽觔計亦早可銷竣如果懍民凛奉威嚴自當日就歛跡商等亦何必嘵嘵不休無如該地曬戸陽奉其名陰行其狡而其中並有不能專責出滷而不出鹽之勢蓋沙塗有子母之分子沙去海近地勢低潮汐不時往來出滷既多舟運亦易至母沙去海已遠不通舟

揖惟遇大汛潮水亦能灌入潮退則彙蓄成溝拖泥帶水滷汁渾濁且由車裝運上船夫價浩大故母沙之滷無人願售只能曬鹽卽滷運局至今未能開辦者亦以此耳且餘姚之運滷向有定章本屬正辦目下浙西各場亦未嘗不運滷而餘鹽之漏私何以並不見減可見運滷者固運滷曬鹽者仍曬鹽以目前地勢人情而論雖設滷運局而不毀板終未絕其曬鹽之根株也然則將一律議禁乎勢必請派幹練大員督帶兵役搜捕凡有曬板

一概犁毀或者此風可息然而肅清之後元氣未充設使竟事驅除恐大戶逋逃窮民就縛一經鞭撻立破身家當非仁者所忍言將一律議收乎而舊時石堰部額僅止一萬六千引行運浙東所屬界限又祇埋上埋下兩團如崔陳路馬家路旺產之區不在界內卽原辦石堰商人亦難以一萬六千之額包十餘萬引之鹽若僅照原案辦理餘者聽其自然是仍掩耳盜鈴之舉商等所不敢欺現在岱鹽卽日開辦商等糾合內外各商集此鉅貲

無非冀保浙西引地若明知餘鹽不辦有害塲岱
各鹽銷路而不先行稟明冒昧從事非但承辦各
商受累無窮並恐議收岱私之效未見而餘私更
横不可制從此引滯課懸即六萬六千之額亦將
坐廢商等身家固不足惜終恐有辜憲恩即使嚴
辦江海各巡專顧江蘇五屬引地其勢必侵灌嘉
湖各地以隣爲壑商等所不忍爲況同辦一事何
敢遽分彼此乎因此人人各懷疑慮進退兩難紹
甲商亦復輾轉籌商無從下手總之餘岱未能偏

舉鹽滷仍須並行商等再四思維徧行察訪深知子沙之滷可運母沙之滷必不能運富户出租之板可毀貧户仰藉之板恐難盡毀如能確查板塊分別毀留或毀七留三毀六留四切實辦理則出鹽有定數辦事有把握應請准復石堰一萬六千引舊額仍銷浙東設使出鹽稍有盈餘安頓亦易爲力如果私淨官暢浙東引額亦可酌量加增所望寬中示猛法外施仁則衆慮可釋大局可全矣商等因痛癢相關商之紹甲商亦同意見用敢瀝

陳伏乞採納逃賜核詳請示定案等情到司據此

查餘姚灑鹽前據該甲商等稟收岱鹽案內兼議

安戢餘私即經案查同治六年間曾據原辦石堰

商人吳玉慶等稟請援照道光二年間奉前鹽院

帥查照南沙章程化私爲官奏請於埋上下團建

設七竈挨次輪煎並於道光五年間奉前鹽院黃

以竈舍坍塌屢有停煎設法整頓准議飭令該辦

商吳玉慶許永順二商出貲建辦復竈開煎自運

掣配每年一萬六千引名爲石堰小鹽專配紹所

各地行銷兵燹以後廒竈毀壞現擬勉湊資本仍
請於埋上下團建復東西二廒先行試辦收買曬
鹽每年仍照原額一萬六千引陳明察核詳咨定
案並據擇要摘錄原案檢同原給印照先後稟請
察核各等情當查所議似亦安頓餘私之一法是
否可行並經一併移行諭飭紹甲商會同該辦商
等查明該處曬私情形應如何安戢餘鹽通盤籌
劃悉心妥議稟覆核辦在案今據該甲商朱源茂
等議稟前情本署司查上年原議試辦收運岱鹽

案內請接收餘鹽詳奉批飭秖准運滷不准曬鹽
此時總應嚴禁爲是等因亦經轉飭在案今該甲
商等以餘岱未能偏舉鹽滷仍須並行議將餘鹽
板塊分別毀留仍復石堰一萬六千引之舊額運
銷浙東應否俯如所請自應詳候批示飭遵辦理
惟秖辦岱私不辦餘私恐議收岱私之效未見而
餘私更橫不可制亦屬實在情形似不獨浙西深
受其害卽使滷運辦成曬私終有不能盡絕者如
該商所議必不可行總須選派大員前往查辦將

曬板悉數燒毁以絶根株倘於嚴行禁止之中仍寓體恤窮黎之意分别去留酌給板價則餘民自然感化樂從不至激生事端矣除稟批示外理合據情詳請仰祈察核批示祇遵奉撫鹽院楊批據詳餘岱未能偏舉鹽滷仍須並行等情已悉請復石堰舊額分銷浙東係屬規復舊制辦理亦無不可惟現在餘私已多至十餘萬引額銷不過一成有餘則曬板實應毁八留二應如何切實辦理之處仰再諭飭該甲商等悉心會議稟由該司察核

詳奪毋遲

兩浙鹽法續纂備考卷七終

兩浙鹽法續纂備考卷八

收私二

岱私

同治十年七月署定海廳同知左徵爲詳請事竊本年七月初六日據岱山莊士民趙玉堂祝寶成王敬所李昌言戎道通錢維周於犨亭余炳章夏定洲祝以芬金載明柴乾春厲世福方萃林沈世清陳大川王亭基夏慶雲鄭慶冠包孝仁費宗惠呈稱岱山四面環海田少場多卽遇豐年所產不

敷粒食全賴曬鹽易米養生本年夏季亢旱收成無幾羣黎號嘆惟有斥鹵曬鹽以求生路柰商運不通民食甚急將來覩鹽待斃三月間曾有許甲商來岱並諭生等會商開運禁私以廣引地生等會同就地禁止私販並有紅單兵船巡查各口岱私自此禁絶乃岱私雖絶無如餘姚私販假托岱鹽從鑱頭出口大幇廣運充塞滙南張家厙等處擁入內地以致商運迄今未來且岱鹽向章漁蜇兩汛歷奉提運二憲委員給引飭商配銷柰被閩

省私鹽運艅不斷抵岱廣賣竟致各戶產鹽苦乏
銷路深慮絕粒在卽告貸無門謀生無路生等目
覩情形爲急航海哀懇俯恤民艱據情轉詳迯飭
許甲商舉商收運並請咨明福建撫憲諭禁閩鹽
毋許入浙侵銷以廣生業而救民命等情到廳據
此查岱山鹽務急待疏通匪伊朝夕前蒙綱鹽總
局諭飭甲商許慶曾親到岱地察看舉辦而許甲
商遍歷各嶴島一切情形業經洞悉然通籌大局
亦以爲岱私一日不疏則官鹽銷路一日不暢誠

以岱私所銷之處卽官鹽應銷之地今若舉商收
運則化私爲官於引地無虞侵灌而
國課亦有裨益未始非一舉兩得之計也現在許甲
商回省已久諒必議有章程稟保妥商收運乃時
經數月尚未奉有明示秖緣岱地夏間亢旱田禾
收成無幾凡屬岱民不能不專注於鹽是以家家
刮曬積儲多於往年乃外而出售無路內而收運
無期視此鹽觔寒難爲衣饑難爲食若不趕籌銷
路將見老弱轉乎溝壑壯者流爲匪徒於地方大

有關礙據呈前情理合備文詳請仰祈俯念岱民
生計在鹽迯賜催令許甲商保商收運將來引課
亦可着落收繳並求轉請咨明福建撫院諭禁閩
鹽毋許入浙侵銷誠爲公便奉鹽院批查前據松
太督銷委員彭丞禀送仿照肩鹽設販收買搭銷
章程當經明晰批示飭商從長會議去後迄今半
載未據議詳今來詳所稱許甲商於三月間赴岱
察看如何辦理亦未據禀有案究竟搭銷有無窒
礙收買是否可行閩私餘私應如何設法禁止仰

鹽運司迅即傳諭甲商刻日妥速籌議稟覆由司覆核具詳察奪毋稍遲延切切此繳詳抄發

同治十年七月松所甲商許慶曾等稟奉諭議覆籌辦岱鹽謹就管見分條開摺呈請察核事竊商於正月間奉諭飭議定海廳張丞詳據商人王通裕擬呈就地收運條欵及蘇松太督銷委員彭丞稟請以松所八地試設官販蘇常鎮減價搭銷擬呈章程十八條立限妥速會議參酌孰善孰否稟覆核奪復蒙面諭商等必得親赴岱地察看情形另案稟辦各等因奉飭之下商慶曾卽於三月下旬航海赴岱徧歷各島查勘要隘徧察輿情約稽

價便民爲疏通起見尤見苦心孤詣立法良美果
能嚴立口岸不使散漫無稽減價敵私由商招販
似可稟請試辦無如引地改販肩鹽船裝恐干部
駁未便遽議更張伏讀撫鹽院節次批示局詳內
開此僅截流辦法若不清其源則銷數有限來源
無窮藩籬一裂將愈不可收拾等因仰見憲意首
在清源此次定章務須實事求是商等再會商參
以此次親歷實情惟有仿照志載舊章就地收買
之法其計爲長查岱地居民向化殊切曬鹽年產

不下二十餘萬引其旺産之處僅玄壇淡水石馬聚英禹王廟等濱海沿塘出數居十分之六七該廟雖在各島均近南浦一帶居民雖屬稠密不過地方二十里南浦總口極易稽查按島稽鹽可絕偷漏其餘各島除本地民食及配銷漁鹽外所餘不多此外各口雖舟楫可通而販運未便惟東沙角一處爲漁舟蟻泊之所值三汛捕魚之時五方雜處連檣至數千號而漁鹽即在此裝運出數甚鉅定例雖憑憲單執運然聽民間自相買賣素無

稽核其由南浦口裝運者亦多此項鹽觔卻爲大
宗似宜設法稽查免致影射至偷越浙西之私各
口俱有惟張家厍爲尤甚近來私行鱗比裝載內
地每至數十百船啣尾而行火器俱備巡船衆寡
不敵莫敢與抗此均近年岱地實在情形而巡緝
之難於奏效者欲截其流當先淸其源總宜循照
舊章竟就岱地招集外商措貲收辦明定章程其
鹽仍運入乍浦口或吳淞口設厫存積歸各地內
商分成捆運欲冀疏銷必須減價旣欲減價當請

減輸添設南北岸海巡分頭偵緝嚴定販私罪名
庶幾恩威並濟但場岱不並立當予以限制使無
礙於場鹽課項有不齊當設法變通使無虧乎正
額果得實心試辦收一分之私鹽卽有一分之官
銷由漸整頓得尺則尺浙西各地可冀起色未始
非恢復舊規之張本也惟商本甚重招集較難立
法固宜周密外商首重得人方可持久見功所有
籌議章程綜舉要端分列十二條另繕清摺謹呈
鑒核伏乞俯賜察奪批示祇遵其餘未盡事宜容

商等隨時續禀再查餘姚曬鹽雖奉禁止而近年產數不下岱山且地居腹裏侵越尤便邇來由張家厙運入內地者亦與岱私相匹如舉辦岱私不並議安頓餘私是截一路仍留一路餘姚曬私乘隙而來商收岱鹽仍無銷路此萬不能偏舉者查餘姚與浙東連壤應請飭下紹所甲商籌議安戢然後浙西可免東顧之憂否則五府州屬東南餘岱西北淮私官引幾無容銷之地矣所有奉議籌辦岱鹽必得兼議餘姚私鹽緣由理應合併聲明

奉運司衙門批現已據該商等議條另行諭飭矣

該商等卽遵照會議辦理毋遲摺存

同治十年七月二十三日署鹽運使爲詳請事據定海廳同知詳據岱山士民趙玉堂等呈稱岱山環海粒食不敷全賴曬鹽易米本年亢旱收成無幾惟有曬鹽以求生路而商運不通三月間許甲商來岱與生等會商開運禁私迄今未來而閩鹽又抵岱山廣賣各情詳請產鹽苦乏銷路深慮絕粒在卽告貸無門謀生無路生等目覩情形爲急航海哀懇俯恤民艱據情轉詳迅飭許甲商舉商收運並請咨明福建撫院諭禁閩鹽毋許入浙侵

銷以廣生業而救民命等情到廳據此查岱山鹽
務急待疏通匪伊朝夕前蒙綱鹽總局諭飭甲商
許慶曾親到岱地察看舉辦而許甲商周歷各嶴
島一切情形業經洞悉然通籌大局亦以爲岱私
一日不疏則官鹽銷路一日不暢誠以岱私所銷
之處即官鹽應銷之地今若舉商收運則化私爲
官於引地無虞侵灌而
國課亦有裨益未始非一舉兩得之計也現在許甲
商回省已久諒必議有章程禀保妥商收運乃時

經數月尚未奉有明示秖緣岱地夏間亢旱田禾收成無幾凡屬岱民不能不專注於鹽是以家家刮曬積儲多於往年乃外而出售無路內而收運無期視此鹽觔寒難爲衣飢難爲食若不趕籌銷路將見老弱轉乎溝壑壯者流爲匪徒於地方大有關礙據呈前情理合備文詳請仰祈察核俯念岱民生計催令甲商保商收運並乞轉請咨明福建撫院諭禁閩鹽毋許入浙侵銷等情據此本署司查定岱曬鹽早經前司諭飭甲商查辦三月間

松甲商許慶曾前往岱山查明繪圖呈司飭令會同杭嘉甲商議辦本署司抵任現據杭嘉松三所甲商朱源茂朱恒源許慶曾會禀條議當查所呈十二條雖已周至而尚有未妥之處查收鹽給價一條應由該商等會同外商察看情形公平定數太少則不協輿情太多則有虧商本據請酌定官價而所酌之數並未禀明自因鹽係外商所收應會同外商酌定之故而所舉籍隸定海之舉人陳昌遇是否實與定岱各山人民接洽有素而又誠

實能事之人應先由該甲商等會同結保禀候詳
定方能給諭辦事至定岱引課查咸豐十年以前
惟靖江減完今若一概從減不特無所區別且案
關奏咨恐干部詰而請改餘引一節查從前之請
領餘引原因正引不敷嗣後正引積壓即以正引
改爲餘引不復請領今認完正引止二成有餘即
加以耗鹽餘觔亦不及三成而又于其中分改餘
引更恐奉部嚴駁其鹽究如何與場鹽分成搭銷
亦宜預計不得假運侵銷致與場鹽有礙若鹽船

進口請仍在乍浦設廒存儲仍照舊章所議甚是
惟裝鹽船隻從前係在鎮海設局舉董辦理是否
皆係定海本地民船編立字號應行查明妥議其
餘各條亦可採用應俟舉定外商並將鹽價課欵
等條議定一併核詳正在諭飭甲商辦押間據詳
前情本署司查定岱曬鹽事宜現已辦有端倪該
廳係並詳憲案自應將辦理情形先行詳明除諭
飭甲商等舉定外商會議本署司批飭各條以及
其餘未盡事宜並查照向章鹽數議明行運一併

刻日禀覆以憑核明轉詳再行檄委定海廳督飭
該商等迅速辦理爲此具詳

同治十年十一月署鹽運使爲試辦商收岱鹽詳
請奏咨事竊查岱私侵灌蘇松常太各屬幾至官
引不行若不亟清其源則其流難絕查該處各山
嶴向皆產鹽而以岱山舟山爲多舟山即現改定
海廳前係定海縣所駐之處故產自岱山一帶之
各山嶴者謂之岱鹽產自舟山一帶之各山嶴者
謂之定鹽查鹽法志載雍正年間開收岱鹽乾隆
年間開收定鹽而運司衙門案卷無存經書又係
同治三年新充原案無可稽查各前司任內屢飭

定海廳查案抄送上年據該廳覆稱岱鹽原案年
遠無存抄呈定案係乾隆三十五年開辦由運庫
籌欵飭令營縣設厫分收其時係屬煎鹽歷嘉慶
道光數十年漸改爲曬鹽而滷地變遷迨後則岱
鹽較多定鹽較少咸豐年間運庫支絀先暫停收
定鹽旋又停收岱鹽咸豐十年以後兩浙各所引
地官鹽不行遂致定岱私鹽徧佔江蘇各屬而岱
鹽爲大宗定鹽數少故皆謂之岱鹽同治三年以
來先行票鹽五屬銷數僅止二三萬引而巡費浩

大八不敷出同治八年改行引鹽當年實銷引數將及認額八成九年分止銷及七成本年雖未結總數而十月以前較之上年銷數更絀若不亟圖變計商人賠課力有難支必至紛紛請退引地盡廢節奉劄飭各前司籌議收私以清其源無如運庫所收綱鹽引鹽正雜各欵業已全行報撥無欵可籌各商遭難之後資本微薄又無力往收擬招外商集資亦甚難其人迄無成議本署司抵任正値前司飭令松所甲商許慶曾赴定岱查看情形

回省繪具圖說稟陳議辦並據定海廳詳催商人赴岱議收卽經飭催該甲商等迅卽招定外商議章舉辦嗣據松所甲商許慶曾杭嘉甲商朱源茂朱恒源等稟陳條議並稱定岱曬鹽除本地漁鹽民食外所餘不下十餘萬引非有大股貲本熟悉地方能洽輿情者不克勝任議舉外商定海舉人陳昌遇集貲收鹽併聲明從前岱鹽捆運靖江松營並掣銷嘉松引地每引完納正課二錢五分六釐一毫九絲等情當以所議各條尚未周妥且查

靖江一邑因貼近兩淮場竈向完包課後改引鹽
地當賤價敵淮是以止收正課至定岱鹽課銀數
運署雖案卷無存查定海廳抄案內係於正課之
外每百觔加經費八分如松所每引四百觔應加
經費三錢二分他所皆應照數核加並不槪照靖
江秖完正課批飭另行妥議一面將辦理情形及
所陳條議先行詳明在案茲又催據該甲商等會
同稟覆並擬陳條議本署司逐加確核內惟課欵
加耗兩條雖屬實情恐戶部駁飭現於條欵內並

請部示其餘各條皆就地因時應辦事宜似可試辦本署司復查岱鹽每年有十餘萬引之多皆侵灌江蘇即被佔銷官鹽十餘萬引查五屬原額本有三十萬引雖因兵燹之後民數較少亦不應僅銷三四五萬引實皆被各路私鹽侵佔而岱鹽爲尤甚自應首先清源飭商收買運、銷以整鹺綱而裕

國課除給諭外商陳昌遇並劄飭定海廳趕緊督飭外商辦理並諭飭該甲商等會同外商迅即湊集

厚資於年內將應行預辦事宜一一置備周妥擬
定於同治十一年正月舉辦收鹽外理合開具商
呈條議清摺暨稟保外商陳昌遇保結認結備文
具詳仰祈俯賜察核專案奏咨試辦並請先行出
示曉諭岱民遵照聽候收鹽一面示禁華亭縣張
家厙私鹽行並咨明蘇撫院一體嚴禁實爲公便
再定海抄呈之案轉輾傳抄恐有舛錯現亦抄呈
並請奏明咨部查對原案是否相符現在如此辦
理速請示覆又海私岱鹽之外餘鹽亦屬不少現

雖開設滷局恐私難淨盡道光二三年間帥前院
奏咨收私有案現僅據商人抄送不全之案未足
爲憑並請咨部抄發以憑循辦合併聲請呈乞照
詳施行

同治十一年三月鹽運使司爲付諭事據杭嘉甲
商朱源茂朱恒源稟稱商等先後到蘇正在會集
長元吳各商籌議張厙設厰提集接運資本各事
宜適張厙商夥回蘇據稱探得岱厰情形曬板未
經查清柱首結未具齊收鹽尚無的期此間各商
因多疑慮以正二兩月張厙進口岱私動以百十
船計約計鹽數不下萬餘引轉瞬夏令產鹽愈旺
若不及早開巡開收勢必儘曬儘漏蔓延無已商
等躊躇再四實無善策隨卽函約統帶巡鹽艇船

之張遊擊來蘇先行商辦海巡以絕其流各商亦
以先行開巡爲是現擬僱用艇船二隻釣船四隻
並商請定海總鎮暫撥巡洋紅單船二隻帮同巡
緝以壯聲威所有船勇花名清册俟到防日再由
張遊擊呈送惟收緝似須並行緝而不收譬如防
川川壅則潰況海洋遼闊船少力單斷難周密秖
有據實禀請逃賜函劄定海廳會同岱廠委員督
飭外商先令已經具結之柱首限期繳鹽逾期不
繳即係有意販私懲之以法其未具結之各柱首

應責令提緊具結不得故意延宕庶開收有期各
曬戶無所藉口而巡防旣設各販戶亦無可偷漏
惟查閱海洋全圖岱山之外尚有秀山歷港兩頭
洞各嶴該處亦有曬鹽一時未能繳赴岱厰若專
就岱山南岸巡緝恐遺漏仍多不若統歸張厙北
巡可以稾截各山之私但從前議章係屬南北分
巡巡費每觔提錢三文南北分給若能專歸北巡
則費用較裕船隻尚可多備容俟商等函商外商
議定後再行禀請示遵至統帶巡鹽艇船張遊擊

已於初十日由蘇城赴定海覓僱船隻製備器具應請專劄飭遵以昭慎重等情據此查收運岱鹽原定於本年正月間開辦今時已三月因何曬板尚未查清柱首結尚未具齊實屬遲延自應劄催該委員並該廳督飭岱商趕將已經具結之柱首限期繳鹽先行開運並責令未具結之柱首趕緊具結繳鹽以資源源運庫仍將辦理情形趕緊稟報核奪至現在張庫岱私進口既多該商等所請先辦北岸海巡尚屬可行除詳咨定海總鎮查照

撥給紅單船二隻一面移請張遊擊僱用艇船二
隻釣船四隻認眞巡緝以絕島私並批飭該商等
仍趕將張庫接運資本按引攤派錢五百文作何
歸還籌議禀覆核辦外查收運岱鹽及張庫接運
資本各事宜事隸各房書承辦合行付諭爲此仰
該書卽便遵照辦理毋違特諭

同治十一年七月兩浙鹽運使爲詳覆事同治十一年七月十四日奉批張庫委員劉頌年稟庫局開辦大略情形緣由奉批查此案岱山外商是何辦法有資本若干並未據定海廳稟定有案何得擅行開收如果屬實冒昧極矣至張庫接收接運章程亦未據該員稟定商人資本亦未籌集各梟販人船如此之多尚未驅逐遣散辦理半年之久並無頭緒事關重大該委員既無實在把握該商人竟視同兒戲殊堪憤懣仰鹽運司立卽查明內

外商各有資本若干岱山如何收買張厙如何收運各章程稟候核准後方可開收開運如敢冒昧從事恐難當此重咎也此繳等因奉此本司伏查商收岱鹽一案係上年冬間由前署司任內先據松甲商許慶曾赴岱查明岱鹽情形旋據杭嘉甲商朱源茂朱恒源會同松甲商稟招外商定海舉人陳寶康備貲赴岱盡收岱鹽該甲商等在張家厙接收交商捆運以靖岱私之源前署司當以該商等果能如此辦理則岱私盡化爲官鹽自爲江

蘇五屬鹽務之轉機然非實有鉅貲不可不得徒託空言節飭措齊資本然後舉辦嗣據該甲商等稟稱外商鳩股合辦之收貲有十萬千文內該商等接收貲本亦得五六萬千文開具岱山收買張庫收運暨完課辦巡一切章程條欵稟請詳辦前署司始行據稟核議具詳當蒙批准試辦奉經飭商迅即集貲於年內提辦今正開收並分別委員各在案本司抵任後以該商等延不開收屢經節次劄催嗣據張厘委員稟該內商等措貲無多本

司方以外商十萬收資既竣之後內商卽當運資
接濟正在嚴諭該甲商等趕緊集資乃該杭嘉甲
商朱源茂朱恒源赴省面稟資本無措卽詢以外
商之十萬資本亦復支吾並無實在確數案延半
載有餘該甲商等言不信實出爾反爾貽誤要公
一至於此實堪痛恨是以本司將此案商收岱鹽
實在情形曾經面稟茲奉批飭委員具稟前因本
司查來稟本月初六日開收之說本司衙門尚未
據定海廳岱山委員稟報有案如果外商竟如內

商之違背前言不能措貲自不得冒昧開收而張
厙梟販之巢湖船四五百號現在究竟如何驅逐
辦理自應嚴查除遵批轉飭定海廳暨張厙岱山
兩委員並嚴諭該甲商等外理合遵批先行詳覆

同治十一年八月定岱委員蕭詩稟爲奉飭同治
十一年七月十四日奉鹽院楊批張庫委員劉令
稟報庫局開辦大畧情形緣由奉批查此案岱山
外商是何辦法有資本若干並未據定海廳稟有
定案何得擅行開收如果屬實冒昧極矣至張庫
接收接運亦未據該員稟定商人資本亦未籌集
各梟販八船如此之多尚未驅逐遣散辦理半年
之久並無頭緒事關重大該委員既無實在把握
該商人竟視同兒戲殊堪憤懣仰鹽運司立卽查

明內外商各有資本若干岱山如何收買張厙如何收運各章程稟候核准後方可開收開運如敢冒昧從事恐難當此重咎也此繳等因奉此本司查商收岱鹽一案係上年冬間前署司任內先據松甲商許慶曾赴岱查明岱鹽情形旋據杭嘉甲商朱源茂朱恒源會同松甲商稟招外商定海舉人陳寶康備資赴岱盡收岱鹽該甲商等在張家厙接收交商捆運以靖岱私之源前署司當以該商等果能如此辦理則岱私盡化爲官鹽自爲江

蘇五屬鹽務之轉機然非實有鉅資不可不得徒
託空言即飭措齊資本然後舉辦嗣據該甲商等
稟稱外商鳩股合辦之收資有十萬千文該內商
等接收資本亦得五六萬千文開具岱山收買張
庫收運暨完課辦巡一切章程條欵稟請詳辦前
署司始行據稟核議具詳當蒙鹽院批准試辦奉
經飭商迅即集資於年內趕辦今正開收並分別
委員各在案本司抵任後以該商等延不開收屢
經節次劄催嗣據張庫委員稟該內商等措資無

多本司方以外商十萬收資既竣之後內商卽當運資接濟正在嚴諭該甲商等趕緊集資乃該杭嘉甲商朱源茂朱恒源赴省面禀資本無措卽詢以外商之十萬資本亦復支吾並無實在確數案延半載有餘該甲商等言不信實出爾反爾貽誤要公一至於此實堪痛恨是以本司將此案商收岱鹽實在情形業經面禀撫院茲奉批飭該庫厫委員具禀前因本司查來禀本月初六日開收之說本司衙門未據定海廳暨該委員禀報有案如

果外商亦如內商之違背前言不能措資自不得
冒昧開收除查案先行詳覆並遵批劄飭張庫委
員外合亟劄查劄到該員立卽查明岱山商人定
海舉人陳寶康收鹽資本如果有十萬千文立卽
催令開收如無十萬不得冒昧從事不先稟明擅
自開收仍將現在該商辦理情形卽日查明稟覆
等因奉此奉劄之下不勝惶懼計自稟報開收以
後迄今已將數月所積鹽觔漸次收楚擬卽日先
捆一千引試運赴庫配銷俾外商得有把握茲奉

諭查外商開收資本實不及十萬當率同厥商陳寶康並傳集各夥商來局宣布憲諭幾至束手僉言資本十萬原係禀定糾集之案何敢背違第初以岱山價値未定遷延半載繼以原糾解體八事不齊又不敢顢頇從事致誤要公是以悉心籌畫始請禀報開收實計集得現資五萬串文此外尚有存莊短本設遇旺産不敷即可滙劃是雖不滿十萬而所鉄有限且生意場中總以流通爲主若擱以待用不獨月息無出轉多窒礙况岱山孤懸

海外何敢存蓄多貲致啟慢藏之漸茲奉劄查收
鹽資本如果有十萬千文立即催令開收如無十
萬不得冒昧從事等因商等惟有停收以待續籌
但岱民引領半年始獲開秤歡騰蔀屋咸慶再生
設竟停止在憲意嚴飭外商備足資本原爲岱民
久遠計恐小民無知誤會刖情以爲甫收即停是
何意見當此南北洋巡船林立不啻星羅棊布官
收既不行走私又不敢嗷嗷待哺妻泣兒啼是岱
民之無可如何者也一經設想其中情節實有不

忍言不敢言者再四思維一籌莫展惟有仰乞轉
求俯念窮黎艱苦情形俾賴官收以資餬口商等
竭力措收以冀仰體軫恤窮黎之至意除現集資
本足敷陸續收積外尚有存莊短本可恃以所查
板數核以每鹽板百塊統年約產鹽三萬觔計算
除漁食兩項外足以轉輸自無汲深綆短之虞惟
願內商銷路通暢源源接濟行見江蘇若干引地
永固藩籬岱山數萬生靈免罹法網皆出恩賜等
情目擊情形心懷悸慄收則重違上意咎固難辭

停則大拂民情禍尤不測進退維谷何敢自擅所
有奉劄飭查下情理合據實禀覆奉運司衙門批
既據禀稱該商現集資本足敷陸續收積自應准
收候據禀詳明鹽院可也

同治十一年八月兩浙鹽運使爲詳請事案奉批
飭張庫委員劉須年稟庫局開辦大畧情形緣由
奉批查此案岱山外商是何辦法有資本若干並
未據定海廳稟定有案何得擅行開收如果屬實
冒昧極矣至張庫接收接運章程亦未據該員稟
定商人資本亦未籌集各梟販人船如此之多尚
未驅逐遣散辦理半年之久並無頭緒事關重大
該委員既無實在把握該商人竟視同兒戲殊堪
憤懣仰鹽運司立卽查明内外商各有資本若干

岱山如何收買張庫如何收運各章程稟候核准
後方可開收如敢冒昧從事恐難當此重咎也此
繳等因當卽查案先行詳覆並分別飭查去後茲
據定岱委員蕭詩稟稱自稟報開收以後所積鹽
斛漸次收楚擬卽日先捆一千引試運赴庫配銷
俾外商得有把握茲奉諭查外商開收資本不及
十萬當率同厰商陳寶康並傳集各夥商來局查
詢僉言資本十萬原係稟定糾集之案何敢違背
第初以價值未定遷延半載繼以原糾解體人事

不齊又不敢顢頇從事致誤要公是以悉心籌畫始請報開收實計集得現資五萬千文此外尚有存莊短本設遇旺產不敷卽可滙劃是雖不滿十萬而所鉠有限且生意場中以流通爲主若擱以待用不獨月息無出轉多窒礙況岱山孤懸海外何敢存積多資致啟慢藏之漸商等本當停收以待緣岱民引領半年始獲開秤歡騰蔀屋咸慶再生設竟停止在憲意嚴飭外商備足資本原爲岱民久遠計恐岱民無知誤會別情以爲甫收卽停

是何意見當此南北洋巡船林立不啻星羅棊布官收既不行走私又不敢嗷嗷待哺情屬難堪仰乞轉求俯念窮黎艱苦情形俾賴官收以資餬口商等既集資本足敷陸續收積自無汲深綆短之虞惟願內商銷路通暢源源接濟江蘇若干引地永固藩籬岱山數萬生靈免罹法網皆出自恩賜等情復查資本亦屬實在且目擊情形心懷慄慄收則重違上意停則大拂民情進退維谷何敢自擅奉劄飭查理合據禀遵覆等情到司本司伏查

岱民向以鹽爲生計半載以來既聽命收繳並不
走私而該商資本已措現資五萬串並有存莊短
本隨時滙劃雖未及十萬串尙足敷陸續收積自
應准其收運除批飭外理合據稟詳請伏候察核
批示祇遵奉鹽院批據詳外商資本足敷收積自
應如詳准其收運仰卽飭遵辦理惟內商旣有岱
鹽捆運到庫卽應寬籌資本妥議搭銷以資周轉
迯卽諭飭該甲商等速將集資完課搭銷各事宜
查照前送條陳刻日妥議稟司詳奪毋遲

同治十一年九月兩浙鹽運使司爲嚴諭事據定
岱委員稟稱自今春開辦以來該商等奉行不力
資本有限卽經嚴諭趕紏至六七月間仍止五萬
是以與本地公正紳耆及厫夥各商再三籌酌暫
爲變通總期商民兩便與案相符茲以現存之資
儘數收鹽以四千引按月運庫其餘統存各厫陸
續轉運張庫見鹽付價則轆轤流通內外均無窒
礙惟是資本既不充足於前自應設法籌補於後
岱厫一切公用及月息惟其提支所得餘利概行

收鹽以補資本之不足不許𠂢分入已日積月累庶幾可以符原案亦可以救窮民是當此萬不得已之時故設此暫爲通融之想而不料該商等私相擬議以後每月運鹽四千引岱厰亦僅收四千引本愈輕而利愈重便於商實病於民安望其能行之久遠惟有稟請嚴飭各商儘資收買所得餘利補足十萬後方准𠂢分並請通飭張厙一體照辦等情到司查該岱商收運岱鹽如果著有成效亦子孫相承之業自當顧全大局不得稍貪目前

之利致有貽誤岱鹽之板業已查清所出之鹽自非十萬串不足以資收運而該岱商原有十萬收資之議今現貲既不足十萬自應以現在運庫之餘利湊足十萬以符原案庶儘曬儘收島民既無所藉口而私鹽亦不致偷漏若每月僅運收四千引則四千引之外岱民所曬之鹽作何安頓是該岱商但知漁利而不顧將來聞之實堪痛恨除批飭該員認眞督率並諭飭該嘉松甲商趕緊集資接運完課搭銷外合行諭飭諭到該商卽便遵照

原案湊足十萬資本儘收儘運不得以每月收四
千引爲限致有貽誤如岱山有停收情事即惟該
商是問張厙有停收情事即惟許甲商是問責有
攸歸斷難稍貸凜之慎之

同治十一年十一月杭嘉松三所商人朱源茂等禀爲積鹽莫運叩請大加變通以衞正額事竊查四府一州各引地招商認辦以來已及四載銷數日短欠課日增緣以地處衝繁前江後海左浦右湖淮岱餘場各私處處侵灌以致巡務顧此失彼銷數實無把握上年議收岱私原爲保全六萬六千引認額起見乃設局開辦又閲半載岱厫運赴庫局之鹽已有九千引之多並無一商捆運推原其故總因岱價貴於場價雖蒙前署憲詳准岱鹽

科則雜欵減四完六加恩固厚而所減之課不敵
岱價之貴以致積久莫運若不設法變通不獨岱
鹽有收無運即六萬六千引正額亦仍銷不足數
欠課累累上無以仰副奏報下無以保全商業商
等實切悚惶再四熟籌惟有責令各認商查照現
在之售價每觔或減六文或減八文大減售價以
敵私多籌巡費以緝私緝敵並行可收實效然欲
令各商大減售價多籌巡費必先輕其成本欲輕
成本惟有仰乞減課而六萬六千引之正額正雜

悉入奏報何敢絲毫求減不得已仰懇恩賜變通
借未經咨奏之岱鹽爲轉旋六萬六千引之關鍵
請將岱鹽專完正課河餉每引四錢免輸經雜兩
項俾得以輕牽重相輔而行庶成本輕而價可減
價減而銷自疏似此通融辦理則正課可保無虧
誠爲目前之急計至癸酉綱新課如何立限年清
壬申舊欠如何設法完繳另由商等另議稟請示
遵外伏乞俯賜察核准予轉詳以衞正額而收實
效

變通岱鹽條陳

一官欵宜預籌歸繳也現蒙恩發官欵三萬三千串以資庫厫接濟岱本之用將來歸繳自應慎重請自癸酉綱起責令五府州認商於完課時無分場岱每引帶繳岱本銀一錢兩年之內約可歸清似此隨引繳還庶無貽誤

一岱課請變通恤商也查收岱原案係在六萬六千引之外但此時認額尚銷不足烏能銷及額外之岱鹽爲目前計惟有減價疏銷而減價必

得先輕成本應請完納場課一引對完岱課一引准令岱課每引僅完正欵銀四錢免輸經雜俾各商得以一岱一場之課輕重相牽稍輕成本則賣價約可減至六文八文而銷路可冀疏通緣此案岱鹽業蒙鹽院從緩咨奏似可出自恩施詳請減輕岱課以爲轉旋六萬六千引之關鍵至原認引額請自癸酉爲始分四季完繳逾限不繳卽將該商斥革以警疲頑而重奏報

一巡務請派撥官艇𩆜船以壯聲威也浙西口岸

繁多商巡既難周顧商力亦有未逮查定海本有月給坐餉之艇船內河亦有月給坐餉之緝船擬請派撥各若干號分布巡緝猶恐未能徧巡各口再由商等於六萬六千引內按引籌歘七百文定於四季首月彙繳江海適中之松太總局酌量口岸繁簡添僱商巡多寡統籌分給以資保衛此項巡歘逾期不繳由局坐扣課本免致誤公

一岱厙宜聯絡合辦也岱山收鹽張厙接運兩處

分辦費用繁多擬請內外商通力合辦惟原案
鹽價每觔十一文因成本過重半年之久已積
至九千餘引竟無一商捆配現與外商通盤計
算每觔收價核減二文每月運庫之鹽仍以四
千引爲率以示限制奉運司衙門批查捐開借
欵如何歸繳現准綱鹽局移會業飭接收岱鹽
委員郭守核議稟辦該商等應即稟由郭守核
辦至減輕岱課一節查岱鹽詳定科則自一兩
二錢有零至九錢一分有零今該商所請僅完

正欵銀四錢免輸經雜查核所減之數較原定
岱課不止一倍較之場課所減更鉅是該商等
但爲敵私計未爲課額計也斷難准行惟減價
敵私必須先輕成本向屬實情本司查原定備
雜一項原爲預備將來部加雜欵暨接濟貧本
而設爲今之計與其多徵備雜爲將來接濟貧
本曷若少徵備雜以輕岱鹽之成本惟試辦岱
鹽將來總須奏咨部加雜欵仍不可不慮應將
備雜一項減半徵完庶幾成本之可輕而部加

之有備並准以一場一岱勻牽完納以示體恤惟六萬六千引包完之九萬數千兩課款仍應年清年款不得短絀分毫其餘減輕收價賣價各節均尚可行惟須事歸實在不得名爲減價而短秤以病民並查按引籌巡費一節場鹽科則內本有巡緝一款即岱鹽捆運鹽本亦有勺外商巡費在內今該商等所稱按引籌款七百文是否在前定場岱鹽巡費之外並所稱逾期不繳由局坐扣課本查課係商人赴庫完納不

經局管本係商人自行經管亦非局中所管何
以稱由局坐扣課本殊未明晰著卽明白另稟
並將新舊課如何完繳一併稟候核定詳請院
示飭遵毋稍違延

同治十一年十一月兩浙鹽運使司諭定岱厰商陳寶康知悉據杭嘉松三所甲商朱源茂等禀稱查岱厙兩厰開辦已經半載收發各事宜尚能遵照定章辦理惟是運厙之鹽計本月截止已有九千引之多而各地引商迄今片引未捆日積月累不特資本無從轉輸卽厙厰堆積無地幾有露積之虞推原其由總以岱價較貴致各商裹足不前兹商等已將減價疏銷及內外合辦各情具禀請示在案而鹽價之如何議減及內外商之如何合

辦及已運庫厫之鹽如何結清前價之處不得不
由厫商陳寶康邀同夥商及岱地總柱首等偕赴
庫局一一面議妥當應請將運庫岱鹽飛飭厫商
停運并飭卽日督同夥商等來庫會議庶界限得
以清楚而內外均有轍可循矣會同稟請諭飭該
商遵照辦理等情據此除稟批示外合亟諭飭諭
到該商迅將岱鹽暫行停運並邀同各夥商總柱
首等卽日束裝趕緊馳赴庫局與該甲商等會議
稟辦毋稍違延

同治十一年十二月候補知府郭式昌禀奉劄委辦理蘇松太督銷兼辦岱鹽局務當將到局接辦日期報明在案伏查浙西引地私充銷滯年甚一年收積岱鹽片引不銷商力疲倣欠課日增種種壅塞情形幾於無從措手查鹾務雖有定章而時勢異宜不能不於遵守成法之中参用窮變通久之策前據杭嘉松三所甲商朱源茂鮑存經許慶曾等禀以庫局運到岱鹽已有九千餘引之多片引末銷實因岱鹽成本貴於場鹽設法變通請將

岱鹽專完正課河餉免輸經雜兩項俾以輕牽重
相輔而行則原額正課可保無虧而溢完之正課
可抵積欠之奏銷並請癸酉新課如何立限年清
壬申綱舊課如何設法抵繳另行會議稟辦等情
並附呈清摺四條具稟前來據此當查岱鹽成本
誠貴於場鹽自應設法疏銷惟專完正課河餉免
輸經雜即使銷足六萬六千引原認引數核諸九
萬五千兩課欵未符礙難照轉至新舊課欵如何
完繳自應明定章程未便含糊即經批斥去後復

據該甲商等稟稱竊查蘇省五屬引地敗壞已久兵燹以後益形決裂當此積重難返之際若固守成規終無實效再四思維惟有因時制宜急者先治上年議收岱鹽原爲正本清源之舉現又存鹽莫運尤宜變通疏銷以固場竈而清岱私伏查票運向章以場鹽四成岱鹽四成餘鹽一成功鹽一成按作十成搭銷現除餘鹽停運外擬將場岱兩鹽各按五成搭銷所獲功鹽如內巡緝獲者歸入場鹽補課外巡緝獲者歸入岱鹽補課則一場一

岱對完搭銷庶期並行不悖惟是場鹽就近捆運成本自輕岱鹽則由岱設厫收運運赴張庫由庫設棧存候內商捆運水腳挑力厫用棧租及滷耗一切種種費用成本較重若不核減引課竊恐各引商避重就輕專銷場鹽而岱鹽仍不得疏通課項攸關恐將來有誤奏銷惟查蘇省五屬引課原定額銀九萬五千兩請以積滯未銷之岱鹽每引按照各地完繳正課河餉正欵飭令運補四府一州鈌銷之額將原額銀數補足再作岱鹽餘引另

行咨奏似此變通辦理則原額不致短絀而場岱
兩鹽亦無壅塞之虞再行設法嚴巡緝務自可轉
機再查本年應完引課各地積欠尚多自應立限
完繳年清年欵不得絲毫蔕欠茲擬自癸酉年爲
始各地應完引課一場一岱總以完足九萬五千
餘兩額徵銀數爲斷按季分完援照浙東綱鹽成
案按照各商認額分卯上兌如其逾卯不繳即行
示罰逾季不繳嘗即斥革另招殷實承充以儆疲
玩庶引課亦不致延誤所有壬申綱舊課應請從

緩由商等會同各商籌議如何補繳另行稟請示
遵外商等何敢一再瀆陳實爲救弊補偏起見可
否轉稟大憲批示遵行等情到局查該甲商等所
請通融引課以積滯未銷之岱鹽專完正欵運補
四府一州之缺額雖與成案稍有未符核諸原定
九萬五千兩課欵自無短絀似尚可行至癸酉新
課援照浙東綱鹽定章立限完繳亦尚妥協壬申
綱舊課若再飭令並完商力實恐不逮惟有姑准
緩追仍飭令妥議歸補另行核辦各商捆運鹽觔

如有趨避以明年元旦爲始無論新舊引目總以
一埸一岱並捆運銷以杜取巧可否准其試辦之
處伏乞批示祇遵奉鹽院批查庫局存鹽旣有九
千餘引之多而岱運方將源源而來此刻自以設
法疏銷爲第一要義若停積不化必至病上加病
所請埸岱各按五成搭銷並請將岱鹽專完正課
河餉免輸雜欵原額銀數補足再作岱鹽餘引應
准暫行試辦惟從癸酉年起按季完繳新課其壬
申舊課請暫緩追一層於明年奏銷各州縣考成

有無窒礙仰鹽運司迅即議詳辦理並飭該局知

照

同治十一年十二月定岱厰商陳寶康禀爲鹽價
業已收回章程尚未會議禀請備案以重鹺政事
本年十一月二十九日奉諭據杭嘉松三所甲商
朱源茂等禀稱查岱庫兩厰開辦已經半載收發
各事宜尚能遵照定章辦理惟是運庫之鹽計本
月截止已有九千引之多而各地引商迄今片引
未捆日積月累不特資本無從輸轉卽庫厰堆積
無地幾有露積之虞推原其由總以岱價較貴致
各商裹足不前茲商等已將減價疏銷及内外合

辦各情禀請憲示在案而鹽價之如何議減及內
外商之如何合辦及已運厙厫之鹽如何結清前
價之處不得不由厫商陳寶康邀同夥商及內地
總柱首等偕赴厙局一一面議妥當應請將運厙
岱鹽飛飭厫商停運并飭卽日督同夥商等來厙
會議庶界限得以清楚而內外均有轍可循矣會
同稟請諭飭該商遵照辦理等情據此除禀批示
外合亟諭飭諭到該商迅將岱鹽暫行停運並邀
同各夥商總柱首等卽日束裝趕緊馳赴厙局與

該甲商等會議稟辦丹稍遲延等因奉此商奉諭
之下即於臘月之朔稟辭東渡於初八日抵甯遵
即函訂各夥商趕緊束裝並稟明督辦定海廳轉
飭遵照道各商於十五日次第到甯於十六日航
海赴申由申轉至松江謁見郭督辦并與嘉所甲
商鮑存經松所甲商許慶曾等公同商榷總以運
庫之鹽片引未捆推原其故實因岱價浮於場鹽
以致各地引商裹足不前亟宜減輕岱價庶可漸
冀疏銷彼此相持歷兩日夜始得各夥商允洽每

觔遵照定價以三文五毫結算外加巡費厰用運腳包索等欵亦照議章每觔總計八文八毫計自開辦迄今共已運九千引實計三百四十一萬七千九百八十二觔先後共計收到錢三萬千七十八千二百四十一文當卽稟明郭督辦經各縣商派收回定查此案於去年冬底岱民以工本不敷環叩加價蒙前督辦定海廳左每觔加給半文繼因岱紳聯名再求酌增復以杜首薪水賠補板戶每觔又加三毫二釐前後遞增每觔加至八毫二

釐均經詳報在案並與甲商函商訂定所加鹽價

內外分認每觔各加四毫一釐俟將來籌欵彌補

茲以減價疏銷將已運岱鹽所加鹽價全歸外商

獨認廹於公論衛全大局亦屬無可如何奈虧蝕

甚鉅勢難立足且前奉諭飭每月額運四千引理

應遵辦藉資敷衍無如内商屢次來函以去路未

通無屋堆積囑商緩運不得不勉强從事遂至統

計僅得十分之五益見虧賠惟有仰乞恩施逾格

矜全曲加調劑商等不勝感激至開正應如何辦

理亦未據鮑甲商剴切會議僅奉郭督辦面諭新
正蒞定核議新章所有遵赴庫局下情除稟明委
員外合肅稟叩伏乞察核備案奉運司衙門批據
稟已悉仰庫局委員郭守核明飭遵

同治十二年二月兩浙鹽運使爲議詳事案奉批飭督銷蘇松太兼辦岱鹽局委員郭守禀變通鹺章由奉批查庫局存鹽既有九千餘引之多而岱鹽方將源源而來此刻自以設法疏銷爲第一要義若停積不化必至病上加病所請場岱各挖五成搭銷並請將岱鹽專完正課河餉免輸雜欵原額銀數補足再作岱鹽餘引應准暫行試辦惟從癸酉年起按季完繳新課其壬申舊課請暫緩追一層於明年奏銷各州縣考成有無窒礙仰鹽運

司迅即議詳辦理並飭該局知照繳並奉抄發原
禀内開查浙西引地私充銷滯年甚一年收積岱
鹽片引不銷商力疲敝欠課日增種種壅塞情形
幾於無從措手查鹺務雖有定章而時勢異宜不
能不於遵守成法之中參用窮變通久之策前據
杭嘉松三所甲商朱源茂鮑存經許慶會等禀以
庫局運到岱鹽已有九千餘引之多片引未銷實
因岱鹽成本貴於場鹽設法變通請將岱鹽專完
正課河餉免輸經雜兩項俾以輕牽重相輔而行

則原額正課可保無虧而溢完之正課可抵積欠之奏銷並請癸酉新課如何立限年清壬申綱舊課如何設法抵繳另行會議稟辦等情並附呈清摺四條具稟前來據此當查岱鹽成本誠貴於場鹽自應設法疏銷惟專完正課河餉免輸經雜即使銷足六萬六千引原認引數核諸九萬五千兩課欵未符礙難照轉至新舊課如何完繳自應明定章程未便含糊即經批斥去後復據該甲商等稟稱竊查蘇省五屬引地敗壞已久兵燹以後益

形決裂當此積重難返之際若固守成規終無實
效再四思維惟有因時制宜急者先治上年議收
岱鹽原爲正本清源之舉現又存鹽莫運尤宜變
通疏銷以固場竈而清岱私伏查票運向章以場
鹽四成岱鹽四成餘鹽一成功鹽一成按作十成
搭銷現除餘引停運外擬場岱兩鹽各按五成搭
銷庶期並行不悖惟是場鹽就近捆運成本自輕
岱鹽則由岱設厫收運運赴張厙由厙設棧存候
內商捆運水脚挑力厫用棧租及滷耗一切種種

費用成本較重若不核減引課竊恐各引商避重就輕專銷場鹽而岱鹽仍不得疏通課項攸關恐將來有誤奏銷惟查蘇省五屬引課原定額銀九萬五千兩請以積滯未銷之岱鹽每引按照各地完繳正課河餉正欵飭令運補四府一州鈌銷之額將原額銀數補足再作岱鹽餘引另行咨奏似此變通辦理則原額不致短絀而場岱兩鹽亦無壅塞之虞再行設法嚴巡緝務自可轉機再查本年應完引課各地積欠尚多自應立限完繳年清

年欵不得絲毫蒂欠茲擬自癸酉年爲始各地應
完引課一場一岱總以完足九萬五千餘兩額徵
銀數爲斷按季分完援照浙東綱鹽成案按照各
商認額分卯上免如其逾卯不繳即行示罰逾季
不繳當即斥革另招殷實承充以儆疲玩庶引課
亦不致延誤所有壬申綱舊課應請從緩由商等
會同各商籌議如何補繳另行稟請示遵外商等
何敢一再瀆陳實爲救弊補偏起見可否轉稟大
憲批示遵行等情到局查該甲商等所請通融引

課以積滯未銷之岱鹽專完正欵運補四府一州之缺額雖與成案稍有未符核與原定九萬五千兩課欵自無短絀似尚可行至癸酉新課援照浙東綱鹽定章立限完繳亦尚妥協壬申綱舊課若再飭令並完商力實恐不逮惟有姑准緩追仍飭令妥議歸補另行核辦各商捆運鹽觔如有趨避以明年元旦爲始無論新舊引單總以一場一岱並捆運銷以杜取巧可否准其試辦之處伏乞俯賜鑒核批示祗遵等情下司奉此並據該守具禀

前情到司本司伏查江蘇五屬改復引鹽認額六萬六千引遵奉部飭所收正雜一律報撥其應徵銀九萬五千餘兩十一年造報十年奏銷案內並遵部飭分別正雜按引造報在案并查收運岱鹽前署司原議在於六萬六千引認額之外另完課欵詳奉咨部亦在案今該甲商等因岱鹽價值貴於場鹽爲疏銷岱鹽之計請將岱鹽僅完正課河餉免輸經雜以一場一岱完足額徵銀數再作岱鹽餘引核計完足額徵銀兩場岱併計總在十萬

引左右查從前耗觔僅完正課河餉尚且奉部革
除今銷引至十萬左右所完課欵仍止原額六萬
六千引之九萬五千餘兩不啻有三萬數千引無
課之鹽較之耗觔爲尤甚是該甲商等所稟按季
分完之說卽使各引商果能遵完無誤亦干部駁
況五屬督銷考成業經復還該州縣等但知銷足
各地原認各引數計共六萬六千引額便可免議
今責令銷至十萬引該州縣等必不能遵倘按季
分完之說各引商參差不完必不能足十萬引而

場岱合計已有六萬六千引該州縣等已無考成
不能參處額徵銀數尚未足額年底奏銷如何造
報奉批前因本司不能不將窒礙情形詳晰縷陳
悉心核議查場鹽價值雖輕於岱鹽銷路較滯而
岱鹽色味則鮮於場鹽民間樂於買食銷路自暢
昨據嘉甲商鮑存經稟繳各引商已完課銀之場
鹽單照請借作岱鹽單照蓋印運鹽稟內明晰指
陳本司以岱鹽既勝於場鹽自應准其行運岱鹽
惟蓋印借運事頗曲折應將場鹽單照暫存在庫

卽照場鹽引數發給岱鹽單照俾得早日疏銷岱鹽仍俟岱鹽科則定案將岱鹽課欵完納後發還場鹽單照在案則是岱鹽勝於場鹽銷路通暢確有可憑而該商等願以場鹽單照抵運岱鹽自因便於行銷起見否則場課重而岱課輕雖至愚者亦不肯爲又查六萬六千引課欵係該中引商等認定之額課卽不行運岱鹽本當如額完足本司體恤商情疏通銷路通盤籌議場鹽岱鹽自應並行應如該商等所議一場一岱各按五成搭銷惟

於六萬六千引原額內所完課欵均應照場鹽科則完納俾足九萬五千餘兩之額仍於銷足原額之外將岱鹽課欵議減運銷如此辦理似原額九萬五千餘兩之課銀方能有着而州縣六萬六千引之考成亦可核計庶辦理奏銷不至掣肘而該引商等完納滯暢之場課行運易銷之岱鹽較之專運滯銷之場鹽本屬便宜且現據杭嘉松三所甲商朱源茂等稟請將每百觔之耗鹽二十觔全給引商行運本司擬准以八成貼給引商二成留

備岱庫厫滷耗等欵則岱鹽之價值已輕而六萬六千引額已足之後議減岱課該商等更屬便宜是體恤商情亦已周至而岱鹽自可不虞壅積各地當無不暢銷至該守所稟壬申綱課欵從緩籌議等情此則斷難准行鹽課奏銷當按年造報豈能停辦應毋庸議仍嚴催趕完緣奉前因理合遵批核議詳覆是否有當伏候俯賜察核批示遵行

再嘉甲商稟將場課單照借運岱鹽一案係令仍完岱課後發還場課單照將來各歸各欵並無出

入是以現未另案具詳三所甲商會稟耗鹽一案

現在另行據稟備文議詳合併聲明

同治十二年二月兩浙鹽運使爲詳覆事同治十二年二月二十四日奉批郭守禀張厙前後辦理岱鹽情形請賜示遵緣由奉批查此案開辦之初奏前署司議詳摺内陳明商人貲本外商十萬内商五六萬據禀鑿鑿去秋收運之始復經飭據該司查明商本足數收積原以事關重大非集厚貲不能濟事是以一再飭查之後始准收運嗣因初辦爲難復由綱鹽局借給錢三萬三千串體恤商艱不爲不厚若如該守所禀是該甲商等不但未

能寬集資本支持大局竟將借欵墊補前虧置收
運事宜於不顧閑之實深痛恨至收鹽乃破格之
舉如果岱民始終玩法仍然走私則卽予停收亦
無滋事之理該守未免過慮現在事已如此究應
如何設法挽救仰鹽運司立卽通籌全局妥議詳
辦倘該商等再敢玩忽從事聽其敗壞則咎有攸
歸本部院斷不能曲爲寬貸也至收支用欵存鹽
確數並令核實開送查核均無違延等因奉此本
司正在遵批籌議間旋據杭嘉松甲商朱源茂等

稟稱竊查岱案大章業蒙恩加體恤逐條詳明鹽
院並奉發官欵三萬三千串協濟商本以資收運
各在案商等復以轉運資本尚慮不敷因又邀集
附股商人陳裕隆等另籌巨資附股合辦現已收
有二萬五千串先由商存經費帶一萬馳赴定海
存作收本由商源茂賫帶一萬五千馳赴張庫交
存庫厫以資接濟其餘尚有附股未到者俟收有
若干由商慶曾彙寄庫厫所有該商裕隆等既經
附有巨本應由商等於收齊後另行稟請各給一

諭俾附股各商得以信守惟商等正在公同議定束裝就道間叠奉松太局諭飭查各地引商赴厫捆運應將鹽價先行繳局再准捆掣等因奉此在松太局深恐商本虧蝕故爲此慎重課項之舉洵屬慮周藻密爲各商計者至善至美惟收鹽給價與捆鹽付價係逐日逐刻所有之事若必責以鹽價繳官勢將逐日報局逐欵繳局且俟鹽到厙與厙厫鉅細各用件件均須赴局請領似此朝繳暮領非但商收商運窒礙難行抑且請欵繳欵絡繹

於道實於辦理徒多周折商等又復邀集衆商再
三核議僉以官爲收放之紛繁不若商自交易之
便捷况官欵商欵均有領收爲據收鹽運鹽又有
掣數可稽擬請仿照河䣊兩地收私章程按月造
具收運四柱鹽數清册由局轉報似與官督商收
之例尚屬吻合在庫局既無收放之煩又握稽查
之要合無仰懇明示定章準將鹽價免繳庫局以
便各商轆轤轉運所有上年余委員催收各地之
侶資六千餘元尚存庫局應請一併給發以資接

濟再奉發之官欵三萬三千串前經商等禀由庫局詳准自本年開卯爲始按引帶輸銀一錢歸還官欵繳清爲止等情據此本司伏查該甲商等旣已招有殷商陳裕隆等先集資本錢二萬五千串分往岱庫兩厫則岱鹽自可卽日開收庫厫亦不虞其掣肘應卽飭令刻日赴岱收鹽一面迅赴庫厫將存鹽趕催捆運以資周轉而期挽救至該甲商等所稱鹽價未便繳局各節尙屬實情查此項岱鹽係由商收運鹽價似應歸商收支惟收支用

款存鹽數目既據郭守稟有不實不盡自應清查
現已飭令該甲商等迅速核實開數報明郭守查
核轉報以歸確實再余大使慶麟前經由司劄委
前往各地催繳資本催得洋六千餘元當交綱鹽
局提調查收核辦此款原係收鹽之資應即給領
惟現據該甲商等已措錢二萬五千串自可暫緩
應即劄飭郭守察看收鹽情形隨後再行給發此
案就現在情事而論似應如此辦理除批飭該甲
商等迅即分赴岱厙兩厰妥辦外合將奉批後現

辨情形先行詳覆伏候察核批示秪遵至綱鹽局
借給岱鹽收貲三萬三千串由引商於完課時每
引帶繳銀一錢歸補一案現准綱鹽局移會到司
應另案詳辦合併聲明

同治十二年三月候補知府郭式昌禀爲同治十
二年二月二十日准署定海廳陳守移開據岱山
莊鹽柱首毛五榮傅寶楨陳大受李昌言黃天炳
等共九十六人聯名禀稱爲時交二月開收無期
瀝情叩恩迅飭外商開辦一面轉詳大憲以全鹺
務而安地方事竊岱山鹺務一案奉各大憲飭商
設廒收運各戶收執廒商板照蓋有憲印每板約
產鹽三百觔除漁食鹽外每月六期儘數入廒不
准顆粒走私並舉榮等充當柱首帮同辦公等因

在案自去年八月開收以迄年底收運未滿定額
兼之去夏亢旱產鹽倍旺歲遭旱歉雜糧毫無收
成惟賴曬鹽謀生衆心惶惶受逼不少榮等因大
局攸關且厫商再三勸慰秖得轉爲開導各戶安
守本分不敢偷販私鹽致罹法網旋於正月初奉
到憲示俟郭督辦蒞定酌議章程暫緩開辦一月
伏念岱地疊受恩加雖待哺嗷嗷敢不恪遵乃已
屆二月厫商陳寶康仍不見到局開收雖屢次專
腳來詢僅秖函覆岱地託言俟甲商等來定再行

面議無如板戸待收朝不及夕疊向榮等逼擾或
欲擔鹽各繳桂首或欲榮等到陳寶康處領價轉
給將鹽繳厫或欲榮等帶同板戸到陳寶康家逼
收紛紛交迫榮等無路可走但自甲商秖顧內地
外地事務陳商責無可辭不料居在城中藉詞延
宕致榮等日被板戸逼擾非蒙逃賜設法調劑窮
黎命不聊生非特逼致走私將來有不忍聲言不
可明言之勢萬一中途決裂咎將誰歸爲此無可
奈何萬不得已航海赴轅公叩伏乞俯憐下情逾

格矜全迅飭外商趕速來岱開辦一面轉詳鹽運
二大憲一併嚴飭各商趕緊照舊收運以安民業
而靖地方實爲公便均沐上呈等情據此查此案
自上年十二月二十六日接准來函以奉憲飭議
新章由內外商合辦暫停正月收運俟到定會議
再行開收等因卽經出示曉諭旋於開正以來據
各板戶紛紛環叩動輒聚集數百人呈求收鹽幾
無虛日疊經諭以各宜安分靜候總辦到來議定
章程卽可開收嗣以二月將屆復據厫商陳寶康

以岱民專望開局新章未定總辦到定無期具禀
請示當經據情移催並剴切曉諭在案茲准前情
除禀督鹽院暨運司衙門外合行飛催煩照來移
迅卽星夜帶同甲商來定會議定章尅期開辦免
致各板戸懸望等由准此查此案前於上年十二
月間外商陳昌遇來崧與甲商清理鹽價當據甲
商面禀現在運存岱鹽已有九千引之多片引未
銷不特資本無從輸轉卽厙厫無地堆積業經禀
請將運厫岱鹽飛飭厫商停運并飭卽日督同夥

商等來庫會議在案請俟結淸前價另議定章再行開辦並稱正月內本非生意貿易之時亦非岱鹽旺產之際卽暫停收自無滋擾等情正在籌議間適奉運司劄飭將岱鹽停運前來當經備文轉移並先函商陳守囑其曉諭岱民柱首人等暫行停止擬俟開正議有定章或卽親自赴定會商一切旋於正月初因公晉省不克前行復又函致陳守以酌減鹽價定限曬板裁併柱首等事商懇就近斟酌議擬並於正月間在省卽經諄切面諭甲

商朱源茂許慶曾等務限二月初到定會同外商
先將收辦事宜迅速妥議定章復經一再飭催在
案茲據陳守來移以正月以來各板戶紛紛環叩
動輒數百人呈求收鹽幾無虛日並查毛五榮等
禀內聲稱日被板戶逼擾窮黎命不聊生非特逼
致走私將有不忍聲言不可明言之勢等詞查未
過正月各板戶即行聚衆逼求收鹽現雖已交二
月而一切運銷章程尚未奉准自宜暫行靜候豈
容刻不稍緩急廹至此雖岱民以鹽餬口溯自雍

正年間卽行發帑收買至道光中年漸行廢弛厥後同治三年浙省克復後竈丁星散場鹽不敷煎配奉前鹽院左開辦票運准以場岱搭銷旋因岱鹽散漫無稽改歸吳淞一口收運至同治六年接運較滯岱人不能久候恐滋事端卽奉前鹽院馬示禁停收迨至上年始復開辦是歷辦岱鹽以來時收時停岱民雖稱慢悍尙自各安本分恪遵功令何至有不忍聲言不可明言之勢今暫停一月有餘該柱首等卽以板戶逼擾爲詞嘵嘵瀆稟難

保非即該柱首等鼓扇岱民計圖要挾所致總之甲商上年定價過高岱民獲有厚利柱首人等包收包運自多分肥誠恐一旦改章停辦無利可謀故特聚衆滋擾其把持挾制已可概見當此籌議整頓之始該柱首等不顧大局動輒恃衆將何以整肅鹺綱應請察核查辦以遏刁風而弭後患本
俟奉有定章前赴定海會同陳守商辦減價等事現在舊局未停新章未定外商既無墊本而甲商籌資尚屬虛懸岱民又如此挾制議收不能不收

不得殊形進退兩難不但現有應辦事件不能前
去並實有未便前去之勢竊思此事原係甲商往
招陳昌遇畢爲外商選集柱首人等會同舉辦惟
有嚴催原辦甲商星夜馳赴定海會同外商迅速
妥爲籌議以免紛擾除再飛催甲商外准移前由
合將嚴飭甲商赴定會商辦理緣由據實稟陳伏
乞俯賜鑒核再查陳守文內以二月將屆據厫商
陳寶康具稟請示等情當經據情移催至今尚未
接到業經移請陳守飭查示覆在案合併聲明奉

鹽院批查此案前據定海廳具禀卽經批司迅飭
甲商赴定議章開收在案茲閱該守所禀甲商定
價過高岱民獲利包收包運聚衆挾制各情均屬
切要卽如前禀所云南滙之大團川沙之四團以
及漕涇柘林見龍橋沿海一帶依然處處走私亦
屬實情否則何以存庫之鹽片引不銷該岱民私
曬板鹽到處充銷大干禁令本部院法外施仁准
如司議商收商運淸源截流商本不繼借給公欵
以期上裕

國課下恤民艱所以惠愛岱民者於此爲極乃該柱首人等陽則挾制收鹽陰則任聽走私實屬可惡之至本應即飭停收照例查辦姑念小民窮苦者多再從寬貸仍照前案暫行收運現據運司詳報內商集貲二萬五千串分赴定厘兩處趕緊收運等情除批飭該商等妥爲辦理外仰鹽運司即飭定海廳迅即曉諭柱首岱民人等一體遵照各安本分聽候內外商陸續收運以安生業嗣後再有顆粒岱鹽私運出境惟該柱首是問倘再不知輕

重聚衆挾制定卽嚴行拏辦決不寬貸本部院提
兵數省剗平全浙令出惟行諒爾岱民亦所共聞
試問一隅頑梗之徒能當斧鉞否凛之

同治十二年六月兩浙鹽運司爲移知事案奉鹽
院批張厘委員劉令禀岱鹽變通章程一案由奉
批據禀收運岱鹽中有六弊自應力求變通所稱
另招販商業請驗貲是否確實現在庫藏支絀萬
難再借官帑至製造輪船經費甚鉅關係亦大安
能常作緝私之用卽前調伏波輪船捕盜運糧用
處已多似亦難再顧巡鹽其餘所議各條是否可
行仰鹽運司會同綱鹽局妥議詳覆核辦仍候撫
部院衙門批示繳摺存等因下司奉此本司查此

案先據該令開摺並稟到司本司當以所開各條
內有議減鹽價一條應行察看地方情形卽經劄
飭該令督同新商前往岱山趕緊議定鹽價開收
以便由司移會貴局彙同其餘各條議詳鹽院定
案當將該令並稟先行批發知照奉到鹽院批示
前因另檄飭遵各在案茲查該令稟辭赴厘往岱
業經旬有餘日曾否減定鹽價未據稟覆而岱鹽
停收日久未便久稽自應先將其餘各條會同貴
局核議飭知仍俟該令稟覆到日卽行會詳鹽院

以期迅速定案辦理本司查收運岱鹽一案內外各商集資既少辦理難於妥善致無成效今該令既招有殷商驗有現資所稟內外販商彼此隔手不能通力合作等六弊亦不爲無見而查從前黨山河莊收私各案皆歸辦商一手經理辦有成效咨明戶部准作辦商歷來有案可循此時岱厘雖分兩販而實止收鹽一事本不可歧而爲二自當歸該令所招之新商沈豫興一手辦理惟摺開所議各條在該令與該總商雖已確有把握然其中

有應准應駁應議之處自應分別批定飭知查所開內外厫分別存鹽一條內外情形不同自當分別多寡存鹽應如稟辦理又減價一條現應該令查明稟覆另議又鹽價查照場鹽上落一條查場鹽係屬煎產費有工本是以鹽價之上落視工本之重輕至岱鹽則晴有雨無全賴天時鹽本之官價既定捆鹽時自未便再有上落惟暢晴之日收鹽既多必有存積而陰雨之時岱鹽無收仍當捆配所配者皆屬存積之宿鹽滷耗必多所有原案

之耗鹽業經批定有案除貼給引商外所餘無多
恐有不敷自應於陰雨捆鹽時察看滷折情形量
爲稍加以昭平允仍不得過多又巡費一條原應
寬籌以期巡緝嚴密據禀按觔提錢二文半雖似
稍多然開辦之初不可不寬爲籌備而巡緝既嚴
鹽必暢銷引商獲利自多當不至吝此巡費但運
庫既無欵墊發且現已奉鹽院批駁而事方開辦
不能驟見功效所禀尚似空言引商則應先行隨
課繳欵其勢本難且松所每引需錢一千文杭嘉

所每引亦有九百三十餘文爲數過多而甫充之新商在各引商皆非素識將來辦巡能否得力各引商尚未能深信不疑況各引商皆非殷實前此飭提岱鹽接濟之資委員督催卽每引五百文亦甚勉强何況現需每引千文揆之人情物理似有所不能本司通盤籌畫銷鹽必當嚴巡嚴巡必當籌費籌費必當責之引商而引商未信新商之確有把握且力薄無資則必當使新商有以取信於引商並當使引商有資可繳而欵出樂輸然後巡

費方有著落而嚴巡可辦官鹽可銷查鹽務每年旺銷之時止有醬銷菜銷兩市現在新商提欵接辦已過醬銷惟有由新商先行墊欵嚴巡則冬間菜銷時必有成效屆時各地引商自無不深信新商之果有把握而鹽銷利薄各地引商亦無不有資於是撥引紛提各引商斷無不還即先墊之欵亦可分提接數繳還仍歸有著似此一轉移間在新商股實必不靳此暫墊半年之欵而巡嚴銷暢不特取信於商人且大有裨於

國課查五屬額引共有三十萬之多如果私鹽淨盡全銷官鹽卽需巨欵集貲甚易將來每引正不必如此之多而嚴巡數年之後私販無不改業此後止須擇要扼巡更不必籌集鉅欵本司前後統籌自應如此辦理該令卽轉飭新商知照趕辦又嚴巡餘鹽一條餘私既向由大小金山及金山衛等處乘潮侵灌自應如稟在該處嚴巡惟稟請之輪船已奉鹽院批駁自應另行議僱巡船嚴行巡緝又岱山坐巡一條該處既有兩口漏私自應如稟

坐巡應俟定案具詳時詳請咨調定海官艇兩號守口嚴巡又黃浦議設重巡一條各處私鹽既以黃浦爲總滙之區而新閘老閘又爲吳淞接浦之口分侵蘇松太三屬自應如稟僱備輪船小船派員嚴巡又長江專設重巡一條五屬引地皆沿江沿海而常鎮沿江各邑無不接近淮場即沿海之蘇太屬常熟昭文太倉鎮洋各邑對渡海通即屬淮場年來各屬辦巡本不得力自應如稟僱備輪船拖帶舢板自常鎮以至太鎮等地上下巡駛以

期進私淨絕惟靖江一帶進私出口飛渡之處不
少而江陰丹徒丹陽等處進私進口之處亦復甚
多該甲引商等向本設巡此時議僱輪船上下駛
巡之外應由該新商會同熟習路徑之甲引等商
查明辦理又五屬各地認引多少不齊撥引提費
引少者提數必少而引少之處私衝必甚應用之
巡費必多原案本屬通力合作無如各引商不能
無畛域之分即如常昭引多辦巡值屬認真大鎮
引少竟不辦巡今由該新商一手經理自應察看

五屬各邑地勢情形各按各地分別嚴巡不可稍有遺漏又常鎮各屬向來由司撥年委員督巡其原案巡費係由甲引各商自提自巡但請大小各委員督銷督巡是以一切巡費局用皆不報銷今雖議由新商整辦半年仍應按數提還歸欵與自提自巡者不同自應該令督飭新商先行查明一切費用五屬各地各需各若干共需若干以便按數提還又江海浦巡原屬緊要內巡口巡亦不可偏廢是否俱歸新商於會同甲引各商查明路逕

之後由新商一手經理抑仍歸甲引商分辦所有
應提巡費應如何分別以上各節皆巡務事宜該
令並應查議具稟以憑核辦至報完課欵一條按
引提費現議暫緩應俟飭提時辦理費既隨課完
納查數甚易又議裁緝船巡費及修理緝船等費
一條查督銷局巡費司中無案可稽自係商捐商
用就近繳局以便支領之欵現在內巡口巡是否
由新商併辦抑由甲引商分巡應俟該令督飭新
商議稟分別提費繳司本折庸繳費到局至次條

所言已輸巡費應否給還候飭甲商查議禀辦又
巡務查照營規一條巡緝丁勇自應條約管束賞
罰嚴明所請須發軍棍刑杖查照營規辦理候據
禀詳請所有條約功過章程暨何處員弁應給軍
棍刑杖之處並准議禀核詳至該新商收鹽巡緝
雖應一手經理以專責成而辦事則難於分身岱
厙既兩處收鹽而巡緝之地方更多自應由該總
商分保收商巡商隨同委員辦理禀摺内均未議
及並應督飭新總商禀保又此次收辦岱鹽該總

商係頂接内外商原辦事宜所有内外商創辦墊
本以及局廒房屋器具是否一律置造抑有租賃
新商應同内外商核計議償作何歸結來禀亦未
聲敘昨據内商杭嘉松三所甲商朱源茂等具禀
退辦岱鹽請飭新商接辦據稱除存鹽價值抵繳
官欵三萬三千串暨附股商本外已無餘贌此外
尚虧用四萬餘串内引商所繳貸資二萬數千串
及該甲商等前後籌墊一萬四千串其用數之是
否確實雖應由新總商會同該甲商等核計而其

中引商貸資係由本司委員飭提之錢不可不爲
歸欵即該甲商整欵亦不可竟歸烏有該令自應
督令新商會核實數分別歸還惟新商既經整資
收買現又議令整資辦巡若再責令全歸頂接該
甲引商之整本在該新商身家殷實原無不可而
本司則意存體恤未便遽斷究竟應否給還現錢
或於新商將來應領巡費之時分期扣還之處該
令亦即督令新商趕緊會同甲商等議定具稟至
岱商陳寶康現亦具稟退交新商接辦其所存鹽

�

勍厫屋一切墊欵爲數尚不甚鉅應行如何議還
現欵之處並飭新商會同岱商核計歸還除劄飭
該令遵照一併稟覆以憑詳辦外理合移會爲此
合移貴局請煩查核辦理施行

同治十二年六月委辦張庫掣驗岱鹽候補知縣
劉頌年禀爲竊據三所甲商朱源茂等禀稱發捆
庫厫存鹽將及告罄商等查自上年八月至十二
月止所收岱局運到正鹽三百四十一萬七千九
百八十二觔庫地積存餘鹽四萬二百九十四觔
海巡解到功鹽六萬七千七百八十五觔統共存
鹽三百五十二萬六千六十一觔除另由月報清
冊造報外茲查所存正鹽自去冬捆出並本年春
夏陸續發捆計共捆出杭嘉松三所各地連耗正

鹽七千六百十六引計三百二十七萬七千五百八十觔其在厫積久侵蝕耗觔雖未經捆齊難於澈底核算而約計除已經運出正鹽三百二十七萬七千五百八十觔外所存正鹽將耗觔全行貼入已難滿正鹽應存之觔數是以正鹽存數約計不過三百餘引現當暢銷之際各商正在踴躍完課若繳課後紛紛來庫捆鹽勢必轉瞬不敷配運而新商又未來庫接辦岱局又未有鹽運到深恐各地脫銷貽誤大公等情伏查庫厫存鹽自去冬

開捆起至現今止實已捆出正鹽六千六百八十二引又有已挂號而未捆掣之正鹽九百三十四引兩共計正鹽七千六百十六引計重三百二十七萬七千五百八十觔核與所收之數除已經捆出及挂號應捆外所存正鹽實不過三百餘引現屆旺銷之際設各地紛紛來捆誠有不敷捆配之虞應如何設法接濟之處伏乞飭商趕速籌備以資民食實爲公便奉運司衙門批該令先係督同杭嘉松甲商等辦理岱鹽之員今又爲議請招募

新商督辦岱鹽之員凡岱鹽一切收捆大局事宜

應皆惟該令一人是問乃何以不早籌備直至此

時厫鹽將盡之日始以捆配不敷請飭商人籌備

一稟塞責大屬不合仰卽刻日赴松督飭新商趕

運岱鹽濟配毋稍貽誤致干參辦

同治十二年六月委辦張厓掣驗岱鹽候補知縣劉須年稟爲前奉批飭另招殷商集資收辦岱私遵卽馳赴嘉湖一帶廣爲勸諭計三十六股共集資十八萬串當據各新商舉有總商沈豫興稟明呈驗并呈送變通章程十四則各在案並奉劄飭赴岱議減收價遵卽馳抵松江正擬督同新商籌議閒旋據總商沈豫興傳述各商紛紛告退不願承辦推原其故良以此番所招各商向理繇業於鹽務情形諸多隔膜始則因竭力勸導故欣然樂

從繼則四路探問間有親友之精於鹾業者歷將
此中爲難之處以及頻年辦理不能得手各情節
互相傳訴深恐蹈前車之覆更有從中播弄吹散
衆心者是以次第告退雖欲挽回苦於各商皆有
先入之言固結莫釋其尤慮者張厘開辦之初曾
目睹各甲商創辦並知一年以來虧折之資不下
四萬餘串其中海巡經費三萬餘串厫局各用一
萬餘串初意尙擬責成各新商除甲商所造厫房
及器具等物逐一給還現錢外其餘所折之本亦

當償認若干以冀新舊持平乃該新商一聞此言無不掉頭不顧令人無可置喙即使勉强承辦將來交接之際亦必多唇舌不得已惟有不揣冒昧據情直陳乘此新舊未經交接之前仍可責成原辦各商接續辦理合將新商禀退緣由禀祈批示不勝惶悚之至奉運司衙門批此案岱鹽議招新商者該令招集新商多人者該令呈驗新商現貲暨領回現貲者亦皆該令本司以該令在厘辦理岱鹽已一年有餘又能招集新商其於岱鹽機宜

新商情事自無不前後彼此處處統籌確有把握是以一一准行卽所禀條議內除已奉鹽院批駁外亦無不如禀劄飭事事斟酌准行其劄內所添頂接一層聞亦該新商等本議交接之事此眞可謂言聽計從萬分委信矣今忽以新商請退具禀該出意料之外民間尋常交際亦不能出爾反爾劄該令係委辦岱鹽之專員本司有統屬鹽務之專責上司屬員之間事有如此反汗者耶該令各前禀本司節次批示劄飭之案具在本司此時但

知該令應將劄飭事宜迅卽稟覆一面趕緊督收
岱鹽以顧公事舍此之外惟有據實詳請撫鹽院
奏明察辦不知其他也仰卽知照仍候鹽院批示
繳

同治十二年六月杭嘉松三所甲商朱源茂等禀爲報到庫日期叩請迅飭委員督商交接事竊奉憲諭飭赴張庫趕緊交接奉諭之下遵卽偕同起程星夜馳赴於二十六日同抵松江正擬遵諭交接詎知劉委員於二十三日自松束裝晉省沈新商亦於二十五日他往商等再四思維惟有在此靜候一面馳禀憲轅仰祈面諭劉委員速卽回局督同新商趕緊接收俾免稽遲再張庫嚴岱鹽將次捆竣目下正當夏令曬私旺產新商一日不開

收開巡各地坐受侵灌於銷數大有窒礙除稟綱
鹽局外伏乞俯賜鑒察面諭劉委員迅回交接以
慎公務德便上稟再商慶曾因患病未痊不能前
往囑胞兄慶恩代赴厙厫交接一切事宜合併聲
明奉運司衙門批新商交接之案現尚未定所有
岱厙收運暨各地巡緝事宜應仍惟該甲商等是
問該甲商世業浙鹺且現又充當甲商更責有攸
歸豈若新商之可進可退何得於新商並未接辦
之前即將收鹽辦巡事宜棄置不顧大屬不合著

卽趕辦收運岱鹽及各地巡緝事宜毋稍諉延切切

同治十二年閏六月杭嘉松三所甲商朱源茂等
稟爲遵諭赴岱議減開收並將海浦大巡隨卽議
覆仰副憲懷事竊商等於六月二十六日馳抵松
江當將到地日期并新商並未在松無從交接辦
理情形稟明在案二十八日岱山委員蕭大使由
省到松傳述奉有憲諭無論新商舊商議有端倪
刻日帶同一人迅赴岱山趕緊減價開收等因本
月初三日商等以厘廒存鹽將次掃數捆淸叩請
可否閉歇以俟後來稟奉松太局批示據稟張厘

岱鹽僅存三百餘引約計初旬以內便可掃數全
清可否即予閉歇等情查該甲商等雖經稟退而
新商尚未接辦未便置身事外遽請閉歇並查岱
鹽鹽價過昂礙難疏銷前於正月間即飭該甲商
赴定議減懸宕至今迄無成議現當岱鹽缺乏之
際亟應趕緊收運而收運必先定價無論新商舊
商辦理須將鹽價先行減定方可開收事關要公
該甲商等總理各地運銷事宜不得委諸新商概
置不問應即馳赴定海先將鹽價妥爲議定以期

逃速開收并候憲示另行飭遵等因茲復奉批新
商交接之案旣尙未定所有岱庫收運暨各地巡
緝事宜應仍惟該甲商等是問該甲商世業浙鹾
且又充當甲商更責有攸歸豈若新商之可進可
退何得於新商並未接辦之前卽將收鹽辦巡事
宜棄置不顧大屬不合著卽趕辦收運岱鹽及各
地巡緝事宜毋稍諉延切切等因奉此仰見憲懷
般切灼知引地脫銷情形且勉且勵商等殊悔數
月因循自貽伊咎撫衷自問惶悚彌深當卽就近

與蕭大使日夕籌商先行籌備岱山厫局用洋三百元請蕭大使即日赴滬航海赴岱一面趕緊傳集岱民當面議價開收以安岱民之心即將存鹽四千引對搭運庫以資接濟商等前有資本一萬串留存甯莊其票根留存省垣原備繳欵之用茲已飛函至杭趕將票根妥速寄松一俟收到即當分去一人星夜帶資前往以便開收等用並即日傳集各地引商議建海浦大巡總期費不虛糜功歸實在爲是伏念商等承辦岱鹽已歷兩載運銷

事宜洵屬專責進退本難自主原不若新商之行

止自如不關痛癢者可比惟是多口之憎實屬心

寒膽戰此尤賴大憲之曲賜矜全者也至此次赴

岱惟有勉策精神迅圖接濟斷不致游移延宕再

煩厪慮所有商等遵諭赴岱趕緊議減開收並即

議建大巡緣由理合先行馳稟除並稟綱鹽局蘇

松太局外伏乞俯賜察核批示秖遵奉運司衙門

批據稟已悉該商等三人應趕緊分任妥辦帶資

赴岱者卽日定價開收並將岱厥存鹽四千引先

行運庫以免脫誤提辦巡緝者迅將江海浦及江
北各口羅布嚴巡以期暢銷仍將何商於何日起
程赴岱何日開收暨江海浦江北各口何日開巡
各事宜迅卽分別禀報毋延並候據禀劄飭定海
廳督銷局一體知照仍候綱鹽局批示可也

同治十二年閏六月杭嘉松三所甲商朱源茂鮑存經許慶曾禀爲遵諭禀報分任議收議巡并請憲示事竊商等奉到鈞批内開據禀已悉該商等三人應趕緊分任妥辦帶資赴岱者即日定價開收並將岱廒存鹽四千引先行運庫以免脱銷趕辦巡緝者迅將江海浦及江北各口羅布嚴巡以期暢銷仍將何商於何日起程赴岱何日開收暨江海浦及江北各口何日開巡各事宜迅即分别禀報毋延並候據禀劄飭定海廳督銷局一律知

照仍候綱鹽局批示可也等因奉批之下商等敢
不趕緊分任辦理現商存經業經帶貲由松至滬
航海到岱與蕭大使會同議價開收並將存岱四
千引趕緊分搭運庫接濟銷路至於海浦大巡曾
經多方籌議迄無妥善章程不特巡費虛糜亦且
顧此失彼現議得歸併松江營汛津貼月費仿照
舊章辦理已由商慶曾馳赴蘇省面謁江提督一
俟議有定章即日稟請詳咨定案長江大巡商源
茂春間與常鎮引商本有條約成議嗣因新商有

歸併海浦江大巡之議是以中止茲已由商源茂一面飛函分布常鎮各地悉照前議尅日舉辦開巡一面將庫厫事宜畧爲佈置卽便馳赴督率辦理所有商等分頭辦公緣由理合遵諭禀報惟本月十一日委員劉令自省來松面諭商等謂卽日赴滬約同沈太史招復新商一有成說再行函招商等來省會議等語伏查商等前因交替一案貽誤已多目前正奉憲飭趕緊分頭辦公之際如再往返遷延不特上干憲詰且深受各地引商交口

切責之譏一誤何敢再誤倘委員劉令尅日帶同
新商來省恐商等一時不及追隨爲此合詞禀報
除並禀綱鹽局外伏乞察核批示祗遵奉運司衙
門批據禀已悉該商等應卽趕緊分任辦理仍將
辦理情形隨時禀報餘並悉仍候綱鹽局批示可
也

同治十二年閏六月杭所甲商朱源茂等禀爲遵
諭開辦收鹽巡私先陳現今情形事竊浙西收運
岱鹽並籌辦江海各巡一案疊奉憲諭以商等責
有引地攸關不能如新商之去來自如飭令無須
守候交盤趕緊分頭辦理等因商等業將遵飭分
任辦理緣由禀報在案禀叩甫發正在各自倣裝
間接岱山夥商來函以從前開辦之初因商慶會
有經手事件現擬略加參改應由原辦之人一手
經理商遂改由海道於閏六月十七日起程赴岱

擬先趕速捆渡四五千引以資運銷商源茂亦於二十日會同商存經馳抵常州府城邀集常鎮兩屬引商葉謙益張恒源等會議江巡據稱伊等業經將應行籌欵備船各事宜議有端緒茲定於七月初十日開辦公舉專司江巡之友歸常鎮督銷局節制其勇丁花名清册一俟開巡之日由管帶之張游擊造具呈送至丹陽一地前經稟准之北巡亦可同時開辦等語商等當復諄切告誡務須依期舉行毋稍延懈旋又星夜趲程於二十六日

行抵蘇州晤據長元吳江震五縣引商潘宏昌項
禧成等聲稱海巡原案向歸蘇松引商承辦本年
每觔提錢二文已積有三月經費存而待用無慮
臨渴掘井上年蒙撥官艇三號協助商巡現擬添
辦汛地塘巡專查越海過塘私鹽較爲切近其浦
巡則除原駐緝船二哨外擬再即日添僱小船六
十號取其舟楫之便而利追截似更足壯聲威此
乃同商再四熟籌之大畧請先行試辦三箇月届
時果有把握當即稟請定案等語該五地引商尚

知踴躍辦公謹囧門戶惟事關蘇松兩屬自應徧
告同商乃常昭崑新及松屬各引商人多散處一
時驟難齊集而商等又以岱鹽將次到庫未便久
羈現仍馳赴張庫料理收運鹽觔接濟各地一面
分頭專丁函催常昭崑新及松屬各引商迅卽會
同長元吳江震五縣引商妥協籌辦理合先陳現
今情形伏乞俯賜察核並求飛檄蘇松太督銷局
一體嚴飭各引商迅速辦巡以期江海浦三處面
面周匝俾絕私販而衛引地實爲公便再商等在

蘇叩謁松江提督稟商營巡面奉諭允飭令各汛
營弁無分畛域一氣聯絡其中應如何津貼責成
之處容俟議定另稟合併聲明奉運司衙門批據
稟已悉候劄飭松太局轉飭各地引商會同該商
等提議辦巡以衛引地該甲商等仍督同各引商
等趕緊議定具稟總之辦巡收鹽兩事總惟該甲
商等是問也至收鹽事宜究竟如何定價何日開
收岱廒現存之四千引曾否運庫並着刻日稟覆
毋再遲誤

同治十二年七月杭嘉松三所甲商朱源茂等稟爲遵奉諭飭議減既減議收即收並稟報開辦日期以利官運而慰憲廑事竊商慶曾於同治十二年閏六月二十五日馳抵定海當時即將到定日期並於二十九日隨同蕭委員前赴岱山先運存鹽一面議減開收等情肅稟馳報在案商到岱之後遵即邀集前各夥商趕將上年所有存鹽四千引先行捆運張庫以資接濟業於七月初六日開秤開捆連日以來源源捆運約計旬餘定能掃數

運齊諒張庫亦不至有脫運之慮矣至議減鹽價一案計自抵岱以來無日不邀集紳董傳齊柱首隨同蕭委員剴切詳明多方開導並宣布威德無遠弗彰渺爾海隅宜知猛省復蒙定海督辦疊經嚴飭勒限禀覆如再延遲指名提究又蒙蕭委員開誠布公寬嚴並濟於是紳董因之而振作柱首莫肆其譸張板戶聞風馴然帖服惟據岱地耆老多人面稱三文五毫之官價海島窮黎何敢不遵法令第念曬鹽度日所獲幾微牛力人工不敷資

本官秤例耗立法森嚴總冀轉求上憲仁恩曲加
憐憫賜以全家衣食之需則闔岱億萬生靈啣感
無窮之福等語商又復隨同蕭委員詳加訪察委
係實在情形似宜准予酌加以示體恤黎元加惠
邊隅之至意查曬鹽體質究係日炙成鹽與火力
煎成者迥別非極乾燥之宿鹽一經轉動即至易
於走滷嗣後應責令板戶呈繳極乾宿之足鹽不
得攙和濕鹽缺短觔兩擬於三文五毫官價之外
加益五毫統計每觔四文令岱民實沾餘潤以示

法外之仁則俗民所謂不敷者亦不至於不敷所
謂不敢不遵者仍令其不得不遵而於憲德民情
兩相浹洽此連日議減鹽價之情形也至開收一
案查上年外商陳寶康收運章程小有窒礙不得
不稍爲變通以冀鹽質鹽觔不致低潮短缺因又
邀集紳董隨同蕭委員從長計較惟有自收自運
一法係屬原定章程在委員得以事事稽查而不
致受柱首之蒙蔽在商等於鹽價每觔四文之外
再以每觔二文零作爲水腳包索酬送紳董並各

柱首秤手各項薪水辛工飯食等費得能每觔六文有零之數亦可以敷衍一切在地紳董均各踴躍從公樂於襄事業經傳知各島板戶擇於本月十九日一律開收毋再延遲觀望此鹽價減定擇日開收之情形也伏查庫廒需鹽孔亟除捆運存鹽四千引外似宜捆運新鹽四千引共計八千引庶足以資接濟商仰叨福庇奔走下風不及兩旬幸而蕆事行見飛雪連艘排日放蓬山之驛乘風破浪崇朝卸谷水之帆浙西各地引商其仰賴於

鴻施者豈淺鮮哉所有遵奉諭飭議減開收並報明開辦日期緣由除稟綱鹽局蘇松太總辦定海督辦外理合謹肅稟報伏乞俯賜察核批示祇遵再此案係商慶曾主稿源茂存經現在蘇松常鎮一帶奉諭分辦大巡事務業經由商慶曾分別函知理應會名肅稟合併聲明奉運司衙門批據稟岱廒存鹽已掃數運庫並定價開收各緣由已悉現在岱鹽收資該甲商等先已措備而庫廒已收之捆鹽存欵亦已飭局給發該甲商等共資不少

而本年岱鹽自二月至七月初九卯止各地完課暨先借運共已有一萬七千餘引今統計從前運庫及現運存鹽並該商現擬捆運之新鹽僅抵已完之數尚稍不敷其接續完課之鹽更無儲備此時既有此收貲何不量爲寛收卽嗣後陸續收鹽亦不得以每月四千引爲定數也至鹽價及岱厫一切經費據稟六文有零究竟零有幾毫且庫厫一切經費亦宜樽節核定以憑合計岱庫兩處實共若干本司訪聞上年開辦以來庫厫浮費甚多

而巡緝一項虛浮尤甚此時應將岱庫一切厥用
及巡緝經費分別核實釐定不得再浮惟此等經
費之中如包索船隻及捆鹽載鹽之人夫當以鹽
之多寡爲斷而酬送薪水辛工飯食之需又當以
年月日爲斷鹽多不必增鹽少不能減此費之重
輕實應視銷鹽之暢滯而爲之伸縮以現在情形
而論應如何合計之處該甲商等並當確核議稟
又巡緝事宜八年復引案內係每觔提錢三文由
商人自行巡緝而通力合作案難允協但沿海私

銜引地之商有認數僅二三百引者提錢無多力難籌辦內地引多之商皆不能遵案通力合作遂致私鹽四處充銷內地既無藩籬受害更甚此時自應查照咸豐以前舊章將巡費錢文合計銀數於完課時按引隨完請領辦巡則巡務方有實濟該甲商等亦應會商各地引商籌議具禀並將設巡處所暨所需船隻勇丁各數分別摺報俟鹽一案該甲商許慶曾朱源茂上年辦理實屬不善原禀內外商措資十六萬千文而實數甚為有限且

浮費過多以致掣肘難辦旋又借給官項始得暫爲敷衍仍未能將收鹽辦巡事宜核實辦理本應予以斥革本司姑念該商等世業浙鹺且充當甲商有年是以仍責令承辦該兩商嗣後務須會同鮑存經瞻顧大局將收鹽辦巡兩端切實籌議妥辦務使巡嚴私淨弗負委任至浮費一節向來鹽務人皆知爲利藪不論何人一經涉手便思染指然現値微壞之時亦人所共知應毋奢念而所以仍蹈此習者恐該甲商等亦有以啓之也自此以

後該甲商等辦事時如能不侈奢糜而崇節儉不
謀一身之小利而顧衆地之大公卽無由希冀亦
無由指摘則費自可省而弊自可除兩浙鹽綱不
患不復本司實有厚望故不憚煩言該甲商等愼
之毋忽仍候移知綱鹽局並劄知松太常鎭督銷
局查照並候綱鹽局批示可也

兩浙鹽法續纂備考卷八終

浙江文叢

兩浙鹽法備考二種

〔第四册〕

〔清〕楊昌濬　廖壽豐　修

浙江古籍出版社

兩浙鹽法續纂備考卷九

竈地

兩浙三十二場分設浙東者十有八設浙西者十有四竈地皆濱海臨江沙塗草蕩潮汐衝擊坍漲靡常坍則由場報豁按畝除課漲則由場報陞題額起科轉輾詳咨題准核辦循定制也兵燹後僅據浙東數場之題請陞豁者彙成是卷如餘場繼有詳報陞豁應俟續輯纂竈地

同治六年浙江巡撫兼管鹽政臣馬新貽題爲竈地坍沒懇
恩豁免錢糧事該臣看得鹽場竈地濱臨江海坍漲靡常坍則豁免漲則陞科以漲補坍無虧額課今據浙江鹽運使高卿培詳稱案據代理錢清西興場大使錢汝安詳據舉人候選教諭徐艮弼候選光祿寺典簿徐墉職員湯誥監生徐以烜等禀稱竊甯園徐宗孟案稅地共計十甲除一二三甲課銀先於道光二十五年奉

旨豁除外其四甲至十甲共地一萬一百三十六畝五
分九釐六毫一忽額徵銀二百七十二兩八錢六
分四釐零是地自道光二十三年以來歴被江潮
衝激逐漸坍卸入海竈民流離失所又遭兵燹半
係人產俱亡具結公叩詳請豁免等情據此隨即
輕輿減從親詣該處逐叚履勘委係全坍入海盡
成澤國並無揑報情弊飭檢該團原陞案卷因場
署前被逆匪焚燬檔案無存無可稽核復詢據該
舉人徐艮𤟎等僉稱乾隆四十四年報陞甯圍徐

宗盂案存場中則稅地一萬四千四百十七畝三釐八毫七絲四忽每畝徵銀二分又加攤丁銀六釐四毫六絲八忽七微四纖六沙七渺一漠每兩隨徵滴珠銀一分車腳銀七釐共徵銀三百八十八兩八分八釐旋於道光二十二年生員盛墉等報坍甯圍一二三甲稅地四千二百八十畝四分四釐二毫七絲三忽請豁正攤丁課滴珠車腳等銀一百十五兩二錢二分四釐自道光二十二年

爲始欽奉

諭旨停其徵輸在案其四甲至十甲地畝歷年江潮衝
激又坍入海咸豐十一年間稟蒙勘詳旋因匪擾
未辦今檢呈抄存豁除甯圍三甲竈課部文並呈
戶畝清冊請即核詳等語查核畝分銀數及圖載
弓口均與所稟相符現甯圍竈地業經勘明實係
坍没無存竈戶流離失所自應豁除課銀以紓民
困查四甲至十甲共計地一萬一百三十六畝五
分九釐六毫一忽額徵竈課正課滴珠車脚共銀
二百七十二兩八錢六分四釐零應請以同治三

年爲始一并豁除俟有漲復仍給原業報陞該舉
人徐艮弼等又稱本圍一甲至十甲有乾隆三十
五年及道光二十二年報坍案內留糧不豁之下
則竈地六百二十六畝三分八釐每畝正攤丁課
滴珠車腳銀一分三釐五毫該徵銀八兩四錢五
分五釐因與民地毘連情願留糧輸納免致日後
混淆亦應准如所請照舊納糧以杜爭執合將勘
實竈地坍没繪圖詳請核辦前來經前署司任內
批飭紹興府會同甯紹分司督同縣場委員勘實

有無虛捏以憑核辦去後旋據署甯紹分司運副
桑樹勳詳稱遵卽移府委員會同縣場勘明造冊
具結繪圖詳辦去後茲據錢清場大使庚耀申送
前代理大使錢汝安任內會同署蕭山縣知縣戴
枚委員署紹興府經歷沈慕曾等會勘得該西興
場甯圍四甲至十甲共計竈地一萬一百三十六
畝五分九釐六毫一忽額徵竈課等銀二百七十
二兩二錢六分四釐零請以同治三年爲始一并
豁除又留糧不豁下則竈地六百二十六畝三分

八鰲據該紳董等僉稱因是地與民產毘連恐日後復漲民竈難分所有應徵銀八兩四錢五分五鰲竈戶情願輸納自應准其留糧以杜爭競等情取具該場暨縣委各員印結並業戶甘結及該分司加結一并轉詳到司當以該府加結未據並送又經劄飭會同該府勘明加結茲據申送到司該浙江鹽運使高鄉培查得該西興場詳據舉人候選教諭徐艮弼等稟稱甯圍徐宗孟案稅地四甲至十甲共坍沒中則竈地一萬一百三十六畝五

分九釐六毫一忽每畝徵銀二分又加攤丁銀六釐四毫六絲八忽七微四纖六沙七渺一漠共徵竈課正課銀二百六十八兩三錢二釐九毫八絲五忽一微六纖五沙二塵七埃三渺三漠每兩隨正滴珠銀一分應徵滴珠銀二兩六錢八分三釐二絲九忽八微五纖一沙六塵五埃二渺七漠車腳銀七釐應徵車腳銀一兩八錢七分八釐一毫二絲八微九纖六沙一塵五埃七渺九漠共徵正課滴珠車腳銀二百七十二兩八錢六分四釐一

毫三絲五忽九微一纖三沙八埃二渺九漠請於
同治三年爲始一并豁除該縣場委員會同勘明
屬實並無揑報委係全坍入海課無所徵造具簡
明戶畝清冊繪圖貼說會具印結由該管之紹興
府甯紹分司會銜加結詳送到司該司查核相符
應請准於同治三年爲始一并豁除以蘇竈困至
該場本團有留糧不豁之下則竈地六百二十六
畝三分八釐應徵正課滴珠車腳銀八兩四錢五
分五釐據該場詳轉據該紳董等稟稱因是地與

民產毘連恐日後復漲民竈難分該竈戶情願留
糧輸納自應准其照舊納糧以杜爭執造具司總
清冊及該縣場冊結暨府分司加結一并詳送察
核具題請豁至查凡報漲坍地畝詳題陞豁應行
票明由單科則所有該西興場由單因兵燹後板
毀無存前經詳請咨部檢發至今未到以致無從
並送合併聲明等情到臣據此臣覆核無異除將
冊結圖說分送部科查核外理合恭疏題請豁免
伏乞

勅部查照

同治八年戶部爲遵

旨議奏事山東司案呈戶科抄出前任浙江巡撫馬新

貽題西興場丈鈌地畝請豁課銀一案同治六年

十一月初三日題七年二月初七日奉

旨該部議奏欽此欽遵於本日科抄到部該臣等查得

前任浙江巡撫馬新貽疏稱據浙江鹽運使高卿

培詳稱案據代理錢清西興場大使錢汝安詳據

舉人候選教諭徐艮弼候選光祿寺典簿徐鏞職

員湯誥監生徐以烜等禀稱竊甯園徐宗孟案稅

地共計十甲除一二三甲課銀先於道光二十五
年奉
旨豁除外其四甲至十甲共地一萬一百三十六畝五
分九釐六毫一忽額徵銀二百七十二兩八錢六
分四釐零是地自道光二十三年以來歷被江潮
衝激逐漸坍卸入海竈民流離失所又遭兵燹半
係人產俱亡具結詳請豁免等情經前署司任內
批飭紹興府會同甯紹分司督同縣場委員勘明
屬實有無虛捏以憑核辦旋據署甯紹分司運副

桑樹勳詳稱遵即移府委員會同縣場勘明造册
具結繪圖詳辦茲據錢清場大使庚耀申送前代
理大使錢汝安任內會同署蕭山縣知縣戴枚委
員署紹興府經歷沈慕曾等會勘得該西興場甯
圍四甲至十甲共計竈地一萬一百三十六畝五
分九釐六毫一忽額徵竈課等銀二百七十二兩
八錢六分四釐零請以同治三年爲始一併豁除
又留糧不豁下則竈地六百二十六畝三分八釐
據該紳董等僉稱因是地與民產毘連恐日後復

漲民竈難分所有應徵銀八兩四錢五分五釐竈
戶情願輸納自應准其留糧以杜爭競等情取具
該場暨縣委各員印結並業戶甘結及該分司加
結一併轉詳到司當以該府加結未據並送又經
批飭會同該府勘明加結茲據申送到司該浙江
運使高卿培查得甯圍徐宗孟案税地四甲至十
甲共坍没中則竈地一萬一百三十六畝五分九
釐六毫一忽每畝徵銀二分又加攤丁銀六釐四
毫六絲八忽七微四纖六沙七渺一漠共應徵竈

課正課銀二百六十八兩三錢二釐九毫八絲五忽一微六纖五沙二塵七埃三渺三漠每兩隨正滴珠銀一分應徵滴珠銀二兩六錢八分三釐二絲九忽八微五纖一沙六塵五埃二渺七漠車腳銀七釐應徵車腳銀一兩八錢七分八釐一毫二絲八微九纖六沙一塵五埃六渺九漠共應徵正課滴珠車腳銀二百七十二兩八錢六分四釐一毫三絲五忽九微一纖三沙八埃二渺九漠該縣場委員會同勘明屬實並無揑報委係全坍入海

課無所徵造具簡明戶畝清册繪圖貼說會具稟
結由該管之紹興府甯紹分司會銜加結詳送到
司該司查核相符應請准於同治三年爲始一併
豁除以蘇竈困至該場本圍有留糧不豁之下則
竈地六百二十六畝三分八釐應徵正課滴珠車
腳銀八兩四錢五分五釐據該場詳轉據該紳董
等稟稱因是地與民產毘連恐日後復漲民竈難
分該竈戶情願留糧輸納自應准其照舊納糧以
杜爭競造具司總清册及該縣場册結暨府分司

加結一併詳送察核具題請豁等情臣覆核無異除將冊結圖說分送部科查核外理合恭疏題請豁免等因前來查兩浙沿海竈地坍漲靡常漲則報陞坍則豁課今據前撫臣馬新貽疏稱西興場甯圍徐宗孟案稅地四甲至十甲共坍没中則竈地一萬一百三十六畝五分九釐六毫一忽每畝徵銀二分又加攤丁銀六釐四毫六絲八忽七微四纖六沙七渺一漠共徵竈課正課銀二百六十八兩三錢二釐九毫八絲五忽一微六纖五沙二

塵七埃三渺三漠每兩隨正滴珠銀一分應徵滴
珠銀二兩六錢八分三釐二絲九釐八微五纖一
沙六塵五埃二渺七漠車脚銀七釐應徵車脚銀
一兩八錢七分八釐一毫二絲八微九纖六沙一
塵五埃六渺九漠共徵正課滴珠車脚銀二百七
十二兩八錢六分四釐一毫三絲五忽九微一纖
三沙八埃二渺九漠該縣場委員會同勘明屬實
並無揑報委係全坍入海課無所徵造具簡明戶
畝清冊繪圖貼說會具印結由該管之紹興府甯

紹分司會銜加結詳送到司該司查核相符應請

准於同治三年爲始一併豁除等語臣部核算應

徵各欵銀數相符惟查豁除課銀自應以接奉

諭旨之日爲始所有前項正課等銀二百七十二兩八

錢六分四釐零未便即自同治三年爲始即予停

徵應令該撫俟接奉

諭旨之日始准豁除仍於奏銷册内分晰報部查核至

所稱該場本圍有留糧不豁之下則竈地六百二

十六畝三分八釐應徵正課滴珠車脚銀八兩四

錢五分五釐據該紳董等稟稱情願留糧應卽准
如所請照舊納糧仍令於奏銷册內分晰造報等
因同治八年六月二十六日題本月二十八日奉
旨依議欽此

同治十一年浙江巡撫兼管鹽政臣楊昌濬題爲請陞同治五年分新漲竈地以裕課賦事該臣看得鹽場竈地濱臨江海坍漲靡常坍則請豁漲則陞科以漲補坍無虧額課今據浙江鹽運使靈杰詳稱案據大嵩場詳報南北二團竈戸王修爵周大利等報認四五二團接漲塗田三千六百十五畝一分四釐五毫一絲二忽遵照本場由單開載塗田則例每畝徵銀二分該陞正課銀七十二兩三錢二釐九毫三忽查鹽法志載該場灘塗草蕩

實係地磽難以獨辦丁課於通場各則蕩田蕩地
并新墾丈增倉基等地畝之上計弓按畝均攤但
各則田地已經按畝完稅今復攤丁俟清查漲墾
即予抵除等語核之該場由單所載相符并查該
場丁課除歷年報陞塗田蕩地抵減外單內尚攤
丁課銀五十七兩九分二釐一絲應於此次報陞
漲塗內抵除核計此次報陞塗田實該徵正課銀
十五兩二錢一分八毫九絲三忽外加每兩隨正
滴珠銀一分該徵滴珠銀一錢五分二釐一毫九

忽車腳銀七釐該陞車腳銀一錢六釐四毫七絲
六忽共應陞正課滴珠車腳銀十五兩四錢六分
九釐四毫七絲八忽又據穿山場詳報槎東團墾
戶王貽仁等報陞攤田七百一畝七分請照下則
老蕩起科每畝徵銀二分二釐該陞正課銀一十
五兩四錢三分七釐四毫外加每兩隨正滴珠銀
一分該陞滴珠銀一錢五分四釐三毫七絲四忽
車腳銀七釐該陞車腳銀一錢八釐六絲二忽共
應陞正課滴珠車腳銀十五兩六錢九分九釐八

毫三絲六忽又據石堰場詳報泗門竈職員謝端等並謝盈法及竈戶陶鶴峯等報陞粱上下倉廟山馮東道塘金中方西等竈利濟塘後下節添漲浮塗墾熟成地共計一千五百五十四畝六分四釐三毫四絲五忽遵照本場由單開載每畝徵銀一分五釐起科該陞正課銀二十三兩三錢一分九釐六毫五絲一忽七微五纖外加每兩隨正滴珠銀一分該陞滴珠銀二錢三分三釐一毫九絲六忽五微一纖車脚銀七釐該陞車脚銀一錢六

分三釐二毫三絲七忽五微六纖共應陞正課滴
珠車腳銀二十三兩七錢一分六釐八絲五忽八
微二纖又梁下倉廟山竈城隍塗新漲沙塗已墾
未陞竈地一千二百七十八畝八分八釐七毫五
絲遵照本場由單開載每畝徵銀一分五釐該徵
正課銀十九兩一錢八分三釐三毫一絲三忽外
加每兩隨正滴珠銀一分該陞滴珠銀一錢九分
一釐八毫三絲三忽車腳銀七釐該陞車腳銀一
錢三分四釐二毫八絲三忽共應陞正課滴珠車

腳銀十九兩九錢九釐四毫二絲九忽又據雙穗
場詳報天團一甲業戶生員王卓勤童生何崇祥
等認陞梅崗烟墩山下蕩地九十九畝九分四釐
一毫六絲六忽歸入一甲黃受益何進發瞿宗廟
三戶完糧遵照本場由單下下則例每畝徵銀三
分五釐六毫九絲五微六沙三塵六埃八渺七漠
起科該陞正課銀三兩五錢六分六釐九毫六絲
八忽四微五纖二沙七塵二埃八渺四漠外加每
兩隨正滴珠銀一分該陞滴珠銀三分五釐六毫

六絲九忽六微八纖四沙五塵二埃七渺三漠車
腳銀七釐該陞車腳銀二分四釐九毫六絲八忽
七微七纖九沙一塵六埃九渺一漠共應陞正課
滴珠車腳銀三兩六錢二分七釐六毫六忽九微
一纖六沙四塵二埃四渺八漠又地團二甲生員
戴燾承報認陞戴永威股下蕩地十八畝又八團
六甲業戶葉瑞輿認陞張葉吳股下蕩地二十畝
一分六釐六毫六絲七忽又八團六甲業戶葉德
臣認陞張葉吳股下蕩地十畝八釐三毫三絲四

忽共認陞蕩地四十八畝二分五釐一忽歸入二甲戴永威戶及六甲葉瑞興葉德臣等戶完糧遵照本場由單下下則例每畝徵銀三分五釐六毫九絲五微六沙三塵六埃八渺七漠起科該陞正課銀一兩七錢二分二釐六絲七忽二微八纖九沙一塵九埃四渺八漠外加每兩隨正滴珠銀一分該陞滴珠銀一分七釐二毫二絲六微七纖二沙八塵九埃一渺九漠車腳銀七釐該陞車腳銀一分二釐五絲四忽四微七纖一沙二埃四渺四

漠共應陞正課滴珠車脚銀一兩七錢五分一釐三毫四絲二忽四微三纖三沙一塵一埃一渺一漠又據長亭場詳報石柱團保浦塘竈戶陳乾五等報墾蕩塗二千四百二畝三釐四毫請以下則荒蕩例每畝徵銀七釐五毫起科該陞正課銀一十八兩一分五釐二毫五絲五忽外加每兩隨正滴珠銀一分該陞滴珠銀一錢八分一毫五絲二忽五微五纖車脚銀七釐該陞車脚銀一錢二分六釐一毫六忽七微八纖五沙共應陞正課滴珠

車腳銀十八兩三錢二分一釐五毫一絲四忽三微三纖五沙又據黃巖場詳報沙北倉竈戶陳先達等報陞三蕩下截四蕩五甲塗坦共二百四十五畝四分三釐九毫請照本場下則新荒蕩例每畝徵銀一分起科該陞正課銀二兩四錢五分四釐三毫九絲外加每兩隨正滴珠銀一分該陞滴珠銀二分四釐五毫四絲三忽車腳銀七釐該陞車腳銀一分七釐一毫八絲共應陞正課滴珠車腳銀二兩四錢九分六釐一毫一絲三忽又沙南

倉五蕩八九十等甲竈戶邱仙懷等報陞坦塗五
百七十畝二分請照本場下則新荒蕩例每畝徵
銀一分起科該陞正課銀五兩七錢二釐外加每
兩隨正滴珠銀一分該陞滴珠銀五分七釐二絲
車腳銀七釐該陞車腳銀三分九釐九毫一絲共
應陞正課滴珠車腳銀五兩七錢九分八釐九毫
三絲以上各場共九案報陞竈蕩田地一萬五百
十六畝二分四釐七絲四忽各徵科則不等除大
嵩場抵減本場攤課外共新陞竈課正課滴珠車

腳銀一百六兩三錢九分三毫三絲五忽五微四沙五塵三埃五渺九漠均請於同治五年爲始入額起科徵解由該場員會同坐落縣令勘丈明確並無以多報少冒陞爭佔以及關礙水利民田刮煎各情事造具鱗簡冊結呈由該管之知府分司轉詳到司取具大嵩石堰雙穗三場由單票明科則並聲明穿山長亭黄巖三場由單充復以後板燬無存案於同治四年間詳請咨部檢發至今未到所有各該場徵課仍照原定科則辦理造具司

總清册及府縣分司加結一併詳送察核具題請
陞等情到臣據此臣覆核無異除册結由單分送
部科查核外理合恭疏題陞伏乞
勅部核覆施行

同治十一年浙江巡撫兼管鹽政臣楊昌濬題爲
請陞同治七年分新漲竈地以裕課賦事該臣看
得鹽場竈地濱臨江海坍漲靡常坍則請豁漲則
陞科以漲補坍無虧額課今據浙江鹽運使靈杰
詳稱案據石堰場詳報梁下倉竈民周厚軒等報
陞墾熟地五千七十四畝五分九釐二毫遵照本
場由單開載每畝徵銀一分五釐起科該陞正課
銀七十六兩一錢一分八釐八毫八絲外加每兩
隨正滴珠銀一分該陞滴珠銀七錢六分一釐一

毫八絲八忽八微車脚銀七釐該陞車脚銀五錢三分二釐八毫三絲二忽一微五纖共應陞正課滴珠車脚銀七十七兩四錢一分二釐九毫九微五纖又梁下倉竈民符克儉等報陞墾熟地六百五十九畝一分二釐六毫四絲六忽遵照本場由單開載每畝徵銀一分五釐起科該陞正課銀九兩八錢八分六釐八毫九絲六忽九微外加每兩隨正徵收滴珠銀一分該陞滴珠銀九分八釐八毫六絲八忽九微七纖車脚銀七釐該陞車脚銀

六分九釐二毫八忽二微七纖共應陞正課滴珠
車脚銀十兩五分四釐九毫七絲四忽一微四纖
又粱上倉竈民于玉艮公祭等報陞墾熟地一千
五百二十八畝七分一釐八毫柏上倉竈民徐澄
等報陞墾熟地五百二十三畝四分七釐三毫共
報陞塗地二千五十二畝一分九釐一毫遵照本
場由單開載每畝徵銀一分五釐起科該陞正課
銀三十兩七錢八分二釐八毫六絲五忽外加每
兩隨正徵收滴珠銀一分該陞滴珠銀三錢七釐

八毫二絲八忽七微車脚銀七釐該陞車脚銀二錢一分五釐四毫八絲五忽六纖共應陞正課滴珠車脚銀三十一兩三錢六釐一毫七絲八忽七微六纖又勘得埋上倉竈民岑友于等報墾成熟地一千九百九十二畝四分三毫六絲八忽遵照本場由單開載每畝徵銀一分五釐起科該陞正課銀二十九兩八錢八分六釐五絲五忽二微外加每兩隨正徵收滴珠銀一分該陞滴珠銀二錢九分八釐八毫六絲五微五纖車脚銀七釐該陞

車腳銀二錢九釐二毫二忽三微九纖共應陞正
課滴珠車腳銀三十兩三錢九分四釐一毫一絲
八忽一微四纖又勘得埋下倉竈民陳志恒等報
墾成熟地一千五百九十五畝二分七毫遵照本
場由單開載每畝徵銀一分五釐起科該陞正課
銀二十三兩九錢二分八釐一毫五忽外加每兩
隨正徵收滴珠銀一分該陞滴珠銀二錢三分九
釐二毫八絲一忽五纖車腳銀七釐該陞車腳銀
一錢六分七釐四毫九絲六忽七微四纖共應陞

正課滴珠車脚銀二十四兩三錢三分四釐八毫
八絲二忽七微九纖又據雙穗場詳報地團生員
戴信瀾呈報認陞二甲戴孔懷股下蕩地一百十
四畝五分八釐三毫三絲三忽又地團蕩地潘得
魁等呈報認陞二甲潘公伯股下蕩地三十七畝
七分五釐共報陞蕩地一百五十二畝三分三釐
三毫三絲三忽遵照本場由單下下則例開載每
畝徵銀三分五釐六毫九絲五微六渺三塵六埃
八渺七漠起科該陞正課銀五兩四錢三分六釐

八毫五絲三忽六微八纖四沙五塵三埃三漠外
加每兩隨正徵收滴珠銀一分該陞滴珠銀五分
四釐三毫六絲八忽五微三纖六沙八塵四埃五
渺三漠車脚銀七釐該陞車脚銀三分八釐五絲
七忽九微七纖五沙七塵九埃一渺七漠共應陞
正課滴珠車脚銀五兩五錢二分九釐二毫八絲
一微九纖七沙一塵六埃七渺三漠又天團蕩戸
陳尊魯呈報認陞一甲梅頭陡門掌莊頭下蕩地
十畝七分九釐一毫六絲七忽又八團五甲蕩民

陳學渠呈報認陞陳大衆股下蕩地三十畝四分五釐八毫三絲三忽共認陞蕩地四十一畝二分五釐查照本場由單下下則例開載每畝徵銀三分五釐六毫九絲五微六沙三塵六埃八渺七漠起科該應陞正課銀一兩四錢七分二釐二毫三絲三忽三微八纖七沙七塵八渺九漠外加每兩隨正徵收滴珠銀一分該陞滴珠銀一分四釐七毫二絲二忽三微三纖三沙八塵七埃九渺一漠車腳銀七釐該陞車腳銀一分三毫五忽六微三

纖三沙七塵一埃四渺共應陞正課滴珠車脚銀一兩四錢九分七釐二毫六絲一忽三微五纖五沙三塵又八團蕩戸夏昌壽呈報四甲認陞夏嗣泉股下蕩地三十畝六分二釐五毫又據八團蕩民周金妹呈報認陞六甲周道敬股下蕩地十畝正又蕩戸生員秦錫蕃認陞十甲喬里浦口埠下蕩地十一畝五分三釐共報陞蕩地五十二畝一分五釐五毫查照本場由單下下則例開載每畝徵銀三分五釐六毫九絲五微六沙三塵六埃八

渺七漠起科該陞正課銀一兩八錢六分一釐四
毫三絲八忽三微五纖九沙六塵五埃九渺五漠
外加每兩隨正徵收滴珠銀一分該陞滴珠銀一
分八釐六毫一絲四忽三微八纖三沙五塵九埃
六渺六漠車脚銀七釐該陞車脚銀一分三釐三
絲六纖八沙五塵一埃七渺六漠共應陞正課滴
珠車脚銀一兩八錢九分三釐八絲二忽八微一
纖一沙七塵七埃三渺七漠又據玉泉場詳報浦
西團竈戶歐聖表呈報張時佑塘蕩田一百畝請

以中則每畝徵銀二分起科該陞正課銀二兩外
加每兩隨正徵收滴珠銀一分該陞滴珠銀二分
車腳銀七釐該陞車腳銀一分四釐共應陞正課
滴珠車腳銀二兩三分四釐又據長亭場詳報協
成等塘胡長對等認墾新陞蕩地六百十七畝五
分請以下則荒蕩例每畝徵銀七釐五毫起科該
陞正課銀四兩六錢三分一釐二毫五絲外加每
兩隨正徵收滴珠銀一分該陞滴珠銀四分六釐
三毫一絲二忽五微車腳銀七釐該陞車腳銀三

分二釐四毫一絲八忽七微五纖共應陞正課滴
珠車脚銀四兩七錢九釐九毫八絲一忽二微五
纖以上各場共十案報陞竈蕩田地一萬二千三
百三十六畝七分五釐八毫四絲七忽各徵科則
不等共新陞竈課正課滴珠車脚銀一百八十九
兩一錢六分六釐六毫六絲三微九纖四沙二塵
四埃一渺均請於同治七年爲始入額起科徵解
由該場員會同坐落縣令勘丈明確並無以多報
少冒陞爭佔以及關礙水利民田刮煎各情事造

具鱗簡冊結呈由該管之知府分司轉詳到司取
具石堰雙穗二場由單票明科則並聲明玉泉長
亭二縣由單克復以後板燬無存案於同治四年
間詳請咨部檢發至今未到所有各該場徵課仍
照原定科則辦理造具司總清冊及府縣分司加
結一併詳送察核具題請陞等情到臣據此臣覆
核無異除冊結由單分送部科查核外理合恭疏
題陞伏乞
勅部核覆施行

同治十一年浙江巡撫兼管鹽政臣楊昌濬題爲
請陞同治九年分新漲竈地以裕課賦事該臣看
得鹽場竈地濱臨江海坍漲靡常坍則請豁漲則
陞科以漲補坍無虧額課今據浙江鹽運使靈杰
詳稱案據石堰場詳報梁下倉方西五分等竈業
戶周大本祠等呈報新漲墾地共計四百六十五
畝九釐七毫五絲九忽又洋浦一分等竈業戶恬
庵公祭等附報新漲墾地四十七畝四分七釐三
毫六絲共報陞墾地五百十二畝五分七釐一毫

一絲九忽遵照本場由單每畝徵銀一分五釐起
科該陞竈課正課銀七兩六錢八分八釐五毫六
絲七忽九微外加每兩隨正滴珠銀一分應陞滴
珠銀七分六釐八毫八絲五忽六微七纖車脚銀
七釐應陞車脚銀五分三釐八毫一絲九忽九微
六纖共應陞正課滴珠車脚銀七兩八錢一分九
釐二毫七絲三忽五微三纖又埋下倉岳字等竈
業戶費允洽等呈報新漲墾地三千二百七十八
畝一分六釐七毫遵照本場由單每畝徵銀一分

五釐起科該陞竈課正課銀四十九兩一錢七分二釐五毫五忽外加每兩隨正滴珠銀一分應陞滴珠銀四錢九分一釐七毫二絲五忽五纖車脚銀七釐應陞車脚銀三錢四分四釐二毫七忽五微四纖共應陞竈課正課滴珠車脚銀五十兩八釐四毫三絲七忽五微九纖以上二案共報陞竈蕩田地三千七百九十畝七分三釐八毫一絲九忽各徵科則一分五釐共新陞竈課正課滴珠車脚銀五十七兩八錢二分七釐七毫一絲一忽一

徵二一纖均請於同治九年爲始入額起科徵解由
該場員並坐落縣令勘丈明確並無以多報少冒
陞爭佔以及關礙水利民田刮煎各情事造具鱗
簡册結呈由該管之知府分司核轉到司取具石
堰場由單票明科則並造司總清册及府縣分司
加結一併詳送察核具題請陞等情到臣據此臣
覆核無異除册結由單分送部科查核外理合恭
疏題陞伏乞
勅部核覆

同治十一年浙江巡撫兼管鹽政臣楊昌濬題爲
請陞同治四年分新漲竈地以裕課賦事該臣看
得鹽場竈地濱臨江海坍漲靡常坍則請豁漲則
陞科以漲補坍無虧額課今據浙江鹽運使靈杰
詳稱案據石堰場詳報竈戶謝瑩等報認粱下倉
陶家蔡魏方西等竈地利濟塘後下節天漲浮塗
統計墾熟成地七百一十畝九分七釐九毫四忽
遵照本場由單科則開載每畝徵銀一分五釐起
科該陞正課銀十兩六錢六分四釐六毫八絲五

忽六微外加每兩隨正滴珠銀一分該陞滴珠銀
一錢六釐六毫四絲六忽八微五纖六沙車腳銀
七釐該陞車腳銀七分四釐六毫五絲二忽七微
九纖四沙共應陞正課滴珠車腳銀十兩八錢四
分五釐九毫八絲五忽二微五纖又據雙穗場詳
報地團業戶陳東升認陞二甲陳茂記股下蕩地
八十四畝又人團業戶張鎮雄認陞四甲張子鳳
股下蕩田一十五畝又人團業戶葉瑞輿等認陞
六甲張葉吴股下蕩地四十五畝八分三釐三毫

三絲三忽共報陞新漲蕩地一百四十四畝八分
三釐三毫三絲三忽遵照本場由單開載每畝照
依下下則例徵銀三分五釐六毫九絲五微六沙
三塵六埃八渺七漠起科該陞正課銀五兩一錢
六分九釐一毫七絲四忽八微八纖六沙七塵六
埃四渺二漠外加每兩隨正滴珠銀一分該陞滴
珠銀五分一釐六毫九絲一忽七微四纖八沙八
塵六埃七渺六漠車腳銀七釐該陞車腳銀三分
六釐一毫八絲四忽二微二纖四沙二塵七渺四

漠共應陞正課滴珠車腳銀五兩二錢五分七釐
五絲八微五纖九沙八塵三埃九渺二漠以上二
場共報陞竈蕩田地八百五十五畝八分一釐二
毫三絲七忽各徵科則不等共新陞竈課正課滴
珠車腳銀十六兩一錢三釐三絲六忽一微九沙
八塵三埃九渺二漠均請於同治四年爲始入額
起科徵解由該場員會同坐落縣令勘丈明確並
無以多報少冒陞爭佔以及關礙水利民田刮煎
各情事造具鱗簡冊結呈由該管之知府分司轉

詳到司取具由單票明科則並造司總清冊及府縣分司加結一併詳送察核具題請陞等情到臣據此臣覆核無異除冊結由單分送部科查核外理合恭疏題陞伏乞

勅部核覆

同治十一年浙江巡撫兼管鹽政臣楊昌濬題爲
請陞同治八年分新漲竈地以裕課賦事該臣看
得鹽場竈地濱臨江海坍漲靡常坍則請豁漲則
陞科以漲補坍無虧額課今據浙江鹽運使靈杰
詳稱案據長亭場詳報合浦塘柱首胡積鈴等報
陞蕩塗九十九畝六分二釐五毫遵照下則荒蕩
例陞科每畝徵銀七釐五毫該陞正課銀七錢四
分七釐一毫八絲七忽五微外加每兩隨正滴珠
銀一分該陞滴珠銀七釐四毫七絲一忽八微七

纖五沙車腳銀七釐該陞車腳銀五釐二毫三絲
三微一纖二沙五塵共應陞正課滴珠車腳銀七
錢五分九釐八毫八絲九忽六微八纖七沙五塵
又保浦塘柱首陳錦雲等報陞蕩塗一百四畝五
分遵照下則荒蕩例陞科每畝徵銀七釐五毫該
陞正課銀七錢八分三釐七毫五絲外加每兩隨
正滴珠銀一分該陞滴珠銀七釐八毫三絲七忽
五微車腳銀七釐該陞車腳銀五釐四毫八絲六
忽二微五纖共應陞正課滴珠車腳銀七錢九分

七釐七絲三忽七微五纖又據黃嚴場詳報赤山
倉墾戶徐迪光等認陞四蕩自九甲中起至十甲
小十甲止內塗坦八百一畝三分三釐六毫七絲
查照下則新荒蕩例每畝徵銀一分應徵正課銀
八兩一分三釐三毫六絲七忽外加每兩隨正滴
珠銀一分該陞滴珠銀八分一毫三絲四忽車腳
銀七釐該陞車腳銀五分六釐九絲三忽共應陞
正課滴珠車腳銀八兩一錢四分九釐五毫九絲
四忽又赤山倉墾戶丁世城等認陞四蕩自九甲

中起至十甲小十甲止內塗坦一百二十畝七釐三毫九絲查照下則新荒蕩例每畝徵銀一分該陞正課銀一兩二錢七毫三絲九忽外加每兩隨正滴珠銀一分該陞滴珠銀一分二釐七忽車腳銀七釐該陞車腳銀八釐四毫共應陞正課滴珠車腳銀一兩二錢二分一釐一毫四絲六忽以上各場共四案報陞竈蕩田地一千一百二十五畝五分三釐五毫六絲各徵科則不等共新陞竈課正課滴珠車腳銀十兩九錢二分七釐七毫三忽

四徵三纖七沙五塵均請於同治八年為始入額
起科徵解由該場員並坐落縣令勘丈明確並無
以多報少冒陞爭佔以及關礙水利民田刮煎各
情事造具鱗簡冊結呈由該管之知府分司核轉
到司並聲明長亭黃嚴二場由單克復以後板燬
無存案於同治四年間詳請咨部檢發至今未到
所有徵課仍照原定科則辦理造具司總清冊及
府縣分司加結一併詳送察核具題請陞等情到
臣據此臣覆核無異除冊結分送部科查核外理

合恭疏題陞伏乞

勅部核覆

兩浙各場額徵並坍豁陞科銀數

仁和場

額徵正課滴珠銀二千四百七十一兩七錢三

釐

大嵩場

額徵正課滴珠銀一千一百一十七兩三錢三

分八釐於同治五年分報陞南北兩團竈課正

課滴珠車腳銀十五兩四錢六分九釐四毫七

絲八忽

清泉場

額徵正課滴珠銀二千三十六兩三錢五分六

釐

鳴鶴場

額徵正課滴珠銀三千一百二兩九錢二分

龍頭場

額徵正課滴珠銀一千二百一十四兩四錢七

分九釐

穿山長山場

額徵正課滴珠銀一千六百三十五兩八錢五分八釐於同治五年分穿山場報陞槎東團竈課正課滴珠車脚銀十五兩六錢九分九釐八毫三絲六忽

玉泉場

額徵正課滴珠銀五百二十九兩二錢六分七釐於同治七年分報陞浦西團竈課正課滴珠車脚銀二兩三分四釐

西興錢清場

額徵正課滴珠銀四千五百一兩二分四釐內
除同治八年爲始奉部覆准西興場被潮坍豁
銀二百七十二兩八錢六分四釐一毫三絲五
忽九微一纖三沙八埃二渺九漠
三江場
額徵正課滴珠銀三百八十一兩七錢六分四
釐
東江場
額徵正課滴珠銀四百六十五兩六錢三分二

釐
曹娥場
額徵正課滴珠銀七百七十兩七分一釐
石堰場
額徵正課滴珠銀六千八十六兩九錢八分八
釐於同治四年分報陞梁下倉竈課正課滴珠
車脚銀十兩八錢四分五釐九毫八絲五忽二
徵五織又於同治五年分報陞梁上下倉竈課
正課滴珠車脚銀二十三兩七錢一分六釐八

絲五忽八微二纖又報陞粱下倉竈課正課滴
珠車脚銀十九兩五錢九釐四毫二絲九忽同
治七年分報陞粱下倉竈課正課滴珠車脚銀
七十七兩四錢一分二釐九毫九微五纖又粱
下倉報陞竈課正課滴珠車脚銀十兩五分四
釐九毫七絲四忽一微四纖又粱上柏上等倉
新陞竈課正課滴珠車脚銀三十一兩三錢六
釐一毫七絲八忽七微六纖又埋上倉報陞竈
課正課滴珠車脚銀三十兩三錢九分四釐一

毫一絲八忽一微四纖又埋下倉報陞竈課正
課滴珠車脚銀二十四兩三錢三分四釐八毫
八絲二忽七微九纖同治九年分報陞粱下倉
等竈課正課滴珠車脚銀七兩八錢一分九釐
二毫七絲三忽五微三纖又埋下倉岳字等竈
課正課滴珠車脚銀五十兩八釐四毫三絲七
忽五微九纖

金山場

額徵正課滴珠銀八百六兩八錢四分六釐

永嘉場

額徵正課滴珠銀七百五十九兩一錢九分三

釐

長林場

額徵正課滴珠銀二百七十八兩六錢一分四

釐

雙穗場

額徵正課滴珠銀二千一百三十八兩八分於

同治四年分報陞地八等園竈課正課滴珠車

脚銀五兩二錢五分七釐五絲八微五纖九沙
八塵三埃九渺二漠同治五年分報陞天團竈
課正課滴珠車脚銀三兩六錢二分七釐六毫
六忽九微一纖六沙四塵二埃四渺八漠又報
陞地八等團竈課正課滴珠車脚銀一兩七錢
五分一釐三毫四絲二忽四微三纖三沙一塵
一埃一渺一漠七年分報陞地團竈課正課滴
珠車脚銀五兩五錢二分九釐二毫八絲一微
九纖七沙一塵六埃七渺三漠又報陞天八等

團竈課正課滴珠車脚銀一兩四錢九分七釐
二毫六絲一忽三微五纖五沙三塵又報陞八
團等竈課正課滴珠車脚銀一兩八錢九分三
釐八絲二忽八微一纖一沙七塵七埃三渺七
漠
蒲門巡檢
額徵南監場正課滴珠銀一百十七兩九錢一
分九釐
長亭場

額徵正課滴珠銀六百十一兩四錢七分七釐
於同治五年分報陞石柱團竈課正課滴珠銀
腳銀十八兩三錢二分一釐五毫一絲四忽三
微四纖五沙同治七年分報陞協成等塘竈課
正課滴珠車腳銀四兩七錢九釐九毫八絲一
忽二微五纖同治八年分報陞合浦塘竈課正
課滴珠車腳銀七錢伍分九釐八毫八絲九忽
六微八纖七沙五塵又報陞保浦塘竈課正課
滴珠車腳銀七錢九分七釐七絲三忽七微五

纖

黃巖場

額徵正課滴珠銀三千三百一兩九錢伍分三釐於同治五年分報陞沙北倉竈課正課滴珠車腳銀二兩四錢九分六釐一毫一絲三忽又報陞沙南倉竈課正課滴珠車腳銀五兩七錢九分八釐九毫三絲同治八年分赤山倉報陞竈課正課滴珠車腳銀八兩一錢四分九釐五毫玖絲四忽又報陞赤山倉竈課正課滴珠車

脚銀一兩二錢二分一釐一毫四絲六忽

杜瀆場

額徵正課滴珠銀一千六百六十五兩八錢五分七釐

黃灣場

額徵正課滴珠銀八十二兩一錢三分

鮑郎場

額徵正課滴珠銀五百五十二兩二錢七分六釐

海沙場

額徵正課滴珠銀二千二百五十兩一錢六分

蘆瀝場

額徵正課滴珠銀四千七百二十兩九分七釐

袁浦場

額徵正課滴珠銀一千六百七十兩四錢九分

八釐

青村場

額徵正課滴珠銀六千五百六十四兩二錢三

分六釐

橫浦場

額徵正課滴珠銀二千九百六十五兩二錢二

分九釐

浦東場

額徵正課滴珠銀五千四百四十八兩四錢六

分二釐

下砂頭場

額徵正課滴珠銀八千一百一十五兩四錢四

分七釐

下砂二三場

額徵正課滴珠銀七千五百二十兩五錢三釐

兩浙各州廳縣額徵水鄉鹽課銀數

仁和縣

額徵水鄉滴珠車脚銀三兩七錢九分八釐

海甯州

額徵水鄉滴珠車脚銀一千四百二十兩三錢四分九釐

嘉興縣

額徵水鄉滴珠車脚銀九百十三兩三錢四分四釐

秀水縣

額徵水鄉滴珠車腳銀三百四一三兩五錢七

分九釐

嘉善縣

額徵水鄉滴珠車腳銀二百五十四兩二錢七

分九釐

海鹽縣

額徵水鄉滴珠車腳銀四千一百六兩四錢七

分四釐

石門縣
額徵水鄉滴珠車脚銀一百二十兩四錢七分
五釐
平湖縣
額徵水鄉滴珠車脚銀六千一百二十九兩六
錢六分三釐
桐鄉縣
額徵水鄉滴珠車脚銀九十六兩二錢二分三
釐

歸安縣
額徵水鄉滴珠車腳銀二兩一錢一分七釐
鄞　縣
額徵水鄉滴珠車腳銀六百九十一兩四錢五
分七釐
慈谿縣
額徵水鄉滴珠車腳銀一千八十二兩六錢九
分六釐
鎮海縣

額徵水鄉滴珠車脚銀三百九十四兩三錢

定海廳

額徵水鄉滴珠車脚銀一千四百七十八兩一錢七分七釐

山陰縣

額徵水鄉滴珠車脚銀一千六百三兩八錢八分七釐

會稽縣

額徵水鄉滴珠車脚銀三百九十六兩八分二

釐
蕭山縣
額徵水鄉滴珠車脚銀三千六百八十一兩五錢六分六釐
餘姚縣
額徵水鄉滴珠車脚銀四百十四兩六錢五分七釐
上虞縣
額徵水鄉滴珠車脚銀四十三兩七錢一分二

釐

嵊縣

額徵水鄉滴珠車脚銀三兩五分一釐

永嘉縣

額徵水鄉滴珠車脚銀一千二百八十二兩六錢七分一釐

樂清縣

額徵水鄉滴珠車脚銀四百四十三兩七錢九釐

瑞安縣

額徵水鄉滴珠車脚銀一百五十七兩八錢八分三釐

平陽縣

額徵水鄉滴珠車脚銀三百二十九兩九錢二分

黃巖縣

額徵水鄉滴珠車脚銀五百五十二兩九錢八分六釐

太平縣
額徵水鄉滴珠車脚銀二百二兩九錢五分四
釐
長洲縣
額徵水鄉滴珠車脚銀六兩九錢三釐
吴江縣
額徵水鄉滴珠車脚銀二兩五錢二分
震澤縣
額徵水鄉滴珠車脚銀二兩五錢二分

鎮洋縣

額徵水鄉滴珠車脚銀五兩八分五釐

崇明縣

額徵水鄉滴珠車脚銀三千五百五十七兩三

分三釐

海門廳

額徵水鄉滴珠車脚銀三百四十四兩四錢四

釐

華亭縣

額徵水鄉滴珠車脚銀一千二百四十九兩一
錢八釐
奉賢縣
額徵水鄉滴珠車脚銀一千四百七十六兩六
錢五分一釐
婁縣
額徵水鄉滴珠車脚銀一千九十四兩三錢二
分一釐
金山縣

額徵水鄉滴珠車脚銀一千九十四兩三錢二
分一釐

川沙廳
額徵水鄉滴珠車脚銀三百二十兩九分五釐

上海縣
額徵水鄉滴珠車脚銀二千七百七兩一分五
釐

南滙縣
額徵水鄉滴珠車脚銀二千三十一兩四釐

青浦縣

額徵水鄉滴珠車脚銀一千七百三十七兩一錢三分六釐

兩浙鹽法續纂備考卷九終

兩浙鹽法續纂備考卷十

條案一

兩浙江南引地東連安徽之徽州一府江西之廣信一府西至安徽之廣德一州建平一縣袤延四省直接兩淮俗厚風醕商通課裕自咸豐庚申以後東南多故時局爲之一變歲癸亥勁旅東下由徽入浙直達江南全地規復因籌議省外分設各局爲商人督率於收課抽釐之後由票整綱復引復地安竈業嚴巡務戢梟撫商興利除弊而鹺綱

漸振矣纂條案

同治二年浙江通省牙釐總局司道爲酌議變通章程疏銷助餉詳請示遵事竊照浙鹽引地開設醬園均有行銷官鹽之責向由本商憑同保商出結陳明缸數認銷鹽引由運司衙門核明詳請鹽院批准給發烙牌開張迨經兵燹之後醬園既多殘燬烙牌亦多遺失以致停業待牌無處呈請茲浙地漸次肅清民思復業擬請署爲變通以順商情藉資助餉援照牙行請帖成案改給執照仍分別繁盛偏僻按缸酌定捐數由局刊印空白執照

呈請蓋用鹽院關防預發甯紹總局暨本局收存
凡開設醬園者令其各就地方官鹽府局呈遞保
結繳淸捐銀詳解通省暨甯紹總局驗明文結兌
收捐項填給印照隨詳批發執業開張該商就近
於通省及甯紹總局捐請悉聽其便如有前領烙
牌繳驗補請執照確切查明實係原人原地及嫡
嗣者准其減半交納以示體恤當即督飭局員酌
擬變通給照新章六條繕具淸摺並同照式一併
備文詳送仰祈俯賜察核批示以便刊頒移行一

體遵照辦理奉鹽院批據詳已悉各處銷鹽以醬園爲一大宗自應按缸令商人捐請執照庶每年行銷有定額可稽不致買私漏引所陳各條尚屬可行除飭知甯紹總局溫處道外仰即分飭各府局一律遵辦可也

章程

一開設醬園向給烙牌應變通給照也各屬銷引地方開設醬園均有行銷官鹽之責是以定章憑同保商出具保結陳明缸數認銷官引由運

司衙門核准造册詳請鹽院給發烙牌方准開
張年終仍由委員輪流抽查以杜私增釭隻漏
銷引鹽之弊迨經兵燹以後醬園殘燬過半烙
牌諸多遺失間有開設者非移地另開卽人店
互易其原人原地原店者甚屬寥寥兹浙地漸
次肅清民思復業無烙牌之可據商情踴躍宜
變通以相成擬請飭知應銷浙江官鹽引地凡
報充開設醬園之商令其邀憑保商出具保給
呈請執照分別塡註有無原請烙牌一律給照

開張其執照由局刊刷空白詳請蓋用鹽院關防頒發下局隨時塡給以昭慎重而專信守

一行銷官鹽仍照舊章定數派令承銷也現在整頓鹽務清理課捐之際是以改引爲票以疏商源而濟軍餉查醬園行銷鹽觔本有定數每正缸一口每年應銷鹽五百七十觔不得銷有短絀以重鹺政乃以日久混淆缸多銷少夾私漏引之積習日甚一日而實力奉公之商亦復不少茲已改行票鹽如金衢嚴嶽廣各屬引地均

委專員設立府局並招商捐請牙帖開設鹽行督售便商查核銷數嗣後請領執照之新開醬園務須赴局報明缸數指定售銷何行商鹽計缸核銷以杜短絀而免影射

一請領執照分别捐輸藉充軍餉也訪查向來請領烙牌輾轉呈領不特稽延時日而且耗費孔多現在商民急公向上無不爭先恐後自應俯順商情從其所請以資貿易惟現值需餉浩繁之際自應酌量捐輸以裕餉項凡請執照開設

醬園者擬照牙帖成案分別繁盛偏僻其繁盛之區每缸捐銀五兩偏僻之區每缸捐銀四兩如缸數在百口以上者按照捐數酌減二成收捐仍以一正缸兩副缸爲則按正缸計數收捐繳淸捐項塡給執照開張一面行知地方官頒發告示補詳缸數以備稽查如原請烙牌尙在并實係原人原地原店者酌減五成收捐以示體恤而昭區別

一頒給商人執照迅速就地塡發也自賊擾以來

來居民類多遷徙旋經督帥多方籌勸商民賴以乂安惟醬園一項以烙爲重現各商民亟欲復振舊業紛紛來局查詢可見該商等志切奉公情殷貿易未便稍事因循致有遲滯擬請就近或赴通省總局並甯紹總局呈請或由各府局轉詳填給悉聽商便所有空白印照請分頒通省總局及甯紹總局收存凡各府局請領者甯屬歸甯波總局紹屬歸紹興總局金衢嚴嶽廣歸通省總局仍須查實繁盛偏僻釘數繳清

捐項方能塡發印照以重欵項而昭核實

一醬園請領執照宜分別邀憑保商以重銷額也

現因運司衙門文卷無存商賈立待復業未便

久羈是以暫改給發執照先行開張以期便商

裕餉而濟民食凡有新開醬園之商應憑保商

請領執照其保商自應責成請帖之鹽行以重

銷數惟該鹽行不得勒捐留難阻滯捐務總宜

切實具保亦不得率意含混致礙疏銷並受波

累各地方官尤宜曲加體恤妥爲照料倘有刁

劣棍徒無引廢商因此藉端詐擾阻撓捐輸立
即從嚴懲辦勿稍縱寬以安商業而廣軍儲
一商人呈請執照宜嚴禁捐捺需索也商民既已
輸誠報効必須辦理迅速事無阻滯尤應嚴禁
需索以恤商情如有書役人等故意捐捺留難
並於查缸轉詳填照等事藉詞招搖從中需索
絲毫使費者許該商指稟或别經告發或被查
出從嚴究懲决不寬貸其濫處合等並請飭知
仿照議辦以裕軍餉而歸畫一

同治二年會辦局務甯紹台道總辦紹興府鹽茶
蠶稅府局候補道章爲案奉憲劄以浙省餉源在
甯紹兩府鹽茶絲棉及內地土產外洋貨物獲利
較饒自應籌抽畜捐以佐軍餉該道到任已久熟
悉情形江西候補道胡光墉於浙江貿易情形最
爲熟練所有應設局卡地方及正收款目飭即會
同酌議章程核示等因奉此遵查浙江鹽務通年
以承私鹽偏地官引滯銷疲壞情形日甚一日現
在浙東雖已肅清元氣已虧竈戶因竈舍被燬無

從煎鹽商人則家產蕩然無力捆運困苦情形不
言而喻職道等前奉劄委督辦嚴紹鹽茶釐稅遵
即擬具章程稟送茲復細心商酌並查紹屬六場
向有季鹽沙鹽住鹽肩鹽四項惟季鹽銷數最多
銷地最廣是以原定課銀較重其行銷金衢嚴及
廣信徽州各地必由富陽經過該處尚爲賊踞商
人恇怯在所不免現議設法行運先須體恤商情
果能暢行無阻運銷獲利抽收釐金自必樂從職
道等於前稟各條曾已議及茲復囑胡道光墉擬

具章程覆加核議意見相同會同稟祈察示遵行惟
鹽務情形各場各地不同或有未盡事宜及須酌
改之處容再會商隨時稟辦其金衢嚴及廣信徽
州等處設立官鹽分局責任較重似須遴選正派
幹練之員駐局經理容再公同商酌指名稟請專
劄委辦至茶觔一項以紹興一屬而論平水最多
現於郡城設立總局抽收釐捐尚有台州及新昌
嵊縣之茶可以逕赴甯波出口雖爲數無多自應
一體抽收百官鎮係必由要道已於該處設立茶

捐分局就近收捐至絲觔一項湖州最多嘉興次之紹興又次之且育蠶種桑之家每於秋冬之交灌溉培土來春發芽葉肥而嫩自被賊擾以後桑株削伐過半存者亦失於培植加以本年二三月間陰雨連綿天氣寒冷頭蠶收成僅有三分二蠶三蠶收成難必察看紹絲今年爲數無多查絲茶兩項因其行銷外洋故從前抽收稅捐較重約計成本皆在一成以外此時似難再加惟係洋人必需之貨售路旣廣抽捐稍增則於餉項有禆職道

等再三商酌擬照前收稅捐各欵之外絲則每包加捐錢三千文茶則每引加捐錢一千文以濟軍餉合將鹽茶絲各項所議章程及抽收稅捐銀錢分開凊摺三扣肅泐稟呈仰祈察核批示秪遵實為公便

同治二年紹興府鹽局奉鹽院批本局稟會議辦理甯紹鹽茶絲章程及抽收稅捐銀錢開摺請示由奉批據稟已悉所擬季鹽代引印單及行運章程十四條並續議章程五條均屬妥善仰卽照式刊刻實力奉行肩鹽執照准卽由該局刊發

章程

一向章紹鹽均有認商引名現當兵燹之後或有商無引或有引無力固當變通改票招商行運惟鹽引向由部發現雖改票究宜由鹽院蓋用

印信須發總局以昭愼重俟運商赴局請領由總局塡註引數及運銷府局加蓋關防給發擬以五十引起票若定限太多恐商人力量不及定限再少未免太覺零星

一向章商人赴場捆鹽以引爲憑現旣改行局票須於商人領票時由紹郡總局先將請領引數日期劄知場員及認銷府局並知照掣鹽官該場員核明局票照數捆給卽將商人所執局票截角留場由場換給局發聯單以憑起運俟掣

凡運往金衢嚴及嶽州廣信者均由蕭山縣所前經過歷來運司分司掣鹽均在此處滙總但年例僅掣四次刻下改票總以便商暢銷爲主擬於所前設立掣驗局稟請鹽院派委鹽務廉幹之員常住局中隨到隨掣製數相符將聯單易予護照行運免致稽延如行運嶽州者卽劄知威平卡行運衢州廣信者卽劄知西安卡以便抽取護商經費並移知省局以備稽查

一向章運鹽先完課銀故例須殷實之商方准承

認現值匪擾之後情形拮据大率相同若措備
鹽本外又須釐課兩淸恐有力量不及轉多觀
望擬令商人於總局領票時先繳課銀釐金一
半其餘一半釐課俟到地銷畢後由府局扣收
按月批解總局彙收迨收有成數卽令分批起
解如有殷商於赴總局領票時願將釐課及護
商經費先行全繳者應聽其便全繳後卽由總
局於代引票及聯單內註明另蓋小戳於後至
認銷府分但驗明引數不得再抽釐課

一向章商人運鹽到地各府均有總鹽公堂以爲寄儲之所即由公堂定價輪銷現在既無認商此舉無人承辦兼以金衢嚴及嶶廣等府均遭蹂躪覓屋維艱該商人地生疏無從寄頓擬請於金衢嚴及嶶廣等府各設鹽局總須貼近水口之地凡商鹽到府起存府局由府局定價挨次輪銷其有商人不願起存府局者稟局查明後願交鹽行發賣應聽其便

一向章季鹽每引三百三十五觔後奏明以三百

五十五觔爲一引外加滷耗耗鹽不敷致有重
觔之弊現在創始改票總宜於商有利庶能旺
銷旺捐故耗鹽似宜從寬凡運金衢嚴者水路
既遠又需時日其中偷蝕勢所不免擬每引准
加耗鹽二十觔運嚴州廣信者由水路至陸路
改大包爲小包路程更遠折耗愈多擬每引准
加耗鹽四十觔均以三百三十五觔報納鹺課
倘正耗之外掣有重觔將鹽全數作罰以六成
充公四成充賞該場員分別記過撤參

一向章紹所均是官鹽與私鹽盛行之地有別其私鹽盛行之地本無鹽課可收因抽其釐金化私爲官紹所既係官鹽例有課銀可收若僅收釐金竟將鹽課名目停止既乖體制將來承平之日更正轉形不便但金衢嚴及徽廣各府課銀例定多寡不同現擬課銀少者釐金加重課銀重者釐金從減總約計每鹽一觔收釐課錢十二文

一鹽船出港應於富陽窄溪嚴州三口設關盤查

現已設立釐卡應卽責成釐卡委員稽查不必多耗經費另設鹽卡

一向章住鹽出紹屬之金山一場運銷新昌嵊縣上虞三邑但向由曹娥蒿壩就近行走故歷來均在曹娥地方過秤現雖改票應仍舊辦理在於該處設局委員監掣仍以四百觔爲一引但金山場竈距新嵊上地頭不遠易於私販釐課似宜稍減約計每鹽一觔酌收錢八文責令於赴局領票時全數完納清楚以免周折

一向章紹屬肩販鹽觔出於東江錢清曹娥金山石堰五場行銷山陰會稽蕭山餘姚上虞五縣以八百觔爲一引每日定銷百觔限以八日挑銷逾限卽以私論向給籌牌爲憑自遭賊擾以後人多遷徙死亡籌牌遺失不全現已飭場招募舊時籌牌一概勿用仍由場造具肩販花名冊呈送總局由局另換葫蘆式樣腰牌塡明年貌籍貫蓋用烙印爲記發場轉給以別眞僞並傳齊向燒肩鹽各竈戶令其每出鹽一觔繳捐

錢四文查竈戶煎鹽一日計四千觔應令繳捐錢十六千文一面飭知各場員將竈戶煎鹽盤數按旬申報捐欵仍由竈戶自解總局庶得有總滙免致散漫無稽

一向章諸暨義烏浦江三縣銷鹽甚廣但諸暨毘連山會紹城肩販成羣結隊私運前去者不計其數現在畋行票鹽不先將運往諸義浦三邑之私販設法禁止紹鹽釐課難期起色查山會諸暨交界之破塘婁公漓渚阮江四鄉鎮皆山

會肩販運私入諸暨要路過此無可稽察且各
肩戸每藉口以爲山會地頭分所應販流弊叢
生擬於前四鄉鎭各立鹽卡凡肩鹽過卡責令
每觔完釐金錢八文連前抽四文共計十二文
與季鹽所抽之數相符以杜其越界侵銷之弊
則諸義浦三邑票鹽自然日有起色矣
一向章掣鹽均須官秤現擬定較準庫平十六兩
大秤十七桿每桿以四百五十觔爲率總局曹
娥局掣鹽局各存一桿金衢嚴徽廣五府各存

一桿窄溪嚴州二卡各存一桿其餘六桿須分紹屬六場不得畸輕畸重以昭平允

一向章商人運鹽到地應將所執程單由該處地方官截角繳銷現在沿途既改用護照商鹽到府查驗鹽照相符俟銷畢後卽將護照送鹽局截角存留按月彙繳至商人所領局照於捆鹽時已由場員換給聯單其扣留在場之照卽應由場截角按月申繳

一向章商人完課例應隨納耗銀今改行票鹽抽

收釐金并收正課此外雜費一概革除現擬收
課銀一兩帶收耗銀一錢以五分隨正批解作
爲上下鹽務各衙門書識辛工紙張飯食辦公
之用以五分留作各處局用核實造報如有盈
餘儘數批解
一由局刊刻運鹽執照季鹽每引收照費錢八十
文住鹽每引收照費錢四十文肩鹽每引收照
費錢八文收有若干按月具報批解
一季鹽釐課每觔抽收十二文外其運往嶶廣金

衢嚴等府沿途須派礮船梭巡以護商旅應於
正鹺課外每觔再抽護商經費錢五文運往徽
州者由經過之湻安縣威坪鹺卡驗收運往衢
州廣信者由經過之衢州西安鹺卡抽收運往
金華嚴州兩府者免抽以示體恤
一請飭總局行知各府縣選擇殷實之商承充鹽
行令其請帖開張承銷官鹽由行轉售各鹽鋪
悉聽其便惟各處鹽鋪須由官鹽行報明府局
請給總局諭單方准開設分銷官鹽仍由府局

委員察看鎮市大小分上中下三等上則捐錢七十千文中則五十千文下則三十千文此外不得絲毫需索

一紹所住鹽僅銷新嵊上虞等縣在曹娥地方過掣情形與季鹽本不相同倘有認商承認秖須釐課有着應請責成認商以免周折其原定每觔釐課錢八文不給滷耗現擬責成認商將釐課完納原定耗錢卽予免抽肩鹽數目零星應按照每年額數責成竈戶收捐以免遺漏

一諸暨義烏浦江三縣貼近紹所雖歸金紹統轄向係另立諸義浦地頭名目現若責令赴金華府局折賣鹽觔勢必避遠就近非販買私鹽卽溷入肩住以圖取巧但該處銷數最廣應請另立金華府分局凡商人願赴該處銷售者仍由總局給與買單註明投赴金華分局銷售字樣方爲妥善且該處本須設卡一舉兩便

一現行章程各府縣分開官鹽牙行領銷官鹽此次酌行票鹽而各府縣因兵燹之餘間有未能

一律請帖開設者今擬由省局飭催各府縣令
其趕緊勸諭本地殷實之戶捐領牙帖開設鹽
行如有實在瘠疲之區一時無力領帖者暫由
該管府局於該縣地方仍照官鹽行例設立鹽
局分銷票鹽以便民食俟本地有人開設鹽行
即行裁撤

同治三年兩浙鹽院劄捐輸牙釐總局知悉據兼署運司具詳杭嘉議改票運先經署司酌議章程詳奉本部院批准刊刻成本通行遵照在案查杭所引地向與嘉松紹三所配掣現議杭所票課每引二兩四錢與嘉松各所尚不甚懸殊惟紹局每觔收正耗十三文二毫商人趨利若騖勢必全運杭所票鹽赴紹之金衢嚴巖廣等處行銷於鹺務不無窒礙現雖向無其事不能不預爲籌慮謹擬章程十六條除紹所分地定數一條之外其餘與

原刊章程大致畧同詳候鹽核示遵等情到本部院據此除批據詳各條尚爲妥協仰卽照此次所擬章程辦理並候咨明江蘇撫部院暨飭捐輸牙釐總局查照外合亟抄摺劄知該局卽便查照毋違

章程

一杭所鹽課擬請各就各地分別完納以昭公允也查杭所鹽觔引地最廣與嘉松紹三所相間配銷惟各地鹽價高下不等自應分別完課以

杜取巧之漸今擬行銷杭湖以及蘇常鎮廣建各府州者每引抽收正雜課銀二兩四錢以現在銀價約計與嘉松現議改票章程每觔抽收課釐正耗錢八文八毫數尚不相上下其行銷金衢嚴徽廣各府者仍照紹所票運章程每觔抽收課釐正耗錢十三文二毫如此分地定數變通扣收則商人配鹽運銷不致畸重畸輕事既一律可免藉口

一鹽引觔數擬請循照各所定數分別酌定以歸

一律也查各所鹽觔多寡不一浙西各所向章每引三百七十五觔今擬運銷杭湖以及蘇常鎮廣建各府州者觔數仍循其舊並與嘉所鹽引觔數相同其運往金衢嚴徽廣各府者請照紹所之式每引捆配三百五十五觔庶各府局按觔計算事歸一律便於稽核不致錯誤

一酌加耗鹽宜分路之遠近以定多寡也紹所昄票行運嘉松兩所現亦試辦因念兵燹之後商力維艱滷耗虧折在所難免均於每引正鹽之

外酌加耗鹽以示體恤杭所事同一律擬請運往杭湖蘇郡各府州縣關內各地每引准加耗鹽二十五觔常鎮關外以及廣建各地路途較遠每引准加耗鹽四十五觔運往上游金衢嚴者援照紹所之式每引准加耗鹽二十觔運往徽廣者每引准加耗鹽四十觔以示區別

商人請票捆運應令其先課後鹽也嘉松紹三所改行票運係令先繳一半課釐到地銷售後再由府局扣繳一半固屬格外體恤亦由商情

未便所致杭所地居省會商賈聚集措款較易與他處之偏處一隅商人攜資前往守候捆配者有間且其引地較廣銷售必速又准其三十引起票與別所之限五十引者更復不同應請仍符舊制責令完清課銀再行運鹽

一商運買單護照請仍蓋用鹽院關防以昭愼重也嘉松紹三所改行票運買單護照皆用鹽院關防杭所事同一律擬請援照辦理

一商運買單護照請由運司塡發也商人捆運杭

所鹽觔先赴運司衙門呈明捆配何場鹽若干
引認赴何府投局銷賣卽於具稟時繳足課銀
由運司衙門填明買單交給該商赴場捆鹽並
將護照發交掣驗之員收存俟其運鹽過卡掣
驗觔數相符卽將買單收回呈繳換給護照執
運一面行知認銷府局俟運鹽到地卽與各所
鹽觔起棧編號挨次輪銷
一杭所課銀請收存運庫仍按月冊報以備稽核
也嘉松紹三所非係外府卽屬鄰省運司經收

不便故專委大員分往督辦杭所近在省垣遇有商人運鹽繳課即由運司衙門兌收存庫按月造具清冊申送鹽院查核其課銀應如何撥解之處聽候鹽院示遵

一杭所鹽觔完納課銀內地卡隘請免抽釐也杭所場鹽運往金衢嚴徽廣各府者已照紹所章程每觔抽收課釐正耗錢十三文二毫其運銷嘉湖廣建蘇常鎮各府州縣者每引完納課銀二兩四錢核與嘉松兩所按觔抽收課釐數亦

相埒經過卡隘不再抽釐仍請鹽院咨明江蘇
撫部院轉發各釐卡一律遵照以示體恤
一商鹽到地由府局起棧編號發行挨次輪銷也
從前商人運鹽如有坐銷引地各地設有公堂
以備存鹽之用現議改行票運商鹽到地卽行
投局起棧按照先後運到日期編號挨次輪銷
如有同日到地則以投局遲早爲定其鹽價之
高下卽由府局隨時酌定懸牌曉示以昭公允
而便商民

一請明定罰規以杜其重斛弊混也各場及掣卡所用鹽秤擬請仍用從前奉頒部秤較準添釘分發應用各商捆運票鹽除照章核給耗鹽外如再秤有重斛應由掣員據實具稟以便將場員撤參鹽則六成充公四成給賞如掣員與場官扶同弊混經認銷府局查出卽將掣員與場員一併撤參倘鹽無重斛過卡掣驗有意留難准該商人就近赴地方官衙門稟請查究

一官鹽行須令請帖官鹽店須令領照以便互相

稽察也紹所鹽觔運銷金衢嚴緻廣各府者試辦年餘大致已定鹽行鹽店各處皆已領帖領照開張嘉松甫議舉辦浙西鹽行鹽店如何請帖領照現在另爲定議惟浙東浙西鹽價不一行用自有多寡浙西鹽價稍輕行用隨價而少其領帖正項亦應變通捐收以昭公允今擬運銷浙東上游各府者則照紹所章程辦理運銷浙西下游各府州縣者則照嘉松兩所另議章程辦理以順商情而歸一律

一嘉松紹三所定章以五十引起票杭所引地較廣路途遠近不一議改以三十引起票以期便於周轉

一向來配商各有認銷引數此時議改票運無論新商舊商但經繳定課銀即准給票行運以納課之先後爲捆掣之次序不准紊越攙壓以昭公允

一向來掣鹽由運司挨季親臨監掣現在改行票運自應隨到隨掣以免稽延杭所票鹽飭令杭

州批驗所大使移駐要隘適中地方掣驗如引
數與觔數相符卽刻放行仍將某商運鹽若干
係某日過卡按旬申報查考
一暢銷引地票商輻輳若偏僻地方票運不行久
久遂成廢地且私販充斥更復漫無稽考應由
各該縣出示招集本地殷商赴司承運以免縣
廢并查明各地城鄉現開醬坊共有幾處造具
缸口清冊申送以憑稽核銷數如敢稍售私鹽
照例究辦

一河莊沙鹽向有杭所商人收買運往湖州廣德州各地搭銷近因無商收買遂致私運北渡由海甯州屬之華家衕一帶過塘侵入殊與商銷大有關礙現在蕭山沙鹽已由紹局收買按成搭配所有河莊沙鹽如有殷商情願收買者准其呈明給還收買一體按成搭銷仍劄飭海甯州營兵捕實力巡拏照章充賞仍不得藉端滋事

同治二年八月浙省牙釐局奉鹽院批據詳覆議各條尙屬周妥俟飭運司暨總局轉飭各場局卡一律照辦其行銷蘇松常鎭太鹽觔向以浙課江釐並納此次改票仍應與蘇省通籌合辦所有該四府一州課釐卽由上海總局彙有成數以一半解交浙省一半解交蘇省其行銷各地已經掣驗之鹽內地關卡卽概不得重捐除委段前臬司前赴上海督辦外其上海總局並候咨明蘇撫部院派員會同浙省委員照章妥爲辦理繳摺存

章程

一擇地設局以期總彙督銷辦公周密也查嘉湖廣建蘇松常鎮太各屬皆係浙鹽引地濱海沿江私鹽充斥議行票運事有專責應請於上海縣地方設立督辦浙西官鹽總局總彙文案稽核收解其行鹽府州各設府局州局稽查督銷核收課項其蘇省之吳淞瀏河福山張家庫七鴉崇明等各海口係偷鹽入口之路嘉屬之澉浦乍浦等口亦係偷私紹私入嘉之門戶擬於

各海口設立掣驗口卡其餘海汊甚多隨時查
有要口酌設分卡岱山有海洋之隔商人領照
維艱應請卽於岱山地方設立給照報運局並
於該處業鹽戶中舉選公正之人派充局董以
資襄理嘉松場鹽商人領照請運嘉興歸嘉郡
釐捐總局兼管松江歸該府局兼管紹興之餘
姚等處亦有私煎岱鹽旣已准行票運紹私事
同一律亦應併辦商人領照請運卽歸紹郡鹽
茶釐稅總局兼管以節縻費至各場竈在各海

口以內者口卡無從稽查應請派員會同各場官察看鹽觔出場之扼要地方設立內地掣驗卡至常鎮所屬之鎮江丹徒丹陽小河孟河江陰靖江等沿江各口淮私一水可通府局難以周顧應於該各口分設巡私局仍歸該府局督查以專責任而期周密

一商運執照領存上海總局分撥嘉松岱紹各局轉給並照紹鹽章程請蓋憲印以昭愼重也查商人認運鹽觔先由上海總局詳請鹽院蓋發

印信執照下局分撥嘉松岱紹各報運局存儲
俟認運各商赴局報明引數及行銷府分先繳
課釐一半即由局報明上海總局知照所過掣
卡及認銷府局一面填註印照截去第一角加
蓋關防悉照紹鹽新章以五十引起票發商憑
照配運捆場鹽者先行飭知該場員核明照數
捆給即於照內填註日月起運字樣截去第二
角加蓋場印給還原照該商憑照過卡掣驗相
符亦於照內填註日月查驗訖字樣截去第三

角加蓋該卡鈐印仍給商收執運抵認銷府分投局報明查驗相符截去第四角復加該府局關防按到地先後月日發官鹽行挨次行銷扣還一半課釐收回印照按月彙繳上海總局繳銷備案捆岱鹽者卽於岱局報明引數及運經何口行銷何地先繳課釐一半或憑殷實保商出具保結至卡補繳課釐卽由岱局給照塡註月日起運字樣報明上海總局知照經過之卡及認銷府分俟該商運到驗掣相符或有補收

課釐者另給收照分報岱局滬局於印照內填註月日某卡查驗訖字樣加蓋鈐印放行運赴認銷府分報局查驗相符復加關防發官行挨銷扣完課釐各處截角如若前捆紹鹽者除課釐照場先繳一半外其餘悉照岱鹽一律辦理以符定章

一嘉松場鹽課釐請照紹鹽酌量核減也查浙西鹽務各私侵灌情形較重迥非浙東可比引地既廣沿海臨江之處尤多向因淮私侵銷歷經

奏飭整頓總難禁絶嗣後定岱私鹽渡海内灌
遂至官不敵私引課幾廢積習既久近更充斥
販者罔知法紀食者相習成風推查其弊由於
岱私本輕而場産本重場鹽有柴滷之耗其價
昂岱私則日曝成粒無煎熬之費其價較賤兹
當試行票運之初尤應平價恤商藉以敵私而
疏竈産否則徒有整頓之名恐無實收之效擬
請援照紹鹽情形酌量核減每觔收課釐錢八
文以示體恤至嘉所肩引悉照紹章一律辦理

一請酌減進口鹽觔課釐以杜以多報少之弊也
查上海現辦江釐浙課各口每鹽一觔抽收江
釐錢十文浙課錢十文共合錢二十文較諸紹
鹽抽收錢十二文之數爲數懸殊商情苦於重
捐乃以數觔報作一觔不特課釐有名無實抑
且仍蹈違例重觔之積習現定新章自應恤商
除弊以廣招徠而收實效查嘉松場鹽成本較
重其課釐應照另議專條每觔扣收錢八文隨
繳耗錢八毫岱鹽成本較輕應請將進口岱鹽

一商運岱鹽有海洋之險應僱輪船以資保衛而兼巡緝也查岱山遠隔重洋又係私鹽出沒之所商人攜帶資本前往捆配必須設法保衛以重票運擬請僱備火輪船一隻於岱山口岸一帶周歷梭巡護商緝私所有經費先由總局籌欵支發俟票運暢銷再行酌定其商販運鹽應概用江浙沿海船隻以便稽查違者照章處罰

一商運岱鹽完繳課釐請變通辦理也查商行票運原應先完課釐方准捆配其場鹽悉照紹章

現定鹽觔課釐核計各商鹽本數幾相均原因
一場岱鹽觔已繳課釐內地卡隘請免重捐也查
課釐錢五文並耗錢一文以示體恤
課釐錢二文半到地銷售再由府局每觔扣完
地先完課釐錢二文半進口過卡時每觔再完
捐繳者姑准其憑殷實之商出具保結每觔就
應酌量變通各商到岱後或有資本偶缺艱於
事同一律應令照章舉行惟該地遠隔重洋似
先繳一半到地銷售後由府局扣繳一半岱商

江浙兩省需餉同殷過輕則不敷分解適中定
擬飭商照章完繳分解兩省運銷各地之鹽均
已由局卡驗掣嗣後經過內地關津卡隘均請
免其重捐以示劃一

一旺銷溢額各州縣宜量予恩施書役地保亦請
酌給辦公經費也查額銷引鹽各州縣原有專
責銷不足額者照例予罰則溢額旺銷之地亦
應由局申報兩省鹽撫院量予恩施賞罰均行
庶蘇松各屬隔省辦鹽地方較易得手卽各州

縣承辦書役地保如商運旺銷溢額亦請酌給
辦公經費由各府局年終核數移縣轉給報銷
以示鼓勵倘地方官膜視鹽務稽察不力縱容
私販出沒甚或別釀事端由局稟請浙鹽院會
商蘇撫院分別辦理

一鹽觔各照舊章以免更張也查向章運鹽各所
觔兩包捆不同請仍照原定觔數核辦其課釐
亦各按觔計收

一商鹽到地由官行挨次行銷也查向章商人運

鹽各有坐銷引地該地設有公堂爲存鹽之所
現憑票運由商隨時指地運銷應於各府州縣
先行招商開設官鹽行及官鹽分店商鹽到地
卽由府局飭行按照先後運到日期挨次銷售
其鹽價之高下卽照到鹽銷數之多寡由府局
隨時酌定牌示以期公允而便商民
一報充官鹽行須令請帖官鹽店須令領照開張
也查各府局設立官鹽行有儲鹽派銷之責宜
召募殷實之戶呈報請領牙帖承銷官鹽不得

零售轉發官鹽店銷售按月核計銷數開摺報
局備查至各市鎮官鹽店憑行加保領給執照
方准開張倘有借官營私察出懲辦
一淮鹽課釐請援照重稅鄰私之法以杜越銷也
查沿江近海各口向有淮私侵灌刻既化私爲
官應請查照江南淮鹽認運江西章程內載重
稅鄰私之法辦理仿照抽收岱鹽課釐責成各
口岸該管府局體察情形酌量加成繳局其鹽
發交官鹽行挨次分三成搭售以杜越銷

一現改票運卽以票代引也查各商配運票與鹽不得相離倘有無票之鹽及淮私冀免抽稅偷越進口希圖私售者一經各局卡查獲卽將鹽觔解交該府局發行變價照例以五成充賞原獲之人以五成充公報解

一嘉松兩所如有紹私入口請照岱鹽辦理也查嘉所澉浦乍浦等海口間有紹私入口現辦票運松所亦應准其運銷一切查照岱鹽章程一律辦理

同治三年江蘇巡撫部院爲咨覆事准貴督鹽院咨開據總辦上海鹽局稟查浙西鹽務現在改行票運事屬創始頭緒紛繁前議章程雖已舉其大綱節目猶多未備適蘇松各府局委員同時在省公同酌議續擬各府州辦理章程二十條繕呈一面馳赴上海稟商趕緊設立總局悉心妥議以後如有應行變通之處容俟查看情形隨時請示等情到本兼署部院據此除批據稟各條均屬妥協仰即照章試辦並候咨明江蘇撫部院暨飭鹽運

司浙江上海總局各府局遵照外咨請查照轉飭

會同辦理等因並抄章程到本爵部院准此查章

程內開蘇松等屬計戶授鹽試辦以來甚有功效

此次甫行票鹽仍接辦計戶等語究竟試辦先在

何地接辦起自何時均不明晰查計戶一事上海

餉鹽局前曾權宜仿辦實因元二年間各處尚未

肅清江浙商民麕聚滬上丁口不可以數計闤闠

喧闐幾甲天下而彼時運銷更無他路是以試辦

戶鹽多就紳商舖戶導之樂從而於貧戶鄉民從

寬勿計名爲計戶實則計鋪亦僅行於上海一處
今年九月票鹽議辦之始卽經本爵部院分飭餉
鹽局上海道出示停辦通行曉諭在案今該局員
等所稱接辦計戶是否係於上海停辦之後接續
辦理抑係該局另自議辦勢必徧及蘇松各屬兵
燹流離之後城鄉各戶窮乏之實多卽以平時而論
民戶數口之家日食一文之鹽已足今按月交錢
數百是將於數百里內借戶鹽名目暗加一項丁
捐且逐月稽查丁口雞犬不甯其爲擾害不可究

詰怨嗟無告必致枝節另生與餉需亦復何益亟宜妥求辦法實力緝私自然暢銷票運或議減價敵私民間樂食官鹽則鹺課自然充裕戶鹽一事只屬權時補苴斷非可以推廣通行該總局於上海前次辦法及已經停止緣由概不聲敘牘竟以接辦爲詞即預爲諉過之地殊屬非是該總局員平時議論極不以計戶爲然一經奉委首先會稟章程竟似專爲計戶而發亦不可解除行該總局及會辦委員外相應咨覆爲此合咨貴署鹽院請

煩查照轉飭另議妥辦仍希示覆施行

條案一

同治四年浙省牙釐局據廣信鹽局稟稱竊奉本
局劄開准運司衙門咨開本局閏五月二十一日
奉撫鹽院牌行本年閏五月十五日准兩淮鹽院
咨開據江西督銷局稟浙鹽侵銷淮界請責成饒
屬釐卡堵截等情到本部堂據此除批據稟浙私
充斥路徑紛歧非抽稅所能收效應如所稟一概
堵截即由饒郡釐金各卡兼管遇有浙私過卡認
眞查緝私犯解地方官按律懲辦鹽觔解督銷局
變價提賞二成餘則彙解充餉仰候劄飭江西牙

鼇省局通飭遵照該局就近訪查各卡勤惰分別
勸懲所請告示候另劄飭發等因並劄江西省城
牙鼇總局轉飭各卡認眞妥辦仍飭各卡將拏獲
私鹽隨時具報督銷局以核勤惰外相應抄稟咨
明查照等因到本部院准此行司卽便移會牙鼇
總局一體查照等因奉此移局查照等因過局准
此合亟劄飭劄到該局立卽遵照辦理等因奉此
伏查廣信七屬地面雖入江省輿圖實爲浙鹽引
地局員奉辦局務竭力整頓日望引地之內私靖

官銷各處閩私充斥派飭查拏該私販均各呈繳江省釐票藉口鹽已抽釐准其行銷礙難究辦茲奉前因相應仿照淮界免抽浙鹽釐金一概堵截之法稟請轉稟撫鹽院咨請兩淮鹽院江西撫院劄飭廣信府屬釐局卡員一體免抽閩私釐金俾局員得以舉辦緝私不致窒礙以期引地復舊銷數可增業經移會廣信府據情轉稟兩淮鹽院江西撫院免抽廣信府屬閩鹽釐金實爲顧全引地起見是否有當伏乞批示遵行等情到局據此查

廣信一屬係浙鹽引地現在浙私侵銷淮界已一

律堵截該局員所稟閩鹽侵銷廣信亦援照堵截

之法辦理係爲顧全引地起見除稟批示外擬合

移請爲此合咨運司衙門請煩查照希即轉詳鹽

院分別轉咨兩淮鹽院江西撫院免抽閩私釐金

望切施行

同治四年浙省牙釐局爲劄飭事據衢州官鹽局
議詳竊奉劄據處郡釐局稟稱竊奉批查江山廣
豐二縣本係紹所引地應銷紹所票鹽前年試辦
抽收鹽釐是以甌鹽亦准挑至衢州銷賣現在衢
州停抽鹽釐甌鹽卽不應越銷等因伏查處郡辦
理行銷官商並運於茲兩載甌鹽僅就處屬銷售
爲數甚少閩鹽運至松遂龍各處全賴江西肩販
挑運爲數甚多以理論之閩鹽不但不能攙越衢
境抑且不能攙越處境當時司其事者只求釐金

暢旺並未計及引地也兹奉批飭所有由溫局採
買發銷之閩鹽自應一併停止惟局中核計截至
本月分止松遂龍各局現存官運閩鹽一萬三千
餘簍處屬民間從來不食閩鹽此項鹽觔無從銷
售可否批飭衢局轉飭巡查各勇丁遇有鹽販買
赴衢境查有溫處官鹽執照便可放行如無票者
卽以私論如此辦理則可迅速售出以還鹽本並
可免日多滷耗虧折之處伏乞察核批示等情到
局據此查衢州廣信均係紹所引地是以閩鹽應

鹽不准越銷據稱現存官運閩鹽一萬三千餘簍
請飭衢局巡勇查有湓處官鹽執照即准放行適
以開私販之漸所議殊非盡善究應如何疏銷合
亟劄飭議覆劄到該局立即遵照會同處鹽局迅
將現存松遂龍各局官運閩鹽一萬三千餘簍是
否官爲收買應如何設法疏銷嗣後應如何杜絶
閩鹽之處尅日妥議詳覆核飭遵辦毋延等因奉
此伏查是項官運閩鹽湓處總局採買捆運到處
轉發松遂龍行銷全賴江西肩販挑運前經銷路

梗塞截至閏五月止尚存一萬三千餘簍嗣經閏五月暨六月陸續銷售三千餘簍現在所存官運閩鹽僅存松局一千二百八十簍遂局四千六百七十三簍龍局三千二百九十五簍除龍局銷運浦城一帶無礙浙鹽引地所存之數不計外松遂兩局所存共五千九百五十三簍業經移會處郡鹽釐局往復籌商如將松遂存數運赴衢郡銷售奈松遂兩處距衢郡一百八十里二百餘里不等山路崎嶇行走維艱計每人擔鹽兩簍需力錢一

千二百文不獨盤費浩大成本愈重而挑夫一時
未能招集且爲日既久擔運又多而沿途商運攙
越轉難稽查因復會同商酌惟有就地行銷減價
出售由衢處兩局分派司事一人巡丁二名前往
洋口地方會同稽查驗票計簍以杜朦混之弊一
面出示諭禁並飭各卡勇丁加意巡緝遇有商販
閩鹽不准運赴上游則處局所存之鹽可期迅速
銷售一俟松遂兩局存鹽五千九百五十三簍銷
竣之後如再有閩鹽入境即行嚴拏究辦庶可免

侵銷之虞所有松遂龍存鹽數目已經委員前往細查兹據該員回局面禀情形與處局移覆存數大畧相同至處局停止採買閩鹽又將售價減少商販無利可圖則閩鹽不禁而自絕矣是否有當詳請示遵等情到局據此查松遂兩局共存官運閩鹽五千九百五十三隻今請就地行銷減價出售事屬可行除批飭衢鹽局移知處郡局知照並批飭嗣後如再有閩鹽入境卽行嚴拏究辦外合亟劄飭劄到該局立卽移行遵照並一體嚴行查

禁毋許閩鹽再行入境以衛引地

同治四年兩浙運司牙釐局爲會議詳覆事本年閏五月十五日奉鹽院批紹興鹽茶局詳諸義浦給費辦巡一案呈送認銷切結並刊辦巡戳記由奉批查諸義浦三縣年額銷鹽三萬三千餘引此時兵燹之後戶口凋零未能副額今據詳該商等年認八千引津貼巡費六千串溢銷尚須加貼是巡費有無限之領而銷數無十分之三殊屬取巧上年前署司詳請該三縣減釐包課案內責商認完一萬三千餘引經前鹽院批飭應毋庸議在案

現在僅以此數認銷無補於課餉有妨於經費未
能照准仰鹽運使迅即會同牙釐總局遵照指飭
悉心妥議應如何設法疏銷力籌整頓刻日詳候
核奪此繳各結戳式存詳抄發等因奉此遵查諸
義浦三縣本係紹所額地年額銷鹽三萬六千餘
引每引完課一兩一錢七分內貼該商巡費銀一
錢誠以該三縣爲金蘭門戶而又貼近紹興場竈
私鹽易於侵灌全賴隨時巡緝自三年夏間敗行
票運紹所原定章程凡有運銷金衢嚴徽廣各府

之鹽不論正地減地帑地每觔概抽課釐十二文外抽加一耗錢一文二毫因知該三縣係走私要隘故於破塘叟公漓渚阮江等處設立鹽卡杜其侵灌乃辦理半年私販則堵此繞彼挑銷如故以致半年之內僅據票運官鹽三百引當據商人稟求減輕課釐以期減價敵私經辦紹興府局道員稟奉前鹽院批准每觔減抽課釐正耗錢四文四毫行之數月仍無成效時值本司委辦甯紹各捐並令整頓鹽務當飭委員招商張承宗等商議僉

謂諸義浦三縣鹽務非巡緝斷難暢銷然地面較
廣歧路有十四處之多緝私非易該商等援照舊
案仍請每引完課一兩二錢內提巡費一錢由委
員具稟紹興鹽茶局轉稟前鹽院批司核議在委
員初辦鹽務但計減課可以減價減價可以敵私
未計該三縣緊接金蘭當防越界侵銷因而代為
轉稟適本司自滬上回省詢悉前情堅執未允經
前署司酌議每年責令認銷鹽一萬三千三百餘
引每引除巡費認完銀一兩一錢溢補紬賠詳奉

前鹽院批以引數照舊額僅銷三分之一課釐以
銀準錢較上年改票章程已減去一半難免藉官
行私批飭應毋庸議仍令會同總局妥議詳辦本
司當以鹽課攸關大局未便減而再減巡費固須
酌貼亦須定以大數諭飭該商熟籌議覆始據該
商張承宗等稟認每年包完引課八千引仍遵票
運新章每觔完納八文八毫另由紹局每月貼給
巡費五百串並據面稟辦巡如無成效所認八千
引課該商情願賠繳倘鹽能旺銷數至一萬引以

上由局酌加巡費如能銷至一萬三千引以上加貼巡費錢一千二百串卽於本年四月初一日開巡舉辦曾由牙釐局於二月間將借撥營兵辦巡緝私緣由呈報在案奉批前因伏查諸義浦三縣帑地年額銷鹽三萬三千餘引每引完課連巡費一兩一錢七分迨咸豐初年每年不過銷鹽二萬引有零多至二萬四五千引現飭該商認銷八千引較之額數誠不及十分之三然兵燹之餘戶口凋殘將半官鹽本已不行私販公然侵灌實屬今

非昔比該商等前允包課辦巡係屬暫時試辦在
先尚無把握而每引三百五十五觔每觔收課八
文計每引收課錢二千八百四十文外加一耗錢
二百八十四文共三千一百二十四文較之從前
課銀一兩一錢核以現在時價每兩一千四百三
五十文數將加倍又現據該商面稟自開辦至今
已捆運鹽六千餘引計四五兩月每月各銷鹽一
千四五百引雖逐月銷數多寡未能預定似是每
年認銷八千之數當不止此且前亥責令認完一

萬三千引係照從前課銀每引一兩一錢實計每
觔完錢四文有零課本太輕必致越銷金蘭等邑
每觔十三文有零之重課引地今令認完八千引
係照現定新章每引正耗課錢三千一百二十四
文實計每觔包完錢八文八毫斷不致再貼運挑
費用越銷金蘭等邑該商等現既認銷辦巡而四
五月捆銷之數亦大旺於前似應准其照辦奉批
前因合將諸義浦三縣前後包引之銀錢盈絀以
及今昔銷鹽之滯旺情形各緣由會銜詳覆仰祈

俯賜察核批示定案再該三邑全盛之時額銷雖三萬餘引實銷至多之數不過二萬四五千引合計課銀每年多不過二萬七八千兩少則二萬二三千兩其中亦須給發巡費銀二三千兩現在該三邑戶口凋殘將半之時包完八千引每年額完課錢有二萬四千九百二十串如能完至一萬引每年約可得三萬千文除去巡費六千串每年總可實收課錢二萬串左右合併聲明

兩浙鹽法續纂備考卷十終

兩浙鹽法續纂備考卷十一

條案二

同治四年兩浙鹽撫部院據督辦浙西官鹽局詳稱竊照滬瀆爲海艘出入之區歷有漁鹽名目漁船出洋就地裝鹽醃魚到滬銷售所賸鹽觔每船約有十數石或數十石不等統計漁船千數百號賸鹽不下二三萬石向由鹽公局收繳充公軍興以後鹽務廢弛未經整頓沿海居民始行收買肩販糊口繼至結黨成羣更復串同縣營之鹽快私

販實屬大干例禁業經本局附稟察核請在吳淞地方委員辦理在案迄今未荷批示伏查是項漁鹽當春夏之交實爲岱山售賣鹽觔一大宗亦有買自北洋者各漁船除醃魚之外順便夾帶淨鹽希圖私販亦屬不少實於票運大有妨礙其船各口俱進不止吳淞一處而吳淞聚會較多已有收不勝收之慮秖因本局存欵支絀無可另籌查有前辦官運局呈繳鹽本洋一千四百元尙可作爲收繳漁鹽之費與運司注返函商意見相同現在

已屆漁汛急應趕緊舉辦未便稍稽是以於三月
間劄飭委員前往吳淞地方諭令各漁行將出口
漁船查明確數進口時赴局報明鹽數隨時查驗
發價收繳並卽會同蘇松太道出示曉諭定價淨
鹽給價每觔五文雜鹽給價每觔二文陸續先儘
一千四百元之數收買茲據該員申報於三月二
十三日在該鎮北廟設局開辦等情除成數分撥
各府局搭銷查此項漁鹽前據該局附稟請於吳
淞地方委員設局辦理等情當於本年正月初六

日批飭據稟各層是否可行仰鹽運司會同牙釐總局迅即妥議詳覆核奪並抄稟去後迄未會議詳覆茲據前情除抄詳批檄行運司查照外仰即飭令該委員嚴督各漁行將進口出口各鹽數隨時確查收買認眞辦理毋使蔓延滋弊以期化私爲官是爲至要

同治五年兩浙運使牙釐省局為會銜詳覆事同
治五年七月二十一日奉批浙西總局轉詳吳淞
口棧商稟還批仍辦棧務請發執照雜並懇呈變
通加增章程請示由奉批據詳各情並係陳變通
章程應如何妥籌全局俾各商棧商不致鹽壅本
銷均無窒礙之處仰牙釐總局會同鹽運司迅速
逐加確核妥議具詳察奪并飭浙西總局知照繳
詳揭均抄發等因奉此伏查淞鹽到數甚鉅棧商
實屬難繼業准浙西總局來咨已由本局劄飭遵

湖二鹽局各撥錢一萬串解交浙西總局轉發該
棧商收領以資接濟一面仍照舊章招商分運蘇
松常鎮太四府一州各局銷售庶岱鹽不致壅塞
而棧商亦舒喘息前經報明查核在案茲復遵批
將奉抄摺內開各條會同逐加確核該棧商所擬
岱鹽到口投棧無商接運者奉諭照鹽價時值先
行籌給一二三成以示體恤惟岱鹽產數過鉅若
不予以限制深恐籌欵不繼定以六七八九四個
月爲度一條查岱鹽係屬化私爲官若不予以限

制源源而來何所底止應請以六七八九四個月內到口者爲度由浙西總局先行出示曉諭以免臨時爭執又擬內商接運岱鹽照章挨岱鹽到棧號次以挨到應運之號給予內商接運其鹽價亦照岱鹽由棧報過進口日時價計算一條查商人惟利是圖善於趨避自應挨號接運並照是號岱鹽進口之日時價計算以昭公允又以內商接運岱鹽竟有掛號完過一半薹課鹽已配齊延擱不運希圖抑壓後號者並有拖欠鹽本者擬於鹽觔

配齊之日一面內商付價一面由棧付鹽限五日內起運如有拖欠鹽本及逾限不運者由棧報明准後號商人鹽本一半蠆課均已付清者先行起運並以票章內載鹽價務須時值公平不得任憑奸商居奇如値應銷某號鹽觔之時該商有意高擡卽由棧詢問後號商人如有價値公平准其先銷兩條一杜內商取巧一杜岱商居奇亦係變通辦理應請劄飭浙西總局分別出示明白曉諭並轉飭吳淞口局員隨時稽查以杜棧中有意提前

壓後之弊又擬請接運岱鹽改由分棧給價並買賣鹽飭商人眼同過秤兩條似均可行惟擬由總局劄飭各府局核計該商成本隨時定價發銷予以三分商利一條雖係招徠票商起見然運鹽到局既有先後不同而各府局鹽價均係隨時長落能否核計成本均予以三分之利殊難懸擬應請劄飭浙西總局轉飭各府局妥議具覆又以嘉湖廣建迄未通銷岱鹽緣路途較遠兼以嘉湖廣建定價過輕以岱鹽成本課釐等欵核之有虧無盈

以致運商裹足擬請量爲變通於嘉興所屬之乍浦海口設立分局棧由乍運赴嘉湖廣建等處銷售一條查原定岱鹽行銷浙西章程雖未議及岱鹽不准行銷嘉湖廣建等處然議令岱鹽專歸吳淞進口不准繞越他口正所以防微杜漸也蓋杭嘉兩所場鹽向行嘉湖廣建及蘇常鎮各屬引地本閥現收票運兼收化私爲官之岱餘沙各鹽分銷浙西蘇松常鎮各屬場鹽額引較多目下銷數已不敵化私爲官之岱餘沙各鹽幸嘉湖等處離

吳淞較遠倘無岱鹽到地可以疏銷杭嘉兩所各
場官竈鹽觔然銷路已窄且有餘姚曬鹽河莊沙
鹽分銷其間如海鹽平湖石門等縣又係肩鹽引
地當此滷旺之時正形壅滯若再由乍浦設立分
棧運赴嘉湖廣建等處行銷岱鹽竊思蘇松常鎮
引地廢弛難興皆爲岱鹽所累改票以來嘉湖岱
私來者甚少茲再設棧招之使來此端一開非惟
目前杭嘉兩所場鹽銷路愈窄竈戶生計日絀所
可慮者設奉更復舊章仍歸引商行運再欲禁止

岱鹽竊恐勢有所難據請由乍設立分棧似難准
行應請仍飭浙西總局轉飭吳淞口局諭令棧商
凡岱鹽進口仍在吳淞口設棧收儲招商運赴蘇
松常鎮太四府一州各局銷售毋庸再赴乍浦設
立分棧並飭岱商仍由吳淞一處進口不准繞越
他口奉批前因理合會銜議詳是否有當仰祈察
核批示飭遵

同治五年兩浙鹽撫部院馬於本年正月初六日
准兩江督部堂咨開釣船售賣私賞與淮鹾大
有關礙小河一帶濱江南岸係浙鹽引地浙省已
專設輪船巡緝希即轉飭承緝員弁力杜私以
絕根株等因當經飭行運司浙西總局速行分別
轉飭應巡承緝各員弁認眞堵截力杜私來路
毋稍鬆懈去後今據浙西總局詳稱當查釣船私
私由海入江北岸則侵灌淮鹽引地南岸則侵灌
浙鹽引地現在浙省吳淞局所僱輪船僅能於海

面巡至張家厙劉河楊林洋面一帶距江蘇設立
礮船在焦山地方相去尚有幾百里現因釐課分
辦經費不資已撤輪船一隻更形力單所留輪船
一隻專巡吳淞口南北兩面外洋海道遼闊能否
兼顧由海入江由福山至焦山數百里江面巡緝
事宜以期堵截淨盡業經飭由吳淞口局查明江
海各口地名及地勢情形並如何兩省合力巡緝
之處確勘禀覆去後茲據該局詳覆以浙西鹽務
因岱私充斥奉改票章旋因岱山梟徒滋鬧復奉

飭議於去冬約束岱鹽釣船准進吳淞一口照章
投棧聽候內商完繳課釐給照接運由內河運往
各屬引地行銷在案查吳淞口以南定岱等處各
山島口大半孤懸海外產鹽無算向用釣船販運
至浙省之澉乍等處海口及平金交界之白沙灣
海塘一帶歷來係勾通私梟聚集之處自賊擾以
江門營並華奉南川等屬之張家厙漕涇大勦江
來更無忌憚吳淞口以北寶屬之綠祈塘石洞北
川沙鎮屬之劉河新塘楊林七鴉段茜常昭之白

茆徐六涇許浦福山等處沿海著名口岸極多隨處隨時均可侵灌南北海面遼闊並無扼要可過是以奉委後於上年六月間親赴口外南北洋面察看情形擬請僱設輪船在於吳淞口南北海洋緝捕以冀專歸吳淞一口惟查寶山以外尚有崇寶沙綿亘海心東界崇邑北接海門其中道路紛歧偷繞各口節節可通且由海達江南北相距一千餘里私梟販運飄忽無常況釣船一項本有販運米糧雜貨亦非盡裝偺鹽江海綿緲瞭見尤難

更慮黄夜偷繞追緝無從此即有一二輪船萬難盡截江海私鹽之大畧情形也現因浙省僅留輪船一隻自吳淞以南之張家庫等處並迤北之福山以下各海口巡緝南北數百里已屬不敷且恐此拏彼竄其福山以上長江私販更屬鞭長莫及照料難周應請責成各口岸緝私礮船員弁隨時堵遏以顧浙淮引地設有大股梟販聚集之處亦即會商江浙巡緝委員同心合力嚴密兜拏以期私靖官銷庶於淮浙鹽務兩有裨益緣奉飭查除

分飭員弁嚴行巡緝外具文詳覆核轉等情據此
職道伏查該守所覆情形均已屬實所有釣船岱
私入江自應責成兩省各口岸緝私員弁實力堵
截蘇省皦船奉飭在於焦山左右駐泊盤查其焦
山以下數百里南北兩岸江面寬闊若僅浙省輪
船巡緝誠慮鞭長莫及除飭浙局輪船各船嚴加
巡緝外應請咨明兩江督院請分飭蘇省江海各
口文武營弁一體嚴緝庶於淮浙引地兩有裨益
並據另禀釣船私販皆係海島私徒往往連幫結

黨勾串內地私販浙江僅有輪船一隻實恐巡南
漏北顧此失彼蘇省雖有輪船數隻原爲解送軍
火軍餉及護運巡洋之用値鄰省軍務方殷自不
暇及地方梟徒之事惟護運巡洋須由上海崇寶
沙一帶向北而駛即解送軍餉軍火亦須由上海
開行由福山口入江是其所經之路即釣船私
入口入江之路現既定章收岱鹽於吳淞一口不
准釣私顆粒入江可否懇請鑒核函商兩江督部
堂飭令蘇省輪船於巡洋至瀏河口迤北及入江

之時就便帶查釣船倘係裝載私鹽即行查拏究辦以此兩省輪船雖無會巡之非而有會巡之名該梟徒等一聞此威聲當必更爲斂迹各等情到

本部院據此除批示並劄運司牙釐局外相應咨

明兩江督部堂請煩查照希即分飭蘇省江海各口文武營卡員弁一體認真巡緝並應咨飭查蘇省巡洋輪船就便帶查私鹽以固淮浙引地均祈

裁酌施行

同治五年浙西鹽局稟據管帶湘軍水師右營鄧都司稟稱竊標下於十月二十日奉諭赴蘇常鎮一帶督察各哨緝務於本月二十一日回滬中途接據駐巡金山縣之副中哨總哨十月二十一日稟報二十日派勇丁五名駕鎗划船一隻赴各處小港探緝私鹽隨時飛報并約會南橋礮船兩路策應是夜三更行至華亭縣屬之亭林地方見私鹽船四隻月下遥望並無後繼當卽向前盤獲押回行未半里尾後大幫忽至前船逃逸之人復從

岸上回身邀集前後圍合石械齊施該勇等衆寡
不敵各受重傷不能相顧鎗船被石撞損洋鎗一
桿刀械兩件均被奪去該勇等大半受傷當時查
點失去劉姓勇丁一名將船駕回禀知前情除一
面調治傷患并訪緝此項梟匪踪跡及劉勇丁生
死下落外理合禀請察奪前來等情伏查標下前
因各口港汊分歧是以酌派礮船分駐南橋張堰
等處聯絡聲勢仍令鎗划船不時探報以期周密
茲據禀稱行至亭林地方陡遇鹽船據隘相阨拒

捕傷人搶奪軍械等情固屬猝不及防而該梟匪
等目無法紀亦已至極若不稟報究辦梟匪何由
歛戢除已批飭加意巡緝外理合據情轉稟等情
到局據此伏查該營私船前在金山衞廿巷地方
緝獲船鹽該鹽販等卽有聚衆拒捕中途圖刼等
情當經稟奉咨明江蘇督撫院轉飭柘林等處各
營廳縣及各口礮船隨時會緝嚴拏在案茲據前
情該梟徒膽敢拒捕傷人尤屬不法已極除批飭
該都司實力緝捕外相應稟請轉咨江蘇撫院及

松江提督轉行各營縣嚴加會緝務獲究辦以靖
私梟而肅鹾政

同治五年兩浙鹽撫部院爲剴切曉諭事照得温
處地方係兩浙引地本不容私鹽侵灌因念温溪
地方土瘠民貧類皆販私爲業不欲遽行禁止致
絕生計是以准其完納鹽釐以抵正課始而兩起
兩驗每觔抽收釐錢十三文嗣復酌減每觔共抽
釐錢十文已屬恩施格外該販戶具有天良應知
感激乃訪聞該販戶等非惟不知感激膽敢製造
六槳快船裝載散鹽希圖恃衆闖卡實屬目無法
紀當此防兵未撤之時不難調集兵勇按名拏獲

照例究辦本部院始念爾等鄉愚無知惟利是圖不忍不教而誅且查温所係輕課引地所產鹽觔只准行銷温處兩府不准侵銷别府正課引地與他處情形不同特再酌減鳌金以示體恤合行剴切曉諭爲此示仰該販戶等知悉兹定於六月初十日起每鹽一觔其收鹽鳌抵課錢七文仍歸兩起兩驗起捐二文驗捐一文五毫較之原定數目減而又減該販戶等須知販賣私鹽本有應得之罪收鳌抵課係屬法外施仁此次減定之後務各

遵章完納以安生業不得再乘六槳快船裝載散
鹽恃衆滋事倘仍不服盤查希圖抗捐則是怙惡
不悛法所難宥本部院惟有派兵嚴拏儘法懲辦
決不稍寬毋貽後悔

同治五年浙西鹽局轉據鎮府鹽局稟稱准南渡
東壩釐捐局移於本月初二日辰刻有江北艄船
十餘號揚帆闖卡當經巡勇喝令停泊查見每船
約有鹽觔十餘擔之數並無引票其爲私販無疑
該船戸等均係江北口音始尚未敢抗拒皆云江
北水災每船帶鹽數觔以爲餬口之計繼因陸續
而來者不下一百十餘號之多均各執篙登岸恃
衆逞强不服稽查護卡礮船彈壓不理當恐衆寡
不敵且有老弱婦女一經查拏必致釀成巨案當

卽向其年老者三四人妥爲開導始各紛紛解散開船向西而去惟查緝船聚衆販私恃强闖卡實屬目無法紀移請飭令巡船嚴密兜拏以期私靖官疏等因到局叓查前據巡船至南渡地方目擊緝船匪類連檣百餘號衝過蘇卡不服盤查護卡礮船及巡船寡不敵衆未能堵拏散入上沛埠等處鄉鎭當經劄調守口礮船放入內河沿路查拏並稟請暫調長龍水師船前赴江口沿江梭巡仍留湘軍右營於內河堵緝在案今准南渡捐局移

會兜拏業已嚴督礮巡各船往來堵緝惟查九月
以來江北被水難民紛紛渡江其攜有淮岱各私
者亦屬不少但實係窮苦災民勢難查禁漸至艄
船匪類乘隙而至假稱難民闖入口卡較之私販
尤爲兇惡目前茶銷已屬無望若再任其接踵而
來勢必至徧地私鹽浙課江鹺均難起色所有礮
巡各船顧此失彼防不勝防再四思維惟有禀求
咨請江蘇督撫部院通飭鎮屬各府縣營汛局卡
於各境地口卡嚴密稽查如非實在難民一概不

准混入如有夾帶私鹽假稱難民者卽行拏辦如此嚴加整頓庶冀私販歛跡官鹽漸銷鹺課亦有所出管窺所及是否有當伏乞示遵等情到局據此伏查該處人民膽敢藉因被水攜帶私鹽隨地私銷且連檣百餘號衝卡不服盤查實屬罔知法令若任其接踵而至誠如該守所稱浙課江鹺均難起色自應咨請江蘇督撫部院通飭各府縣營汛局卡於各境內嚴密稽查如非實在難民一概不准混入如有夾帶私鹽假稱難民者卽行拏辦

以儆其餘據稟前情相應具文詳請伏祈照詳施行

同治五年台州府爲遵飭詳覆事竊照本月初五日案奉劄准黄中營遊擊據商人等請將黄太二縣引鹽仍照舊章完課歸商承辦等由本司查浙省鹽務現未請領部引杭嘉松紹四所奏請改行票運温台二所現辦釐鹽而鹽課則較之從前引課有盈無絀似難一時驟復舊章至台屬辦理釐鹽章程前奉鹽院飭查台府轉飭禀覆在案兹准前由除備文移覆並移會牙釐省局外合行劄飭劄到該府立即遵照前劄事理將黄太二縣及該

屬其餘各縣鹽務現辦釐鹽章程尅日具覆以憑
核奪等因奉此遵查前奉鹽院劄開照得兩浙引
鹽自試辦票運以來各府均已設局辦有頭緒惟
查該府食鹽如何定章抽釐每觔共收幾文有無
單照發商領運是否歸入百貨釐局兼辦本部院
衙門無案可稽合行劄查劄到該府即便查明該
屬食鹽如何定章收釐遵照前項指飭抄呈各案
備查如抽收過重亦應核減一併妥議尅日詳覆
等因伏查台所九縣僅有四縣產鹽黄巖最多甯

海臨海次之太平又次之其運鹽要處一在臨邑之海門一在甯邑之海游一在黃邑之五蕩太邑之金清等處厥後引地廢弛私鹽充斥自克復後經前總辦鹺務議請以同治二年四月十五日起抽收課鹺稟明辦理在案隨有台所商人應韓玉稟請試辦於三年四月間稟請頒發臨海仙居兩縣帖戳在於郡城開設銷運官行八月間復有商人應仁久等請領永康縣帖戳其運鹽均由郡城經過經前委員於郡城外設立西南兩局互相起

驗收捐議定每鹽一觔抽收課耋錢三文三年三月每觔加驗票錢二文計共五文時縉武等縣尚未請帖其鹽卽在仙臨永官行內融銷至上年九月始據商人楊德清請領縉雲帖戳認充曾經稟明牙耋省局在案惟武義一邑前有舊商張履豐等試行未及一載旋卽停止尚未招有認辦之商而該邑食鹽仍融銷於台所官行因查台屬鹽務本難整頓向有化私爲官之案現在只圖認還耋課雖私亦作官論因思郡鹽來路必由海門前此

僅有郡城設局收釐緝私費盡全力化官未得半效而郡城下水至海門有百餘里支港汊路徧地皆私且兩局浮費又重故於上年閏五月二十日稟將郡城兩局改歸海門一局起驗併捐仍收課釐錢五文局費既減官鹽暢銷釐務始形起色此臨海仙居永康武義縉雲五縣改歸海門捐局抽收課釐之情形也其甯海配運者查先於同治三年九月十七日有商人羅柳楨前經領帖承充在甯邑之海游地方開設鹽行因該處均係肩挑販

戶議定每觔抽收課釐錢三文止捐一起天台食
鹽概由海游挑運是以向章天台鹽課併歸甯徼
其天台未有商人以前因甯鹽既在海游收有釐
金亦卽融銷天台縣境旋據羅柳楨循例兼領天
台鹽帖業經轉詳在案前此海游匪棍充斥仗私
梟以設私行雖委員設有釐局莫能稽查卽捐釐
聽其自便不到十分之四而鬧局毆勇之案層見
叠出查悉前情卽親詣該處拏辦匪棍一面淸釐
鹽務押令私行閉歇併歸官行經理俾局員得以

盤查其課釐每觔仍收三文不准折增從此匪風
漸熄鹽釐漸旺嗣於設局後綜計每月之銷數諭
令該官行按月包繳仍留勇丁幫同巡緝以歸簡
便此甯海天台兩縣由行包繳課釐之情形也至
黃巖太平兩邑概係私鹽就竈挑銷或由地棍收
埠頭費或假廢帖收行用錢強者捷登遂成無主
溷亂之舉前據蘇豫豐遵例稟請開行試辦尚未
著有成效惟各縣均銷認收課釐之官鹽獨黃太
二縣聽任私充無論爭端所在需餉所關實有礙

於持平之政愈啟不平之鳴也現擬仿照紹屬就竈抽釐章程委員會同該縣場斟酌議辦一俟辦有端倪再行稟明核辦此黃太二邑課釐未辦應辦之情形也至商人領運向有單照爲憑伏查台郡鹽釐試辦之初向未請給單照歸入百貨釐局抽收即以局收聯票爲據以歸簡易所有各縣原稟請領官帖鹽行遵奉道批令在各該縣境內分設子店便民惟其漸次開設分運行銷不准有多取擡價等事并飭令地方營弁督同緝私以昭一

律迄今官鹽每觔羞課在船販仍收五文在肩販
仍收三文均一體嚴絕私索病民之弊今奉飭議
減捐一節遵查前須杭紹嘉松通變章程商運季
鹽每觔收課羞錢十二文另收護費五文杭所每
觔收課羞錢十二文二毫嘉松等場及紹所住鹽
每觔收課羞錢八文紹屬肩鹽就竈收捐每觔收
課羞錢四文肩鹽過卡每觔加捐課羞錢八文其
餘岱曬鹽過卡到地行銷每觔捐課羞錢十文耗
錢一文甯波府屬肩鹽過卡亦加捐錢五文是台

屬鹽捐比較各屬均覺從輕卽百貨釐捐亦屬減
無可減除詳覆鹽院外茲奉劄查合將台屬各縣
現辦釐鹽章程備文詳覆

國課亦能獲益不致有虧累之處本國所出至美之
則各處關稅顯可加增甚多而
各洋商納公平稅餉每百兩抽銀若干准其販運
國課最關緊要此本大臣所深知者惟能開禁准令
鹽課於中華
解禁以為變通之計等因前來查現在各省所辦
約所不准行者務希貴大臣照會中國可否酌量
奏本國來文內開英商販鹽進口售賣係商定條
同治六年總理各國衙門據英國使照會稱昨

鹽如果准令販運進口非但鹽商等獲有利益即
本國亦無不感慰查鹽係日用必須之物如准該
商等將較佳較賤之鹽由外國販運各口均與
國課廣有加增此兩益可以決其必有若按照新法
而行如果有害亦不過辦鹽數人暫時受累俟該
人等覓得更爲獲利之貿易則有利無害民生
國課皆大有裨益如貴親王以爲販鹽之貿易不能
全行解禁何妨立定年限先爲試辦譬如定期三
年則自明年外國正月朔爲始試辦三年即知其

是否可行各口不必通行開禁只須酌量數口試
行其鹽即售與沿海省分如此辦理則售洋鹽之
地即有限制亦可因時將行鹽之法漸爲治理妥
協或者辦鹽之處其人力資財亦可爲他事之用
也
又據英國阿使照覆稱同治五年六月初二日准
貴大臣照會內稱現在各省所辦鹽課最關緊要
惟能開禁准令各洋商納公平稅餉每兩抽銀若
干准其販運則各處關稅顯可加增甚多等語並

擬立定年限酌量海口試辦三年其鹽卽售於沿海省分各等因前來本爵查食鹽一項中國向例均有一定口岸不得彼此侵灌例禁綦嚴若任令商人等視爲尋常貨物紛紛販運是外國之鹽卽可運至內地則內地之鹽勢必全行開禁漫無限制與中國之政教禁令未免紛更溯查咸豐十一年以來有依倫馬時多船及火拍船裝載松鹽並內地鹽船交外國輪船拖帶暨鎮江雅副領事詳請領令江海關隨時發票註明准該船先納鹽課

後令裝鹽等事均經彼此公商嚴行禁辦在案且善後條約第三欵以食鹽一項指爲違禁貨物不准販運自應遵照禁止若欲酌量解禁則一欵既可變通各欵均爲虛設與從前商立章程本意似不相符此件關係中國各省鹽法全局相應照覆貴大臣體察仍飭商人恪守條約可也

又據英國阿使續行照會稱案查前於本年六月初二日本大臣將鹽禁一節可否變通辦理爲便照會貴親王在案茲查蘇浙兩省早已酌定鹽務

變通章程實因素知海道每有私鹽進口不能斷
絕故將章程變通令私鹽亦可納稅鄙見甚爲明
辦又私鹽旣經解禁各國鹽觔何難按照變通章
程亦准進口納稅葢私鹽進口奉票進內地某處
售賣係有定制已有印本爲據如此辦法係屬成
例而來鹽加多之由毫無窒礙
國課非但無損更有裨益尤以鹽多進口價值輕減
係於民人有益而
國課尤可增多旣有定章徵稅亦不致另有繁累之

處若論洋商販鹽進口難於取利此憑該商等自
試而已要在二節一則洋鹽進口價值輕減於民
有益一則外鹽既多
國課廣有加增本大臣甚願貴親王不難按照辦理
並希迅爲照覆可也
總理衙門給英國照會爲照覆事同治五年六月
初二日准貴大臣照會內稱現在各省所辦鹽課
最關緊要惟能開禁准令各洋商納公平稅餉每
兩抽銀若干准其販運則各處關稅顯可加增甚

多等語並擬立定年限酌量海口試辦三年其鹽即售與沿海省分等因又於六月初九日覆准續行照會內稱蘇浙兩省早已酌定鹽務變通章程私鹽即經解禁各國鹽觔何難按照變通章程亦准進口納稅各等因前來本爵查鹽課一項每年供支

國用爲數不少關係甚重向來販運均有一定口岸不准彼此侵佔正所以保護商人近年因軍務繁興道路梗阻華民率多失業蘇浙等省鹽務皆有

變通章程改票抽釐等事非僅爲
國課兵餉均有裨益兼爲補救華民生計緣此中資
以爲生之人不啻千萬若將此項亦許洋船販運
則此盈彼絀不獨辦鹽之華民難以謀生卽近年
緣洋船快便因而失業之華船更無生路是以從
前卜大臣曾有此說當經彼此公商仍行照約禁
辦所有此中礙難情形自應據實照覆想貴大臣
亦必以爲然也

同治六年浙省牙釐局爲曉諭事照得黃太二邑引地鹽務廢弛已久積弊叢生若不亟爲整頓恐私販日見充斥官引難以行銷實於台所鹺務大有關係茲據台州府稟請設立官局收買竈鹽發販行銷先將各竈戶編立保甲核計每竈產鹽大數諭令各照時價歸局平收由局發販應銷引地如有窮竈不能煎鹽由竈保具結到局給本承煎立限繳鹽抵還成本販戶赴局領售每觔除價本外收釐加耗作爲辦公用項並分別革除各衙門

陋規以杜擾累等情經本司道等悉心酌議不特課釐可期起色卽窮竈皆得藉以營生辦理甚屬妥協詳奉鹽院批示如詳辦理並經該府擬具編竈給護各欵章程禀奉鹽院批飭轉行遵辦一面出示曉諭等因除劄飭台州府遵照辦理外合將所擬各欵章程須示曉諭爲此示仰竈戸鹽販人等知悉嗣後黃太鹽觔務須遵照後開條欵歸局收買發販分銷不准狃於積習仍前售私爾等須知設局收鹽給本承煎實爲籌贍窮黎起見竈民

具有天良當知感激如敢再有玩違一經查拏定
即從嚴懲辦決不寬貸

條欵

一黃太鹽務竈戸肩販私自煎銷歷年已久從未
領發煎牌烙籌亦無保伍團長稽查約束今設
官局自應編竈給護查明團額保甲除議立竈
董外設立保伍團長每團立一團長五團設一
保伍由府局發給護照以別官私一面責成竈
董保伍查明實係窮竈給本開煎繳局發販一

切發本及稽查私煎均歸竈董保伍領辦由局勾稽以專責成

一於沿海竈地設立團廒分局編列字號收儲鹽觔按日按月挨次輪銷竈戶繳鹽亦挨次輪收鹽須乾潔不准攙和洋照時價錢用制足不准經手人等侵扣留難除老少鹽由局照例按本發給免抽盤課外餘概照章完納盤耗如就近肩販准向就近廒局報明地段給照行銷仍令各廒局按日申報專局查核其遠地肩船各販

及牙行子店醬園應令均赴專局領配倘有私
相授受查出照例懲辦
一局中收價照柴本貴賤隨時酌定其發價總計
收鹽成本加入滷耗飛灑運腳包索等費再加
釐金並耗每逢月朔均先懸牌曉示一面按月
摺報備查其應給運商滷耗飛灑亦隨時照章
酌給至黃太鹽秤輕重不等現定各局出入概
用官秤以昭劃一
一於水陸要口酌設局卡以杜私販侵越並於設

局之始將竈私一齊收盡傳知囤鹽民戶悉數報局查驗限一月內繳完躉金給與聯單聽其自賣仍隨時將賣數報局查考其醬園囤儲之鹽一體報明完躉給照備查逾限不報作私鹽論

一台所鹽務廢弛多由象山石浦私鹽衝銷此時應先禁私銷然後官運暢行引地可復查甯海內外兩場產鹽無多全賴定海石浦等場鹽觔運抵海游投行秤配每年迄無定數今官運既

設自應融銷以杜外來之私倘本所鹽不敷給
一面申報遵向鄰近借配所有外私越銷自應
查禁
一無論官卡民間緝獲私鹽報繳專局除照例四
成充賞外其六成之欵應請就撥黃太二邑充
作本地書院義塾普濟育嬰之需附冊另報俾
士庶有惠均沾可期踴躍

同治六年台州府稟爲前因黃太兩縣鹽務辦理官運所需成本較鉅當將實在情形具稟請示茲奉運司衙門批開黃太鹽務辦理既有頭緒似難中止惟經費浩繁現擬因地制宜另求簡易之法捐釐助餉尙無不可仰再妥協籌議務期於事不繁於公有益民竈相安尅日另稟核辦並奉牙釐局批飭就地妥確查議覆奪各等因奉此遵卽轉飭該印委各員會督在事紳董提緊妥議去後茲據黃巖縣知縣會同黃太官鹽局委員等稟據紳

董稟稱黃邑鹽務廢弛多年整頓不易且本地素乏之出境運銷大販僅止貧乏小民以數百文貲本肩挑鹽觔在於本境售賣若改辦捐釐每觔抽收正耗釐金三文三毫雖較他處爲減而該肩販即須增添貲本實屬力有未逮再四籌維惟有懇求格外體恤除出境運銷之鹽仍照海門局舊章辦理外所有黃邑本境肩販每觔酌抽釐金錢一文七毫就竈出賣之際責成團長司事過秤收釐繳局如此量爲減收在貧販既得輕籌貲本易於周

轉在民間亦可免食貴之虞定能垂諸久遠酌議
章程呈請核轉前來復查該縣鹽務廢弛百有餘
年今擬開辦事同創始因各肩販皆係農種貧民
是以前議每觔完釐金錢三文耗錢三毫已較他
處爲減現當庫藏支絀之際鹽釐抵課多抽一文
即多得一文之接濟豈容一再核減致有偏枯惟
念各肩販本輕利薄以視出境運銷大販迥不相
同該董等所陳肩販措本維艱係屬實在情形因
地制宜似應量爲變通准如所請所有運載出境

銷售之鹽仍照海門局舊章辦理其本境肩販每鹽一觔酌抽釐金錢一文七毫連耗在內以示格外體恤至肩鹽完釐本應概給牙釐省局聯票惟零星肩販需用孔多赴省請領往返躭延誠恐一時未能接濟今酌定商運鹽觔照舊填給省票至各肩販所執當由局刊刻聯票分給填用飭令各卡責成肩販頭目將每日給過鹽票每晚收齊彙換省局聯票一張以昭慎重現在正當菜市需鹽之際已經先行出示曉諭定於十月初七日飭令

黃太印委各員先行開局並飭太平縣仿照黃邑章程趕緊一體勸辦除將太平開局日期另行稟報並有未盡事宜容督率兩縣印委各員紳董等隨時妥議稟請鑒核外惟黃太兩邑鹽務甫經開辦地方遼闊稽察鹽竈巡查肩販在在均關緊要雖經飭委各員會同各縣令督率司事照章妥為辦理可期無誤然遇有應行稟商隨時措置事宜遠隔郡城誠恐未能兼顧非得另委賢員總司其事不足以昭慎重相應稟請於運判同知或知縣

中遴委一員前來總辦以專責成而重鹾欵合將黃邑鹽務現在改辦捐鹾開局日期並將該董等所議章程開具清摺另請委員前來總辦各緣由理合禀明察核示遵再黃太鹽務久廢整頓綦難屢飭員紳互商查辦將近一年委曲下情諒邀洞鑒所有往返日用搭造厫廠各經費及以後每月應需若干尚難預定容俟開局後飭令各委員逐一覈實開呈到局再行核報

同治六年兩浙鹽撫部院爲嚴切曉諭事照得定海岱山等處曬鹽向不准侵銷場鹽引地前因江浙克復之始場竈尚未復業是以改行票鹽招商領運並於岱山設立票運局准該處曬鹽各戶照章完納課釐領票配運破成格而曲予生機所以瞻爾島民者不爲不厚乃岱局甫設卽有該處不逞之徒出而阻撓上年復於吳淞口招商設棧仍准岱鹽駛進吳淞一口設棧登號聽候內商接運與場鹽分成搭銷其餘海口概不准其私行侵灌

嗣有不法私梟違禁販運被巡緝礮船兩次拏獲人鹽膽敢乘閒脫逃拒捕奪犯殺傷兵勇疊經咨會江省地方文武會同嚴拏尚未弋獲本年因浙西各局收存場岱鹽觔積至六萬餘引岱鹽進口之數倍於場鹽日形壅滯場引之不銷實爲岱鹽所侵必須禁絕岱鹽始能挽回場引本部院垂念島民艱苦於無可搭銷之際仍飭吳淞局設法兼顧自三月爲始每月准收岱鹽二千引由委員按引核收招商搭運并先籌給一二三成鹽價餘鹽

要挾逞兇種種冥頑情同化外若不嚴拏懲辦何
外之仁爾等竟昔明得寸則尺之計況敢聚衆鬧局
兇橫情形殊堪髮指是本部院於爾灶民屢施法
衣物灶輪艇各船勇丁鬨聲往捕仍敢聚衆抗拒
要盡收灶鹽全行給價並敢毆辱局員搶毀器具
有灶人糾衆挑鹽鬨入吳淞報運局狂言挾制必
恪遵茲據浙西官鹽總局稟報三月二十三日復
示諭在案詎灶民具有天良自應翕然感化一體
概不准收並不准私侵引地以示限制業經剴切

以衛引地而緝梟風除飛飭本省緝私巡洋輪船
廣艇及內外水師礮船刻期駛赴吳淞口並咨會
兩江督院江蘇撫院派撥捕盜輪船嚴飭地方文
武曁沿江沿海水師一體會拏滋事各犯兼嚴查
岱私不准片引進口外合亟嚴切曉諭爲此示仰
岱山各嶴居民曬戶人等知悉爾等須知設局酌
收岱鹽原係法外示仁爲體恤島民起見今爾等
愍不畏法膽敢一再鬧局實屬自外生成所有吳
淞口報運局此後應即停止收鹽仍嚴拏爲首滋

鬧之人盡法懲辦以昭炯戒嗣後各嶴再有鹽船
下海一經拏獲卽治以私販之罪決不姑寬該島
民等本多善良急宜作速改圖或勤力耕作或駕
船綱魚皆可以資生活切毋執迷不悟仍以曬鹽
販私爲得計甘蹈法網凜之

同治六年浙西鹽局為詳請事准蘇松太關道移
案奉通商大臣衙門批本道稟覆奉查利貞號控
錢德奉私販並彌樂納鹽店停止巡費應否動支
請示由奉批彌樂納鹽店經該道再四辨駁始據
該領事飭令停止又借巡費挾制勒索希圖鬆動
破我範圍事關鹺綱大政與通商各口大局不得
惜小費而致貽誤即使華商無人頂充只得勉為
應付俾知中國鹽務萬難假讓不使覬覦得計所
請由浙西鹽局及關庫碼頭費項下每月每處支

洋二百元按月應付應准照辦此後或減或停或
覔人接充仍隨時察酌辦理仰將停止日期另詳
請咨繳等因奉此合就抄稟移知查照希將道庫
墊放上年法十一月起至本年法二月止共洋一
千六百元速籌一半洋八百元解道歸欵等由查
抄稟內開奉批職道呈送十一月中旬繙繹新聞
紙內有利貞號告錢德泰在洋界開設鹽局一條
查鹽爲中國大利前法界內欲由洋商自開鹽店
迭經飭令該關道照會領事照約嚴行禁止此案

利貞號與錢德泰是否均係洋人在何國租界內開張既係私開鹽局私販鹽觔因何以初犯免究了結仰卽分晰查究具覆勿任違延此批等因到道奉此卽經轉飭會審公堂錄案禀覆去後茲據該公堂禀稱十一月十四日利貞號控告錢德泰私販鹽觔一案係汪令遠會審據是日鹽巡扭送華民錢德泰一名聲稱有人控其買私請究前來訊據供稱鹽係自買食鹽并無私販等情而原告亦未到案無從對質當以該犯買私自食似與私

販者有別姑念初犯嚴諭釋放至新聞紙所云利貞號即係華商陳琳川所開之利昇廣貨號因該商曾於本年八月間在浙西官鹽總局請有執照在英美界內開設廣利瑞綸永厚恒昇泰源鹽店五處承銷官鹽洋人向呼該商利昇爲利貞故仍以利貞呼之是日並未到案此外英美界內亦無洋商私開鹽局之事至歷來拏獲私販均經照章將鹽犯移送松太局訊辦從未敢輕釋也等情據此查此案新聞紙內所稱利貞係華商粵人陳琳

川承領官鹽所開字號錢德泰亦係華人均住英國租地界內錢德泰并非私販乃係食鹽是以會審委員等念其初犯從寬釋放係屬實在情形惟法國租地界內鹽務洋商雖早禁止而事尚未結不得不更陳之法界彌樂納開設鹽店一案於八月十五日已將詳細情形稟陳奉批速與法領事力爭飭令卽日停歇并卽移會浙西官鹽總局凡賣大宗鹽觔者須查詰來歷方准交易仍嚴拏私販之人務在於未歸場之先查收淨盡使其無顆

粒可買或諭禁法界華民不得向彌樂納鹽店購買無論如何設法必須禁絕不行此事關係中國鹽務甚大未便專以照會公使飭禁爲諉如該關道查辦不力官鹽局或爲所朦均難當此重咎也至該界應如何招令華商仿照英美租界鹽店一律辦理之處并即妥商酌辦等因奉此經移知浙西官鹽局照辦一面遵照批示復向力爭而該酉總以條約僅禁進出海口并不禁租地開店爲詞强言狡執辨駁至再絕無轉旋之機伏查鹽務爲

中國大政各省地方通商者非止上海一口卽上
海一隅通商者亦不止該國斷不能任聽開店嘗
試以致各口各國紛紛效尤有礙鹺綱大局第該
洋人既違禁開設必不仍買官鹽近來場岱私鹽
暢行充塞內地浙西鹽局若無巡緝之法焉能使
之顆粒不漏至華人貧賤食私卽使官爲諭禁亦
皆陽奉陰違何況事涉租界尤多掣肘之處職道
輾轉籌思來源既不能清總不若著令停歇以絕
根株方爲正辦此案該領事冥頑不靈絕難理喻

職道節次往返商論告以中國既通和好卽使條約未經明晰詳載凡有不便於政體者彼此均須幫同設法阻止所有彌樂納鹽店現在鹽局招令華商接項開設務卽著令彌樂納迅速停止不得再有抗違茲據該國副領事狄隆來道傳述該總領事聲稱若論條約斷可在界內開鹽店今若須令停止惟有一法可以善全緣彌樂納開辦之初在該國籌防局領照并九十兩月巡費等項共用過洋一千五百元現在鹽觔計價尚值一百二十

八元若由華商項辦此欵應由華商貼還後方肯
交替並云彌樂納與籌防局議定每月交巡捕巡
洋四百元亦應由華商按月照付等語察其情詞
舍此無可再議當將貼費鹽價兩項商之鹽局允
爲先行籌付令其將店卽日閉歇并向言明此後
不得再准洋商開設其巡費一項每月需洋四百
元之多實覺太重誠恐無人認開此時秖可著交
二百元俟將來銷數暢旺再行酌加倘華商虧本
停止則巡費亦當停送據該總領事復稱此項巡

費係籌防局收取彌樂納在該局領照之時議令以本年法九月初一日爲始照繳兩年均係按月送交若華商不能照數交費伊亦不能飭令彌樂納停止等語當又疊次函駁該領事允與籌防局商停以一年爲度而四百元之數萬難短少職道因鹽局早有華商承充之議遂亦勉强應允旋據該總領事函知彌樂納已於八月二十九日停止賣鹽職道覆查屬實卽經移知浙西官鹽局招商頂辦乃各鹽商均以該處巡費較重視爲畏途至

今迄無承充者昨復據該總領事照會聲稱十一
十二兩月巡費萬難再延已由該總領事墊付刻
下既無華商接辦此欵應先行由道措還倘道中
不認此欵則彌樂納仍須復開等語挾制勒索伏
思該酋等朋比爲奸無非仗在租界中國地方官
不能禁止令行因職道必欲令其閉歇遂借此爲
籌防局力爭月欵若置之不理不特嘵瀆無休且
難保其不藉口復開歷觀近來新聞紙內所載各
國洋人於鹽務一節莫不覬覦垂涎躍躍欲動是

刻下所爭不僅上海一隅實爲各口大局攸關則

此項巡費似不得不勉爲應付以示中國鹽務萬

難假讓之意惟現在承頂乏人費無所出可否由

浙西鹽局及關庫碼頭費項下每月每處支洋二

百元按月應付將來或減或停或有華商接充再

當隨時察看辦理是否有當伏乞鑒核示遵稟奉

批飭前因抄稿移會到局准此伏查此案於上年

七月間查知法國租界有洋商彌樂納買賣食鹽

正在移道禁止適准道移訪聞前事函致法領事

並鈔送條約飭令停止去後接准法領事覆函稱該洋商辦買官鹽非販運私鹽進出口者可比與條約無礙是以公董局給照赴官鹽局認稅認捐領買官鹽應准該洋商銷賣等語究竟該洋商曾否赴局領鹽應如何禁阻抄錄往復信函移詢到局當查該洋商并未到局認稅認捐領買官鹽況內地食鹽洋商不准干預條約甚明即使到局認領亦難照准現在英美租界鹽店皆由華商開設酌貼外國巡費議辦有案移請由道照會即飭爾

樂納停止辦鹽另招華商開設鹽店以歸一律而
符條約嗣經關道稟奉通商大臣衙門批飭力爭
禁阻録批咨會并節次照錄法領事辯論信函移
局招商承頂彌樂納鹽店當飭松太局招得英美
租界鹽店商陳琳川前往議約該商因月索巡費
洋四百元并須還彌樂納墊欵洋一千六百二十
八元無力承充稟求減價移道轉商反覆多次法
領事函詞固執以彌樂納鹽店已於八月二十九
日停止索取墊欵巡費無可理喻關道與職道商

酌先將彌樂納墊欵洋一千六百二十八元由局
籌解關道轉給以免藉口復開巡費一欵應由商
付又飭松太局設法招商旋據該局覆稱以巡費
過鉅多方招勸百無一應又經移道核商乃該領
事以業經墊付巡費兩個月屢次挾制勒索不得
已復由關道先後墊給四個月巡費洋一千六百
元各在案此職道與蘇松太關道互商禁止法商
彌樂納違約賣鹽停止鹽店後籌給墊欵墊給巡
費之大概情形也茲准前因弁准移取前墊巡費

一半洋八百元細繹通商大臣衙門批飭實爲顧
全大局起見自未便吝惜小費況此項巡費洋四
百元已准於上海關庫碼頭經費項下籌給一半
事關通商各省鹺政自應遵批由浙鹽局每月籌
解洋二百元俾資轉給惟查是項貼費礙難於正
課項下動用而各票商所繳內河海洋巡費月發
輪艘各船經費薪糧尙屬未敷再四思維秖有耗
錢一欵照章三成解省七成留貼局用但爲數無
幾亦恐不敷分撥查嘉局商巡之費係於該屬醬

銷項下每觔提錢二文冊報有案茲上海係松太
鹽局所屬可否即飭松太鹽局在於所屬醬銷項
下每觔提錢一文貼補上海夷廠巡鹽之費如再
不敷即將七成耗錢內湊足洋二百元以資解給
職道等未敢擅便謹查核原案擬議詳請是否有
當伏乞批示飭遵

兩浙鹽法續纂備考卷十一終

兩浙鹽法續纂備考卷十二

條案三

同治六年江蘇巡撫部院爲咨覆事准貴鹽部院咨據浙西官鹽局稟據湘軍巡鹽水師鄧都司稟勇丁楊有勝等三名巡私至奉賢縣沙港地方被私梟砍戳多傷身死一案又准咨據浙西官鹽局稟奉賢縣南橋地方私梟聚衆燒燬駐紮巡鹽緝船兩隻捉去緝勇徐景山等三名並拒傷勇丁多名一案均咨會飭拏各等因到本署院准此並據

松江府楊守署奉賢縣葛令先後具稟前來除分
別批示外查私梟膽敢聚衆在奉賢縣南橋鎮地
方燒燬緝私礮船搶去礮勇並拒傷勇丁多名實
屬懸不畏法該縣先事已疎於覺察臨時又不即
會營馳往彈壓查拏以致犯無一獲遲至旬餘始
據稟報稟內輕烟淡墨多虛無縹緲之談未嘗振
刷精神以緝捕爲急幾欲將此事歸諸太空尤出
情理之外亟應摘頂勒拏究辦以肅法紀而戢梟
風惟此等梟徒是否定岱一帶私販抑係奉賢華

亭等處沿海棍徒浙省𩰚船在蘇境緝私不一而
足是何獨都司鄧本益所帶𩰚船屢滋事故其中
有無別情亦應確切查明分別辦理庶昭平允除
劄按察司會同蘇州布政司將署奉賢縣葛令先
行摘去頂戴責令多差幹役會同營員及隣封各
縣勒限一月設法嚴拿此案首要各犯務獲解省
審辦一面將勘訊緣由先行通詳察核並將勇丁
徐景山等趕緊提釋具報仍由司遴委幹員前往
該處查明起衅實在情形及此等梟徒究係何處

人氏通稟察辦毋稍含混諱飾該營縣既已疎防
於前如再泄沓於後定行從嚴撤參不貸並咨提
督嚴飭水陸營員認眞會拏解辦暨咨爵閣督部
堂一體飭遵外相應抄錄松江府稟咨覆

同治六年浙省牙釐局司道爲詳覆事案准運司
移開同治六年六月二十一日奉批浙西官鹽局
稟官運岱鹽加搭輪銷等緣由奉批查公欵商本
自應兩相兼顧據稟前情應如何輪提搭銷以冀
疏通而免藉口之處仰鹽運司會同牙釐總局迅
即確核妥議具詳察奪繳稟摺均抄發等因奉此
移局挈銜詳覆計粘抄內開浙西鹽局稟前因官
棧存儲岱鹽無商接運所有籌給公欵未可久懸
議稟試辦官運當奉批飭司局會議詳奉批准暫

辦官運一二次如果官爲倡運之後各商踴躍爭
先官棧存鹽即可不致壅滯試辦半年察看情形
倘竟無商配運再行斟酌稟辦等因在案茲查岱
鹽一項業奉劄飭停收現在官棧所存岱鹽二千
數百餘引又無內商接運計自正月以來已屆半
年壅積已久亟應設法疏通擬將官棧所存每觔
七文之鹽由官棧找給全價提運各府局存儲酌
銷其本年正月分暨二月初旬所收之每觔八文
或九文之鹽如該商等情願跌作七文亦准向吳

淞報運局報明一律提運冀稍疏通以免壅滯正
在擬辦間倏據商人通記公記裕記等稟稱傳言
官運明分暗壓應請舉辦官運俯與商鹽一律輪
銷等情前來職道等籌思再四公欵固不可懸宕
商本亦應體恤現擬俟官鹽運到各府局後或與
商鹽一律輪銷或將此一二千數百引先行提銷抑
於各鹽按成輪銷內每輪僅搭官運鹽二三成以
期公欵商本兩相兼顧不致偏枯是否有當未敢
擅專等由准此並據該商人通記等茂生等各以

前情具稟到局伏查浙西各府局銷數未能暢旺
商運票鹽停待已久今若以官運之鹽提前搭銷
則商鹽愈形積滯未免向隅且商人運本以日計
息勢難壓遲官運公欵前後一轍無事爭先辦理
票鹽總期商情熨貼踴躍捆運應請將浙西鹽局
官運岱鹽到各府局後與商鹽一體挨次照章勻
搭輪銷以昭公允而免藉口是否有當理合會議
詳覆

同治六年督辦浙西官鹽總局爲詳請核咨轉飭事案於上年七月初六日准蘇鹺總局咨開奉兩江督院管理兩淮鹽務李批本局詳據海口鹺局稟各口漁船仍聽赴場買鹽其進口查驗等事責成地方官經理緣由奉批查搖網漁船赴場買鹽前據淮運司議覆已准給照在案至各該漁船如有餘鹽帶回應照向章准其入港責成地方官查封驗放不准影射售私毋庸再由緝船帶查致滋紛擾仰候照行淮揚水師左營蘇松太道淮運司

一體遵照仍候撫院批示繳等因到局奉此查此案前據常昭海口釐局具禀當經本局轉詳請示在案奉批前因除轉行沿江各卡一體遵照外抄詳移局轉行等因查抄詳內開據常昭海口釐局禀據船戶倪長利等禀稱身等居住常昭附近各海口歷年俱以捕魚爲業總在四五月間爲期不過五十餘日一年生計在此一時納課交釐恪守功令各船循例量業船之大小買足鹽觔如捕魚多則餘鹽少捕魚少則餘鹽多進港放行向來報

明查驗蓋戳加封不准妄動售竣魚貨仍帶餘鹽
入洋三汐已過餘鹽拋海何敢私行販賣自取愆
尤現奉鹽局示有捕魚船隻魚汎未過餘鹽不准
入港身等奚敢不遵然生命所關有不得不上達
者統計沿海沿江南北各口漁船不下數千隻男
婦老幼殆近萬八一旦失資生之策民盡爲魚在
港之船知鹽不准入港在洋之船未知明禁照例
攜鹽即觸法網安恒業者視爲匪民將置身無地
矣況今歲內地荒歉魚價至賤各船在場買鹽南

北互推具呈籲懇遷延時日鹽價昂貴所費已多
在漁戶血本已虧因望下汐豐獲以補前失若餘
鹽即日拋海一室數命咸盡於斯仰乞轉稟各大
憲俯察下情准與查驗餘鹽觔數加戳封艙售魚
完竣出口仍請查明驗放如鹽觔短缺擕鹽登岸
情願加倍治罪等情查有掘港船戶赴海關道案
下投呈內稱查乾隆初年間奉前兩浙鹽院查明
沿海漁戶出洋採捕需用鹽觔照船之大小核定
觔數咨明戶部一律准行載明鹽志及今二百餘

載每逢春汛定例請領海關捕魚總票總在穀雨節前到呂給發屆期漁戶由埠結保請領鹽票赴文武衙門驗納鹽稅照例派帶鹽觔驗放出洋採捕至夏至汛畢洋期不過六十日違時則害業民無所賴身等貧民靠海爲業舍此別無生計茲因穀雨在邇各漁戶船盡整備籲懇恩施飭循舊例等情查此案奉督鹽院劄搖網船鹽票緩給俟淮運司下場確勘情形再定其眞正捕魚之船可在吳淞口領買岱鹽等因究竟淮運司曾否下場勘

定未奉飭知有案勢難先給鹽票該船戸等能否在滬領買岱鹽着再明晰呈覆以憑核辦等因又有海關道批關書覆稟內開漁戸採買岱鹽既多不便俟卽移商淮運司核覆辦理可也等因則魚鹽並非私梟可比當不在格殺不論之例四月二十三日統領新左營來示一紙內開准總辦官鹽局申開查各海口凡有商船裝載醃魚到地向來不准夾帶私鹽例有明禁卽封艙護鹽名目亦照江西省奏案一併革除倘有船底魚滷應照例傾

棄不得攜帶入口均屬例有成案此後如有魚船
進口尚有剩鹽魚滷應請卽行查拏等因准此除
一面飭令各哨礮船嚴緝外合行示禁爲此仰商
販人等知悉爾等裝販魚貨不准藉帶鹽觔倘進
口時船有餘鹽卽係私販立卽查拏重辦并近聞
裝成捕魚船隻膽敢販私昨飭查獲一船嗣後自
應愈加巡緝照章辦理决不姑寬等因於是各礮
船踴躍歡呼遂並舉凡進口之船無不傾囊倒篋
矣礮船之勇以之攻滔天之匪勇固無論以之搜

浮海之梟勇亦可買如各港口貨船統令嚴查則
奮勇登舟鷹揚獅搏合船老稚動魄驚魂前滸浦
口有商船被礮船吊打該商赴局求援當經勸諭
而該哨仍固執莫解更尚有一二可駭之事愚昧
之見以沿江沿海漁船均係赴場完課買鹽入洋
捕魚之期不及兩月循照部例確守定限官司封
驗俯首帖耳不識不知乃相安生業之編氓並非
私梟恃强抗捐拒捕之可比又兼本力不足每交
春令即須設措貲糧僱倩水手措備課價補艌網

篷種種耗費已去貲本若干總望魚多方資生活
然魚多則鹽每不敷勢必量船計買而魚少則鹽
爲無用勢必多所盈餘初汛歉收尚期次汛三汛
不獲即等荒年立形坐困彼方生計之不遑安忍
以餘鹽而買禍以奉公納課之鹽守量買查封之
例不意魚之不旺而使鹽之多所盈餘即使自賣
些微已是剜肉補瘡之計而況其願具甘結如賣
顆粒加倍治罪生計攸關動以萬計何忍束縛馳
驟絕其衣食可否仰懇轉稟兩院劄行淮司關道

每年仍聽給照買鹽其查封加戳驗放等情悉責
成地方官經理至各營礮船在口秖能遵照江督
院前次照飭專緝釣船各岱山私鹽若魚貨等船
進口各官鹽府局或慮有夾帶私鹽亦惟派員經
理毋庸移請各營一體由礮船帶查則商旅安業
而課捐無擾等情到局據此查核所稟不爲無見
除批候具詳請示外相應據情轉詳伏候察核批
示飭遵八月十六日又准蘇鹾總局移開奉蘇撫
部院批本局詳海口局稟各口漁船仍聽赴場買

鹽進口查驗等事責成地方官經理一案由奉批
來詳已悉希候督鹽部堂核示遵辦並移淮浙運
司暨官鹽總局查核可也此覆等因到局奉此查
此案前奉江督院批示當經抄詳移行遵辦在案
茲奉前因相應核轉移局查照轉咨浙運司備考
等因當經抄粘咨司在案又經咨請蘇松太關道
飭抄漁船給票赴場買鹽成案旋准移覆本關給
發鹽票成案於咸豐三年被燬無存惟向年給票
俱係沿海各口搖網船隻並無別項漁船每年於

穀雨前漁汛將屆之期由本關遴選委員帶同海
關書吏前往呂泗駐劄查明各漁船樑頭一丈以
上者用鹽三十擔七尺以上至一丈者用鹽二十
擔四尺至七尺者用鹽一十擔塡給鹽票赴場買
鹽汛畢無論本港寄港仍收本口餘鹽售商入場
不准私賣此係向辦章程惟歷年各漁船請領海
關鹽票票內向不註明配鹽場分聽其自便其中
難保無串同場竈漏私情弊今屆給發鹽票當飭
委員於票內註明呂泗一場買鹽如漁戶領票赴

場即由場員按數撥給票內加蓋場印核實秤驗
不准票外多帶其餘掘港等場概不准漁戶私向
竈丁買鹽以期事歸專一不至散漫無稽至吳淞
岱鹽曾據搖網業戶朱雲程等稟稱較場鹽價貴
買用力有未逮且該漁船赴淞遠隔重洋向買不
便等情即經轉詳循舊給發鹽票赴場買鹽在案
等因又經照會上海縣抄送禁止漁船帶鹽進口
成案據將咸豐六年奉浙運司原劄抄錄申送內
開劄上南二縣知悉案據松所商人汪茂豐等稟

稱竊商等配辦上南引鹽海私充斥已難立足復有魚鯗一切醃貨任意夾帶侵擾以致歷年銷數短絀先於嘉慶二十四年經前運司議詳各督撫院仍照志載成例每百觔秖准護鹽二觔奏准咨行文武各衙門遵奉在案嗣因商等以漁船黃德茂沈元亨等船到不卽交鹽當在船內搜有魚鹽四擔私自販賣稟蒙查照江西省奏案凡一切鹽貨醃砌已成每百觔准帶護鹽二觔之案一併革除以杜流弊上海漁船到關責成督同縣役商巡

同赴海口查驗不准再有護鹽名目如無夾帶私鹽准其起儲牙行發販銷售其船底腥穢魚滷押令傾棄毋庸給價倘有夾帶封艙護鹽拏獲詳究等因詳明通飭遵照二十年又蒙申明例禁出示飭禁今日久法弛不復查案實力查緝應巡各役必致視爲具文乞賜循照二十年成案移行文武衙門認眞搜查並請給示八道曉諭牙行關隘一體查禁等情據經劄飭劄到該縣即飭應巡各役遵照奏案凡有醃臘鹽貨到地督同縣役商巡赴

船查驗不准再有護鹽名目如無夾帶私鹽准其起儲牙行棧房發販銷售其船底腥穢魚滷押令傾棄以杜流弊毋庸給價倘有不遵禁令仍前夾帶封艙護鹽即行拏究私鹽照例充公兵役得規故縱亦即究辦毋違等因並據抄附歷屆漁汎遵奉示禁飭查等案查漁船赴場買鹽一案已由蘇松太道循舊給票辦理至常昭海口釐局原稟爲體恤漁船起見倪長利等所稟向來餘鹽攜帶出入等情核於嘉慶二十四年以後各前運司議詳

通飭各案不符況近在咸豐六年又經前司申明
舊案飭縣示禁可見漁船夾帶營私久成習慣例
所嚴禁封艙護鹽名目尙且革除漁船用剩之鹽
豈可任帶入口致滋弊混其常昭同係松所引地
尤未便與上南等縣辦理兩歧現屆春令轉瞬漁
汛亟須先期示禁相應詳請察核飭司查照成案
通飭浙西各廳州縣一律嚴查示禁護鹽既經革
除無論捕魚多寡餘剩淨鹽亦不准其攜帶入口
倘各船不遵示禁仍前夾帶護鹽餘鹽卽行拏究

兵役故縱得規亦即究辦所有該釐局議請漁船餘鹽進港查封加戳驗放等情既與浙省歷辦成案不符又稱即使自賣些微已是剜肉補瘡等語尤屬未諳𨻶法例案應毋庸議並請咨明江蘇督撫院通飭浙西各引地地方文武暨各局卡一體遵照以杜流弊又查上年蒙江督院專調提鎮督帶水師在常昭太倉等處巡緝甚爲勤密釐課大有起色自礙船停查漁船以後官銷頓減推原其故雖係去歲秋冬天晴滷旺私鹽充斥所致而風

聞漁貨海船夾帶侵銷亦復不少亟宜實力整頓
至兵勇或有藉端滋擾情事亦應嚴行禁約除飭
浙省巡鹽輪礟各船於江海内河實力分巡外擬
請咨請江蘇督撫院仍照咨提鎮分飭所部一體
嚴巡並選派妥弁於漁貨海船進口時會同海口
局員妥爲查察俾兵勇不致滋擾而海船夾帶侵
銷之弊亦可漸絶實於江釐浙課兩有裨益理合
具詳

同治七年十一月兩浙運司奉鹽院案行准戶部
咨開山東司案呈戶科抄出浙江巡撫馬新貽題
溫台等府額鹽不行應解佐雜養廉銀兩請在票
鹽雜款內酌提一案同治五年十二月二十日題
六年三月十九日奉
旨該部察核具奏欽此欽遵於本日科抄出到部臣等
查得浙江巡撫馬新貽疏稱兩浙額鹽盈餘例隨
商課報銷現在改辦票運額鹽不行存額攤失無
從造報自應嚴飭確查分別另案辦理今據浙江

鹽運使詳稱查帑鹽盈餘溢課係解藩司爲佐雜養廉之用現辦票鹽課釐正餘引目並未請發而松江府屬係行票鹽溫台甯屬按觔抽釐各該處帑鹽現本不行無冊可造而飭查存帑被匪擾失者尚多現已分別確查惟玉環餘息一款現查該處並未改行票鹽亦未抽釐仍官爲收賣節次飭查據稱存帑亦因被匪擾失現仍設法查照向章辦理而餘息無多又經嚴查提解尚未詳解到司亦應另案詳辦並俟解到餘息銀兩造入春秋撥

冊報部聽撥至溢課銀兩爲佐雜養廉之用係屬
必不可少之款應於票鹽課釐雜款內由藩司在
局酌提支放合將帑鹽現不造報詳請查核等情
臣覆核無異理合恭疏具題等因前來查浙江溫
台各府廳縣從前引歸商辦之時竈有餘鹽官爲
發帑收買飭商配引運銷所得溢課盈餘等銀作
爲佐雜養廉並充賞巡鹽員弁盤費等項之用按
年隨同商課另冊報銷茲據浙江撫臣疏稱商引
現改票鹽溫台各屬帑鹽不行存帑被匪擾失溢

課銀兩爲佐雜養廉之用係屬必不可少之款請
在票鹽課釐雜款內由藩司在局酌提支放等語
臣等查浙省每年額解藩庫佐雜養廉銀一萬二
千四百六十兩向於帑鹽溢課項下支解令該撫
以浙鹽改票帑鹽現不造報請將佐雜養廉銀兩
在於票鹽雜款內酌提自應准予所題辦理應令
浙江巡撫轉飭核實支放按年造冊送部查核惟
該撫所稱在於票鹽雜款動支究係何項雜款原
題未據聲明並令趕緊查明登覆以便稽考至被

失存帑各款並令該撫務須嚴飭認眞詳查報部
毋任隱混等因同治七年九月十七日題本月十
九日奉
旨依議欽此欽遵施行等因到本部院准此合就行司
卽便遵照指飭分別查明辦理等因奉此查佐雜
養廉請在票鹽課釐雜款內支放自以票鹽課釐
正雜兼收故原題聲請將兼收正雜各款內之款
酌提支放茲奉前因除將存帑各款移行各營各
府廳查照辦理

同治七年兩浙運使牙釐局司道爲詳請咨商停止江釐事竊照浙鹽引地中坐落蘇省之蘇松常鎮太四府一州各屬者前因江浙用兵餉需緊要迨兩省肅清後又因中原捻匪未靖江蘇前敵諸軍待餉甚殷是以浙省鹽務由蘇省抽釐由浙省收課各半分收名爲江釐浙課其實皆是票課蓋浙西地方統杭嘉湖三屬及蘇省五屬其咨部之票課場鹽皆每觔八文岱鹽皆每觔十文杭嘉湖三屬浙省照收八文十文蘇省五屬則江浙兩省

各收四文五文並非於票課八文十文之外加抽
江釐此時捻匪勦滅中原業已蕩平而江蘇房市
等捐現皆停止所有前項江釐竊擬亦可商請並
停劄係浙課分收江釐案關造報似應詳請咨明
江蘇撫院商請停止理合備文會詳

同治八年浙省牙釐局准運司衙門移開同治八年四月十一日奉鹽院批廣信府鹽局稟勻撥勇丁酌議巡緝章程一案由奉批據稟已悉所請勻撥陸勇另立巡船並酌換各員應准如稟辦理仰鹽運司會同牙釐總局核明飭遵仍令轉飭各該員弁認眞巡緝以期私靖官銷并將船租勇糧等項迅卽開報查核毋遲繳稟抄發等因奉此查此案前據該府局會稟到司聲明並稟省局當查該府屬走私之路水陸兼衝私販每以肩挑較難船

載較易雖陸路宜嚴水路亦關緊要據稟惟有勻撥勇丁另立巡船派員分管嚴密捕拏等情事尙妥協但須認眞堵緝實力查拏方足以靖梟私而疏官引卽經批候院示遵行並候省局批示在案茲奉前因移局核明移覆以憑一體飭遵等因過局准此查此案前據廣信府局具稟到局當經批飭候鹽院暨運司衙門核示在案茲准移奉前因查該府屬走私之路旣屬水陸兼衝私販每以肩挑較難船載較易則水路亦應嚴密巡緝所請勻

撥陸路勇丁另立巡船派員分管捕拏應即由該府局等督同認眞堵緝不得虛應故事並查該府局自添巡勇以後經費頗鉅而銷數仍未見旺如有不力之員卽行隨時分别撤參以示懲儆而收實效除劄飭廣信府局遵照辦理外擬合移覆

兩浙鹽法續纂備考　卷　三

同治八年五月浙江巡撫部院准江蘇撫院咨據
署蘇藩司蘇省牙釐總局松滬捐釐總局會詳稱
據提調案呈竊奉督院劄准浙鹽撫院咨據浙江
鹽運司具詳奉鹽院牌行准江蘇撫部院咨開同
治八年正月十五日據松滬捐釐總局詳竊准藩
司咨奉撫院劄准浙鹽撫院咨浙鹽引地坐落蘇
松常鎮太五府州屬前因江蘇前敵諸軍待餉甚
殷是以浙鹽由蘇抽釐由浙收課各半分收此時
捻匪勦滅中原蕩平江蘇房市等捐現皆停止所

有前項江躉咨商飭停示覆等因到院查江蘇每
月尚須供支淮軍餉銀二十萬兩此項鹽釐似難
遽停抄咨劄司移局核議詳請咨覆等因到司奉
此抄粘轉移查照等因到局准此伏查本司鹽釐
一項數年以來賴以湊濟軍需刻下捻氛雖已蕩
平而江蘇每月尚須供支淮軍餉銀二十萬兩所
有前項鹽釐誠如憲飭難以遽停會詳咨覆飭遵
等因劄司奉此本署司復查辦理引鹽本與票鹽
各殊票鹽本屬權宜分課分釐不循例案引鹽造

該商等所寘巡緝緝私以及輕重科則各情亦屬
未便再於課中分抽可否仰懇再行咨請停免至
浙課不能起色籌解維艱江鹽一項雖屬無多似
浙省鹽課只協餉銀爲數甚鉅屢奉諭飭籌解而
核計考成非若百貨釐捐之向無專款本年部撥
在此項釐錢况鹽課與地丁漕糧各項相同部中
與江省向本通融辦理若有可籌無分彼此似不
如再分定將來奏銷難造報如以庫餉論浙省
報奏銷有課無釐應遵成例此項江釐實分浙課

以毋復舊章之浙課仍令分繳江𨉍致礙造報所
有蘇滬兩局各卡向抽鹽釐一項是否准其停免
伏乞核定示遵再行由局通飭免收相應會議詳
覆伏候核咨飭遵等情到本護撫院據此除批令
通飭遵照免收外相應咨覆

同治八年江浙兩省督撫鹽院爲曉諭停收浙鹽江釐以恤商力事照得蘇松常鎮太五屬行銷浙鹽應收商課例歸浙運司收納造報前因蘇省軍餉孔急浙鹽暫改票運是以將票鹽釐課江浙各半分收稍資接濟現在該五屬引鹽業經改復商運而鹽課爲

國家正供未可短缺商運以本輕爲要宜加體恤所有江釐一款自應卽行停止統歸浙課以重正款除由浙鹽院劄飭運司查照成例議明完課章程

飭商遵照外合亟出示曉諭爲此示仰蘇松常鎮
太五府州商人知悉自示之後該商等配運引鹽
准其免抽江釐統歸浙課完納倘有局卡員役人
等藉端勒措准赴所在有司稟明詳辦其各凜遵
毋違

同治九年督銷綱鹽局爲劄諭事據杭嘉兩所甲
商稟稱竊奉杭局轉奉以錢江義渡經費歲需一
萬二三千串亟應籌錢十萬串生息支用擬先集
六萬串除另勸甯紹紳商量力輸助並浙東鹽務
酌捐二萬串外嘉湖事同一律合應輸錢四千串
等因當卽傳知各商去後茲據湖屬各商以秋綱
已經開繳可否請由督銷局於扣收後半課時按
引扣輸計湖屬一府廣德一州共認運三萬四千
引擬每引捐錢五十六文自庚午秋綱起至辛未

秋綱止計捐錢二千八百五十六千文除嘉屬各
商另行具稟外稟乞批示秖遵等情到局據此除
批示外查義渡經費據稟如數捐助足見該商等
踴躍急公殊堪嘉善本年秋綱前半課既已完清
所有是項銀兩准予飭由嘉湖督銷府局於行銷
庚午秋綱後半課內先行按引扣收餘着統於辛
未春綱一律清繳至每引攤數該甲商等應卽另
行核準稟明嘉湖府局於本屆秋綱內每引扣收
若干共合若干辛未春綱內每引加輸若干共合

若干俾符前數並先稟明本局以案合亟諭飭諭

到該甲商等遵照務即認眞辦理極力襄成本局

有厚望焉

同治十年五月戶部爲併案覆奏恭摺仰祈
聖鑒事同治九年七月據督辦西征糧臺侍講學士袁
保恆奏請權加鹽價接濟軍餉當經臣部議令兼
管鹽務各督撫轉飭各運司鹽道查明現時商力
民情能否一律普加鹽價迅速據實覆奏去後節
據浙江巡撫楊昌濬奏浙引滯銷難以加價兩江
總督曾國藩奏淮南鹽價礙難加增閩浙總督英
桂等奏閩鹽疲憊難以加價等因於本年正月二
月三月間先後由內閣抄出軍機大臣奉

旨戶部議奏欽此欽遵到部據浙江巡撫奏稱查兩浙
引地毗連場竈者十之三接壤鄰引者十之三向
爲私鹽充斥巡緝不能淨盡者十之四是以引鹽
章程有正地減地之分正地課重減地課輕又有
加舫免課所以權衡價值使私販無可措施今據
袁保恆議謂一省獨加則滯各省同加則通無如
引鹽之暢滯不在官鹽之侵銷而在私販之充斥
能加價於鄰省之官鹽不能加價於罔法之私販
查兩浙原額正引餘引八十萬道有奇兵燹之後

能奏呈起運淮南奏定章程以上六百觔為一引五
論有窒礙難行者數端將加之於商人運鹽不
積弊增價以裕軍儲惟各省鹽法不同就淮南而
總督曾國藩奏稱查袁保恆原奏意在停捐以除
必然兩浙引地試行綱票委難加增等語又兩江
之三十萬引能否銷足尚無把握商民藉口勢所
未能確有裨益而浙鹽引地恐因之益疲況所認
六錢計之通年所加不過十餘萬兩在西征餉需
收行票運兩亦責商承認僅及三十萬引每引以

難行者四等語又閩浙總督英桂等奏稱閩鹽自
改行票運課耗釐三項並徵成本較重全賴行銷
暢旺得以勉力支持今若每觔鹽價權加三四文
小民貧賤食私不獨官引滯銷於課釐大有妨礙
且恐買私賣私不勝拏辦等語臣等伏查軍興以
來各省鹽務或改票運或抽釐稅情形均非昔比
即如兩淮近年報收釐課二百餘萬兩比較同治
四五年收數已形短少節經江督奏請減價以敵
鄰私現在淮引尚難銷暢福建自同治四年奏改

票運兩浙引商亦未全復其現辦綱引之長蘆山
東四川廣東或以疊次酌加鹽價或以積引展限
帶銷商情疲累各處皆然是以上年袁保恒請將
各省鹽價加增臣部未能從中懸斷奏令兼管鹽
務各督撫轉飭各運司鹽道悉心議覆茲據浙江
巡撫楊昌濬兩江總督曾國藩閩浙總督英桂等
先後覆奏前來臣等查兩浙鹽務自改票以後統
計銷數不及舊額十分之四同治八年浙東奏改
票綱責令商人分地認額疊經臣部奏令設法疏

銷逐漸加增認引一二年來總無起色若再責令
加價商民有所藉口必致引銷日滯私販日充至
兩淮口岸以楚南北爲銷鹽最廣之區從前江路
梗阻淮岸遂爲川粤兩省鄰鹽充灌前據曾國藩
奏請禁絶鄰私歸復引地方議減輕淮鹽價本兾
銷數日漸暢旺此次該督摺內復將礙難加價之
故縷晰分陳所言皆切中時事是兩淮鹽價之不
能議加亦有明證閩省則下游逼處海隅私梟所
聚西路毘連江浙鄰鹽易侵今查該督臣英桂等

所稱該省自改票運定額增至三十七萬九千餘
兩又責各商多買額外完納餘課近年該商販等
每圖減價展秤以敵私鹽若行加價則官鹽翔貴
勢且驅民食私徵特餘課難徵竊恐正額課釐亦
難徵足等語自係現時實情臣等公同商酌應請
將兩浙淮南閩省鹽務准如各該督撫所奏毋庸
議加以恤商艱而保課額仍令各該督撫嚴飭所
屬認眞巡緝以杜私販尤爲至要其長蘆山東山
西兩廣四川各省均尚未據查明奏覆相應請

旨飭下兼管鹽務各該督撫轉飭各運司鹽道迅速詳
查覆奏以憑核辦勿再遲延所有臣等先行併案
議覆緣由恭摺具奏奉
旨依議欽此

同治十年江蘇巡撫臣丁日昌會同署兩江總督江甯將軍臣魁玉江蘇學政臣童華片奏再據委管楊關稅務常鎮道稟稱南北貨稅自江海通商後日形短絀加以內地分運一切大宗商貨半為洋單侵佔所賴米麥豆穀棉花布疋等項雜貨零星報投已屬無幾今年夏秋以來各屬鄉試諸生紛紛南下無不裝帶貨物抗不投稅並經照章稟請示禁並隨時擇尤提究無如積重之勢懲一不足以儆百文闈甫竣武場踵至此等士子專藉鄉

試以作護符以帶貨爲利藪牙行船戶又從而勾串假冒結隊肆行甚至並未入場僅以應試爲名往來護送或數人拖帶重載大船一二十號或一船裝載糧食千有餘石聯檣闖關不服稽查更或持衆逞兇以致大宗貨物攬越殆盡卽如孔宗涵地方應試士子販載私鹽拒傷弁兵此其明證數月來所收稅課幾至無以報解轉瞬關期屆滿深恐短絀滋多現在武闈尚未完竣而會試舉子又將北上倘亦視爲常經辦理尤形棘手稟請奏明

立案俟奉到
諭旨勒石河干等情前來臣查設關徵稅乃
國家惟正之供三載賓興尤
盛世掄才之典凡在士子例無優免明文諸生既列
膠庠應知法紀乃敢勾串牙商包攬客貨恃衆抗
稅以圖漁利殊屬不知自愛廉隅既於稅課大有
關係亦於士風多所窒礙若不嚴行禁止不足以
挽積習應請嗣後鄉會試文武舉貢生監人等赴
京赴省應試概不准包攬客貨私鹽成艙累載抗

不納稅倘敢故違除分別查拏照例究辦外先將
士子扣考船戶嚴懲以重
國課而端士習理合會同兼署兩江總督江甯將軍
臣魁玉江蘇學政臣童華附片具陳同治九年閏
十月二十二日內閣奉
上諭丁日昌奏本年夏秋闈江蘇各屬應試諸生多有
勾串牙行船戶包帶私貨多船聯檣闖關並逞兇抗
稅請旨嚴禁等語私貨本干例禁闖關抗稅尤爲法
所必懲且三載賓興掄才大典該士子已身列膠庠

即備他日賢良之選宜如何束身自愛整飭廉隅若如所奏勾串牙商包攬客貨恃衆抗稅惟利是圖非特稅課有虧實爲士林之玷著該督撫剴切曉諭嚴行禁止嗣後鄉會試文武舉貢生監人等赴京赴省應試概不准包攬客貨私鹽等項倘仍敢故違例禁闖關抗稅即著嚴密查拏先將士子扣考船戶嚴懲照例分別究辦以端士習而重國課該督撫即將此諭勒石河干永爲定例欽此

同治十一年二月二十八日兵部等部為遵
旨議奏事內閣抄出浙江巡撫楊昌濬等奏稱浙省變
通兵制減兵增餉業經奉部核准現在兵旣減少
官弁自應酌量裁改並應行量地遷移擇員駐防
又附片奏撫標左營巡鹽千總一員額兵一百名
自經兵燹早已潰散雖千總一缺業經遴補而兵
丁並未募補現於裁官併汛案內議將海甯營千
總改駐長安兼管巡鹽所有撫標千總一員擬請
裁汰兵丁一百名亦無庸再補各等因於同治十

年八月十四日軍機大臣奉
旨兵部議奏單併發欽此查浙省營制兵額前據閩浙
總督英桂等奏請變通當經臣等分別覈議並令
該督撫將未盡各事宜酌核辦理在案兹據該撫
奏稱浙省水陸共三十八營額設提督一員總兵
五員副將十二員參將六員遊擊二十員都司二
十五員守備五十三員千總一百十員把總二百
二十四員外委三百十一員擬裁大小官弁四十
二員裁都司改設守備一員對調都司守備各一

員改設中軍都司二員守備一員添設把總一員
該撫斟酌情形通盤籌劃已閱數年之久所有請
裁請添各款自必諸臻妥善不致別滋弊端均應
如該撫所奏辦理惟查清單內改駐營汛至百餘
處之多未免紛更太甚應令該撫確切查明如可
仍駐舊汛即毋庸更議其有必須改駐者亦必將
舊汛地方情形如何不宜之處詳細繪圖聲明覆
奏到部再行核辦其所裁各員弁除千把外委例
無選班應歸該省遇缺即補外其守備以上各員

該撫原摺僅稱俟奉部覆回由總督照章序補查
裁缺人員例應赴部候選如請留省另補該撫應
專摺奏明辦理其改設添設各缺應即分別揀員
請補並造具裁改添設各員弁營制銜名清冊送
部存案至單開溫州城守營把總一缺經管塘報
現擬裁汰將塘報事宜改歸驛站舖遞辦理查中
樞政考內載尋常事件不得濫用驛遞茲據該撫
奏稱溫州城守營把總一缺現擬裁汰自應將塘
報事宜暫歸舖司遞送仍不得將尋常事件濫附

驛遞以符定例而重郵政其裁汰改歸日期仍令該撫報部備查其請添歸併分防汛地遇有失事各按該管汛地將專汛協防兼轄統轄各官照例按限題參至所奏前議添設嘉湖水師應俟留防勇丁將次裁撤時察看情形另行籌辦應令該撫等俟留防勇丁裁撤時奏明辦理又撫標左營巡鹽千總一員額兵一百名自經兵燹早已潰散雖千總一缺業經遴補而兵丁並未募補現議將海甯營千總改駐長安兼管巡鹽所有撫標千總一

員擬請裁汰係爲減去冗員起見應准其將海甯營千總改駐長安並將撫標左營千總一員裁汰至兵丁一百名毋庸再補查此項兵丁從前添設係屬專司巡鹽不在制兵之内無關操防應如所請毋庸再補以節經費謹將裁汰改設添設改駐調防分防各員弁繕具清單恭呈

御覽至該撫等奏稱所裁現任正署各員弁於裁缺交卸後由司照缺給與候補俸薪以示體恤並裁官節省俸廉等銀應請撥充營中公用仍按年於兵

馬錢糧冊內造銷戶部查例載現任武職裁缺留標另補者俱照原任職銜支給俸薪等語今該撫等奏稱所裁正署各員弁於裁缺交卸後由司照缺給與候補俸薪查現任員弁現因裁缺另補自應准其支給候補俸薪其由各項候補員弁署缺者既經卸署應仍按各本例辦理不得一律支給以示區別至裁官節省俸廉等銀請撥充營中公用一節查同治七年間臣部會議前閩浙總督英桂奏減兵增餉案內議請准其核明裁省廉俸賞

項各款撥充營中公用並於摺內聲明所有議增各款皆就裁省各款抵用不得於額餉總數之外另有加增今該撫所請核與原議尚屬相符擬請准如所議將此項節省各款除抵給新案添改各員弁應支廉俸等項外其餘銀兩准其撥充營中公用毋得額外加增以符定章並令查明節省員弁應支俸薪等項暨營中公用各數目以及起支住支各日期另造細冊送部備查仍造入兵馬奏銷冊內照例題報以憑核銷其餘一切未盡事宜

仍令該撫等詳細妥查分別奏咨辦理所有臣等
遵議緣由理合恭摺具奏伏乞
訓示遵行再此摺係兵部主稿因端緒紛繁是以議覆
稍遲合併聲明奉
旨依議欽此

同治十二年督銷綱鹽局司道爲恭錄曉諭事案
於同治十年二月初八日奉撫院楊案行同治十
年正月二十三日准戶部咨開貴州司案呈據前
任江蘇巡撫丁日昌等片奏鄉試考生包攬客貨
私鹽請
旨嚴禁等語同治九年閏十月二十二日內閣奉
上諭丁日昌奏本年夏秋間江蘇各屬應試諸生多有
勾串牙行船戶包帶私貨多船聯檣闖關並逞兇抗
稅請旨嚴禁等語私貨本干例禁闖關抗稅尤爲法

所必懲且三載賓興掄才大典該士子已身列膠庠
卽備他日賢良之選宜如何束身自愛整飭廉隅若
如所奏勾串牙商包攬客貨恃衆抗稅惟利是圖非
特稅課有虧實爲士林之玷著該督撫剴切曉諭嚴
行禁止嗣後鄉會試文武舉貢生監人等赴京赴省
應試概不准包攬客貨私鹽等項倘仍敢故違例禁
闖關抗稅着卽嚴密查拏先將士子扣考船戶嚴懲
照例分別究辦以端士習而重國課該督撫卽將此
諭勒石河干永爲定例欽此相應抄錄

諭旨移咨浙江巡撫遵照可也等因到院行司移局查照欽遵等因奉經通飭各屬欽遵在案茲據紹所甲商吳敬儀稟稱鄉試年分往往文武諸生間被私販船戸所惑藉鄉試爲護符遂致包攬私鹽勾通販運如溫閩台私順流而下餘岱等私聯檣而上更有冒名應試往來護送不服稽查甚至私鹽被獲誣報搶案是以每逢鄉試之年銷數更形短絀而鹽課奉有定額鄉試轉瞬屆期惟有叩請先期照案出示嚴禁並通飭各府轉飭抄奉示禁以

浙江文叢

兩浙鹽法備考二種

〔第五册〕

〔清〕楊昌濬　廖壽豐　修

浙江古籍出版社

續纂兩浙鹽法備考

序

聞之易曰乾始能以美利利天下不言所利大矣哉夫天之所生地之所養孰非於芸芸之眾利用而厚生古之君設官分職亦惟節宣本末調劑中和有如禹貢以來煑海爲鹽民免澹食歷世久遠物產與民生消息維繫室家所資米鹽同力兩浙濱海斥鹵之產日出而不窮

國家命官筦轂小大相維持所以平其爭時其用不弃於地乃以承天也然而消長之機緘無一物不關運會

矧民生日用功同粟布者乎浙鹽行政完闕具載前志殷盛之世食德飲和而鹽政昌鋒鏑之世流離瑣尾而鹽政裂無平不陂無往不復迄乎休養生息物力人事一一與天地轉移鹽政之闕而漸完裂而漸昌壽豐前十年以糧儲官浙同官諮詢習聞浙鹽之改票復綱經營成績非可安坐而觀成循是以來繇簡疏密月異而歲不同艱易之迹吏牘所登聞者大略而已三載以來飭命撫浙兼綜鹽政則躬親之矣乃欲稽考平陂往復之事理期於補敝捄偏商榷都轉同官至丁酉之冬振

之運使有猷有爲鋭乎率厲羣僚有鹽法續纂之緝補從前備考之刻推究完密開局於戊戌之春分門類別井井有條經一載卷帙得半公牘亢緐或去或取有綱有目每一卷成壽豐得寓目焉裕上當先郵下訓商不外宜民牘載纍纍有此言外之旨者可法可久振之大夫與壽豐有同心矣所內愧者疴瘳纏緜日虞叢脞乞假請代久而始奉

俞旨不日解官默念庶政坐廢寮寀盡職減我積愆鹽政之重民生攸賴天運地脈息息相通續纂之籍望其

速成附名簡端浙中民商載此闕而復完之簡策壽豐有同幸焉已

光緒二十四年孟冬之月撫浙使者廖壽豐序

續纂兩浙鹽法志序

法積久而必變數變且復其初所謂續舊不廢者也鹽
筴之制伊古迄今蕃變不窮我
國家立法簡而必密蓋利之所在先防其弊弊又叢出
則各諒其時地而變通之然必有其本濟民裕課本也
東西浙鬻海爲鹽產非不足而疆地隘故招商擴地行
於鄰封以所有劑所無故鹽政當通籌遐攬民不病則
商不病宏綱總目具有司存綜覈而不苛疏闊而不漏
亦惟審時勢以循成憲上之所布下之所陳不有以薈

萃之散而無稽必至行而寡要矧兩浙覯兵事百政修復適當其難鹽法志成編歷年久遠文獻無徵樹堂往者總藩條於是邦其間再權撫部攝視總鹺恒咨嗟於吏牘不完憲章散落其時已改票振綱復地復引約略承平之舊觀於是日新月異企予望之去浙五年遲承恩命巡撫浙江斯安民察吏責任專而鹽政凭轂亦重仔肩都轉運使世君振之年力盛彊矻矻吏治浙鹺庶幾日起可以康國潤民方於去年之春牘請前中丞廖大夫開續纂鹽

法志局集衆修書以克復省會之日爲始事前都轉靈
君刻鹽法續纂備要門目可循亦前車之導改歲以來
籙要漸舉積有卷帙可付寫人蓋振之都轉督厲既勤
手定體例微意所在惟冀
朝廷大政復還其初捄弊興利因同於創襃且復盛續
纂書成則續舊不廢之義克明俾後來咸有所取法樹
堂舟楫之同期於共濟將勸善規過交勉焉而孜孜而
是編所纂緝宣
上德達下情且引以爲政教號令之臬也

光緒二十五年歲次己亥夏仲撫浙使者劉樹棠序

序

管夷吾以魚鹽疆齊見重春秋厥後稅鹽通商利國利民法莫備於劉晏矣方今行省二十二東西浙濱海產鹽行銷之地擴及徽州廣德蘇松常鎮太倉豐利溥亞於兩淮祖翼常州人也世食浙鹽壤地之聽覩相接宗姻之宦浙爲鹽官者尤相望承平日久兵革侵尋鹽法稍稍衰疆域肅清名臣籌筆行票者其暫招商復地綱引再舉整理出入歷數政而卒由舊章二三十年之敷施一二千里之出入條分縷晰其愼其難不有薈萃之

紀載在事官商亦難竟其端緒矧冐槩乎　祖翼備位瀛
藩與鹽運使同地同官分職聯事而支應內外倚畀左
右交相維護世振之都轉董率羣僚方開鹽法續纂局
條舉件繫有綱要有節目商榷惟勤伏念監司統部課
吏以奉公養民鹽法生殖與教稼同功兩浙凋困方蘇
生息未臻全盛惟恃小大官司訪利而必興防弊而必
杜利弊指陳羅於積牘則有司存往者之上達
形階下須蔀屋一事之往復至再至三郎施行而後利
未廣則必推之弊猶伏則又挽之凡在薈萃之紀載者

皆如醫者之方劑算者之乘除有發端有收效鹽政所以束吏所以課商所以宜民上下之同潤非交征也祖翼屏藩日行勸督亦惟宣
朝廷之德意察民物之消長續纂成編豈惟以綴緝之勤省檢攷之煩也哉

浙江承宣布政使者惲祖翼謹序

序

世杰承乏簡任浙江鹽運使蒞官二年餘矣自維薄植
叨竊世祿農曹觀政出宦隴秦洊擢來南轉運鹽筴吏
職綦重恐無以副商民之觀聽古有之曰不習爲吏視
已成事於是在官循成憲廣咨詢日治簡牘必躬親之
稽昔所以證今雍正嘉慶兩修鹽法志歷年久遠質以
現行本末事同稽古殊異孔多夫治實事者必求其是
居今之世行今所宜浙江定亂行政鹽法一變再變今
雖修復舊章而衰裂之餘元氣未完商力民情培扶尙

非朝夕可竟故整綱末能復額敵私未能減價歷任在官遇事補苴亦就事論事日月以冀緩急之故詳咨入告成案盈笥前使靈君有鹽法續纂備考之刻存其大畧振興之艱艱於締造推行之滯滯於席豐此後又踰十載矣改革之舉漸希補挽之方較密商業雖少生色而其機徐引而不窒產不加豐而領運尚可應時銷路亦循前轍各地情形不使沮於上達研考陳牘洞見本末散而無紀鉤索於臨時非所以汎應曲當乃溯敘事理請開續纂局於綱鹽商局舍宇禮聘仁和譚君主持

參逖資其老成宿望宏攬卓識以表舉政理高掌遠蹠勅成憲典乃遴撥鹽官鳩集文卷分任纂校期無汎濫無漏畧門目次第於備考十二卷拾遺補闕近年成案分别部居檄調場縣卷宗擇有所歸宿聞見多識歲月成書先以坊表舉措一端推究以達其全他日貢之

大廷備戸政之儲并伊古以來煑海熬波資於民食無一日之可廢貞元旋斡布新繕舊拜

天家之命令义下土之身家地不愛寶商濟羣黎號令惟行鹽政斠若畫一簿書之布於官守者無不可告於

閭閻條案雖行於一時而垂諸千載之
成憲禹貢周官長蘆兩淮千秋萬里縱衡胥出一源浙
江鹽法不敢苟不敢隘庶幾續纂之編疏通證明實事
求是所推暨額可全復價可銳減世杰於此循分而日
兢兢焉

兩浙都轉鹽運使者世杰謹序

續纂例言

一兩浙鹽政寇氛渙散同治甲子都會克復案牘無稽比全境肅清大府矜懷民食咨需拮据營繕以因為創奏咨條舉由試行票運漸而招商整綱場竈引地規制復還舊觀於是搜采卷宗考覈緝晉先於同治十三年刊成續纂備考十二卷逮今二十餘載續舊纂要資循守利推行焉

一地方初復舊商星散資本惟艱疆臣以民生國計所關亟取淮鹺票運章程立票徠商即釐即課兼濟海

塘工程故續纂浙鹽維新之政以票運爲緣始貞下

起元其機如此

一票商積歲流弊滋多成法昭垂整綱爲本場所區晝

分明引商守爲世業杭紹嘉松如木有本根枝葉日

茂冀復承平盛觀按籍以稽恤商富國蓋在是矣

一綱運之制界連鄰省蘇松常鎮太五屬江蘇轄郡例

行浙江嘉松二所之鹽旋以票商輒不克按額銷數

殊异招商承引而後可復故額整綱復引相爲表裏

者也

一綱引既復則行鹽各有分地私梟之出没鄰近之侵銷耳目有所不及遁辭知其所窮犬牙相錯謹奉條教之所區分復綱復引而後復地有憑藉而鮮出入銷貿易斯巡緝亦有專責矣

一綱阻引滯以賤價誘民私販積而成梟私流日遠官源日窒循昔名言化私爲官官滷煎熬海濱偏僻窮黎時有匿燒尸曬耕耘無土是亦生計所關在上者矜全之官商資收存配搭運民商交安耳

一私斂則官暢官鹽所出分場立竈貴於得地得人地

有形勢勿偏勿曠人有心力勿惰勿恣要在持其鍵於官通其欵於商物力有優絀出產有贏虧令竈戶亦傳於家竈地亦世其業云

一官懔成法綱奉成章引守成業地廣產豐徵課庶不滯壅古今籌國用者皆以鹽爲大宗帑藏出內部臣慎重上供而外馬價海塘及夫書院經費災區議賑往往取資焉帑課所繫不綦重哉

一續纂本末追康熙嘉慶再修鹽法志體例以備成書進上續舊不廢墜凡咸豐甲子以後至於今茲奏咨

成案分門件繫至於兵燹散落無可蒐討不能不從

蓋闕

一古有熬波之圖史有百官之表今日場界竈地鹽官

任卸月日仍仿體裁繪圖列表

一舊志人物蓺文不能求之公牘尚竢補緝成書

續纂兩浙鹽法備考卷[redacted]

票運

舊制引有定額商有定名自咸豐庚申浙省遍地賊蹤舊商星散引地蕩然迨各郡逐漸肅清就地設局抽釐洎同治甲子春省會克復舊商雖有來歸而家資蕩然無力認運兼之戶口凋零未能規復舊章當是時兩淮行票已歷年矣鄰疆牙錯規制可循因時制宜法期補救於向銷肩住之地仍按舊制責令各商包認外其杭紹嘉松四所正引

各地一律試行票運不分新舊各商但有納資即准給票雖引額未足然以釐抵課於課款無甚出入流亡之後抑亦濟急之術損益可行焉纂票運

續纂兩浙鹽法備考

票運

司詳暫爲試行票運

浙撫左奏請兩浙商鹽議請試行票運

戶部議奏兩浙商鹽暫准試行票運

司局詳試辦票運一年期滿查明銷數情形請奏

咨

浙撫馬奏請試辦票運一年期滿查明銷數情形

戶部奏明行知銷票總數徵課細數務須據實造

報

同治三年兩浙鹽運使爲詳請試行票運以裕餉課事竊兩浙鹽引年額應銷正票引目八十萬五千三百九十七道餘引十五萬道每年額徵正餘引課三十二萬數千兩有奇向由商人認數領運先課後鹽按綱造報奏銷因歷來行銷未能足額以內外雜款墊報全完道光年間岸情雖極疲滯通綱牽算尚能銷至五六成不等自咸豐三年金陵失陷淮海私鹽乘機侵灌杭嘉松三所銷數驟減甚有片引不銷之地所恃紹所各地尚能暢旺

加以辦理西鹽融銷淮界勉力搘拄尚不至驟然廢墮至咸豐十年以後安徽之徽州府廣德州暨江蘇之蘇常松太各府州以次不守繼而浙省告陷所屬郡縣亦幾無完土官商星散竈戸逃亡數年來直不知官鹽爲何物奸民投隙而入公然以販私爲恒業其時以徧地賊蹤遂亦不能計慮及此自浙東各郡克復議令紹興設局試辦票鹽而所銷僅止一隅銷數仍未能暢足祇能爲得寸則寸之計本年二月間大軍進克省城嘉湖先後規

復全省肅清居民已漸次復業亟宜實力整頓以冀攺復舊觀本司於四月間奉委兼署運使篆務目覩凋殘力圖蘇復無如文牘既全行燬失商竈又大半凋零間有一二舊商赴司晉謁亦皆避冦甫歸室家蕩洗勢難責令營運是現在浙江之鹽務不但求往日之暢銷不可得即欲如咸豐八九年之情形亦勢有不能夫天下無數百年不敝之法亦無窮極不變之理與其仍積疲之後相率因循不如乘更始之時別籌補救本司愚昧之見惟

有改行票運之一法擬請杭紹嘉松四所一律試
改票鹽無論舊商新商但能納貲到庫即給票認
地行運各府設立府局稽查銷數所收課銀全數
提作正課解充軍餉內外雜課全行停支其萬不
能不放之欵隨時稟請作正開銷以同治四年正
月爲始試辦一年如果行之有效即詳請奏定永
遠遵行現在甫經試辦各所情形不同所收票課
多寡懸殊且有應分解江蘆之欵勢難一律辦理
雖皆由各局稟奉核定恐尙有隨時應行變通之

處一經奏定章程勢難更易應俟試辦數月後畫一釐定再行詳請具奏至鹽法首重緝私無論商運票運皆不能置之不議應如何籌欵設巡容移會各局從長議辦其票運不行之地或由官運或議招商隨時察看情形核實詳辦總之創辦之始惟認眞緝私以疏票引痛革浮費以抒商困核減賣價以敵鄰私嚴查煎數以杜影射舍此四者別無良策本司愚昧無知罅綱謬領惟有秉承指示勉竭愚忱以期挽回於萬一所有議請試辦票運

大略情形理合詳候鑒核先行具奏并請咨明戸部將應頒額引暫緩飭發庶辦理不致兩歧更有請者浙鹽試行票運甫經議改將來能否暢旺毫無把握且鹽爲計口授食之需各屬人戸流亡過半勢不能兼人而食卽實力整飭恐仍不能足額部中成法具在設使按圖索駿則自運司以迄府廳州縣各有督銷經銷處分在本司固責無旁貸而該守令等既無引商可以督責票商又來往靡常若按額考成未免向隅應請咨明吏戸二部查

考凡行票州縣暫免計考如果該守令等有意墮
銷本司當隨時詳請參劾果能溢銷原額仍隨時
據實保奬以示激勸爲此具詳

同治三年十月兼署浙江巡撫鹽政臣左宗棠奏

爲兩浙商鹽議請試行票運以資整頓而裕課餉

恭摺仰祈

聖鑒事竊照兩浙年額應銷正票引目八十萬五千三

百九十七道餘引十五萬道每年額徵正餘引課

三十二萬數千兩有奇向由商人認數領運先課

後鹽按綱造報奏銷因歷來行銷未能足額每以

内外雜欵墊報全完道光年間岸情雖極疲滯通

綱牽算尚能銷至五六成不等自咸豐三年金陵

局稽查銷數所收課銀全數提作正課解充軍餉
內外雜課概行停支其萬不能不放之欵隨時酌
核支給作正開銷惟改引爲票未能限以定額能
否暢旺尙無把握應以同治四年正月爲始試辦
一年如果行之有效再行奏請遵行現在甫經試
辦各所情形不同所收票課多寡懸殊且有應行
分解江省釐欵勢難一律尙須隨時更改應俟試
辦數月後畫一釐定另行奏定章程至票運不行
之地或由官運或議招商應卽察看情形核實辦

理總之創辦之始首重緝私以疏票引痛革浮費
以抒商困核減賣價以敵鄰私嚴查煎數以杜影
射舍此四者別無良策據兼署鹽運使蘇式敬詳
請先行具奏前來臣查兩浙鹽務自遭兵燹商竈
流離各口岸銷數疲敝已極若不暫議變通辦理
必致無可挽救合無仰乞
恩施俯准將杭紹嘉松四所一律改行票運如果試辦
有效再行酌定具奏請
旨遵行除咨明吏戶二部將應頒額引暫緩飭發并請

將運司以至府廳州縣督銷經銷處分暫免核計
考成外合將試辦票運大畧情形恭摺具奏十月
三十日議政王軍機大臣奉
旨戶部議奏欽此

同治四年戶部爲遵
旨議奏事閩浙總督兼署浙江巡撫左宗棠奏兩浙商
鹽議請試行票運一摺同治三年十月三十日議
政王軍機大臣奉
旨戶部議奏欽此欽遵於十一月初二日由內閣抄出
到部據原奏內稱兩浙年額應銷正票引目八十
萬五千三百九十七道餘引十五萬道每年額徵
正餘引課三十二萬數千兩有奇向由商人認數
領運先課後鹽按綱造報奏銷至咸豐十年以後

浙江告陷所屬郡縣幾無完土官商星散竈戶逃亡奸民投隙而入公然以販私爲恒業其時徧地賊蹤無人過問自浙東郡縣先後克復始飭紹興設局暫時試辦票鹽刻下全省肅清亟宜實力整頓無如案牘既全行燬失竈戶亦大半凋零間有一二舊商亦皆避寇甫歸赤貧如洗勢難責令照舊運銷擬請杭紹嘉松四所一律試改票鹽無論舊商新商但能納資到庫卽給票認地行運並於各府設立府局稽查銷數所收課銀全數提作正

課解充軍餉內外雜課一概停支其不能不放之
欵隨時酌核支給以同治四年正月爲始試辦一
年如果行之有效再行奏請遵行現在甫經試辦
各所情形所收票課多寡懸殊且有應行分解江
省釐欵勢難一律尚須隨時更改應俟試辦數月
後另行奏定章程至票運不行之地或由官運或
議招商卽察看情形核實辦理除咨明吏戶二部
將應頒額引暫緩飭發並請將運司以及府廳州
縣督銷經銷處分暫免核計考成外合將試辦票

運大畧情形具奏前來臣等伏查上年七月臣部以浙東軍務蕩平行令招商運鹽以濟民食而裕課項等因行知在案茲據左宗棠奏刻日全浙肅清亟宜整頓無如商竈凋零間有一二舊商亦皆赤貧如洗勢難照舊運銷擬請杭紹嘉松四所改行票鹽並以同治四年正月爲始試辦一年如果有效再行奏請遵行等語臣等查兩浙鹽務向由引商認運先課後鹽奏銷年清年欵立法甚善間有肩挑小販領票行銷皆在場竈相近地方零星

發販爲數無多易於稽核此外從無行票之議現在若將引鹽統改票鹽非但督銷徵課無從核計考成即各販戶領票之後隨處灑賣充斥鄰省引地此爭彼奪撓亂鹺綱實非正辦惟據奏稱商竈凋零間有一二舊商赤貧如洗勢難照舊運銷尚係實在情形但恐既准行票一年之後遂復狃於便安致令全浙引鹽從此渙散且恐隨處充斥有礙鄰省額引關係大局不可不預防其弊抑或仿照兩廣山東等省由商領運由官督銷成案試令

浙省各州縣及向銷浙鹽之松江廣信等府屬各
歸各境或官運或民運或招商或招販聽其由本
地自行分銷不准充斥鄰境且就各州縣戶口之
盈虛分别引目之多寡由各該州縣赴運司衙門
請領每次酌給幾成定限幾個月銷完交課之後
再准續領不准絲毫拖欠一年之後將某縣暢銷
某縣滯銷再行酌量更正並即嚴定考成倘有墮
銷短課情事即將各該州縣照地丁錢糧例嚴參
惟各州縣賢否不齊倘有藉行鹽之名按戶苛派

貽累民間及任聽書差衙役需索商販不特無裨
鹺綱而商民受累不淺種種情形臣部無從懸斷
究竟是否可行應請
旨飭下閩浙總督兼署浙江巡撫左宗棠妥為籌議奏
明核辦如實係改歸地方或多窒礙應令仍歸引
課以符定章至稱所收課銀全數解充軍餉等因
查浙省軍務雖平尚有善後事宜及分解江省釐
欵應准將課銀暫充軍餉一俟徵收較旺即應分
別截留聽候部撥所有臣等核議緣由理合恭摺

具奏本日議政王軍機大臣奉

旨依議欽此

同治五年兩浙運使牙釐省局爲浙省鹽務試辦票運一年期滿查明銷數情形詳請奏咨事竊照兩浙鹽務同治三年十月間前兼署撫鹽院左將杭紹嘉松四所引鹽奏明改行票運課釐並收悉充軍餉並請先行試辦一年等因旋於四年三月間接奉部議以兩浙鹽務引商認運先課後鹽奏銷年清年款間有肩挑小販皆在場竈相近地方爲數無多此外從無行票之議若統改票鹽非但督銷徵課無從核計考成販戶隨處灑賣充斥鄰

省撓亂鹽綱實非正辦惟商竈凋零勢難照舊運
銷尚係實情但恐一年之後狃於便安全浙引鹽
渙散充斥鄰省不可不防抑或仿照兩廣山東由
商領運由官督銷試令各州縣各歸各境或官運
或民運或招商或招販且就各州縣戶口之盈虛
分別引目之多寡赴司請領每次酌給幾成限幾
個月銷完交課續領不准拖欠一年之後酌量暢
滯嚴定考成墮銷短課照地丁錢糧例嚴參至所
收課銀全數解充軍餉浙省尚有善後事宜及分

解江省釐欵應准將課銀暫充軍餉一俟徵收較
旺分別截留聽撥等因當奉到部文已在四年三
月其時票運業經舉行而廣東山東章程未奉部
發不能改辦本正任運司當即詳請就近咨抄俟
抄到後再行籌議嗣於七八月間先後奉准覆咨
轉發廣東鹽務省河合局章程山東官運商運暨
除弊緝私章程下司當查山東一案係因東省鹽
務先鹽後課致有懸欠而各州縣中間有商多參
革引多懸宕之處是以改爲先課後鹽並將無商

之地改歸官運廣東一案係因私充引滯埠商拖欠課銀故設法調劑厚集鹽本銀一百餘萬兩省河合局改埠歸綱查兩省改辦皆時值承平非若浙省現當兵燹之餘各引地俱屬無商配運且萬不能厚集資本至百餘萬之多似難援辦而援到章程時浙省票運業已行運八月有餘自應照原奏試辦一年期滿查明有無起色再行詳請奏咨至東省官運之法浙省改票後本屬兼行惟地方殘破祇能酌數運銷不能仍照舊額茲自四年正

月至十二月杪止業已一年期滿除抵充軍餉之課釐銀兩不由運庫收支應由局歸軍需案內報銷外所有局收課釐即屬商鹽正雜各款仍應由運司隨時查明銷收情形以憑據實具詳故自上年試辦之初卽飭各局將所收錢數按月造報一面移會牙釐總局彙齊開送兹准移到四年分一年收數有錢一百一萬七千五百二十四千八百七十六文內扣除江蘇釐錢及局用巡費實收計祇十之七八伏查浙省鹽務從前歷辦案卷被燬

無存正票引勅正雜科則皆難稽考本正任運司
搜羅尋訪僅得道光二十五年乙巳綱科則抄本
復檢查戸部則例及鹽法志暨節次詳請咨部發
抄之奏銷交代各舊册開載浙江省杭紹嘉松温
台六所正引七十萬四千六百九十九道內杭嘉
紹三所正引共六十二萬二千七十五道七分五
釐每引皆徵正課銀三錢九分有零松所每引徵
正課銀四錢二釐有零二錢八分有零二錢五分
有零不等温所八千四百七十一引每引皆徵正

課銀一錢九分有零台所一萬一千五百十九引
二分五釐每引皆徵正課銀二錢七分有零又續
添靖江包課改運正引三千道每引徵正課銀二
錢六分有零又杭嘉甯紹行銷票引一十萬六百
九十八道每引徵正課銀一錢九分有零又餘引
十五萬道係各所商人酌量地情添配各照各地
完課並無一定而紹所銷數較多又查雜欵科則
向來隨時增減杭紹嘉松四所每引約自六七錢
至二兩四五錢不等各按地情分別重輕亦惟紹

所最重溫台二所每引僅二分有零票引住鹽亦二分有零肩鹽則一分有零而嘉秀善桐四縣票引則並同正引附掣嘉所故雜欵亦同正引其各所之引地紹嘉松三所專配之處居多惟杭所引地則與紹嘉兩所錯雜並銷而此外甯波府屬之定海廳太倉州屬之崇明縣則皆計丁包課不運商鹽其計每年商課正銀三十二萬五千二十兩七錢九釐合之縣場水鄉竈課額銀十一萬五千三百八十三兩三錢五分七釐共銀四十四萬四

百四兩六分六釐又查雜欵銀兩欵目繁多公息銀二十餘萬兩係發商生息修築海塘外銷報部之欵又公費銀十七萬餘兩係屬解部充餉及銅觔腳價暨外銷養廉等欵又河餉參價引費雜費等銀皆屬分別內銷外銷之欵數有二十餘萬兩至商捐商用各地巡緝經費以及一切善舉公用之欵名目甚多銀數更屬不少或動以萬計或僅有千百統而計之亦有四五十萬兩雜欵之數實數倍於正欵現在冊卷蕩然祇就鹽法志及乙巳

綱科則計之然乙巳歷年已久且係輾轉傳抄之册不足爲憑故未能按欵實計大抵雜欵銀數總在一百萬兩以外此從前鹽務引觔之原案以及正雜課款之章程也至浙省鹽務嘉慶以前鹽綱整頓私靖官銷正雜課欵自不至於短絀迨後私鹽漸盛官引滯銷正課有虧則以雜墊正而年復一年正愈虧而雜愈墊不特商捐商用之巡費等欵不能以時請領甚至待修待築之海塘公息銀兩解部解各衙門之充餉充公欵項悉皆入墊不

給不解而私鹽日益充斥官引日益滯銷始而以
雜墊正漸至無雜可墊於是又減成收課而課欵
愈絀銷鹽愈滯綱引積年不領咸豐三年以後遂
至停辦奏銷此又咸豐十年以前近二三十年間
浙省鹽務情形人所共知者也十年二月省城失
守雖數日即復而四月間蘇省旋失嘉興繼陷浙
省亦一再被圍杭嘉松三所引地已爲賊蹤出沒
之區迨十一年衢防告警金嚴不守之後省城與
甯紹等府盡陷於賊商人靡不遭難旣無可以行

鹽之地又無可以行鹽之人而各屬殘黎遺子淡
食爲難凡愍不畏死之徒乘機私販無人禁止從
此鹽務潰敗決裂不可收拾矣同治元年以來浙
東各府屬發漸規復而私販充斥不得已就鹽抽
釐二年以後又在紹興招辦票鹽三年省城克復
全省肅清而引商類多死亡或甚貧乏無可招徠
時當更始自應別籌補救是以前鹽院左奏請將
杭紹嘉松四所一律改行票運抵充軍餉設局收
支在案此又咸豐十年以後同治四年以前之浙

省情形也又查四年十月以後杭紹嘉松各所試
行票鹽章程係分浙東浙西本省之嘉湖二屬及
江省之蘇松常鎮太五屬安省之廣德州一屬爲
浙西專派道員在上海設立總局督辦運銷巡緝
事宜各府皆分設府局其本省之金衢嚴三屬安
徽省之徽州一屬江西之廣信一屬爲浙東亦專
派道府大員在紹興設立總局督辦配鹽收課事
宜各府亦皆分設府局而杭所則在省城另行設
局委員辦理所有票運鹽觔係每票五十引每引

斤數仍照例定之杭嘉所三百七十五觔紹所三百五十五觔松所四百觔其行運浙西之杭所先係每引抽收正雜課銀二兩四錢嗣與嘉松二所並改每觔抽收課釐錢八文而引地之隸江蘇者江浙各分各半其行運浙東之杭所紹所皆抽收課釐錢十二文而場鹽之外尚有岱鹽一項出於定海廳所屬海中定岱各山奧該處產滷甚旺以板淋滷曝曬成鹽夏秋更多惟陰雨無出小民因不用鍋煎等於無本營生遂爭事灑鹽私販商鹽

停運之後代岀鹽遂徧充內地而沿海之蘇松太各引地爲尤甚其人既悍且多驟難堵絕不得不行化私爲官之法收課銷鹽現在上海縣吳淞口設局查照杭嘉二所引觔之數分別捆配運銷嘉松各引地每觔抽收課釐錢十文內亦江浙各半又蕭山所屬之河莊私鹽山陰所屬之黨山私鹽從前本有收私之案現仍設局分收准行各所照完課釐其運鹽完課之法杭紹嘉松四所正引及嘉秀善桐票引商人赴局領票先完一半課釐赴場

捆配候掣給護起運投各府鹽局起棧發行由局定價督飭鹽行分發各店挨次輪銷完繳後半課釐並酌減鹽行之棧費其杭紹嘉松各所正引各地無商行運之處則令州縣領鹽運銷先鹽後課至杭嘉紹三所之杭嘉甯紹各屬票引肩住商販仍照同治元年以來原辦之案改抽釐課杭甯嘉肩販及就場抽收之課每觔三文紹屬肩販每觔四文住商每觔六文緣從前開辦之時並未查明正引票引輕重課之大有區別祗就地情能收之

數參以正引正雜課銀舊章酌量收取是以多寡不等又温台二所之温台處各屬引地温台地本產鹽處州叢山峻嶺商運難行亦查照元年以來原案設局抽釐其有商民領帖開設鹽行之處即責令鹽行收繳釐課每觔三文五文八文十文不等又處屬山僻地方鹽販難到之處則委員運鹽往銷收取餘息此皆四年分杭紹嘉松温台六所鹽務正引票引暫行之新章也至各所巡緝事宜除甯紹温台處地方本有台州留防兵勇就近彈

壓並原設鹽捕汛兵照常巡緝外其杭紹嘉松四
所各引地皆屬正引重課地方巡緝更宜嚴密是
以嘉湖及蘇省各屬內地另派磤船委員帶領會
同營汛各路嚴緝上海則添雇火輪船飛駛各口
處處攔截杭嚴金衢一帶地方沿江分段委員設
卡並於舊商中遴選熟習鹽務之人督同巡役會
同營汛駕駛巡船上下緝拿至所需經費本於課
釐每文之外飭商捐繳一毫以爲巡緝辦公之用
嗣因巡費不敷甚鉅而從前此項巡費本屬開支

雜欵今課釐並收雜欵亦在其內應即就數開支
此又四年分各所辦理巡緝之情形也復查浙鹽
原額引數不計餘引每年亦應銷正票其引八十
萬五千三百九十七道今統計四年分一年奏改
票運之杭紹嘉松四所收數課釐併計合有三十
萬九千餘引雖溫台二所數有溢銷而紬溢牽算
尚紬銷四十九萬六千餘引之多惟以實收錢數
合銀較之咸豐年間收數所短尚屬無多此又四
年分行銷票運與原額比較之實數也本司復綜

計兩浙江蘇安徽江西四省各屬行鹽引地現在
時勢之民數地情官鹽私販與從前原案引商章
程及此時改辦票運情形悉心查核以民數論凡
浙鹽引地除崇明一縣外無不經賊匪竄擾卽間
有城池未淪陷者亦俱被兵但輕重不同江省則
江北較輕江南較重而蘇松常鎮太各屬鄉間今
尚有人煙斷絕之處浙省則浙東較輕浙西較重
而杭嘉湖金嚴各屬城鄉戶口今尚有不及萬人
或僅萬餘人者江西之廣信安徽之徽州廣德皆

被賊蹂躪不堪各屬戶口所存無幾而浙鹽杭紹嘉松之七十萬有零重課正引皆在此兵災最重地方食鹽之人今少於昔計丁合引卽遵照部飭就各州縣戶口之盈虛分別引目之多寡恐食鹽民數不及原額之半以地情論除甯紹溫台處正引肩住票引不計外衢州廣信徽州三屬離本省場竈及產私之地最遠金華廣德次之嚴州湖州又次之其嘉興蘇州松江太倉地皆沿海卽有離海稍遠與沿海而不設場竈之處亦相離甚近曩

時最遠之處私鹽難到巡緝尚易次遠之處亦祇須認眞辦巡惟離場竈甚近之處辦巡較難而蘇松太各屬遠在隔省呼應不靈辦巡尤難至常鎮二屬離浙省場竈較遠而與淮鹽之場竈相近易於侵越然長江天塹祇須重犒京口協沿江要口兵丁與靖江縣兵役嚴行巡緝卽難飛渡不若蘇松太海口綿長數百里處處可通卽重犒汛兵亦難堵截故常鎮滯銷之時一經整頓嚴巡無不暢銷然此皆咸豐以前之地情非所論於今日蓋自

賊匪肆擾官運不行無論場竈遠近概販私鹽不
特蘇松太沿海各屬在在充斥卽內地無不侵銷
故巡緝之地情難者更難易者亦甚不易以官鹽
論杭紹嘉松各場竈無不沿海僻處雖經賊擾受
害尚輕一自肅清人多復業卽不盡如從前之旺
產然亦短絀無多每年仍有五六十萬引足敷四
所原額配鹽未可令其停煎失所以私鹽論除向
有淮私現以大江爲界彼此嚴巡可絕不計外岱
鹽久爲大宗賊擾之後曬板日多衝銷日廣又增

以近年新添之餘姚曬鹽每年亦共有五六十萬引雖屬䓁民亦關衣食斷不能立時禁絶夫整頓鹽綱自應行銷足額正雜全完今不異昔無如州縣之民數今半於昔官私之鹽數今倍於昔又加以地情之萬難辦理欲求復舊其勢甚難又查浙省鹽務舊章引商認運先課後鹽誠如部飭年清年欵辦法最爲妥善惟以雜墊正之後年年虛報全完各州縣督銷考成卽片引不銷者亦以全完虛報名實不符漸至停辦奏銷鹽務廢弛此固奉

行之不善原非立法之不臧此後如照舊章辦理尙可從實奏銷以絶流弊無如此時州縣凋殘民數僅能及半卽遵例計丁台引就數減刪而場鹽之數已倍於民食私鹽之數又倍於場鹽實在能銷之數不過四分之一　且此時汎兵鹽捕之外加以委調添雇之文武員弁輪船礮船嚴密巡緝督押票商僅能銷三十萬有零之引鹽若驟令舊商行運恐難得力況舊商遭難者多招徠復業卽有舊商與其子弟撑私少能銷之地出而認充凡私

多難辦之區必皆避匿不來事多掣肘難行課欵
更無把握況一載以來所收課釐二欵合之引數
固屬無多而以錢合銀就時價一五計之究有六
十餘萬兩抵作正課之外尚有雜欵三十餘萬兩
現雖全充軍餉嗣後軍餉一停則課欵仍歸有着
本司等竊以爲杭紹嘉松四所鹽務與其驟復舊
章此後之額徵難必何如暫行票運上年之收數
可稽仍俟數年之後巡緝如能得力私鹽日少而
各州縣休養生息民數日多然後清查場竈及產

私之區裁併有場無鹽之鈌添設有鹽無場之員核明各場產鹽之多少酌定各屬民食之盈虧減引定額查照舊章而損益之所有雜欵課銀亦應大加刪減以恤商民蓋

國家賦稅取之於民者自有常經此時並收釐課較之例徵之額加多當此軍餉緊廹之時原屬萬不得已之舉將來定案之時自應核刪現暫毋庸更議惟各處地情有因時暢滯之處仍應留心察看量爲增減至温台二所正引溢銷之故温台所從

前原額本有四萬餘引載在鹽法志嗣以私充銷
滯改歸別所故引少課輕而咸豐十年以前尚不
能行銷足額現在接觔抽釐鹽非外來人皆土著
而該處被擾亦輕鹽不加多民不加少是以溢銷
然地皆沿海民風剛勁而向例課輕引少此後亦
應隨時量減以順輿情凡此皆本司溯查之今昔
實在情形然愚昧之見恐難得當所有浙省杭紹
嘉松温台六所鹽務究應如何辦理之處理合縷
晰詳請察核奏咨實爲公便再此時各所各引地

如有殷實商人情願認包完運引數多於行銷票運之數者現已准令認包先課後鹽以期漸復引商舊規但不能擇私少能銷之地先行佔認以致私多難辦之區永遠無人承認又松太一帶地方現暫試行官運鹽觔紳民領銷之法如能行銷有效似可推行廣遠爲此會銜具詳仰祈察核具奏

同治五年八月浙江巡撫兼管鹽政臣馬新貽奏

爲浙省鹽務試辦票運一年期滿查明銷數情形

恭摺奏祈

聖鑒事竊照兩浙鹽務前於同治三年十月間經前兼署撫臣左宗棠將杭紹嘉松四所引鹽奏明改行票運課釐並收悉充軍餉并請先行試辦一年旋於四年三月間接准部議以兩浙鹽務引商認運先課後鹽奏銷年清年款間有肩挑小販皆在場竈相近地方爲數無多此外從無行票之議若統

改票鹽非但督銷徵課無從核計考成販戶隨處灑賣充斥鄰省撓亂鹺綱實非正辦惟商竈凋零勢難照舊運銷尚係實情但恐一年之後狃於便安全浙引鹽渙散充斥鄰省不可不防抑或仿照兩廣山東由商領運由官督銷試令各州縣各歸各境或官運或民運或招商或招販且就各州縣戶口之盈虛分別引目之多寡赴司請領每次酌給幾成限幾個月銷完交課續領不准拖欠一年之後酌量暢滯嚴定考成墮銷短課照地丁錢糧

例嚴參至所收課銀全數解充軍餉浙省尚有善
後事宜及分辦江省釐欵應准將課銀暫充軍餉
一俟徵收較旺分別截留聽撥等因具奏奉
旨依議欽此欽遵行文到臣當以奉到部文已在四年
三月其時票運業經舉行而廣東山東章程未奉
部發不能改辦經正任運使高卿培詳由臣就近
咨抄嗣於上年七八月間先後接准咨覆廣東鹽
務省河合局章程山東官運商運暨除弊緝私章
程當查山東一案係因東省鹽務先鹽後課致有

懸欠而各州縣中間有商多參革引多懸宕之處是以改爲先課後鹽並將無商之地改歸官運廣東一案係因私充引滯埠商拖欠課銀故設法調劑厚集鹽本銀一百餘萬兩省河合局改埠歸綱查兩省改辦皆時值承平非若浙省現當兵燹之餘各引地俱屬無商配運且萬不能厚集資本至百餘萬兩之多似難援辦而援到章程時浙省票鹽業已行運八月有餘自應照原奏試辦一年期滿查明有無起色再行詳請奏咨至東省官運之

法浙省改票後本屬兼行惟地方殘破祇能酌數運銷不能仍照舊額茲自四年正月至十二月杪止業已一年期滿所有局收抵充軍餉之課釐銀兩雖不由運庫收支然飾係商鹽正雜各欵仍應由運司隨時查明銷數情形以憑稽考計同治四年分一年收數有錢一百一萬七千五百二十四千八百七十六文內扣除江蘇釐錢及局用巡費實收計祇十之七八伏查浙省杭紹嘉松温台六所正引七十萬四千六百九十九道又續添靖江

包課改運正引三千道又杭嘉甯紹行銷票引十萬六百九十八道又餘引十五萬道共計每年商課正銀三十二萬五千二十七兩七錢九釐此外雜欵銀兩欵目繁多册卷蕩然未能按欵實計總在一百萬兩以外在嘉慶以前鹽綱整頓私靖官銷正雜課欵自不致於短絀迨後私鹽漸盛官引滯銷正課有虧則以雜墊正而年復一年正愈虧而雜愈墊漸至無雜可墊於是又減成收課而課欵愈絀銷鹽愈滯綱引積年不領咸豐三年以後

遂至停辦奏銷十一年省城復失全浙淪陷商人靡不遭難奸徒乘機私販無人禁止從此鹽務潰敗決裂不可收拾矣同治元年以來浙東各府屬逐漸規復而私販充斥不得已就鹽抽釐二年以後又在紹興招辦票鹽三年省城克復全省肅清而引商大半死亡貧乏無可招徠時當更始自應別籌補救經前兼署撫臣左宗棠奏准將杭紹嘉松四所一律改行票運抵充軍餉設局收支在案復查浙鹽原額引數不計餘引每年亦應銷正票

共引八十萬五千三百九十七道今統計四年分一年改辦票運之杭紹嘉松四所銷數合有三十萬九千餘引雖温台二所數有溢銷而絀溢牽算尚缺銷四十九萬六千餘引惟以實收錢數合銀較之咸豐年間收數所短尚屬無多夫整頓鹽綱自應行銷足額正雜全完今不異昔無如此時地方凋殘民數尚不及半卽遵例計丁合引就數刪減而場鹽之數已倍於民食私鹽之數又多於場鹽實在能銷引數不過四分之一此時汎兵鹽捕

之外加以委調添雇之文武員弁輪船礟船嚴密巡緝督押票商僅能銷三十萬有零之引鹽若驟令舊商行運安能有此力量況舊商遭難者多即有出而認充者皆擇私少能銷之地凡私多難辦之區必皆避匿不來事多掣肘課欵更無把握且一載以來所收課釐二欵合之引數固屬無多而就實收之數以錢合銀約計時價究有五十餘萬兩抵作正課之外尚有雜欵銀二十餘萬兩均經

奏明全充軍餉而同治四年鹽課項下奉撥京餉

銀十萬兩業已清解本年奉撥京餉及內務府兩項銀二十三萬兩亦已解過一半是鹽雖改票而課尚無虧與其驟復舊章此後之額徵難必何如暫行票運上年之收數可稽仍俟數年之後巡緝如能得力私鹽日少而各州縣休養生息民數日多然後清查場竈及產私之區裁併有場無鹽之缺添設有鹽無場之員核明各場產鹽之多少酌定各屬民食之盈虧減引定額查照舊章而損益之所有雜欵課銀亦應大加删減以恤商民蓋

國家賦稅取之於民者自有常經此時課釐並收較之例徵之額加多原因軍餉緊迫係屬萬不得已之舉將來定案之時自應核删現暫毋庸更議惟各處地情有因時暢滯之處仍應留心察看量爲增減據正任鹽運使高卿培署運使秦緗業及牙釐局司道會銜詳請具奏前來臣查兩浙鹽務自遭兵燹舊商星散無可招徠不得已改行票運竭力籌辦一年以來銷數雖不能如額而較之咸豐年間八繁世富之時所鈌無多此時若改復舊章

無論殷實之商無可招致即有出而承認者無非
撑銷旺私少之地其銷滯私多之區引商必不願
辦官運亦多掣肘必致引票兩懸轉無把握不若
暫行票運以收實濟仍俟數年後再行察看情形
改復舊章實因時勢所逼並非狃於便安合無仰

懇

天恩仍准將杭紹嘉松四所暫行票運以便商民此時
如有殷實商人情願認包完運引數多於行銷票
運之數者現亦准令認包先課後鹽以期漸復引

商舊規但不得擇私少能銷之地先行估認以致
私多難辦之區永遠無人承運又松太一帶地方
現暫試行官運鹽飭紳民領銷之法如能行銷有
效似可推行廣遠合并聲明除咨吏戶二部查照
外合將浙省鹽務試辦票運一年期滿查明銷數
情形恭摺具奏九月二十日軍機大臣奉
旨著照所請該部知道欽此

同治五年戶部爲奏明事山東司案呈內閣抄出

浙江巡撫馬新貽奏浙省鹽務試辦票運一年期

滿查明銷數情形一摺同治五年九月二十日軍

機大臣奉

旨著照所請該部知道欽此欽遵於本月二十二日抄

出到部相應恭錄

諭旨行文浙江巡撫將杭紹嘉松四所引地仍准暫行

票運如有殷商情願認包引數亦准認包概令先

課後鹽以符定制至原奏內稱同治四年正月起

十二月止一年期滿統收票課錢一百一萬七千五百二十四千八百七十六文扣除江蘇釐錢及局用巡費實收計祗十之七八等語查杭紹嘉松四所引地前經閩浙總督兼署浙江巡撫左宗棠奏請一律改票新舊各商但能納貲到庫即給票認地行運各府設局稽查銷數所收票課多寡懸殊且有分解蘇省釐欵俟試辦數月後另行奏定章程在案是該省改票後一年內行銷實數各府均有分局可查票課徵收多寡不一究竟至多之

課徵錢若干至少之課徵錢若干亦必確有定數
給票認運以後沿途經過釐卡是否另納釐稅抑
祇於領票時納課一次所稱分解江蘇釐錢是否
專指松所引地並歸何府局提解至局用巡費原
爲例所應支通計四所引地現共設立幾局委員
薪水書役工食以及巡兵口糧每月其支給若干
此項給發之欵在票課項下如何分成提取該省
試辦已滿一年詳細章程既未據先期奏定此時
奏報又不將釐錢局用巡費等分晰剔出僅於收

數課錢一百一萬餘千內籠統扣除所稱實收數目祇有十之七八究竟扣除外實收若干並未劃清開報奏銷錢糧豈容似此牽混應令該撫嚴飭運使將四所引地銷票總數徵課細數轉飭局員據實造報並將扣除江蘇釐錢暨局用巡費一切章程迅速奏明立案其徵收票課一年內報解京餉提充本省軍餉各若干並令開具管收除在四柱清册分所分局暨委員姓名詳細咨送到部以備存查至此後該省票課如俟一年截數後再行

奏報未免稽遲應令按照兩淮課釐章程半年奏
報一次以歸迅速浙省地方人民漸次復業銷鹽
之數自應逐漸暢旺該撫務當嚴飭屬員認眞巡
緝俾裕課源毋得僅據此次奏報銷數視爲定額
其溫台二所引地據稱數有溢銷究較定額多銷
若干之處并卽查明咨報毋稍遺漏可也

續纂兩浙鹽法備考卷

復引

復引者將還商綱運之始事也浙鹺以兵燹後引地就荒招商未集改行票運數年綱額難復公私周章蓋以商號未得主名銷地漸殺界畫大府補苴整肅守舊而以漸筮復先於蘇屬五區奏還引運責成有司馴是招商由舊四所如新經營之力雖因猶創已

宸聽俞之部臣擘之其間條目詳於咨議出內慎於乘

除積以歲時具在塵牘今日披尋所及罙獲於試
行之成迹修復之公言承平之規爲可以想見八
九恤商期於利民益上而不損下躊躕往復尚有
出於卷宗文字之外者纂緝所及庶幾傳後必先
以信今至整綱大要在濟帑杜私則具詳他卷以
識本末纂五屬復引

復引一

陞撫馬浙西五屬請改章試辦官運奏

戶部議復浙西五屬准改由官運奏

運司申復奉行部咨遵議五屬招商籌辦情形一件

司局會詳浙西五屬招商復引認運請奏咨批示一件

陞撫李會同蘇撫張浙西五屬招商復引認數試

辦奏附章程十二條

同治八年戸部爲遵

旨議奏事浙江巡撫李瀚章奏江蘇蘇州等五府州屬鹽務招商認數先行試辦一摺同治八年六月二十九日軍機大臣奉

旨戸部議奏單併發欽此欽遵將原奏清單抄出到部據原奏内稱江蘇蘇松常鎮太五府州屬鹽務前撫臣馬新貽奏改官辦接准部咨仍照銷引舊額酌減十分之二作爲官運暫領引額槪令先課後鹽正雜並交當經咨商江蘇撫臣飭查各屬兵燹

之後戶口凋零卽照二成領銷已無把握若再加增更屬無從設法惟有責成五府州招復引商飭照二成認運自議緝私章程先行試辦一二年俟有成效再行逐漸增運試辦期內督銷考成暫免核計等因卽據浙江鹽運使江蘇布政使浙江牙釐總局司道會同詳稱蘇松常鎭太各屬從前完善之時銷數不過十之五六現在戶口十減其七該州縣錢漕較重政務本繁未能兼顧官運而引地爲商人世業請招復舊商復行引鹽據蘇州等

府詳據商人潘宏昌等陸續認銷引地且訪知各
地票商存鹽尚有數萬引飭局停運並劄各局員
督商查明存鹽前半課暨成本路費並銷鹽遠近
日期之應得餘利令認商償還並令將後半課先
行完納俾認商不能無本空認而票商亦得別謀
生理據各局員分稟查明本利議定價值照數交
清票商將鹽盤收於本年二月初六日起至三月
初一等日先後接辦行運等情查五屬三十一州
縣督同配杭嘉所場鹽與鎮屬毘連先於五年間

認包之建平一縣共三十二州縣認包鹽數有六萬六千引雖較舊額相去懸殊與票運所銷已增不少與其嚴辦票鹽耗費既多得不償失莫若減復引鹽課欵不虛惟引鹽舊章十載不行且情形異昔惟有溯查鹽志參酌票章擬具條陳先行試辦一二年仍由運司督飭州縣暨甲引各商察看情形籌議緝私疏銷之法以期增引計考漸復舊規等情會詳請奏前來臣查浙西引地敗壞已久自行票運設局辦理以來定岱私鹽多潑販於蘇

松常鎮太各屬雖設法巡緝總未能稍有起色緣
該五屬州縣濱江沿海支港紛歧若多派巡船需
費不貲多設分局糜費滋多是以前撫臣馬新貽
奏請改章試辦責成各該州縣自行籌備領運嗣
經部議銷數改爲舊額十分之八官商皆未領辦
臣到任後節次咨准江蘇撫臣飭據蘇州等府縣
招復引商潘宏昌等陸續認銷鹽數共六萬六千
引按年核數如有短少責令賠課先行試辦一二
年暫免討考仍令運司督飭州縣商人設法緝私

疏銷如有成效再行增引計考漸復舊規除咨吏戶二部查照並將章程冊結咨送戶部等語臣等復查兩浙鹽務同治三年省城克復以後前陞任撫臣左宗棠以舊商無人奏請暫行票運分府設局辦理自同治四年正月試辦起每歲約收票課釐錢一百萬串有奇各府收數以甯紹兩府爲多杭嘉湖三府次之至江蘇蘇松常鎮太四府一州引地向歸浙商領運改票以後由浙省派員赴上海設局督銷綜計雇募礮船支發勇粮以及緝費

局用每歲開銷制錢六七萬串不等以四府一州
收數核計除去應解江蘇釐錢尚覺所入不敷所
用同治五年前陞任撫臣馬新貽奏改州縣官運
經臣部核議令照額引減成試辦本年正月復據
撫臣李瀚章以江蘇州縣錢漕繁重未能兼顧運
鹽請仍招復引商等情咨部經臣部行令將各商
認銷數目暨完課章程赶緊彙案報部以憑核辦
等因咨復在案茲據該撫李瀚章查明四府一州
所屬計三十二州縣已飭據運司轉據各該州縣

招復新舊各商認定引數共六萬六千引於本年
二月初六三月初一等日先後接運請先試辦一
二年試辦期內將州縣督銷考成暫免核計並酌
擬章程十二條具奏其各商認運引數亦據造册
咨送前來臣等查兩浙引鹽向由商運自經兵燹
舊商四散始議票章分府試辦蘇松常鎮太四府
一州係江蘇地界行銷兩浙引鹽改票以後局用
巡費支欵倍於他處前陞任撫臣馬新貽議改官
運未據領辦有人茲李瀚章仍請招復引商減額

認辦查四府一州屬例銷額引三十萬八千四百三十八道有奇認包引數六萬六千道按照舊額纔及十分之二第常鎮逼近淮岸蘇松太地處海濱私鹽均易侵灌票販既已滯銷官運復難兼顧若不量予變通口岸益形廢弛既據該撫體察情形招商認辦自爲整飭鹺綱起見臣等公同商酌應請將行銷浙鹽之蘇松常鎮太四府一州引地准如該撫所奏減額認運即以六萬六千引作爲暫包引額先行試辦一年試辦期內州縣督銷考

成免其核計統俟一年屆滿查看銷數酌量加增
引額再復考成以符舊制其票販積存引數由認
商收買先後接運之處均應如該撫所擬辦理再
查四府一州例配杭嘉松三所場鹽每引重三百
七十五觔至四百觔課額自一兩數錢至二兩餘
不等票運章程無分正雜課釐並徵浙西杭嘉松
場鹽每觔收課釐錢八文按引計觔每引收課釐
錢三千文及三千數百文現在四府一州招商減
額名爲試行商運實仍沿襲票章所有試辦一年

期內應令無分正雜按照票運課釐數目如數徵
收毋庸另議科則轉致避多就少至包額之六萬
六千引課銀短缺卽照該撫所擬責令各商分賠
以肅鹾政其另擬章程十二條謹按欵核覆另繕
清單恭呈
御覽恭候
命下臣部卽行知該撫遵照辦理所有臣等遵議緣由
理合恭摺具陳本日軍機大臣奉
旨依議欽此

同治八年戸部片奏再臣等正在核議間據浙撫李瀚章將蘇松常鎮太四府一州引地各商應完正雜科則造具清冊咨送到部據咨內聲稱五屬引地皆私充難辦該商急公認運應量爲體恤將票課八文按地分別酌減邇來銀價較昂以錢合銀數更見絀各地科則每引自一兩一二錢至一兩五六錢不等照舊章正雜併計每引須二兩以外數實不敷又據冊開杭嘉二所各地每引正課四錢有奇松所濱海各地每引正課二錢有奇合

之雜欵並外銷各欵每引約完一兩一二錢一兩
五六錢不等通共五屬引地認運六萬六千引應
完正雜各課銀九萬五千六百八十六兩四錢九
分零等語臣等督飭司員按册核算四府一州屬
現時認額六萬六千引比較舊額纔十之二所擬
科則正課一項按照舊制尚無短少其餘雜欵曁
外支內銷各欵視前減額甚多現當初復引商必
責令將從前應支各欵按引令交商力或虞未逮
然從此著爲定章減輕科則年復一年虧缺綦鉅

查該撫陳奏條欵內稱五屬引地通銷通賠不分畛域飭照票章辦理是該省現辦章程係以認商兼行票運臣部於議覆正摺內業已准令試辦一年所有試辦期內自應仍令按照票運完課章程蘇松常鎮太四府一州引地每觔完課八文毋庸另議科則轉致避重就輕其應支銷各欵除緝費外仍照票運章程核實造報統俟試辦期滿認運引額加增再按從前應完科則按引全完奏明辦理至五屬引地票運案內每觔提取四文劃作江

蠆致浙課因之減色今江蠆停收專歸浙課以每年銷引六萬六千道每引三百七十五觔暨四百觔核計一年所獲課欵總可得制錢二十萬串之數乃此次所報科則每年正雜併計共完銀九萬五千六百餘兩剔除雜欵外支各欵實在歸公正課銀祇三萬三千餘兩各該認商藉引地滯銷爲詞希圖減輕科則多占贏餘前經職員周衡等赴臣部呈請認辦四府一州引地曾據聲稱每年願交銀十萬兩可見各該引地銷數未必不勝於前

商運未必不有餘利豈得僅憑認商一面之詞遽
將科則減輕永虧課額該撫務當通盤籌畫期於
裕課恤商兩有裨益是爲至要再查冊內聲稱同
治三年辦理票鹽杭嘉松紹四所皆酌加耗鹽江
蘇五屬常鎮六十觔蘇松太四十觔現擬援照道
光二十九年加觔成案將此項加耗鹽觔祗完正
課河餉不完雜欵等因臣部查行鹽觔重例有定
額如有增加必須先行奏明核准後始爲遵辦兩
浙舉行票運其每票若干引每引若干觔曾經臣

部咨查旋據覆稱均循額引之舊並未將每票加
增觔數先期奏准何以此次冊開輙稱杭嘉松紹
各所引鹽均有加給耗觔至六十觔四十觔之多
臣部斷難核准應請
旨飭下浙江巡撫將耗觔名目即行禁革其松所引鹽
例定四百觔本無加觔成案至杭嘉紹三所引鹽
令恪遵道光二十九年加觔奏案辦理如於奏定
加觔之外再有浮加即將多餘鹽觔割沒入官照
私鹽例變價充公以符定制至四府一州現認六

萬六千引額裁去耗觔歸併核算計可增引數千
並令該撫迅即查明加增引額毋任隱混致虧課
欵所有臣等據咨改奏緣由理合附片陳明
一請發代引印單護照給商完課捆鹽運銷一條
據稱引商向來赴運司衙門先請鹽政所發買
鹽印單憑單請領部引入場捆鹽並於掣鹽時
呈繳單引過掣然後完課給予水程又憑程再
請部引現甫試辦不特不及請引即印單水程
輾轉給領亦多周折請由鹽政頒發代引印單

入場捆鹽並另給護照運銷以省案牘等語查
兩浙引鹽向由運司揀派官商赴部請領引目
其買鹽時印單掣驗後水程均爲稽察防弊起
見今該撫以試辦之初不及請領部引並印單
水程輾轉給領事多周折請由鹽政頒發代引
印單入場捆鹽另給護照運銷等語查蘇松常
鎮太五屬引地甫經招商認運若令驟復舊規
轉致畏難觀望應如該撫所請試辦期內暫免
赴部領引其印單水程亦暫停給即由鹽政頒

發代引印單入場捆鹽另給護照運銷以歸簡
易統俟試辦一年後察看情形議復舊制毋得
恃有此次試辦章程置部引於不問是爲至要
一先課後鹽令商人全完課銀後入場捆鹽一條
據稱引鹽商人向來先請部引印單捆鹽過掣
然後完課票鹽章程則於請領買單護照之前
先完半課其後半課則於銷鹽時由各府局收
完今既復引鹽自應查照引章全完課欵惟先
請單引入場仍俟捆鹽過掣方能完課行運事

較紆迴商人既有所不便且恐該商等捆鹽之後延不完運應令商人先完全課給予印單捆配並將護照發所如過掣無弊立即發照運行以歸簡易等語查兩浙綱引先鹽後課其課欵俟捆鹽過掣始行完納誠以重觔夾帶種種弊端均在掣驗之際過掣以後方令完課定章極爲周密今該撫請於掣驗以前先完全課過掣無弊卽發護照雖爲便商起見惟夾帶重觔之弊不可不防應令於掣所派委公正賢員認眞

秤掣並將引單護照暨掣配鹽觔核對明確如
查有引單數目浮於掣驗數目掣驗鹽包多於
例定鹽觔之處立即稟明鹽政扣除護照嚴定
罰規毋稍寬縱
一掣驗引鹽應於票章之中參用引章一條據稱
引鹽舊章先本分季四掣嗣分上下半年兩掣
至票鹽章程因兵燹之餘商力不足準其隨到
隨掣以免守候現在認商似應查照票章於春
季夏初秋季冬初隨到隨掣俾示體恤仍參用

引章於夏間醬銷之前將上半年應掣包認之
鹽冬間菜銷之前將下半年應掣包認之鹽一
併完課掣運以利行銷等語查引鹽先分季四
掣嗣分上下半年兩掣原以整飭鹺綱且免爭
先搶運而守候稽留往往不免今試辦之初商
散引碎應如該撫所擬查照票章於春季夏初
秋季冬初隨到隨掣俾示體恤所有應掣包認
之鹽卽令於夏間醬銷以前冬間菜銷以前一
律完課掣運以利行銷

一引鹽完課俟運司釐定科則另詳咨部一條據稱引鹽完課向分正雜科則按引徵完票鹽章程則按觔抽收釐課無分正雜從前浙西之杭嘉湖蘇松常鎮太八屬地情暢滯不同按引徵課自一兩數錢至二兩餘不等舉辦票鹽時該八屬地方濱海沿江私鹽易灌是以按觔抽釐減於浙東各地該八屬場鹽每觔概抽釐課錢八文岱鹽成本較輕則每觔十文而八屬之蘇松常鎮太五府州係隸蘇省軍興之時向抽鹽

釐嗣經浙省分設各局整頓鹽務而江蘇鹽釐未能卽停票商完納每觔八文十文釐課之外未能再令完納江釐因以四文五文作爲浙課四文五文作爲江釐令商人分別完繳在案今五屬改辦引鹽自應以釐歸課復還科則業經咨准兩江督臣江蘇撫臣函復停免抽釐除飭運司察看各地暢滯情形查照成例釐定輕重科則妥議章程詳明定案另行咨部備查等語查引鹽舊章係正課雜欵並徵尚有應解京外

各衙門帑利等項均須按引交納自改行票章
奏明無分正雜統歸課釐兩項徵收浙東每觔
收課釐錢十二文浙西每觔收八文至十文蘇
松常鎮太五屬係浙西口岸例配杭嘉松三所
場鹽此三所額引觔數例定三百七十五觔至
四百觔不等按每觔八文每引三百七十五觔
核計應納課釐已需制錢三千文比較引章徵
課有盈無絀現五府州屬名雖試辦商運實仍
沿襲票章所有試辦期內應徵收課欵應照票

章無分正雜按引計觔每觔八文於請領代引印單時全數交納運庫不得短少其劃解江蘇一半釐錢即行停止至該撫所請查照成例釐定輕重科則之處統俟試辦期滿增復引額核計考成之日再行妥議章程辦理以期久遠而

昭劃一

一五屬各地應分設兩局委員督銷一條據稱引商行鹽從前皆自行巡緝疏銷向不委員督率惟此時新商既非熟習舊商亦已生疎地方文

武州縣營汛以及營兵縣捕誠恐呼應不靈自
應委員督銷以資統率聯絡而五屬地方寛廣
並應分設兩局以蘇松太爲一局常鎭爲一局
至委員薪水應由各地商人自行籌備不請官
項以節經費等語查蘇松常鎭太五屬運銷浙
鹽事屬隔省地方文武呼應難期一氣該撫所
請委員督銷之處自爲聯絡地方俾資統率起
見應如所議辦理仍由該撫督同運司認眞查
察如有督銷不力情弊卽從嚴參辦以專責成

其委員薪水卽由各商籌備無庸動用官項以

歸撙節

一五屬辦巡銷鹽應准通力合作一條據稱五屬

地情雖異十年廢弛則同江海緝私實與內地

緝私相爲表裏而彼此銷鹽皆滯亦有彼善於

此者此時甫經試辦各地皆無把握彼此若不

相通整頓難期有濟所有各地商人緝私銷鹽

一切事宜自應通力合作以收實效等語查五

屬引地廢弛日久巡緝疏銷最關緊要應如該

撫所擬五屬界內准其通力合作俾收實效

一包認六萬六千引之課責令照數全完一條據

稱各地商人既經具結認包且由三所甲商出

具保結引有絀銷即當賠課應於每屆年終合

計五屬銷數如不及六萬六千引責令甲引各

商照數賠完案係通力合作應行通銷通賠至

本年己巳綱六萬六千引各地認商係於二三

月間先後接辦其票商正月初一以後二三月

以前所銷之鹽應歸認商六萬六千引數內核

計一年銷數以昭公允而杜欠課等語查五府州屬額引三十萬八千四百餘道今認包引數六萬六千道比較舊額纔及十分之二因招商伊始業於議覆正摺內准令試辦一年俟試辦期滿察看情形加增引額所有試辦期內自不得再有短絀倘銷不足數應如該撫所擬責令甲引各商通賠以杜欠課至認運各商甫於本年二三月間接續試辦其正二月間票運所銷之鹽亦應如該撫所擬統歸認商一年銷數內

核算以昭公允

一完課錢文應令商人易銀納課一條據稱票章係按觔抽錢現暫照數完繳而運庫解支均須銀欵自應令商人於完課時查照市價將應完錢文核數易銀完納以便解支等語查引課舊章本係按銀完納今請將應交課錢查照市價核數易銀完納係與舊章相符應如所擬辦理仍令該撫督飭運司嚴禁庫吏需索以恤商艱而防奸蠹

一巡緝私鹽應照票鹽經費飭商自行分提嚴辦

一條據稱五屬私鹽充斥辦理票鹽時海巡江巡內巡經費浩繁此時商巡如不照辦官引難銷現令甲引商於完課之時自行按引計觔抽提存儲公所仍照票鹽巡費分別支用內巡每觔定以一文江海巡每觔定以二文以嚴巡緝等語查巡緝私鹽最爲疏銷關鍵旣據該撫核定內巡江海各巡緝費由甲引各商完課時按引計觔抽提存儲公所即係商捐商用應如所

擬辦理毋庸作正開銷並不得於完納官項內
挪墊借用以清界限而重庫欵至蘇松常鎮等
處淮私充斥鎮江一府尤爲蘇常門戶與淮南
通泰二十鹽場祇隔一江飛渡最易從前派鎮
江同知京口協副將常川巡緝嗣後奏歸常鎮
道專管現在四府一州既已招復引商其應如
何查緝之處應請
飭下兩江總督江蘇巡撫會同浙江巡撫妥議章程奏
明辦理

一五屬督銷考成應請暫免一條據稱此時旣暫
復引鹽原應並復考成是以該署運司前詳仍
請復還茲該署司等復查五屬引鹽甫經試辦
正雜科則尚未釐定而該商人等雖已分地認
包實係通力合作盈絀併計包完六萬六千引
似應暫免考成請俟試辦一二年後察看各地
銷鹽暢滯情形再行定額計考惟商人行鹽全
恃州縣督率辦理方能有濟各州縣中如有以
鄰省鹽務意存膜視以致銷引日滯者仍隨時

詳請撤任參處其有認眞督辦行銷暢旺之員
亦應酌奬以示勸懲等語查州縣督銷鹽引係
按例銷引額作十分計考今五府州屬認包引
數比較定額纔十之二於議覆正摺內準其試
辦一年所有州縣督銷考成應暫免其核計疏
銷之暢滯全恃地方州縣認眞督率應令試辦
一年後體察情形加增引額復還考成以昭功
過倘試辦期內各該州縣有以鄰省鹺綱意存
膜視經該撫訪查確實卽行從嚴參辦毋稍徇

隱

一五屬引商鹽課應查照牙釐局收支冊分上下半年查造並於次年造報奏銷一條據稱兩浙票鹽課銀係由牙釐局收支造冊移司詳咨此項引商鹽課係由運司衙門收存運庫解支自應於上下半年援照票鹽收支冊另行造冊彙案詳咨並於次年十二月彙冊奏銷以清款目等語查兩浙引鹽例定次年十二月奏銷改票以後經臣部飭令仿照兩淮章程分上下半年

造報節據遵辦在案今五府州屬試辦引鹽其
繳課運銷章程旣查照票運辦理自應如該撫
所擬仍分上下半年由運司另册報部所有向
例入奏應銷欵項卽按册開列以資稽考並查
照定例於次年十二月奏銷毋稍延緩
一五屬各地整頓暢銷後舊商爭認加引應完預
課一條據稱現在招復引商原屬儘招舊商但
行鹽商人惟力是視舊商有力自應包認舊商
無力應招新商是以現在各地新商之認包者

不少所有該地無力舊商無貲盤買票鹽此時
難以認包而力雖不逮心實不甘一經各地整
頓暢銷之後按年加引難保舊商不出而爭認
紛紛訟擾屆時並無存鹽當買即飭令驗貲當
即發還仍不能知其有力無力自應先定預課
章程凡舊商之爭認引地者認引一道即令其
預完二引課銀認至十百千引皆加倍預完此
項銀兩存儲運庫俟該商運銷引鹽逾於認額
之時准於完納課銀之中十成搭扣一成陸續

扣還以省商力而息訟端等語查五屬引地現
時包認數目纔及舊額十分之二一經整頓必
可暢銷人情憚於圖始舍難趨易倘新商包認
暢銷以後舊商出而爭認紛紛訟擾誠宜預防
該撫請先定預課章程凡舊商爭認引地認引
一道即令預完二引課銀認至十百千引皆加
倍預完自爲審驗商貲起見應如所擬辦理至
此項預完銀兩存儲運庫俟該商運銷引鹽逾
於認額之時准予完納課銀之中十成搭扣一

成陸續扣還所以保新商者誠爲極厚而繩舊
商者未免過苛且恐舊商無人出認即新商引
地暢銷亦不肯自行首報加額行運課欵所關
殊非淺鮮應令該撫改定章程將此項預完銀
兩存儲運庫俟該商辦運兩年課無分毫蒂欠
准於完納課銀之中十成搭扣二成陸續扣還
計前項預完引課非數年後不能扣清亦足驗
商本之盈虛不至爭端競起矣

同治九年二月署浙江巡撫楊昌濬奏爲杭紹嘉
松四所票引加耗並江蘇蘇州等五府州科則仍
請循舊辦理以恤商力恭摺仰祈
聖鑒事竊查接管卷内江蘇等五府州屬鹽務招商認
運一案前經撫臣李瀚章擬具章程奏請先行試
辦並將應完引課科則數目咨明户部查照嗣准
户部議奏另繕清單按款核覆並准抄片内開蘇
松常鎮太四府一州引地仍照票課每觔完課八
文毋庸另議科則並飭將各所耗觔名目即行禁

革各等因行司轉飭去後茲據鹽運司錫祉前署鹽運司事候補道馮禮藩會同牙釐局司道詳轉據杭紹嘉松四所商人稟稱兩浙鹺務自同治初年前兼署撫臣左宗棠督軍入浙籌餉萬緊克復地方先辦釐鹽繼辦票鹽因其時商散竈廢招徠煎銷係屬隨煎隨捆隨掣隨運暴鹽折耗較多有虧商本而各地水路則船戶稀少積壓停待替駁小船種種潑散陸路則食力小民今少於昔現用車騾拋擲尤多且私鹽充斥浙西爲尤甚鹽到滯

銷則滴滷更多故不得不分別加耗而數年以來
場商竈戶元氣未復仍無資本而水陸兩路船隻
車騾兵燹之後一時驟難復原停待拋散仍復如
故即如現存各局票鹽每引秤發浙東不及三百
三四十觔浙西不及三百五六十觔而江省五屬
公堂秤發時杭嘉亦祗三百五六十觔松所不過
三百八九十觔尚短於正引觔數此其明證且上
年於核定江省五屬科則之前曾奉將建平等處
核減耗觔所有各地現加耗鹽不特未可革除抑

且難於核減總之時勢變遷場產暴宿道路難易運銷暢滯均屬不同實有不得不加耗鹽之勢今若遵議禁革則正帑虧蝕更多商人血本銷乏歇業固不足惜恐私鹽充斥引課自此虛懸用敢稟請仍准一律加耗以保商本而免虧累並另據嘉松商人稟稱五屬科則向分正減自二兩有餘至一兩有奇不等兵燹以後奏辦票鹽改收錢欵浙課江鹺共止八文數年以來歷經前撫臣分委幹員駐地督辦不惜重資僱用輪船巡海礮船巡江

通計支撥巡費一款幾至數十萬串之多而每年
銷鹽僅三四萬引上年始議招復引商照現銷票
引加增五成年定六萬六千引並查案分等定則
而以票章歸公撥給之巡費提歸商辦務期課款
涓滴歸公商等於上年二三月間先後接辦銷數
現雖尚未截止通牽約計賠課在所不免正在各
懷疑懼若科則不分每觔八文則極疲之地自必
立成廢壞而延及腹內如謂分地減則或恐避多
就少查杭嘉正課每引四錢有奇松所正課每引

二錢有奇向分輕重銷鹽完課彼此從不攙越蓋
科則最輕之地必為銷鹽最滯之區斷不肯以彼
易此如謂職員周衡等呈稱每年願交課銀十萬
兩商等現課尚少四千餘兩但以商等所輸課銀
並提局用巡費每斤統牽冟在九文有餘總計課
欵巡費銀數冟在不止十萬稟請仍照科則投納
課欵各等情會同詳請奏咨前來撫臣李瀚章未
及核辦移交到臣臣查江省蘇松常鎮太五屬鹽
務現改舊商認引完課係屬參用票章今奉部議

毋庸分定科則仍照票章不論何地一律完課每
觔八文原無不可惟查五屬各地有沿海沿江內
地之分歷來銷鹽暢滯不同認引既有多寡完課
宜分輕重此非專爲商人使之平允且亦瞻顧課
欵蓋暢地多銷課重而銀數亦多滯地少銷課輕
而銀數亦少若彼此同一科則課欵必致虧短上
年該五屬自七月既分科則之後課重引多之地
完數溢於認數課輕引少之地完數絀於認數而
以銀數計則溢數多於絀數查七月以後共完科

則引課二萬九千二百九十餘引合銀四萬二千八百餘兩如以科則一兩一二錢至一兩五六錢之數統計勻牽每引不過一兩三錢止應合銀三萬八千兩有奇今溢完銀四千八百餘兩則以各地有溢絀重輕之故也且票課每觔八文係於完課之時提錢巡緝今若仍完八文照扣緝費則課欵既無重輕之分將來統計銀數恐有短絀若令商人全捐巡費力實不逮況近年銀價日昂以錢計課將來折耗更多銀數益少合無仰懇

天恩俯准將蘇屬五府州科則仍照前定徵完毋庸更
改又查耗鹽一項各省雖有加耗之處浙省向無
此例兩浙耗鹽之由來委因暴鹽滷耗暨水陸拋
散私衝銷滯折耗之故其勢不能不加若一經革
除恐江省五屬舊商認辦爲難各地票商因而裹
足並懇
恩准將杭紹嘉松四所耗鹽仍照前撫臣左宗棠改票
原案分別給商以示體恤再江省五屬商人果能
辦巡認眞此後認數似可稍加其試辦年限上年

係兼銷票鹽未能核準引課應請本年再行試辦
一年俾得酌察地情分別辦理除咨明戶部查照
外合將杭紹嘉松四所耗鹽並江蘇五府州科則
仍請循照辦理緣由恭摺具奏三月初七日軍機
大臣奉
旨戶部議奏片併發欽此

同治九年戶部爲遵

旨議奏事署浙江巡撫楊昌濬奏杭紹嘉松四屬票引

加耗並江蘇蘇州等五府州科則請仍循照辦理

以恤商力一摺同治九年三月初七日軍機大臣

奉

旨戶部議奏片併發欽此欽遵由內閣抄出到部據原

奏內稱竊查接管卷內江蘇等五府州屬鹽務招

商認運一案經前撫臣李瀚章擬具章程奏請先

行試辦並將應完引課科則數目咨明戶部查照

屬科則向分正減自二兩有餘至一兩有奇不等票鹽改收錢欵浙課江鹺共止八文委員駐地督辦雇用輪船巡海砲船巡江通計支撥巡費一欵幾至數十萬串每年銷鹽僅三四萬引上年議覆引商照現銷票引加增五成年定六萬六千引並查案分等定則而以票章歸公撥給之巡費提歸商辦商等於上年二三月間先後接辦銷數現未截止通牽約計賠課在所不免若科則不分每觔八文則極疲之地自必立成廢壞而延及腹內如

謂分地減則或恐避多就少查杭嘉松所正課向分輕重銷鹽完課彼此從不攙越蓋科則最輕之地必爲銷鹽最滯之區斷不肯以彼易此如謂職員周衡等呈稱每年願交課銀十萬兩商等現課尚少四千餘兩但以商等所輸課銀並提用巡費每斤統牽寔在九文有餘總計課欵巡費銀數寔在不止十萬兩請仍照科則投納課欵各等情撫臣李瀚章未及核辦移交到臣查江省蘇松常鎮太五屬鹽務現改舊商認引完課係屬參用票章

部議毋庸分定科則仍照票章不論何地一律完課每觔八文原無不可惟五屬各地有沿海沿江內地之分歷來銷鹽暢滯不同暢地多銷課重而銀數亦多滯地少銷課輕而銀數亦少上年該五屬自七月既分科則之後課重引多之地完數溢於認數課輕引少之地完數絀於認數而以銀數核計則溢數多於絀數查七月以後其完科則引課二萬九千二百九十餘引合銀四萬二千八百餘兩如以科則一兩一二錢至一兩五六錢之數

統計匀牽每引不過一兩三錢止應合銀三萬八

千兩有零今溢銀四千八百餘兩自以各地有溢

絀重輕之故且票課每觔八文係於完課之時提

錢巡緝今若仍完八文照扣緝費則課欵旣無重

輕之分將來統計銀數恐有短絀若令商人全捐

巡費力寔不逮仰懇

天恩俯准將蘇屬五府州科則仍照前定完課毋庸更

改至兩浙耗鹽之由來委因暴鹽滷耗暨水陸拋

散私衝銷滯折耗之故並懇

恩准將杭紹嘉松四所耗鹽仍照前撫臣左宗棠改票原案分別給商以示體恤至江省五屬商人果能辦巡認真此後認數似可稍加其試辦年限上年係兼銷票鹽未能核準引課應請本年再行試辦一年俾得酌察地情分別辦理等語臣等伏查兩浙運司所屬江蘇蘇松常鎮太四府一州引地改票以後銷數減絀浙撫臣李瀚章奏請招復引商減額認辦當經臣部核議准令試辦一年俟一年後加額認運並以五府州屬招商認運現仍參用

票章所有應完課欵即按照票運章程每觔完課
八文毋庸另議科則轉致避多就少每引觔數均
按道光二十九年奏定數目掣運不得另加耗觔
致虧引額於同治八年九月覆奏奉
旨依議欽此欽遵行知該撫遵照在案茲據署撫楊昌
濬以浙鹽改票杭紹嘉松四所均已酌加耗觔緣
場產既有暴宿轉運復多虧折更兼私充銷滯滷
耗尤重仍請准予加耗以保商本至五府州屬科
則請仍查照成案分別輕重按引完納無庸仿照

票章每觔八文計觔完課以紓商力其試辦年限

上年兼銷票鹽未能核準引課請再試辦一年察

看引地情形分別辦理等因具奏前來臣等查兩

浙引鹽杭嘉紹三所原定每引三百三十五觔道

光二十九年查辦鹽務案內紹所每引加鹽二十

觔杭嘉二所每引加鹽四十觔止完正課河餉不

徵雜欵松所仍以四百觔爲定額各省引鹽科則

雜欵多於正欵加觔成案率因引額滯銷免輸雜

課俾資調劑今浙鹽業已減額認銷未便再令加

耗減課並恐明加耗斛之外更有夾帶影射臣部職綜度支深知鹾綱弊政以商私夾帶爲最甚若竟准予加耗應銷正額必致大形減絀所有杭紹嘉松四所認銷鹽斛應令恪遵道光二十九年奏定斛數辦理該署撫所請另增耗鹽之處應毋庸議仍令督飭運司嚴禁重斛夾帶一經查出卽行割沒入官該撫總司鹾政尤當隨時密加訪察毋得稍事瞻徇以清積弊而符定制至蘇松常鎮太五屬釐定科則一節查浙鹽科則原分輕重惟該

撫上年擬定條欵內稱五屬包額認課通銷通賠
此次又稱課重引多之地完數溢於認數課輕引
少之地完數絀於認數以銀數核計溢數多於絀
數贏絀相權即通銷通賠之明證各該認商冀蠲
定科則以後止將應完正課河餉列入奏銷報部
其餘外銷欵項無須入撥查兩浙歲銷額引八十
萬道照額全完可得報撥正課等銀四十萬兩有
奇現在認銷額數江蘇五屬祗六萬六千引浙東
並杭嘉湖三府共二十四萬四千八百引前後併

計較之舊額尚不及十分之四若統按從前科則
僅將正課河餉等銀造入撥欵計每引完納不過
二三錢及五六錢不等報解歸公之數更形減絀
且五屬完課既係通銷通賠畛域不分實與票運
無異自未便將正雜外銷各欵逐一分晰轉致京
餉不敷籌撥所有該五屬應完課欵仍令按照票
章計觔完納以歸核實惟課輕引少之地既據該
署撫聲稱銷數絀於認數應將分配松所引鹽認
額較少之華亭婁縣奉賢金山上海南滙青浦太

倉鎮洋嘉定寶山崑山新陽常熟昭文等十五州縣共一萬一千引每觔減收一文以七文完納其分配杭嘉二所各州縣引鹽仍按每觔八文徵收毋許短少並不得於八文七文內另提緝費以符奏案該署撫所請仍照前議分定科則之處亦毋庸議至稱試辦一年限內先因兼銷票鹽致引課未能核準請再辦一年察看引地情形等語查五府州應銷額引三十萬八千四百三十餘道上年該撫奏請招復引商認銷引六萬六千道臣部核

其由票改綱爲規復舊制起見准令暫照減額試
辦一年仍飭認眞巡緝實力疏銷以期增復引額
今試辦届滿該署撫又請展限一年其前辦一年
期内實徵課欵並五屬認額能否加增未據聲敘
應飭令該署撫迅速查覆並准自同治九年正月
起再行接辦一年該撫仍當督率運司實力稽查
勿以試銷引數作爲定額是爲至要所有臣等遵
議緣由理合恭摺具陳軍機大臣奉
旨依議欽此

同治十年二月戶部奏為兩浙運司所屬江蘇四
府一州鹽課暫按科則徵收仍令正雜通完造入
撥欵並將耗觔永遠裁禁據咨改奏仍飭
聖鑒事竊據浙江巡撫楊昌濬咨稱前准部咨杭紹嘉
松四所票引加耗令即日停止蘇省五府州仍按
票章計觔完課暨松所之華亭等十五州縣每觔
減收一文並准再行試辦一年等因到院行司分
飭議辦去後據江蘇五屬商人稟稱江省五屬本
辦票鹽官為巡緝因入不敷出奏改官運旋改舊

商認銷查照票銷加五成認數每年務足六萬六千引名爲通銷通賠並以巡緝費重責令商等自行巡緝兼恐各地或有廢弛並令通力合作認貢嚴辦於票課四文江𪔟四文之中量提巡費二文完課六文其實撥觔派計以所用巡費三文並計課欵已每觔九文部駁恐商等避重就輕飭改票課八文伏查前奉通賠之議惟恐各地完課短絀是以通計賠完並非通計不分輕重所完正雜課欵均列冊造報一切應完公欵皆另行提捐從無

絲毫請領商人委無希冀外銷無須入撥之必至
耗鹽奉駁案關全局俟會同紹所甲商再行議稟
等情復據該管運使詳覆以兩浙耗鹽一欵既奉
部嚴駁自應革除惟江省五屬科則該商等所稟
均係實情雜欵課銀業經造入春秋撥冊雖註稱
存備以雜墊正之用上年迄今並無絲毫支發從
前以雜墊正虛報全完係咸豐十年以前歷久因
循之案現在滯銷更甚於前該商等認引無多自
應照案扣墊抵滯銷未完之課未便列作現完正

課加數又巡緝經費爲數實鉅兹酌提二文商人
所用實不止二文且已改銀欵係就上年銀價合
計作爲永定之數此時銀價日增與其改收銀價
日增之票課錢文而事無把握不若按照舊章仍
行科則分別輕重嚴責認商務使包認課銀有着
之爲得應請暫照科則完運將耗鹽扣除至春查
五屬認額能否加增查去冬具詳時係就各地完
課之數核擬兹查上年銷數實尚短少只須嚴追
該商等認完之課自當各顧身家世業盡力嚴巡

斷不肯有完無銷存鹽不售此後巡緝日嚴銷數
似可望其日加認數亦可漸增除將上年實徵課
欵實銷引鹽各數開具清摺咨部示遵各等語臣
等伏查兩浙引鹽行銷江蘇省蘇松常鎮太四府
一州例定額引三十萬八千四百三十八道有奇
咸豐三年以後地方叠經兵燹同治三年浙江省
城收復前任閩浙總督兼署浙撫左宗棠以舊商
招復不易奏改票鹽不分正雜統按每觔八文抽
收卽在八文之內提出四文劃作蘇省鹽釐同治

五年陞任浙撫馬新貽奏請將四府一州引地改歸官運未及舉辦旋經陞任浙撫李瀚章奏請招復舊商卽自同治八年爲始減額認運四府一州認銷六萬六千引應完正雜科則銀九萬五千六百八十六兩有奇當經臣部以所認六萬六千引比較舊額十分之二所擬科則正課一項按照從前尚無短少雜欵暨入支內銷各欵減額甚多令於試辦一年期內仍按照票運完課章程蘇松常鎮太四府一州引地每觔完課八文毋庸另議科

則轉致避重就輕並飭將私加耗斛即行禁革於八年九月奏覆行知該省遵照九年三月現任浙撫楊昌濬於署任內覆奏請將五府州引鹽仍按科則完課當經臣部議駁以五屬完課前擬條欵內稱係通銷通賠實與票運無異若統按從前科則僅將正課河餉等銀造入撥欵計每引完納不過二三錢及五六錢不等歸公之數愈絀必致京餉不敷籌撥仍令按照票章計斛完課分別杭嘉松三所場鹽以八文七文完納並將耗鹽永遠裁

禁於九年四月覆奏行知遵照各在案茲該撫楊
昌濬以耗鹽既奉嚴駁應飭停止至江蘇五屬科
則商人業已自捐經費礙難仍按票課計觔徵收
並稱各商所完雜課亦均附入撥冊聲註留備以
雜墊正之用因請查照咸豐十年以前成案扣抵
滯銷未完課欵無庸作爲正課加數咨請示覆前
來臣等查兩浙引鹽行銷兼及江皖各境蘇松常
鎭太四府一州例定引額三十餘萬道從前滯銷
年分准以雜欵抵完正課現時認商試辦僅十六萬

六千引居舊額十分之二即正雜各欵按冊全完
亦祇徵銀九萬五千六百八十餘兩臣部兩次議
覆奏案均令按照票課計觔完納正杜避重就輕
之弊而該認商等必欲請按從前科則蓋以欵分
正雜完課可有先後且以雜墊正即為將來拖欠
地步殊不思浙鹺當日額多銷滯始設此抵墊名
目通融奏銷今額認減前幾十之八猶欲沿襲抵
墊成案希冀所完官欵引額已減無可減仍稱銷
滯科則至輕而又輕難報全完臣部綜核度支無

論計勛完納按引徵收總以實在完課多寡爲斷
查五屬辦理票運之日據職員周衡等在部呈請
認引五萬道完課銀十萬兩當交浙撫查辦嗣該
撫請復引商分定科則正雜通計僅銀九萬五千
六百餘兩臣部恐認商等避重就輕節次飭令按
照票課計勛完納今計勛之議屢經該撫瀝陳謂
商人業已自捐緝費礙難仍以八文七文完納且
銀價增減無常以錢合銀確數難定所陳尚係實
情惟以前擬科則九萬餘兩之内欲將雜欵撥抵

滯銷口岸正課是每年實交課銀必不能足九萬
餘兩之數以從前三十餘萬額引今減爲六萬六
千道以從前應完正雜數十萬兩鉅欵今分定科
則九萬餘兩尚且完不足數縱使將來銷路日漸
通暢而利歸私槖增課難期夫試辦之日一切章
程正與各商力圖更始抵墊一節已預存挪掩之
計此後安望振作臣等公同商酌所有蘇松常鎮
太四府一州現認額引六萬六千道試辦期內准
照前擬科則按引徵收無論正雜何欵奏銷限內

均令一律掃數全完造入春秋撥冊報部候撥不
准藉詞銷滯將暢岸已完雜欵撥入滯岸作抵正
課如有拖欠卽令五屬通賠以符奏案仍嚴飭各
商實力辦巡以暢銷路慎勿惜費誤公致礙全局
至耗鹽旣經停止每引截存餘觔應令查明確數
奏加認額不得以銷難足額一奏塞責總之浙鹺
舊規已失錮習尚存試辦期內全賴總司鹺政大
員破除情面認眞釐剔勿受朦蔽勿事因循方可
振頽起靡加課裕公至試辦年限同治八年正月

起至是年十二月止已滿一年續經該撫奏請展
限一年現在已經限滿並令該撫體察情形奏請
加額認運是爲至要再浙東各屬試辦綱鹽前經
臣部飭令該撫將詳細章程奏明報部迄今尚未
登復應並令趕緊覆奏毋再延緩以資考核除將
咨送八年分實銷引數清摺二件另核咨覆外謹
將五屬定擬科則無分正雜概令全完造入撥欵
據咨改奏緣由恭摺具陳本日軍機大臣奉
旨知道了欽此

同治十年十二月浙江巡撫兼管鹽政臣楊昌濬

奏爲浙西引地試辦限滿銷數仍無起色現擬辦

理情形恭摺仰祈

聖鑒事竊查蘇松常鎮太四府一州鹽務自八年改復

引商試辦已逾兩年仍未見有成效而蘇省肅清

已久戸口逐漸加增銷路自應暢旺乃近來不但

未能多銷即所認之引亦銷不足額揆厥由來皆

因該地方官漫無責成遇有梟販之案視同隔膜

不肯認眞嚴辦以致近年傷勇燬船刦鹽拒捕不

應令查明確數奏加認額不得以銷難足額一奏塞責至試辦年限已滿並令體察情形加額認運等因據咨改奏奉

旨知道了欽此欽遵咨行到臣亦經轉行遵辦在案茲據署浙江鹽運使秦緗業詳稱奉飭將截存餘勳再加認額並以試行業已期滿加額認運等因原應遵辦惟查同治八年分截至十二月止銷數較之票鹽時雖加增不少而核之認數則短至萬餘引雖已於奏銷期內嚴追全完而商情竭蹶九年

分截至十二月止銷數則短至二萬餘引現在竭
力嚴追奏銷期內尚可全完但商力實有不逮且
查本年按月銷數又少於去年是以前司任內已
據杭嘉所長洲元和吳縣無錫金匱丹徒各地引
商潘宏昌等十八人先後稟請退辦該署司抵任
之初又據嘉所甲商朱恆源瀝陳辦巡力竭情形
懇求退辦雖皆批飭不准仍嚴飭各商遵照部行
加認餘觔並加額認運即據各商具稟以認銷之
六萬六千引現在實銷不及七成已屬賠累若再

加耗餘力何能繼加額認運力更不逮等情稟懇寬免而察看該五屬商情委因鹽難銷售無利可圖而慮有追呼之累似此情形若不亟籌整頓之法以求寔效而但責商人以加認餘觔加額認運竊恐勢有不能且慮紛紛稟退岸懸課缺日益廢弛無所底止查前司任內督飭各商完課辦巡委已不遺餘力無如江海私鹽未能禁絕且州縣督銷實未認眞營汛巡緝亦難得力而商巡則偶有殺傷卽當擬抵巡務更因之而疎懈以致寔銷引

數年短一年並查江蘇五屬鹽務自兵燹後私鹽
遍地業經數年之久不特販私之梟匪恃爲恒業
卽食私之平民亦視爲故常而州縣營汛皆以爲
積習相沿無不泄泄視之似轉以商巡爲多事是
以前辦票鹽釐欵入不敷出改辦引鹽始雖稍有
起色旋卽絀銷誠屬莫可如何驟難挽救而國課
攸關自應亟圖整復之法應請將州縣督銷引鹽
處分照例復還考成營縣巡緝私鹽如能拏獲大
夥梟販從優奬敘商巡殺傷梟匪之案查照直隸

山東例案免其議抵現奉部飭耗餘加認之數並
請寬免等情詳請奏咨前來臣查浙西蘇松等四
府一州浙鹽引地額數甚鉅自經兵燹私販横行
先辦票鹽復改商運均無起色皆因淮岱各私日
益充斥之故而該五屬界在隔省事多掣肘各州
縣寬免督銷處分之後更爲膜視自應設法整頓
冀圖挽救相應請
旨將五屬督銷引鹽處分照例復還並請
勅下江蘇督撫臣飭令地方文武寔力緝私以衞引地

如再玩視以及拏獲鹽犯有意開脫者即行從嚴
參辦至商巡殺傷梟匪之案應請援照直隸山東
例案免其議抵耗餘加認之數請暫寬免以期私
淨官銷引地不致廢弛除將該司條陳分咨吏戶
刑三部查核議覆外謹將浙西引地試辦限滿銷
數仍無起色現擬辦理情形恭摺具奏

鎮太五屬督銷引鹽處分著照例復還並著曾國藩
何璟嚴飭地方文武實力緝私以衞引地如敢仍前
玩視及拿獲鹽犯有意開脫者即行從嚴參辦至商
巡殺傷梟匪之案並准援照直隸山東例案免其議
抵所有耗餘加認之數著暫行寛免以恤商力該部
知道欽此欽遵抄出到部相應恭錄
諭旨行文浙江巡撫遵照可也

續纂兩浙鹽法備考卷[redacted]

綱運

運司 綱鹽局會詳諸義浦加認一千六百引案

戶部議覆兩浙綱引釐定課額奏案

戶部咨覆徵收鹽課章程案

綱鹽局詳請釐定科則案附章程十二條

兩浙鹽運使督銷綱鹽局爲詳請核示定案事竊
照紹所諸義浦三地新商鮑同安暨舊商金開泰
等互相爭控歷經本司等札飭紹興府局諭知甲
商核議稟復正在核辦間奉憲臺批發舊商金開
泰等呈控新商鮑同安張承宗等一案奉批披閱
司局批示甚爲明晰亟應趕緊派定繳捐以全通
案卷查各屬綱捐認數經李前院行令司局再三
核議始行定案紹局並無派認之責何以遽定新
舊各半之議殊不可解所有諸義二邑認數若全

歸舊商則新商即須斥退數年生意一旦罷休必不甘服事亦不公今本署部院衡情酌定舊八新二分別認運以昭平允其舊商中應如何分派仍由該甲商查明秉公辦理仰督銷局會同運司核明飭遵尅日詳復察奪勿再任延致稽定案粘抄附等因奉此旋據新商鮑同安張怡泰稟稱竊商等自同治三年七月間奉紹局憲以諸義浦三地設局僅銷數百引廢弛特甚諭飭招商認數八千引包課承辦奉諭之後該商金開泰等深知包課

創辦爲難咸皆觀望遲至次年三月間屢集各舊
商量力分認僅及六千引巡商張承宗以金開泰
等不願認辦另招商等六人湊成足額共計八千
引取具短銷賠課互結通詳各大憲並蒙頒給諭
單在案商等當時不避艱險力爲整頓烽煙乍靖
滿目瘡痍其中剩有居民俱皆買食私鹽當世竭
時窮之際販私梟徒悉成亾命寬則竟阻官銷緊
則即激生事端此則巡緝爲難之一端也商等認
辦伊始事無把握一經短銷立成賠累小則虧累

血本大則傾累身家此包課爲難之一端也商等以結認之後志在久遠不得不力求善策罔顧身命以緝私不顧資本以減價當時墊用開辦經費錢不下四五千串之多又五年間場鹽價昂數倍商等以私侵之地不得不減價便民以顧引地其創辦之難賠折之鉅在金開泰等正皆袖手旁觀以商等無益補救者也迄今五載以來銷數漸有起色而該商金開泰等挾以舊業之名坐享漁人之利叠次稟控奉到院憲批示所有諸義兩地認

數若全歸舊商則新商卽須斥退數年事業一旦罷休必不甘服事亦不公今本署部院衡情酌定舊八新二分別認運以昭平允其舊商中應如何分派仍由該甲商查明秉公辦理仰督銷局會同運司核明飭遵尅日詳復察奪等因奉此商等疊奉批示本安緘默不敢妄有希冀第查商等奉批二八分成係金開泰等五商名下折實之五千餘引中二成並非一萬六千引之二成核計不及千引數甚微細以新商分而計之每家多則不過二

百引少則不及百引商等原包有六千餘引之則今則驟減至此未免數少用多四鄉原設各店作何立足開銷商等守此纖微之數必抱虧折之累實屬進退兩難既須上遵憲批又應下顧商情輾轉思維惟有仰懇恩施俯賜矜憐可否援照五府屬票舊商加數之例於原認一萬六千引之外加認三千引按照新商原地認數分派一體認繳綱捐似於舊商認額無損新商立足稍寬念商等四年奉招以來有結認包課之責又有出貲創辦之

艱較之五府屬票商苦樂逈異諒不致獨抱向隅之憾也除稟鹽運憲外爲此瀝情具訴等情據此當經批飭候詳本司等一再商酌在舊商旣係祖遺基業自不便如紹局所擬對半分認而新商包課疏銷數年以來亦著有微效若照五千餘引二八核計該新商等委係只有一千餘引分而計之或百餘引或數十引不等難於措手確係實情所請額外再加三千引亦未免以意爲之非特銷數難於把握卽衡之舊商金開泰等名下八成之數

亦屬新舊相埒殊失輕重之分可否仰乞憲恩推
念該新商等數年以來創辦之艱包課無誤准予
仿照牙釐局金嚴各屬改綱派認成案於認定額
數之外另加一成均歸票商承認統計諸義浦三
地除浦江一邑本無新商不計外其諸義兩地查
照金嚴近地章程額外酌加一千六百引全歸新
商如有短銷責令包課認賠似此兩無偏袒於釐
課亦不無小補且義烏本屬金華以之仿照前案
亦屬情有可原愚昧之見是否有當伏祈憲臺批

示祇遵至應如何分派以及換具包認各甘結應

俟奉准後再行轉飭紹局諭知該甲商遵照辦理

再此案係督銷局主稿合併聲明爲此備由呈乞

照詳施行

同治十一年正月十二日戶部奏爲遵
旨議奏事浙江巡撫楊昌濬奏兩浙綱引釐定課額飭
商承認以專責成一摺同治十年十二月十四日
軍機大臣奉
旨戶部議奏欽此欽遵由內閣抄出到部據原奏內稱
竊准部咨飭查兩浙綱鹽詳細章程即經轉行遵
辦去後茲據督銷綱鹽總局布政使盧定勳署鹽
運使秦緗業詳稱兩浙鹽務界隸浙東者甯紹金
衢嚴温台處八府江西廣信一府安徽徽州一府

隸浙西者杭嘉湖三府江蘇蘇松常鎮太四府一州安徽廣德一州統計正引七十萬四千六百九十九道票引十萬六百九十八道餘引十五萬道除餘引不計外實計正票引額八十萬五千三百九十七道每引正課銀三四五錢不等通年商課額徵正課銀三十二萬三千二十兩七錢九釐又雜欵項下解部充餉及銅觔脚價並支銷養廉按引帶征公費銀十七萬餘兩此定例也在咸豐三年江皖被兵以前即有本重私充引滯課懸之獘

迨咸豐三年以後鹺綱盡弛至同治四年試辦票運無分正雜課釐並徵核計各屬收數每引自四千二百餘文至二千三百文不等較之例額正課固屬大相徑庭卽以向徵正課及一切雜費歸併核計亦屬有盈無絀綜計兩浙歷年票運徵收課釐錢數每年約一百萬串有奇然票商並無眞名的姓紛紛搶銷去來自便所有課釐錢文能否永無短絀實無把握奉部議令毋以票運狃爲故常亟應規復舊制爲一勞永逸之計同治八年會經

奏明將浙西引地內之蘇松常鎮太五屬招商認運六萬六千引同治九年續經奏明將浙東引地及浙西地內之杭嘉湖三屬招商認運二十四萬四千八百引均經部議暫准試辦仍令隨時查看銷數酌量加增引額現在試辦年餘查看各屬情形均不無壅滯而部文又以劃𭍠補引一再責認不得已就浙東西均匀酌加實計共認綱運引額三十三萬六千六百引但能否銷足尚無一定把握惟引課數目若不及時釐定竊恐該商等恃無

責成疏銷不力就目前大局情形而論似應及早
釐定課額俾專責成查引鹽之暢滯全在戶口之
盈虧兵燹以來浙東浙西各引地徧遭蹂躪戶口
凋零十存三四是以歷年辦理票運徵收錢文雖
多於往日之額課而所銷鹽觔止及額引三分之
一良以食引之人止有此數雖竭力緝私而引不
加增也若不問戶口之盈虧强加引額未免有名
無實徒致引滯課懸官商交困通盤籌畫目前整
頓鹺綱不在驟復額引惟在保全正課現擬遵照

部議浙東每引正鹽三百三十五觔加觔二十觔
浙西每引正鹽三百三十五觔加觔四十觔松所
每引四百觔酌定額課分别引地責商認運統計
杭嘉湖金衢嚴徽廣八府引地查照綱鹽認額分
别上中下三等科則暫行試辦共徵銀四十一萬
三千二百四十七兩蘇松常鎮太五屬共徵銀九
萬四千兩又甯温台處及杭嘉紹三所肩住鹽釐
徵銀十萬兩除縣場額徵水鄉竈課不計外鹽課
一項總共應徵銀六十萬七千二百四十七兩照

時價一八合錢可得制錢一百九萬二千文有奇較之正票額引雖不及半而較之正雜額課已屬有盈即較之近年票運所徵錢文亦並無短少而歲有一定之額商有一定之人引有一定之地收票運之利無票運之弊雖未能盡復舊規而章程已臻周密其完課捆運督銷諸事宜仍應悉照票章辦理再鹽課爲

國帑之正供不得絲毫減免亦未便輕議加增從前票運徵錢爲數過鉅係一時之權宜同治五年展

辦票運案內卽經奏明將來定制之時必須核減現在引額未能復舊而課額不便稍虧是以釐定科則不得不畧照票章從多核計較之向例多寡懸殊將來戶口充盈銷路漸廣引額加增仍請勻減科則以昭公允總之引額復舊課額亦須復舊未便以此次釐定課則永遠奉行庶幾上不誤課下不病商引可通行課可永保等情詳請具奏前來臣復核無異除咨部查照外合將兩浙綱引釐定課額飭商承認緣由恭摺具奏等語臣等伏查

兩浙引鹽自同治三年浙江省城收復歴任撫臣左宗棠奏請各府設立分局試行票運當經臣部議准暫行試辦並隨時察看情形規復舊制嗣江蘇蘇松常鎮太四府一州票課錢文徵收短絀歴任撫臣馬新貽李瀚章等始議改辦官運未及舉行旋招復五屬舊商認引六萬六千道經臣部核准令照認額暫行試辦並查出認銷科則有增加耗觔名目節經奏令裁禁即將裁去耗觔歸併加增額引其浙東並杭嘉湖三府票鹽同治九年正

月陞任撫臣李瀚章奏請試辦整綱令票商呈報
眞名的姓按引捐輸塘工經費一次給予印照執
守亦經臣部議准仍令將認商姓名並某商認引
若干認地幾處以及塘工經費於何年月發商生
息分晰造冊報部上年十月議覆御史奇臣請除
浙鹽積弊裁撤府局案內復催令浙撫將商名引
數塘工息銀按照臣部前查各節趕緊造報並飭
將浙東浙西各府鹽局一律裁撤即將裁撤日期
報部行知遵照各在案茲據浙撫楊昌濬以兩浙

綱引釐定課額飭商承認等情具奏大致謂同治四年試辦票運無分正雜課釐並徵總計兩浙歷年收數每年約一百萬串有奇嗣浙西引地內蘇松常鎮太五屬同治八年招商認定六萬六千引浙東引地暨浙西地內杭嘉湖三屬同治九年招商認定二十四萬四千八百引試辦年餘各屬情形均不無壅滯部文又以割䘏補引一再責認茲就浙東西均匀酌加核計共認綱鹽引額三十三萬六千六百引遵照部議浙東每引正鹽三百三

十五觔加觔二十觔浙西每引正鹽三百三十五
觔加觔四十觔松所每引四百觔酌定課額分別
引地責商認運統計杭嘉湖金衢嚴檄廣八屬引
地查照綱鹽認額分別上中下三等科則暫行試
辦共徵銀四十一萬三千二百四十七兩蘇松常
鎮太五屬共徵銀九萬四千兩又甯温台處及杭
嘉紹三所肩住鹽釐徵銀十萬兩除縣場額徵水
鄉竈課不計外鹽課一項總共應徵銀六十萬七
千二百四十七兩照時價一八合錢可得制錢一

百九萬二千文有奇較之近年票運所徵錢文並無短少而歲有一定之額商有一定之人引有一定之地收票運之利無票運之弊雖未能盡復舊規章程已臻周密其完課捆運督銷諸事宜仍應循照票章辦理等語臣等查兩浙鹽務改票之始同治四年徵收課釐錢文共一百一萬七十餘串其時地方甫經收復人民未盡復業徵收鹽釐止此數目所有局用巡費均就徵收數內開除自收數而言較之從前引課似屬有盈剔去開除仍形

減紲且票鹽自各府設立分局儘收儘報祇有縣場竈課尚歸運司考成其餘漫無稽察上年十月御史奇臣陳奏浙鹽弊病謂浙東改票爲綱府局鹽行一切章程未改每逢商運販鹽到府局員輒以鹽壅爲詞故低其價以便鹽行收買及買竣後復高其價以便鹽行轉售一出一入利歸中飽各府實銷引數較之各商承認引數並不相侔等語是兩浙鹽務未能整頓皆因府局鹽行把持壟斷夫鹽行昂價出售必致民間苦於食貴而貪賤者

買私銷認數目兩岐并防局員暗收私鹽而影射以漁利且前此因票商來去無定設府局以資統率並扣收運鹽到地一半課釐今則地有認商商有認引業已自設商巡何必官增緝費可以自交課欵何必由局扣收況府局收繳錢文仍須易銀批解省局銀錢抵折諸獘易生臣部前核覆御史條陳摺內議令浙撫查照先課後鹽舊章飭諭商人將應交課欵於領運以前全數完交運庫所有浙東西府局鹽行全數裁撤以期漸復舊規今該

撫將浙東金衢嚴徽廣五屬並浙西杭嘉湖三屬
引地釐定科則飭商承認並將兩浙各地加耗鹽
觔裁併勻加額引自爲整飭鹺綱起見惟完課捆
運督銷諸事宜據稱仍循票章之舊核計該撫出
奏之日尚未接到裁撤府局部文應令該撫遵照
臣部前奏迅將府局鹽行一律裁撤其商人完課
捆運以及運司督銷考成統俟妥議章程覆奏到
日再由臣部核議其裁革耗觔加增引額一節據
稱就浙東西均勻酌加核計其認綱引額三十三

萬六千六百引惟蘇松常鎮太五屬於原認六萬
六千引外勻加額引若干浙東暨浙西杭嘉湖三
屬於原認二十四萬四千八百引外勻加額引若
干未據分晰劃出考成分數無憑核計所請杭嘉
湖金衢嚴㠣廣八屬引地以上中下三等科則暫
行試辦共徵銀四十一萬三千二百四十七兩蘇
松常鎮太五屬共徵銀九萬四千兩又甯溫台處
及杭嘉紹三所肩住鹽釐徵銀十萬兩鹽課一項
總共徵銀六十萬七千二百四十七兩之處統令

該撫將各引地原認引數若干勻加引數若干另造清冊迅速報部並將上中下三等科則如何分定一併開報俟報到日由臣部酌核辦理至各地勻加引額尚有應繳塘工經費捐欵應令一體捐繳並與前捐各欵一同生息卽將生息年月專案造報其已認各引地商名引數亦一併造冊詳報毋再遲緩仍遵照例辦舊章赴部請領引張以資稽考至稱鹽課爲餉項正供不得絲毫減免亦未便輕議加增現在引額未能復舊課額不便稍虧

是以釐定科則仿照票章從多核計較之向例多
寡懸殊將來戶口充盈銷路漸廣引額加增仍請
匀減科則以昭公允所奏尚係實情統俟引額暨
內外課欵復舊之日再行詳核辦理所有臣等遵
議緣由理合恭摺覆陳軍機大臣奉
旨依議欽此

同治十一年戶部爲咨覆事山東司案呈准浙江
巡撫咨稱兩浙鹽務隸浙東者甯紹金衢嚴温台
處八府江西廣信一府安徽徽州一府隸浙西者
杭嘉湖三府江蘇蘇松常鎮太四府一州安徽廣
德一州統計正引七十萬四千六百九十九道票
引十萬六百九十八道餘引十五萬道除餘引不
計外實正票引額八十萬五千三百九十七道每
引正課銀三四五錢不等通年商課額徵正課銀
三十二萬三千二十兩七錢九釐又雜欵項下解

部充餉及銅觔脚價並支銷養廉按引帶徵公費
銀十七萬餘兩同治四年試辦票運無分正雜課
釐並徵計各屬收數每引自四千二百餘文至二
千三四百文不等歷年票運徵收課釐錢數每年
約一百萬串有奇然票商並無眞名的姓紛紛搶
銷去來自便同治八年奏明將浙西引地內之蘇
松常鎮太五屬招商認行六萬六千引同治九年
續經奏明將浙東引地及浙西引地內之杭嘉湖
三屬招商認行二十四萬四千八百引均經部議

暫准試辦仍令隨時查看銷數酌量加增引額現在試辦年餘查看各屬情形均不無壅滯部文又以割觔補引一再責認不得已就浙東西均勻酌加實計共認綱引三十三萬六千六百引但能否銷足實無一定把握就目前情形亟應釐定課額俾專責成遵照部議浙東每引正鹽三百三十五觔加觔二十觔浙西每引正鹽三百三十五觔加觔四十觔松所每引四百觔酌定課額分別引地責商認運計杭嘉湖金衢嚴嶶廣八屬引地查照

綱鹽認額分別上中下三等科則暫行試辦其徵銀四十一萬三千二百四十七兩蘇松常鎮太五屬共徵銀九萬四千兩又甯温台處及杭嘉紹三所肩住鹽釐徵銀十萬兩除縣場額徵水鄉竈課不計外鹽課一項總其應徵銀六十萬七千二百四十七兩歲有定額商有定人引有定地收票運之利無票運之弊雖未能盡復舊規章程已臻周密至完課捆運督銷諸事宜仍應悉照票章辦理其有前案所未備另擬條欵於後統俟引數復舊

再行改遵鹽志以符定例等因咨部核覆前來查
兩浙引鹽自同治三年省城收復奏辦票運無分
正雜課釐併計按飭徵收嗣於同治八年將浙西
之蘇松常鎮太四府一州招商認額六萬六千引
九年復將浙東並浙西之杭嘉湖三府試辦票運
整綱認額二十四萬四千八百引上年十二月該
撫具奏兩浙綱引釐定課額內稱遵照部議剷飭
補引就浙東西均勻加增其認綱引額三十三萬
六千六百引連肩住鹽釐每年共徵銀六十萬七

千二百四十七兩完課捆運督銷諸事宜仍循票
章之舊維時御史奇臣請裁府局之奏本部甫經
議准該撫尚請循照舊章當於議覆摺內飭令遵
照前奏將府局鹽行一律裁撤商人完課捆運及
運司督銷考成統令妥議章程覆奏到日再行核
辦所請杭嘉湖金衢嚴徽廣八屬分上中下三等
科則試辦徵銀四十一萬三千二百四十七兩蘇
松常鎮太五屬徵銀九萬四千兩甯溫台處及杭
嘉紹三所肩佳鹽𥰡徵銀十萬兩總其徵銀六十

萬七千二百四十七兩並令將各引地原認引數
若干匀加引數若干計上中下三等科則如何分
定造冊報部等因行知遵照各在案茲據該撫咨
部前因並擬條欵請部核覆本部查此次條欵將
報撥及應支各項卽在釐定數內就欵開除以期
歲入有常額支可定自應准如所咨辦理惟該撫
前後奏咨於現認引額三十三萬六千六百引之
數能否銷足聲稱並無把握是兩浙引地派認之
額雖定而實徵之課未定嗣後浙東西各處引課

果能徵足六十萬七千二百四十七兩之數卽准
其按照此次咨部欵目開支倘課不足額自應將
所開巡費局用雜支等欵核實删減更不得照此
次咨部數目開銷致虧正欵至引額試辦課欵卽
係試徵上次蘇松常鎭太五屬請定科則本部先
令仿照票章按飭徵收錢文旋經該撫瀝陳滯銷
情形始准按引交銀正雜通完造入撥冊聽候部
撥現杭嘉湖金衢嚴𡺚廣八屬所認額引該撫請
定科則如仍令仿照票課按飭交納錢文仍恐銷

敷難期踴躍且府局鹽行業已節次奏令裁撤並
飭各商先課後鹽循復舊制所有科則亦應准如
該撫所咨按引完交俾與蘇松常鎮太五屬事歸
一律以期漸復成規至如何按上中下三等分別
完課並某處引地某商承認應完課欵若干八屬
引地實有幾商承認其應完課若干統令該撫遵
照前奏妥議章程一併覆奏仍令造具清冊報部
以憑查核除所擬各條另附清單按欵核覆外其
浙東西引地現既認額試辦應令該撫查照舊章

就現認額數赴部請領引目藉資稽考並將裁撤

各府鹽局鹽行日期趕緊報部毋稍延緩相應咨

覆浙江巡撫查照辦理可也

戶部咨覆徵收鹽課章程

一綱課宜責商承認據稱同治三年改辦票運奏

明無分正雜課釐並收並無定額課有增減悉

皆因地制宜隨時伸縮茲既改辦綱票釐定課

額自應責商承認統計浙東金衢嚴葳廣及諸

義浦富新於昌正減各地實應徵課釐銀三十

五萬二百四十七兩杭嘉湖正減各地實應徵
課釐銀六萬三千兩蘇松常鎮太正減各地實
應徵課釐銀九萬四千兩統計浙東西實應徵
課釐銀五十萬七千二百四十七兩又甯温台
處四屬一時無商可招祇可仍抽鹽釐通年約
收錢七萬串杭紹嘉三所肩住引鹽仍照票鹽
章程辦理通年約收錢十萬餘串以上兩欵以
錢易銀隨時按市價核計約共十萬兩連前綱
票課釐併計實在徵銀六十萬七千二百四十

七兩此外水鄉竈課額徵銀十一萬兩有奇除
荒實徵若干入冊聽撥所有票綱課釐暫行責
商承認至各地課引科則每引自一兩九錢以
及一兩四五錢一兩不等應請先行由商量地
認辦總之鹽不逾格課不短數等語查浙鹽銷
路以金衢嚴徽廣等屬為暢杭嘉湖三府次之
蘇松常鎮太四府一州又次之茲當改辦綱票
之始該撫請釐定課額分別浙東金衢嚴徽廣
五屬浙西杭嘉湖三屬蘇松常鎮太五屬徵銀

五十萬七千二百四十七兩又甯溫台處四屬
無商可招仍徵鹽釐錢文杭嘉紹三所肩住引
鹽亦徵錢文兩款計錢十七萬餘串合銀十萬
兩連前共徵銀六十萬七千二百四十七兩各
地綱課科則自一兩九錢以及一兩四五錢一
兩不等除各府屬分認引額詳細數目並認商
名姓均於咨覆案內行令該撫查報俟報到日
核辦外至所擬科則據稱每引自一兩九錢及
一兩四五錢一兩不等並未將正減各地某處

正課若干減課若干分晰造冊報部籠統之數
礙難稽核蘇松常鎮太五屬前於同治八年認
引六萬六千引案內業將科則分定造冊報部
據冊開應完課銀九萬五千六百八十六兩四
錢九分七毫八絲此次復稱五屬徵銀九萬四
千兩何以前後數目參差浙東諸義浦三縣同
治九年試辦票綱捐輸塘工經費案內另有認
銷引額認捐經費富新於昌等地同爲嚴各
屬行鹽門戸是否另有認額均令該撫按照現

查各節詳細聲復至兩浙引鹽綱課之外向有
票引票由綱商領運與淮北民販不同此次金
衢嚴徽廣杭嘉湖八屬所辦票綱大致仍以商
人領票循環運銷上年本部議覆御史奇臣整
頓浙鹾案內飭令浙撫裁撤府局鹽行並令商
人先課後鹽意在改票歸綱漸復舊制現在所
擬科則多者一兩九錢及一兩四五錢少僅一
兩較之票課計觔抽釐數目均有減輕惟欲權
經久之規總以通暢銷路爲主咨覆案內業已

准其按引核計科則與蘇松常鎮太事歸一律
仍俟該撫將本部指查各節覆奏到日再行詳
核辦理至擬定課欵六十萬七千有奇塘工經
費商巡緝費藩運雜支各欵悉在此內提取除
於各條項下另行核覆所有每年應徵水鄉竈
課等銀十一萬兩有奇除荒實徵銀數仍照例
造入春秋季撥冊內聽候部撥外該撫務當督
飭運司實力疏銷以期漸加額引增復課欵毋
以此次所擬六十萬七千有奇之數卽爲浙鹺

定額庶舊制可循官商兩利矣

一正雜課釐宜分別報撥據稱定例浙鹽正課每引額徵銀四錢有零以八十萬道引額核計實徵銀三十二萬有奇現在通綱實額承認三十三萬六千六百引較之從前原額僅止十分之四惟京餉孔殷必須將正供先行籌足應請於釐定課銀六十萬七千二百四十七兩之內仍照原額八十萬引全數提銀三十二萬三千二十兩七錢九釐解充正課再以六萬兩提充按

引徵收之公費應請仍分春秋兩綱由局徵收彙解司庫造入春秋兩季撥冊報部聽候指撥不容絲毫蒂欠再以八萬兩提充帑息爲海塘修築經費支銷細數應由海塘局彙造報銷以上統計開除銀四十六萬三千二十兩七錢九釐尚餘銀十四萬四千二百二十六兩一錢九分一釐應請全數提充雜款分別內銷外銷逐款隨案聲明如有所盈仍飭按綱附入撥冊不得擅支等語查兩浙引鹽杭嘉紹三所每引原

定三百三十五觔徵正課銀三錢九分有奇道
光二十九年查辦鹽務案內紹所加觔二十觔
杭嘉二所加觔四十觔祇徵正課免收雜欵核
計每引應徵正課均在四錢有奇雜欵如京書
節省牙稅引目水腳功績等銀歲有定額公費
分規滴珠等銀歲無定額按年題銷引規耗羨
引費雜費陸折溢餘車腳等銀歲無定額按年
咨銷引規及商捐雜費內塘工經費卽取給於
此其他省城善舉書院膏火亦復借資商力居

多自辦理票運一切名目暫停徵收現時改辦
整綱該撫請在釐定課銀六十萬七千二百四
十七兩內先提京餉次提塘工經費餘卽提充
雜欵所擬亦均有條理惟近年餉需支絀各省
鹽務項下無論徵課收釐一概歸公聽候部撥
兩浙金衢嚴徽廣杭嘉湖八屬蘇松常鎮太五
屬現請收課甯温台處四屬無商可招仍請收
釐其每年統收之數均應造入該年奏銷冊內
報部撥用本省應行提用之欵卽在冊內聲註

扣留抵用至京餉撥欵向由本部核定數目專
案奏撥其塘工經費亦應由該撫專案奏明提
用歸案報銷均未便預先限以額數該撫所請
提正課銀三十二萬三千餘兩加提銀六萬兩
備撥京餉月提銀八萬兩備辦塘工等因自係
爲畫清京餉預籌要欵起見惟京餉仍應遵照
本部每年指撥之數報解塘工經費仍應專案
請撥不得以此次一咨率行了事該省試辦期
內鹽課項下每年奉撥京餉如不足三十八萬

三千餘兩之數塘工用項如不足八萬兩之數
該撫仍應將餘存銀兩封儲候撥毋得擅動總
之鹽課項下候撥正欵從前每年均在四十六
萬餘兩現仍不准絲毫短少以重正課而昭核
實至所稱餘銀十四萬四千二百二十六兩零
全數提充雜欵分別內銷外銷各節歸於下條
另行核覆再查同治九年浙東試辦整綱奏明
每引捐輸塘工經費一次共捐銀二十三萬四
千八十兩聲明發商生息商人呈繳捐銀始准

認辦引地給予印照執守計此項捐銀早應繳
收淸楚上年議覆御史奇臣條陳浙鹺案內曾
經奏令趕緊生息現尚未據造報查此項捐欵
按二十三萬四千八十兩核計每年即應得息
銀二萬七千數百兩續捐之數尚不在內應令
該撫遵照節次奏案將息銀趕緊催提專案造
冊報部即作爲每年塘工經費仍由塘工局列
入收欵彙造報銷至鹽課欵項仍由運司徵存
報撥自票鹽分府試辦應交鹺課由局徵收報

撥稽核綦難易滋流弊此後無論綱票鹽課以及肩住鹽釐均令完繳運庫由運司總司稽核不得將徵存各款久存釐局致啟弊混仍令兼管鹽政之巡撫於運庫錢糧出入隨時考核按限盤查以復舊制

一巡費局用應照章核提據稱疏通銷路首重緝私浙省當兵燹以前稽查巡緝布置周詳上自錢江下至蘇常凡有隘口節節盤驗改票以後更形嚴密有官辦有商辦通年經費不資均於

票課項下核實支給此次科則從多釐定全引
額課又已籌足提解自未便再令商人額外加
捐致滋苦累所有一切經費應請照章在徵銀
六十萬七千二百四十七兩內按照六釐餘存
雜欵內提銀三萬六千四百三十四兩八錢二
分作爲各府各卡門巡緝薪資紙張油燭賞號
之用通年祇准此數不得再有請益等語查巡
緝私鹽爲銷路緊要關鍵兵燹以前商巡緝費
在引費項下支給改票之後卽動用課釐現當

認辦綱引亟應力遏私銷以暢官引緝費一項
自宜酌量籌給惟從前費出商捐由官支給今
則請在額課内開支必須課額有盈始可支銷
雜欵查現請釐定之課額六十萬七千二百四
十七兩内綱引三十三萬六千六百引能否銷
足該撫文稱並無一定把握設引有滯銷即課
難徵足開支之欵一經核定便同成例應令該
撫通年核計如現定六十萬七千二百四十七
兩課欵實能照額徵完奏銷無缺應准每年提

用緝費銀三萬六千兩卽在奏銷冊內開除倘課欵徵不足數卽將緝費減成支放不敷之欵由商捐墊俾昭核實而彰懲勸此係因現定課額統令造入奏銷冊報商捐無項暫予變通支給一俟引額復舊商力寬裕仍令由商按引捐輸公費繳存運庫照章支發以符定例

一藩運兩庫雜支請酌量給發據原擬章程內稱藩運兩庫應支各欵欵目繁多向例於額徵正課之外有引費公費車腳耗羨程費溢課租價

帑息等類皆支給大員養廉及場員養廉各衙門心紅紙張役食京餉路費西湖歲修書院膏火按款帶徵按款給發仍彙冊報部改票以後無分正雜舉凡可刪可減之款無不停給其必不得已之用項如養廉役食京餉路費書院膏火各要款均經奏明作正開銷藩運兩庫每月各提銀五千兩嗣因京協各餉派數漸多而票鹽收數年遜一年以致前項提款積欠至二十餘萬之多無可給發茲當改辦之初亟應通盤

核計請以餘存之雜欵銀十萬七千七百九十一兩四錢七分一釐內提織造公費銀五千兩又藩運兩庫每年各提銀三萬兩先將不得不支之欵核實給發其餘銀四萬二千七百九十一兩四錢七分一釐提存運庫以備緊急欵項及銀價不敷短絀之需等語查浙鹽舊章正課河餉銅觔腳價入奏公費之外尚有不入奏引費商輸雜費銀十六萬餘兩帑利銀二十三萬餘兩以支應雜支及內外衙門辦公之用自改

定票章欵無所出初届票課案內有藩運兩庫每月提銀五千兩名目即經本部奏令將每月所提銀欵實支數目造冊報部前據該省將運庫支欵具咨登覆因冊造未齊且有舛錯當飭令詳覆在案茲復據該撫請在課欵開除項下每年提織造公費銀五千兩藩運兩庫各提銀三萬兩以供支欵等因查織造公費五千兩從前奏銷冊內歷經開除有案應准照前提用至藩庫爲錢糧總滙向有鹽課項下撥給支放之

此外均應聽候部撥不得擅行動用所有餘銀
奏銷冊內將應行支給之款於冊內聲明開除
七兩有奇之數已於前條項下飭令統行造入
憲重至所請酌留應定課額六十萬七千二百四十
用之日即在各該年奏銷冊內就款開除以昭
票以後雜支各款分別奏明動用一俟奏准動
該撫一併咨報由本部按款覈比照關鹽改
撫咨部查核其運庫支放各款應令運司詳具
款自有一定應令藩司開具簡明清摺詳送該

並由外支銷名目統俟引額復舊另行釐定科則之日再行辦理

同治十一年督銷綱鹽局爲釐定課則整飭鹺綱
詳請示遵事案照同治十年因浙東西試辦綱運
課釐無分各屬積綱日巨辦無起色經本局會同
前署鹽運使秦緗業詳請釐定課額並擬呈分別
報撥條欵先後奉部覆准試辦嗣以御史奇臣奏
請剔除鹽務積弊裁行撤局令各商先課後鹽查
照舊章辦理復經部議飭遵於同治十一年三月
初八日奉飭司局會議詳覆遵卽諭飭甲商議覆
茲據稟請裁行留局仍照綱章試辦已會銜詳請

覆奏在案所有各屬額課既奉戶部核准自應分
別正地減地查照從前舊章並參酌現在綱章飭
商公同妥議取具切結應請自癸酉綱起先行試
辦如果辦有成效再將科則細數詳請咨部立案
鹽行既經裁撤儲鹽發銷各事已據甲商稟請各
屬設立公堂選舉經商由運司衙門諭飭辦理所
有巡緝疏銷收課定價以及融銷積綱酌擬試辦
章程十二條開摺詳請核示再各地引數商名現
飭造冊另行詳送

章程

一課額請量地釐定也查票鹽章程原定浙東每觔徵收課釐錢十二文浙西每觔徵收課釐錢八文嗣以疏通銷路間有核減兩文者改綱仍照舊章辦理茲既釐定課額自應畧仿兵燹以前正減例案並參以票章仍分浙東西金衢嚴徽廣杭嘉湖八屬衢嚴徽廣三屬每引正雜課核定銀一兩七錢四分蘭谿遂安每引核定銀一兩七錢二分湯溪於潛昌化每引核定銀一兩

六錢建德桐廬分水淳安壽昌每引核定銀一兩四錢金華新城每引核定銀一兩三錢富陽諸暨義烏浦江每引核定銀一兩五分嘉屬每引核定銀一兩二分湖屬並杭所之臨安每引核定銀一兩二錢二分已經分別責商承認並取具公同允議切結應請暫行試辦自癸酉年起先行試辦一年如果銷有成效再行由司造冊詳送咨部立案其中如應有酌盈劑虛之處亦俟試辦期滿察看銷數暢滯再請更正

一後半課銀請示以限制也查綱章每屆開綱由
杭紹嘉三局先收前半課其後半課俟綱商運
鹽到地銷出照扣此次釐定課額案內既將統
年應收銀數報部存案且報撥各欵均分剔指
定不容絲毫蒂欠惟各綱商因力有不及稟請
仍照舊章課分先後完納其前半課自應仍照
綱章分春秋兩綱春綱在上年八月開收秋綱
在本年二月開收毋庸再議至後半課如照向
章俟銷出後由府局扣收如有滯銷不無積課

應請就各地認額核計如嶽屬認額連割飭補引每年六萬七千一百引按年以四季匀計每季應銷鹽一萬六千七百餘引無論暢滯責成該地公堂經商按季彙繳府局如正二三三個月春季應銷之鹽其後半課定於四月掃數全完四五六三個月夏季應銷之鹽定於七月掃數全完此後照章推遞務在掃數清繳不准稍有帶欠浙東西八屬綱鹽皆仿照一律辦理以符課額俾實力疏銷倘該經商承催不力照後

定功過章程辦理

一售鹽價值應由商酌定通報也查綱章各地售價向由府局牌示統府一律其中暢滯不一以致銷路不能擴充茲既分別正地減地由商準量地情設法疏銷其價值高下自應由商斟酌核定以廣銷路仍責成該地經商開明某地某月售價若干並分欵列註鹽本若干正雜課銀若干水腳若干按旬報由府局彙至月終申報司局並另飭紹府局按旬將場鹽價值開報在

司局固有所稽核而該商亦不致任意低昂所
定之價郎由府局懸牌以杜私擡價值之弊
一八屬經商請嚴定功過也查各屬裁撤鹽行以
後凡疏通銷路籌辦巡緝一切雖有府局之員
督率而張弛損益經商之責實居大半現在各
府綱商紛紛稟保雖已飭令甲商加具保結其
中賢愚不等是否爲守並優克勝其任本局無
從查悉應請查照收課章程以一府認數按十
二個月勻計每月應銷若干引以三個月爲一

屆有銷逾派數者彙至年終由司頒發花紅匾
額如不足派數者三個月初屆姑寬由府局稟
請記過六個月次屆由府局稟請斥革倘有虧
欠官課商本以及種種弊端因而墮銷誤課者
皆著落原保各商攤賠庶保商知所儆戒而慎
於選擇則疏銷引鹽可期得力仍責成該府局
隨時稽察銷數按月稟報如府局委員有徇情
庇護或疏於覺察分別參撤
一各地儲鹽宜示以定數也綱商運鹽到地照章

無分先後按掣定名次挨號輪銷有名次在後者希圖滷耗較輕往往遲延不運以致近年各屬有已經到號而鹽未開運者多有脫銷之虞雖有議罰定章終不能杜其取巧之弊況金嚴以上多是山河一遇河乾水淺以及場竈艱產在在可虞嗣後擬責令查照各地認額無論銷數暢滯如嚴屬六萬七千引飭令常存一成鹽六千七百引由府局隨時稽查遇有存不足額即就近飭令在地經商函催趲運只准出陳易

新不准有缺存額如有挨號不到仍照舊章每
引罰洋三角以示薄懲如該號初次受罰以後
二次仍復遲延即由府局詳革引名另行招充
各屬皆仿照辦理倘府局局員瞻徇情面一經
覺察即將局員參撤並將該經商照疏銷不力
之條記過斥革

一運鹽到地應就近起儲也查各府局之下游縣
分應銷鹽觔若於運到府局投驗後再行折回
運地未免多費運腳拋灑應請援照深渡榷溪

提銷成案准其就近提存應責令該商於開運之先定往何縣稟由紹府局標明護照俾免影射惟各府局於入境地方須設稽查之處以資考察否則下游輕課官鹽經過三關之後無人過問致啟以輕侵重之弊

一積綱認額應八屬通融也查綱鹽認額自庚午年改辦各屬比較歷年額數或增至二三成或四五成不等近年以來各地滯銷積綱以嵊嚴爲最此次減輕課額裁撤鹽行原爲疏通銷路

起見而釐定以後歲有奏銷必得截清欵項應

請自癸酉年元旦日起無論何府概銷癸酉綱

鹽一俟本綱銷足卽接銷本屬歷年積綱仍截

至年終爲度次年亦先銷正綱次銷積綱並無

論浙東之金衢嚴嶶廣浙西之杭嘉湖設遇該

地本年本綱銷足積綱又補銷完竣應准於鄰

近之屬或課額相等之地設有積綱仍由綱鹽

省局酌量地情通融改撥必得八屬銷數勻稱

皆無積綱之累方准提綱或請加認額

一河蕩沙鹽應酌量體恤也查河莊蕩山皆係收私從前舊章以質嫩耗重每百觔酌加滷耗鹽五觔又於應完正雜課額項下酌減雜欵銀數自改票以後因課釐無分未便核減又以沙鹽成本比場價較大滷耗較重是以於應加耗鹽之外蕩山每引添加耗鹽八十觔河莊每引添加耗鹽百觔嗣奉部飭革除耗鹽於向章每百觔量加五觔之外不能多增河蕩收商以有收無運再四稟請仍照舊章減課配運茲於各屬

已定科則通盤核計比較報部銀數約餘銀六千四百餘兩查黨山每年約收鹽一萬引河莊每年約收鹽六千引以四錢核計約符前數擬請自癸酉年起凡各屬配運沙鹽照該地科則每引核減銀四錢此外廒用雜費以及到地售價再行飭令平減俾與場鹽價值不甚懸殊如遇是年產數稍旺收數較多卽責成收商存儲以待次年配運俾與課額相符倘或積欠數多再請釐定辦理

一船私夾帶請通飭稽查也查錢江對渡義橋聞家堰一帶皆係肩鹽引地近年以來無論官船客船之船戶多有備買食鹽爲名水手亦復人人買帶至嚴州以上隨地隨時皆可兌換貨物積少成多礙銷匪淺除嚴飭錢江巡商富陽桙溪桐廬三關加意防察並請於聞家堰添設陸巡多派巡丁沿街巡視只准船戶照章買帶食鹽不准水手分買如就近有窩頓之家亦卽隨時稟報拏辦但鹽卡只能稽查鹽船其官船客

船似皆未便盤查應請通飭各釐卡務於驗貨
之際留心察看如遇船戶水手等每船食鹽至
十觔以外即准該卡起獲送由該屬府局辦理
多至三十觔以外將船戶解送地方官衙門照
夾帶私鹽例懲辦
一割觔加引應先給局照也查票章加耗奉部革
除並令照數補引統計金衢嚴徽處杭嘉湖八
屬均勻加派二萬四千二百引按照引名攤派
數甚零星如添註正照殊覺參差若責令立時

併計成票又恐互相抑勒應請格外體恤先行
由局給發局照一俟該商等公同妥議允洽合
成百引正數再行詳請給發院照以重執守
一温台撥欵請動支釐金也查浙鹽改行票運之
初所收鹽課曾經奏明抵充軍餉嗣以各處撤
防又因京協撥餉日多應給營餉多由釐局支
應其温台兩屬因釐欵不敷支放仍以鹽欵湊
撥此次釐定課額案內收支各項歲有定數並
無餘欵可撥所有温台兩屬月撥營餉應請劃

飭該兩屬嗣後專動貲釐給放所收鹽釐另儲
批解不得擅支以符額課
一雜費應歸商籌備也查釐定課額案內聲明各
府局局用巡費雜支等欵於應收正額項下提
扣六釐抵充支放奉部覆稱如有不敷支放由
商捐墊不得再動正欵溯自改票以來京協餉
路費川貲各衙門辦公經費書役辛工飯食心
紅油燭紙張以及各地隨時添募水陸巡役西
湖各廟香火書院膏火獎賞等費皆於耗欵項

下動支此次裁革耗欵所有前項應支各欵擬
飭商遵奉部示另行籌備以資支發其支銷細
數另行開摺呈送如票章向收𠡠提各欵誠恐
前項籌備不敷應請暫仍其舊一俟用欵增減
定案再行酌量裁減以恤商力

續纂兩浙鹽法備考卷[redacted]

復地

大江以南四府一州皆銷浙鹽靖江縣隔江北向運岱鹽侵越影射勢不能免寇警以後創復艱難兩淮咨請靖江近接揚州改食淮鹽課歸淮商認解入浙備界杜私變通取便然而非舊制也常蘇門戶深慮淮私因而汎濫拮据脩復舊制改票還綱江南復引而後商運絡續當有歸宿咨商還舊靖江仍屬浙所運鹽充食既已收買岱產出入可

稽聽覩且專分疆界晝侵灌可防則壅銷免累一邑之地規復於鹺綱關鍵所繫非輕也纂復地

續纂兩浙鹽法備考卷

復地

司詳請咨靖江引地仍歸還浙運銷

司詳飭議蘇五屬督銷考成巡緝禁私嚴辦鹽犯歸還引地等擬條呈請　奏咨　附條陳六則

戶部核覆前由淮兩江督院咨院行知一件　附部覆條陳五則

院准淮咨靖岸退讓由浙飭商認運接辦

司詳招商試辦靖江引地擬條請核咨部立案　附

條陳四則

同治十年五月兩浙鹽運使爲詳咨復還事案奉牌開准兩江督部堂咨開准咨請將靖江一地復還兩浙並請將詳議各條核准定案等由查黏抄各條均屬妥協除分咨轉飭並查明江南江北在岸在江營汛水師開單另行咨覆外惟靖江一縣孤懸江北一銷岱鹽則淮界立形侵佔前於同治二年咨請改銷淮鹽淮商照額代完浙課於浙無損於淮有裨事屬兩全數年以來淮銷雖未暢旺浙課無虞短絀況靖邑逼近通屬與場竈毗連居

民買食淮鹽路近價輕極爲稱便浙鹽運道旣遠
又有一江之隔勢不能與淮敵與其改歸浙運而
鹽被私侵何如暫歸淮銷而課終有著現在淮浙
仍辦票運不得不因時權變應請轉飭浙運司照
案將靖邑仍銷淮鹽一俟淮浙定額開綱再歸舊
制於全局庶期有禆相應咨覆查照轉飭等因到
本部院准此合行飭司卽便查照辦理等因又奉
行准江蘇撫院咨同前由行司各等因奉此本司
遵卽諭飭杭嘉甲商遵辦去後據杭嘉甲商朱源

茂等稟稱伏查靖江一地對峙江陰一帆飛渡朝
發朝至爲浙西堵截淮私最要門戶此鹺志所載
疊經江浙兩省督鹽院議奏而必以行銷浙鹽爲
定論也商等自上年認辦常鎮引地不惜重資合
力舉辦江巡內巡旱巡鎮府銷數始畧見起色而
江陰一地終不見銷甚有片引不行之勢九年并
武陽錫金亦被侵灌銷數幾不及上年之半推原
其故江靖兩邑本屬唇齒相依靖江既銷淮鹽江
陰巡船即不能越境查拏然辦銷全藉辦巡靖江

一日不歸浙岸江陰卽一日不能辦巡江陰一日
不能辦巡常府貼近各縣卽一日不能辦銷而延
及腹內引地亦必侵受其害如謂改歸浙運淮界
立形侵佔暫歸淮銷浙課終歸有著伏讀兩江督
院來咨內稱浙鹽價貴淮鹽價賤運道旣遠又有
一江之隔等語是淮浙運道鹽價已在督院洞鑒
之中似無以貴佔賤以遠侵近之理而引地旣復
還浙界引課卽應由浙商認繳似亦不致無著如
謂靖邑居民買食淮鹽路近價賤素爲稱便查靖

江既毘連淮場則淮私之徧地可知浙商運鹽到
彼勢非大減鹽價不能力求銷路而鹽係由浙運
靖分銷並非令居民赴浙買鹽似亦無不便之處
如謂淮浙現在仍辦票運因時權變尚可將靖邑
暫歸淮運查淮鹽未改票章而浙岸之蘇松常鎮
太四府一州已於上年奏改商辦包認引課靖江
一地似未便再假淮運致失浙西引地門戶有礙
全局商等爲辦巡疏銷並奉諭飭議不得不據實
具稟伏乞俯賜詳請鹽院咨請兩江督院將靖江

引地照案復還浙商認運辦課以固藩籬而於巡
緝事宜亦庶幾得有措手等情本司當即批示尚
未具詳兹又據該甲商朱源茂等稟稱自上年入
夏以來淮私侵灌日盛一日不特對岸之江陰首
受其害即蘇常鎮三屬銷數亦由此大爲絀滯緣
浙西引地全藉巡緝辦銷而堵截淮私又藉靖江
一地爲門戶今舍靖江咽喉之阨而求江陰唇齒
之依淮浙之分勢不兩立况靖邑逼近淮場場私
素稱淵藪若歸浙岸猶有顧忌一經淮銷無論是

官是私浙岸地勢已失關鍵難於顧問合再瀝情
稟請伏候迅賜詳咨復還引地以衛浙岸各等情
據此本司查該商等所稟係屬實在情形該靖江
縣江河地勢實爲蘇常等府屬行鹽之門戶是以
從前節次議奏均歸浙岸載入鹺志若借銷淮鹽
則路近價輕易於走私入浙歸還兩浙則浙鹽路
遠價貴無論官鹽私鹽皆無侵佔淮界之理況前
案本以淮浙俱行票鹽暫時借銷並未專案奏咨
改易引地此時浙鹽之蘇省五屬業已改復商運

不行票鹽自應將靖江一地仍還兩浙理合據稟具詳伏候察核批示祗遵爲此備由呈乞照詳施行

同治十年五月二十六日奉

鹽院楊批仰候咨明兩淮督鹽院核覆飭遵繳

同治十年十一月署兩浙鹽運使爲遵飭查議詳
請奏咨事查接管卷内本年四月二十日奉鹽院
劄開照得蘇松常鎮太四府一州鹽務自八年改
復商引試辦已逾兩年仍未見有成效查現定認
額六萬六千引不過舊額十分之二而蘇省肅清
已久地方戸口逐漸加增銷路自應日見暢旺乃
聞近來不但不能多銷即所認之引亦銷不足額
揆厥由來皆因該地方官漫無責成遇有梟販之
案視同隔膜借端開脫不肯認眞嚴辦以致近年

引額並將綱鹽章程移會綱鹽局遵照前行部飭及屢次飭催批劄享理分別登覆詳辦等因計黏單內開戶部奏案見復引門二各等因奉此前兼理運司未及議詳旋卽卸事本署司抵任接准移文查江蘇五屬改復引鹽已逾兩年未見成效誠由該州縣督銷不力之故應行議復考成而試行業經期滿既奉戶部行催自應一并查議具詳遵查部飭認額課銀無論正雜奏銷期內掃數全完春秋報撥等因本已奉行又奉飭暢岸雜欵不准

撥抵滯岸正欵等因亦當遵辦又奉飭各商實力
辦巡愼勿惜費誤公等因現亦督令該商寬籌嚴
緝惟奉飭將截存餘觔再加認額並以試行業已
期滿加額認運等因旣經奉飭自應遵加惟卷查
同治八年分截至十二月止銷數較之票鹽時雖
加增不少而核之認數則短至一萬餘引雖已於
奏銷期內嚴追全完而商情已竭蹶萬分九年分
截至十二月止銷數則短至二萬餘引現在竭力
嚴追奏銷期內尙可全完但商力之不逮已可概

見且查本年按月銷數又少於去年是以錫前司任內已據杭嘉所長洲元和吳縣無錫金匱丹徒各地引商潘宏昌等十八人先後稟請退辦本署司抵任之初又據嘉所甲商朱恆源瀝陳辦巡力竭情形懇求退辦雖皆批飭不准仍嚴飭各商遵照部行加認餘觔並加額認運節據各商具稟以認銷之六萬六千引現在實銷不及七成已屬賠累若再加耗餘力何能繼加額認運力更不逮稟懇寬免等情本署司察看該五屬商情委因鹽難

銷售無利可圖轉慮有追呼之累似此情形若不亟籌整頓之法以求實效而但責商人以加認餘觔加額認運竊恐勢有不能且慮紛紛稟退岸懸課缺日益廢弛無所底止卷查錫前司任內督飭各商完課辦巡委已不遺餘力無如江海私鹽雖遵章飭令清源實力講求以江私而論則淮浙引地尚未劃清江北場竈私鹽仍前侵灌海私則更多於江私以岱鹽餘鹽爲大宗而岱鹽尤甚現經籌議先收岱鹽飭商赴岱查看情形又因運庫無

欵可籌商力有所不逮尚未舉行乃查辦餘鹽飭
令從前滷戶仍賣各場煎辦官鹽一面嚴禁曬私
然沿海窮民藉以衣食禁絕實難現在州縣督銷
既不認眞營汛巡緝亦難得力商巡偶有殺傷即
當擬抵巡務更因之而疎懈以致實銷引數年短
一年再查江蘇五屬鹽務自兵燹以來私鹽滿地
業經十載有餘不特販私之梟匪恃爲恆業卽食
私之平民亦視爲故常州縣營汛皆以爲積習相
沿無不泄泄視之似轉以商巡爲多事是以前辦

票鹽蠹欵入不敷出改辦引鹽始雖稍有起色旋
即絀銷誠屬莫可如何驟難挽救然而
國課攸關自應亟圖整復之法本署司遵奉部飭暨
節次劄催並查照錫前司辦理各案竊以爲江私
清源應請先還靖江引地並禁淮場偷漏海私清
源應請商收岱私並應接辦餘私至州縣督銷引
鹽例有處分應請復還考成營縣巡緝私鹽如能
拏獲大夥梟販應請從優獎敘商巡殺傷梟匪之
案應請查照直隸山東例案免其議抵現奉部飭

耗餘加認之數並請寬免仍以收私案內之商運
岱鹽課欵抵完茲擬現請試辦之管見六條開摺
呈送除將商運岱鹽辦理事宜另行專案詳請奏
咨並移會綱鹽局將綱鹽事宜另案具詳外理合
遵飭議詳仰祈察核奏咨仍候示遵

條陳

一請劃還靖江引地並請嚴禁淮場偷漏以清江
私之源也查靖江一縣地居江北貼近淮場實
爲淮私侵銷常蘇之門戶地歸兩淮則兩浙官

商不能堵緝江北地歸兩浙則兩淮梟販難於
侵灌江南查鹽法志載乾隆元年江南臬司郭
朝鼎請撥淮鹽奉部議駁乾隆五年兩江督院
又請改食淮鹽經前鹽院前撫院前兩江督院
前兩淮鹽院奉
旨會議奏定仍食浙鹽在案誠以是地不歸兩浙常蘇
兩屬斷難行運浙鹽之故自是以來已歷一百
數十年未嘗改易同治四年浙省改行票運時
奉前鹽院馬淮兩江督院曾咨以鹽綱未復淮

浙俱行票鹽請以是地暫食淮鹽包完浙課當
經高前司詳明是地情形必應歸浙今以票鹽
暫改原無不可但案關更改引地例應具奏應
否奏明之處詳請咨商兩江督院旋奉准咨以
暫改淮鹽毋庸具奏嗣於八月間江蘇五屬改
復引鹽該商人等禀請歸還又經錫前司詳奉
咨請未准歸浙本年又據商人具禀亦經兼理
盧藩司具詳已奉批准轉咨各在案本署司查
靖江一地前咨兩江督院是否允准尚未奉到

明文應再咨催至是地雖兩淮暫借未經奏咨
而包課報撥咨部有案此時自應並入議條請
將是地奏咨查照前案永歸兩浙並請咨明兩
江督院卽於本年十二月底歸還兩浙以憑於
十一年正月由浙飭商接銷至淮商九十兩年
包課銀兩未經解浙並請追完清解入册報撥
又查杭嘉所蘇常鎭等屬長洲元和吳縣吳江
震澤武進陽湖江陰靖江無錫金匱宜興荆谿
丹徒丹陽溧陽金壇等十七縣江私之源漏自

淮場溯自咸豐三年後淮鹽假道鎮常浙鹽已
片引不銷迨同治三年以來浙鹽行票改引歷
奉部議嚴禁淮私至今未能堵絕其侵佔之來
路係由淮場對渡之丹徒丹陽武進江陰等邑
各口灌入分銷而靖江一縣地處江北此時改
食淮鹽因而該縣沿江一帶飛渡之私鹽更多
皆泛濫於杭嘉所十七縣之中而歧分於松所
之蘇太各屬者則由通州海門對渡侵銷於太
倉鎮洋常熟昭文波及於崑山新陽嘉定寶山

者也雖該所淮私之外另有海私偷鹽由海入
浦入太湖侵灌長洲元和吳縣吳江震澤無錫
金匱宜興荊溪等縣更甚於淮私然該所十七
縣受淮私之害者居多是以江私之源實止兩
淮場竈並無別路私鹽應請咨明兩江督院轉
行兩淮運司飭令各場員嗣後嚴查各竈煎丁
不得再有偷漏查場員失察竈戶販賣私鹽即
不知情亦干革職例議甚重該場員等如不嚴
查一經拏獲漏私究出來自何場應請照例議

處至大夥小販之私鹽船俱自兩淮入江應併
請咨飭該地方州縣及經過各地方州縣嗣後
嚴密查拏毋使侵灌入江查本地私鹽興販出
境以及私鹽過境失察之該管州縣吏目典史
等官皆例有處分其明知故縱隱諱不報或輕
爲開脫者俱干革職自後該地方官如不嚴拏
一經獲到究明來路並請照例議處如此辦理
似江私之源可清
一請飭商先收伍私並接辦餘鹽以清海私之源

也查蘇松太等屬常熟昭文崑山新陽華亭婁縣南滙上海青浦奉賢金山太倉鎮洋嘉定寶山等十五州縣海私之源岱鹽居多餘鹽次之查岱鹽產自浙江定海廳定岱等山島地方而此時岱山較多故皆謂之岱鹽溯自雍正年間開收岱鹽乾隆年間開收定鹽其有一萬六千餘引分銷嘉松等所先係煎鹽後改曬鹽而產鹽日多咸豐以前本有私鹽侵灌松太等屬自停收不運之後盡變而爲私鹽由定海北渡而

入淞所之各海口同治三年改行票鹽之時先在上海設局收鹽搭銷杭嘉松各所嗣以岱民鬧局查提案犯未獲因而停收設巡嚴禁而蘇松太沿海各州縣五百餘里之沙塗在在可以侵灌仍泛濫於十五州縣之中而歧分於蘇屬之吳江震澤長洲元和吳縣常屬之無錫金匱宜興荆溪等縣者係由海而入淞浦太湖者也然該所岱私之外尚有通州海門之淮私侵灌常昭太鎮等邑又有餘姚所產之曬鹽由海分

侵蓋餘姚沿海產滷本多向有私鹽煎產道光初年帥前院飭商收私奏咨有案並將餘滷分賣於錢三東各場咸豐十年以後官鹽不行場滷不銷而產滷更多乃改用曬板攤曬成鹽由海達淞侵灌蘇松各屬亦經各前司設局飭商收買此後祇准賣滷不准曬鹽而地皆沿海禁絕爲難此時清源之法自應先收來源最大之岱鹽現已據杭嘉松商人招有外商陳昌遇湊集厚貲擬於明年正月爲始開辦收鹽由司另

案詳請奏咨其餘姚私鹽亦附請咨部查發原
案接續收運如此辦理似海私之源可清
一州縣督銷引鹽考成應請復遵例定處分以嚴
責成也查州縣墮銷引鹽初參處分按年核計
例載欠一分者停其陞轉欠二分者降俸一級
欠三分者降俸二級欠四分者降職一級欠五
分者降二級調用欠六分者降三級調用欠七
分者降四級調用秪准以軍功錢糧加級紀錄
抵銷不准以融銷開復及別項級紀議抵欠八

分以上者革職其二叅處分係照徐淮臨海等
倉錢糧於初叅後限一年全完限滿仍不全完
原欠不及一分者罰俸一年一分二分者降三
級調用三分四分者降四級調用五分六分者
降五級調用七分八分者革職各等語是督銷
考成初叅甚輕惟銷不及五分者方予降調二
叅甚重原欠一分以上之不銷者鄙罹降調且
前後兩叅其僅兩年爲期亦速故州縣有所畏
憚督銷自能認眞應請自同治十一年爲始查

照五屬各州縣認定引數復還督銷考成按年
造册報部照例議處

一江海水陸營汛應行會同嚴行巡緝並請將拏
獲梟匪之員分別奬敘以期整頓有效也查杭
嘉所各引地皆在大江之南淮私侵灌必當由
北岸而達南岸不能飛越而長江提督統轄水
師北岸有瓜州鎮南岸又有京口協鎮皆有將
弁兵丁邏巡水陸口岸應請奏咨一體嚴巡以
壯杭嘉所商巡之聲勢而靖江私又查松所各

引地南自松屬之金山縣迤東而達華婁奉南
上五縣暨太屬之嘉寶鎮太繞北而至蘇屬之
常昭各海口皆爲私鹽所進之地而松江之吳
淞口卽從前三江旣入之松江實爲太湖之尾
閭而中多巨浸故私又可由太湖而達蘇常
內地查松江郡城係江南提督駐劄之區福山
鎮總兵鎮守常昭之福山海口太湖地方亦有
協鎮水師駐守皆有將弁兵丁稽查陸路海口
巡哨水路湖海似並應奏咨一體嚴巡以壯松

所商巡之聲勢而靖海私至各營汛將弁等拏
獲大夥積慣巨梟私窩重大之案應請專案奏
獎其人鹽並獲之案亦分别鹽之多寡犯之輕
重獎敘俾皆知所激勸

一州縣訊辦巡役殺傷鹽匪之案應請查照直隸
山東新例辦理其訊問人鹽並獲之案並請查
照向例嚴辦以期私梟歛跡也本署司卷查五
屬鹽務自八年春間改辦引鹽以來除梟販拒
捕殺傷官弁勇丁之新舊各案尚未拏獲人犯

抵償外凡人鹽並獲之案解送州縣訊辦者不少內除未結各案外間有詳辦各販各私之徒罪人犯餘皆以誤載私鹽誤趁私船或受僱誤搖私船或受抵償債私鹽定案時僅予掌責杖責或枷號發落亦有因病保釋或年老從寬釋放者兩年以來案犯雖多而積慣之大夥梟窩情節較重之犯竟不可得且自九年三月迄今一載有餘並無辦徒之犯而巡役殺傷拒捕梟匪之案共有三起一已議抵一係擬抵未結一

倘飭提局董巡役人等到蘇訊辦雖蘇臬司照
例辦理巡役殺傷案犯斷無枉縱卽人鹽並獲
之案該州縣等父毋斯民或以供詞之堅執而
罪擬惟輕或因老病之堪憐而法當稍貸辦理
雖無不合但梟匪恃到案之從輕發落無法可
畏而私鹽因之更多巡役處獲犯之偶或鬭傷
有命當償而巡務未免解體查同治九年刑部
奏定新例內開直隸山東兩省有鹽商僱募巡
役由州縣詳明運司轉報鹽院有名者如因緝

鹽匪致被殺傷或殺傷鹽匪者各照販私拒捕殺傷並擅殺罪人本律科斷若僅報州縣有名並未詳司報院者仍各以凡鬭殺傷及興販私鹽本律例從其重者論俟數年後梟匪稍戢仍復舊例辦理各等語本署司復查兩浙鹽務兵燹以來私鹽充斥而江蘇五屬爲尤甚不特梟販視同恆業卽民戶亦無不食私陸路則有各地各鄉之私窩私行水路則有專販之巢湖船艄船夾帶之來往行船而大幇潑販者惟巢湖

船爲尤甚至各屬之民戶居鄉者先因堵禦賊
匪置有鎗礮器械者居多此時該民人等既不
以私鹽爲犯法卽羣爲梟匪護私州縣官又先
因甫經克復以勞心撫字爲先務未嘗顧問邇
年來則以積習因循不能懲創是以先行票鹽
甚難辦理江海水陸嚴行巡緝每年銷鹽止原
額一成左右迨八年改辦引鹽州縣以先有責
令辦鹽之議尚稍瞻顧而商巡亦嚴該梟匪等
不無有趑趄觀望之心是以實在銷數將及原

額二成九年分雖巡緝仍嚴而人鹽並獲之案
犯未嚴辦拒捕殺傷之梟例應抵命因而梟販
如故銷數又絀於八年是該五屬私梟難戢情
形更甚於直隸山東卽浙東西之鹽不旺銷亦
以梟販横行之故嗣後應請將兩浙及江蘇各
屬商僱巡役因梟匪拒捕彼此殺傷之案准照
直隸山東新例辦理亦俟梟匪既戢之後仍復
舊例並請嚴飭五屬各州縣此後訊辦人鹽並
獲案情較重者嚴究是否大夥梟匪照例辦罪

勿旹以各販各私暨誤載誤趁等語從輕發落現在肅清已久當以除莠爲安良而鹽課爲正供毋再以隔省而膜視仍飭令會同營局督飭商人嚴行巡緝先將各地鹽匪之私窩私行及水路之巢湖船艒船一律查拏淨盡房屋入官船隻鋸截以絕根株併飭查明各州縣各鄉民戶有藏匿鎗礮器械者一律搜繳無遺以杜架護而靖地方惟案關援改例條是否可行應請

奏明併咨戶部並分咨刑部核議定案

一請寬免耗鹽截存餘觔也查前據該商稟八九兩年認額銷數委未銷足業經賠累力難再賠似屬實情兹又據稟稱現辦岱鹽應於六萬六千引外另完課欵如能收私淨盡轉運迅速完數當多應請以此抵免等情本署司查該商等認課賠完本已苦累岱鹽課欵本在認額之外似可准行相應併請奏咨寬免

同治十年十二月十七日奉

鹽院楊批查核所議各條爲整頓鹽務起見均屬

可行惟商收帒鹽事未開辦尚無把握應暫緩奏
咨其餘各條件候分別
奏咨辦理另札行知該司仍督飭各商將收運帒鹽
事宜妥爲辦理俟有端倪再行詳請
奏咨定案可也仍候
撫部院衙門批示繳

同治十一年七月兩浙鹽院淮兩江督部堂咨開

同治十一年七月十一日准戶部咨山東司案呈

浙江巡撫咨稱據運使秦湘業詳稱查接管卷內

奉劄開照得蘇松常鎮太四府一州鹽務自八年

改復商引試辦已逾兩年仍未見成效查現定認

額六萬六千引不過舊額十分之二而蘇省肅清

已久地方戶口逐漸加增銷路自應日見暢旺乃

聞近來不但未能多銷即所認之引亦銷不足額

揆厥由來皆因該地方官漫無責成遇有梟販之

案視同隔膜借端開脫不肯認眞嚴辦以致近年
來巡鹽弁勇被其戕害礮船被其焚燬已獲私鹽
被其刼奪甚至糾衆拒捕不一而足雖經逐案咨
請兩江總督江蘇巡撫轉飭嚴拏而該地方官從
未拏獲鬨抵一起且有已經拏獲以非正犯而開
脫者故梟膽愈雄毫無顧忌私鹽之充斥官引之
疲滯皆由於此查定例各州縣皆有督銷考成先
因改票免計迨改復商引以試辦期內仍請暫免
計考奏咨在案現在已逾試辦年限似應將各州

縣督銷考成照例查辦飭司議詳定案等因又准
戶部咨黏單內開所有蘇松常鎮太四府一州現
認額引六萬六千道試辦期內准照前擬科則按
引徵收無論正雜何欵奏銷限內均應一律掃數
全完造入春秋撥册報部候撥不准藉詞銷滯將
暢岸已完雜欵撥入滯岸作抵正課如有拖欠卽
令五屬通賠以符奏案仍嚴飭各商實力辦巡以
暢銷路慎勿惜費誤公致礙全局至耗鹽既經停
止每引截存餘觔應令查明確數奏加認額不得

以銷難足額一奏塞責至試辦年限已滿并令體
察情形加額認運再浙東各屬試辦綱鹽飭將詳
細章程奏報迄未登覆應并趕緊覆奏各等因本
署司抵任接准移交查江蘇五屬改復引鹽已逾
兩年未見成效誠由該州縣督銷不力之故應行
議復考成而試行業經期滿既奉户部行催自應
一併查議具詳遵查部飭認額課銀無論正雜奏
銷期内掃數全完春秋報撥等因本已奉行又奉
飭暢岸雜欵不准撥抵滯岸正欵等因亦當遵辦

又奉飭各商實力辦巡愼勿惜費誤公等因現亦
督令該商寬籌嚴緝惟飭將截存餘觔再加認額
並以試行業已期滿加額認運等因查同治八年
分截至十二月止銷數較之票鹽時雖加增不少
而核之認數則短至萬餘引雖已奏銷期內嚴追
全完而商情已竭蹶萬分九年分截至十二月止
銷數則短至二萬餘引現在竭力嚴追奏銷期內
尚可全完但商力之不逮已可概見且查本年按
月銷數又少於去年是以前運司錫祉任內又據

杭嘉所長洲元和吳縣無錫金匱丹徒各地引商

潘宏昌等十八人先後稟請退辦本署司抵任之

初又據嘉所甲商朱恆源瀝陳辦巡力竭情形懇

求退辦雖皆批飭不准仍嚴飭各商遵照部行加

認餘觔並加額認運卽據各商具稟以認銷之六

萬六千引現在實銷不及七成已屬賠累若再加

耗餘力何能繼加額認運力更不逮稟請寬免等

情本署司察看該五屬商情委因鹽難銷售無利

可圖且慮有追呼之累似此情形若不亟籌整頓

之法以求實效而但責商人以加認餘觔加額認運竊恐勢有不能更慮紛紛稟退岸懸課缺日益廢弛無所底止查前運司錫祉任內督飭各商完課辦巡委已不遺餘力無如江海私鹽雖遵奉院批飭令正本清源實力講求以江私而論則淮浙引地尚未劃清江北場竈私鹽仍前侵灌海私則更多於江私以岱鹽餘鹽爲大宗而岱鹽爲尤甚現經籌議先收岱鹽飭商試辦並查辦餘鹽飭令從前滷戶仍賣各場煎辦官鹽一面嚴禁晒私然

沿海窮民藉以衣食仍未能禁絕現在州縣督銷既不認眞營汛巡緝亦難得力商巡偶有殺傷卽當擬抵巡務更因之疎懈以致實銷引數年短一年並查江蘇五屬鹽務自兵燹以來私鹽徧地業經十載有餘不特販私之梟匪恃爲恆業卽食私之平民亦視爲故常州縣營汛皆以爲積習相沿無不泄泄視之且轉以商巡爲多事是以前辦票鹽釐欵入不敷出改辦引鹽始雖稍有起色旋卽絀銷誠屬無可如何驟難補救然而

國課攸關是應亟圖整復之法因遵奉部飭暨節次
院劄并查照辦理各原案竊以爲江私淸源應請
先還靖江引地并禁淮場偷漏海私淸源應請試
辦商收岱鹽并應接辦餘私至州縣督銷引鹽例
有處分應請復還考成營縣巡緝私鹽如能拏獲
大夥梟販應請從優議敘商巡殺傷梟匪之案應
請查照直隸山東例案免其議抵又現奉部飭耗
餘加認之數並請寬免仍以收私案內之商運岱
鹽課欵抵完今擬現請試辦各條開摺呈送除將

商運岱鹽另案辦理並移會綱鹽局將綱鹽事宜
月行具詳外理合遵飭議詳仰祈奏咨等情到本
部院據此查核所議各條為整頓鹽務起見均屬
可行惟商收岱鹽事未開辦尚無把握除飭運司
督飭委辦俟有端倪再行詳請奏咨定案並將復
還州縣考成商巡援例二條分別奏咨並劃還靖
江引地江海巡緝二條咨請江省督撫核辦外合
將司呈條陳照錄咨部煩請查照核覆施行等因
并據咨送該署運司條陳清摺一扣前來查同治

十一年正月二十二日內閣抄出浙江巡撫奏浙
西引地試辦限滿仍無起色請復考成並免耗餘
加認引額一摺同治十一年正月二十一日欽奉
上諭楊昌濬奏浙西引地試辦限滿仍無起色一摺浙
西蘇松常鎮太等四府一州爲浙鹽引地自改復商
引以來試辦已逾兩年迄無成效各州縣自寬免督
銷處分後遇有梟販之案視同隔膜以致私販橫行
官課益絀亟應認眞整頓以挽積習嗣後江蘇蘇松
常鎮太五屬督銷引鹽處分照例復還并著曾國藩

何璟嚴飭地方文武實力緝私以衛引地如敢仍前
玩視及拏獲盜犯有意開脫者卽行從嚴參辦至商
巡殺傷梟匪之案並准援照直隸山東例案免其議
抵所有耗餘加認之數著暫行寬免以恤商力該部
知道欽此欽遵行知浙江巡撫兩江總督江蘇巡撫
遵照各在案茲復據該撫咨報前來并將該署運
使所擬條陳咨請核覆前來本部查該署司所擬
各條如蘇松常鎮太五屬請復州縣督銷考成商
巡殺傷梟匪之案援照直隸山東例案免其議抵

裁革耗舫暫免加認引額均經該撫具奏奉
旨允准他如劃還靖江引地嚴禁淮場偷漏江海水陸
督洪會同嚴行巡緝收買岱鹽接辦餘鹽即以抵
完課欵各節均爲疏銷要著除商收岱鹽據稱事
未開辦尚無把握應俟辦有章程再行報部外其
餘各條先由本部按條核覆統令該撫咨商兩江
江蘇各督撫詳核妥議合詞會奏以肅鹺綱而符
舊制相應咨復浙江巡撫暨兩江總督江蘇巡撫
一體查照可也計單等因到本署部堂准此除抄

單飭飭淮運司暨蘇藩臬司遵照核明詳覆察辦

外相應抄單知會爲此合咨貴部院請煩查照施

行

戶部核覆條陳

一請劃還靖江引地並請嚴禁淮場偷漏以清江

私之源據稱查靖江一縣地居江北貼近淮場

實爲淮私侵銷蘇常之門戶地歸兩淮則兩浙

官商不能堵緝江北地歸兩浙則兩淮梟販難

於侵灌江南查鹽法志載乾隆元年江南臬司

郭朝鼎請撥淮鹽奉部議駁乾隆五年兩江總
督又請改食淮鹽經前鹽政前巡撫前兩江總
督前兩淮鹽政奏
旨會議奏定仍食浙鹽在案誠以是地不歸兩浙常
蘇兩屬斷難行運浙鹽之故自是以來已歷一
百數十年未嘗改易同治四年浙省改行票運
時奉前鹽院淮兩江總督咨以綱鹽未復淮浙
俱行票鹽請以是地暫食淮鹽包完浙課當經
前運司高卿培詳明是地情形必應歸浙今以

票鹽暫改原無不可但案關更改引地例應具奏應否奏明之處詳請咨商兩江總督旋奉准咨以暫改淮鹽毋庸具奏嗣於八年間江蘇五屬改復引鹽該商人等禀請歸還又經前運司錫祉詳奉咨請未准歸浙本年又據商人具禀亦經兼理綱鹽局藩司盧定勳具詳已奉批准轉咨各在案本署司查靖江一地前咨兩江總督是否允准尚未奉到明文應再咨催至是地雖兩淮暫借未經奏咨而包課報撥咨部有案

此時自應並入議條請將是地奏咨查照前案
永歸兩浙並請咨明兩江總督即於是年十二
月底歸還兩浙以還於十一年正月由浙飭商
接銷至淮商九十兩年包課銀兩尚未解浙並
請追完清解入册報撥又查杭嘉所蘇松常鎮
等屬長洲元和吳縣吳江震澤武進陽湖江陰
靖江無錫金匱宜興荆溪丹徒丹陽溧陽金壇
等十七州縣江私之源漏自淮場溯自咸豐三
年後淮鹽假道鎮常浙鹽已片引不銷迨同治

三年以來浙鹽行票改引歷奉部議嚴禁淮私
至今未能堵截其侵佔之來路係由淮場對渡
之丹徒丹陽武進江陰等邑各口灌入分銷而
靖江一縣地處江北此時改食淮鹽該縣沿江
一帶飛渡之私鹽更多皆泛濫於杭嘉所十七
縣之中而歧分於松所之蘇太各屬者則通州
海門對渡侵銷於太倉鎮洋常熟昭文波及於
崑山新陽嘉定寶山雖該所淮私之外另有海
私岱鹽由海入浦入太湖侵灌長洲元和吳縣

吳江震澤無錫金匱宜興荆溪等縣亦同於淮
私然所該十七縣受淮私之害者居多是以江
私之源實止兩淮場竈並無別路私鹽應請咨
明兩江總督轉行兩淮運司飭令各場員嗣後
嚴查各竈煎丁不得再有偷漏查場員失察竈
戶販賣私鹽即不知情亦干革職例議甚重該
場員等如不嚴查一經拏獲漏私究出來自何
場應請照例議處至大夥小販之私鹽船俱自
兩淮入江應併請咨飭該地方州縣及經過各

地方州縣嗣後嚴密查拏毋使侵灌入江查本
地私鹽興販出境以及私鹽過境失察之該管
州縣吏目典史等官皆有處分其明知故縱隱
諱不報或輕爲開脫者俱干革職自後該地方
官如不嚴拏一經獲到究明來路並請照例議
處如此辦理似江私之源可清等語本部查行
鹽地方逼近場竈居民食鹽甚便應徵鹽課或
攤入地丁完納或由商人包納謂之包課浙東
之定海一廳浙西之崇明一縣均因地處海濱

歲徵包課銀兩造入奏銷至靖江一縣向食浙
鹽同治四年浙鹽改票江督請暫食淮鹽包完
浙課當時並未據奏明立案今浙撫請將靖江
引地歸還兩浙仍食浙鹽自爲規復舊制起見
應如該撫所咨將靖江引地即行歸還兩浙併
將九十兩年未完包課銀兩趕緊解淸入册報
撥此後如仍有淮商藉包課之名侵銷浙境卽
由浙撫奏參嚴辦以淸引界而杜影射至所稱
江私之源實止兩淮場竈並無別路私鹽亟應

申明定例設法嚴禁應由該撫咨明江督接照
現擬章程轉飭遵照辦理毋稍徇縱
一州縣督銷引鹽考成請復還例定處分以嚴責
成據稱查州縣墮銷引鹽初叅處分按年核計
例載欠一分者停其陞轉欠二分者降俸一級
欠三分者降俸二級欠四分者降職一級欠五
分者降二級調用欠六分者降三級調用欠七
分者降四級調用只准以軍功錢糧加級紀錄
抵銷不准以融銷開復及別項級紀議抵欠八

分以上者革職其二參處分係照徐淮臨海等
倉錢糧於初參後限一年全完限滿仍不全完
原欠不及一分者罰俸一年一分二分者降三
級調用欠三分四分者降四級調用五分六分
者降五級調用欠七分八分者革職各等語是
督銷考成初參甚輕惟銷不及五分者方予降
調二參甚重原欠一分以上之不銷者即罹降
調且前後兩參其僅兩年爲期亦速故州縣有
所畏憚督銷自能認眞應請自同治十一年爲

始查照五屬各州縣認定引數復還督銷考成
按年造册報部照例議處等語本部查江蘇五
屬行銷浙引若不嚴定考成必致意存膜視該
撫前請復還督銷引鹽處分業已欽奉
諭旨飭令江督蘇撫實力辦理茲復將例定處分聲請
自同治十一年爲始按年照册報部自爲愼重
考成嚴懲墮銷起見應令該撫咨行江省各處
督撫轉飭遵照並先期分咨吏部以資考核
一江海水陸營汛應會同嚴緝並將拏獲梟匪之

員分别奬敘據稱杭嘉所各引地皆在大江之南淮私侵灌必當由北岸而達南岸不能飛越而長江提督統轄水師北岸有瓜州鎮南岸又有京口協鎮皆有將弁兵丁邏巡水陸口岸應請咨明一體嚴巡以壯杭嘉所商巡之聲勢而靖江私又查松所各引地南自松屬之金山縣迤東而達華婁奉南上五縣暨太屬之嘉寶鎮太繞北而至蘇屬之常昭各海口皆爲私鹽所進之地而松江之吳淞口即從前三江既入之

督嚴飭所屬不分界域認眞辦理乃有實濟應
由該撫咨商江督將如何分別勸懲之處妥議
章程會銜具奏庶各營汛不致以鄰省鹺綱視
同隔膜而私匪可冀斂跡矣
一州縣訊辦巡役殺傷盜匪之案請查照直隸山
東新例辦理其人鹽并獲之案並請查照向例
嚴辦以期私梟斂跡據稱本署司卷查五屬鹽
務自八年春間改辦引鹽以來除梟販拒捕殺
傷官弁勇丁之新舊各案尚未拏獲人犯抵償

外凡入鹽並獲之案解送州縣審辦者不少內除未結各案外間有詳辦各販各私之徒罪人犯餘皆以誤載私鹽誤趁私船或受僱誤搖私船或受抵償債私鹽定案時僅予掌責杖責或枷號發落亦有因病保釋或年老從寬釋放者兩年以來案犯甚多而積慣之大夥梟窩情節較重之犯竟不可得且九年三月迄今一載有餘並無辦徒之犯而巡役殺傷拒捕梟匪之案共有三起一已議抵一係擬抵未結一尚飭提

局董巡役人等到蘇訊辦雖蘇臬司照例辦理
巡役殺傷案犯斷無枉縱卽人鹽并獲之案該
州縣等父母斯民或以供詞之堅執而罪擬惟
輕或因老病之堪憐而法當稍貸辦理雖無不
合而梟匪恃到案之從輕發落無法可畏而私
鹽因之更多巡役虞獲犯之偶或鬬傷有命當
償而巡務未免解體查同治九年刑部奏定新
例內開直隸山東兩省有鹽商僱募巡役由州
縣詳明運司轉報鹽院有名者如因緝鹽匪致

被殺傷或殺傷鹽匪者各照販私拒捕殺傷並擅殺罪人本律科斷若僅報州縣有名並未詳司報院者仍各以凡鬭殺傷及興販私鹽本律例從其重者論俟數年後梟匪稍戢仍復舊例辦理各等語本署司復查兩浙鹽務兵燹以來私鹽充斥而江蘇五屬爲尤甚不特梟販視爲恆業即民戶亦無不食私陸路則有各地各鄉之私窩私行水路則有專販之巢湖船艒船夾帶之往來行船而大帮潑販者惟巢湖船爲尤

甚至各屬民戶居鄉者先因堵禦賊匪置有槍礮器械者居多此時該民人等既不以私鹽爲犯法卽羣爲梟匪護私州縣官吏又先因甫經克復以勞心撫字爲先務未嘗顧問邇年來則以積習因循不能懲創是以先行票鹽甚難辦理江海水陸嚴行巡緝每年銷鹽止原額一成左右迨八年改辦引鹽州縣以先有責令辦鹽之議尚稍瞻顧而商巡亦嚴該梟匪等不無有趦趄觀望之心是以實在銷數將及原額二成

九年分雖巡緝仍嚴而人鹽並獲之案犯未嚴辦拒捕殺傷之梟例應抵命因而梟販如故銷數又絀於八年是該五屬私梟難緝情形更甚於直隸山東卽浙東西之鹽不旺銷亦以梟販横行之故嗣後應請將兩浙及江蘇各屬商儎巡役因梟匪拒捕彼此殺傷之案准照直隸山東新例辦理亦俟梟匪旣戢之後仍復舊例並請嚴飭五屬各州縣此後訊辦人鹽並獲案情較重者嚴究是否大夥梟匪照例辦罪勿皆以

名販各私暨誤載誤趁等語從輕發落現在肅
清已久嘗以除莠爲安良嘗視鹽課爲正供毋
再以隔省而膜視仍飭令會同營局督飭商人
嚴行巡緝先將各地鹽匪之私窩私行及水路
之巢湖船艒船一律查拿淨盡房屋入官船隻
鋸截以絕根株並飭查明各州縣各鄉民戶有
藏匿鎗砲器械者一律搜繳無遺以杜架護而
靖地方惟案關援改例條是否可行應請奏明
併咨戶部並分咨刑部核議定案等語本部查

商巡殺傷梟匪援照山東例案免其議抵業已

欽奉

諭旨允准並咨行該撫遵照在案茲復據稱地方州縣

於拿獲梟匪之案動多開脫以致梟匪益無顧

忌並請將各地鹽匪之私窩私行及水陸巢湖

船艄船一律查拿淨盡房屋入官船隻鋸截各

鄉民戶有藏匿鎗砲器械者一律收繳無遺以

杜架護而靖地方各節自爲嚴懲梟販起見應

由該撫咨行江蘇巡撫嚴飭遵照辦理仍令分

咨刑部立案毋稍遺漏

一寛免耗鹽截存餘觔據稱前據該商稟八九兩年認額銷數委未銷足業經賠累力難再賠似屬實情茲又據稟稱現辦佔鹽應於六萬六千引外另完課欵如能收私淨盡轉運迅速完數當多應請以此抵免等情本署司查該商等認課賠完本已苦累佔鹽課欵本在認額之外似可准行似應併請奏咨寛免等語本部查耗鹽截存餘觔應行加認引額之數業已欽奉

諭旨暫行寬免至偷私如何收買及另收課欵之處應
俟該省辦有章程報部之日再行酌核辦理

兩浙鹽院楊　牌行同治十一年十月二十六日

准

署理兩江督鹽部堂何　咨開據兩淮鹽運使方

濬頤詳稱查靖江一岸前飭淮商認辦原係暫時

權宜之計嗣奉前憲督　札飭諭商退讓當經轉

諭兼辦商人順興趕緊禀退在案迄今浙省並未

有商收回認運是以仍由該商暫行辦理以免透

私至淮鹽場私業經嚴飭巡緝各卡並場員認眞

查巡不致有透漏之虞理合詳復等情除批據詳

已悉仰候咨會
浙鹽撫部院飭司趕招殷商稟認靖岸將浙鹽運
赴該岸以便諭商退讓其浙鹽未到以前不能不
由淮商暫行辦理以免虛懸而杜透漏外相應咨
會查照轉飭等因到院行司卽飭該甲商速行稟
認運銷由司詳奪毋遲
同治十一年十一月初一日行司
同治十一年十一月初八日諭飭杭嘉甲商遵照
選商稟辦

同治十三年十月兩浙鹽運使爲詳請咨部立案

事竊本司案查同治十一年八月二十日奉

憲臺案行准

戶部咨覆續議整頓江蘇五屬鹽務條陳一案抄

單內開本部查靖江一縣向食浙鹽同治四年浙

鹽改票江督請暫食淮鹽包完浙課當時並未據

奏明立案今浙撫請將靖江引地歸還兩浙仍食

浙鹽自爲規復舊制起見應如該撫所咨將靖江

引地即行歸還兩浙此後如仍有淮商藉包課之

名侵銷浙境卽由浙撫奏參嚴辦以清引界而杜影射等因又於同治十一年十一月初一日奉
憲臺牌行准
兩淮督鹽部堂何咨查靖江一岸前飭淮商認辦原係暫時權宜之計業飭淮商退讓歸浙接辦咨會查照行司速飭甲商稟認運銷等因奉經本司飭據嘉所甲商鮑存經稟保認商馮裕興章介春等前往於十二年正月十九日由浙接辦並經本司將所呈條議核明詳奉

憲臺批准試辦並於是年十二月間復據靖江認
商馮裕興章介春等稟自接辦十月籌銷辦巡不
惜資本幸額引保全外觀似乎妥善實則商負大
累祗有稟祈查照道光十四年岱運成案由岱局
委員發捆掣運赴靖將底案抄黏呈乞恩准等情
當查鹽法志各地門內載岱山餘鹽運靖江交商
配銷運靖足敷外岱鹽廣產改運乍浦配掣嘉所
各地仍歸靖商經理等語當時是否徑由海運至
靖本司衙門現實無案可稽即該商等現在抄呈

之海運案是否暫時行運抑向由海運亦難懸揣惟靖江在長江之北若由海運靖必須由海入江靖課較各地爲輕沿途江海各口是否不致有灑賣情弊應如何防範卽經飭據嘉所甲商鮑存經稟復查該地銷岱原案本係自岱徑運靖江訪查道光十四年間洋船滋擾南韭山等處禁止海船出口之時比照借運嘉鹽成案由乍廒走內河運靖經內地各商鄭世豐關咸熙等以輕課鹽動不能經由重課正地具控卽奉前運司蔡飭照舊章

仍由海運等語由是觀之靖鹽內運向所禁止由
岱運海實其舊制且查由岱運靖一路經過處所
非遼闊海洋即空曠沙地不比內地烟接沿途可
灑若論各口現辦江海大巡均有梭緝似較舊章
海運時更爲防範周到此海運較內運爲少弊茲
將由岱運靖海道及內河運靖路途遵繪一圖貼
說呈核惟事係豩後初辦似應請札飭岱厰委員
每於捆掣時查照舊案移營撥目押運到靖眼同
秤收以昭愼重等情稟復到司查靖江捆運岱鹽

舊案既由海運似尚可行今披閱圖說係由松所各地外海行走而較之內運之經杭嘉所引地行走究竟孰爲妥善又經飭據該甲商鮑存經會同杭松甲商朱源茂許慶會稟復亦以海運爲無弊並請轉詳以同治十三年正月爲始先行試辦一年如有成效再由商等稟請詳咨定案等情查此案既據該甲認各商一再查議海運較內運爲無弊可省運費以資辦巡似可准予試辦半年以觀成效又經本司詳奉

憲臺批准飭遵各在案茲本司伏查靖江引地改
歸浙商接辦業已年餘而試由海運亦已半年期
滿察其行運尚無偷漏灑賣情弊自應飭取該引
商馮裕興章介春認保各結送司核案詳請咨部
定案即經飭據嘉所甲商鮑存經取具該引商認
結加具保結稟送前來理合將本司核明辦理靖
江條陳四則併該引商認保各結備文詳送仰祈
憲臺俯賜察核咨
部立案再查試辦岱鹽一案現雖飭商收運未有

端倪應俟辦有成效再行專案詳請
奏咨定案並請
憲臺咨明
大部查照合並聲明爲此呈乞
照詳施行
條陳
一科則應請照咸豐年間舊章變通征完也本司
查靖江爲淮私侵浙要口非輕課減價難以抵
禦志載該邑年額三千引每引止完正珠課銀

二錢六分二釐零年應征完銀七百八十六兩
六錢一分九釐惟查咸豐年間舊册內係完正
課河餉引規並帑本帶帑新帑船腳包索虧斤
厫工等欵共銀二兩九錢有零查現在試辦收
運岱鹽資本等欵歸商自籌所有帑本等欵自
應免完應請止完正課銀二錢六分七釐三絲
河餉銀八釐一絲九微引規銀一分共銀二錢
八分五釐四絲九微年共征銀八百五十五兩
一錢二分二釐七毫與淮商包課亦屬有盈無

絀如果暢銷逾額仍按引征完如有絀銷應令
賠課

一引斤應請照舊章捆運也本司查靖江淮商捆
配引斤與浙引輕重懸殊旣經改復應照浙章
不得再如淮引之重該地從前向本崇岱分配
嗣竟專配岱鹽每引應捆三百九十六斤半兵
燹後本已無案可稽惟奉
前憲臺馬　札據浙西局請示案內有據靖江
縣查明岱鹽每引計重三百九十六斤半一語

本司訪查亦復相同該處爲淮私出没之區實
杭嘉所之門户似應稍重引斤以示體恤
一請專運岱鹽並仍用代引印單護照行運也本
司查鹽志稌地門内載靖江向配崇岱稌鹽而
崇明現産鹽斤僅敷本地民食並無餘鹽可運
岱産鹽斤正在暢旺應請專運岱鹽仍照江蘇
五屬章程商人完納全課後給予引單捆配並
另給護照如過掣無弊立即發照運行以歸一
律

一請由新商認辦並先課後鹽按年彙册奏銷也

本司查靖江舊商兵燹後久經逃亡物故無從

根查既據嘉甲商鮑存經招股實新商馮裕興

章介春具結認包並由該甲商加具保結應准

承辦如引有絀銷即當責令甲引各商照數賠

完並仍照五屬引鹽章程一律先課後鹽按年

併入蘇省五屬引商鹽課彙册奏銷以重引課

以上四條伏候

憲臺察核咨

部立案至此案現雖辦有年餘恐尚有未盡事宜
仍當由司察看情形隨時詳辦合併登明
同治十三年十一月初三日奉
撫鹽院楊　批仰候抄錄條陳咨明
戶部立案繳結存送

浙江文叢

兩浙鹽法備考二種

〔第六册〕

〔清〕楊昌濬　廖壽豐　修

浙江古籍出版社

續纂兩浙鹽法備考卷

復引二

戶部遵議覆准浙西五屬招商復引認數試辦奏

戶部據咨改奏浙西五屬引鹽仍按觔完課毋庸另議科則並禁耗觔片按款核覆章程十二條

陞撫楊請杭紹嘉松耗觔並蘇五屬科則仍循舊照辦再准試辦一年奏

戶部遵議覆奏浙鹽另加耗觔五屬仍按科則均毋庸議准再試辦一年行知一件

戶部據咨改奏蘇五屬准暫按科則徵收仍令正

雜全完永裁耗觔奏

陞撫楊浙西引地試辦限滿銷數仍無起色請復

考成並免耗餘加額奏

戶部咨浙西五屬試辦限滿銷數仍無起色等因

恭錄

諭旨行知浙撫遵照一件

同治六年九月浙江巡撫兼管鹽政臣馬新貽爲
查明江蘇五府州屬鹽務情形請改章試辦恭摺
仰祈
聖鑒事竊照兩浙鹽務前於同治三年十月間經前兼
署浙江巡撫臣左宗棠將杭紹嘉松四所引鹽奏
明改行票運課釐並收并請將府廳州縣督銷經
銷處分暫免核計考成旋於四年三月間接准部
議以兩浙鹽務引商認運先課後鹽奏銷年清年
欵間有肩挑小販皆在場竈相近地方爲數無多

若統改票鹽非但督銷徵課無從核計考成販戶隨處灑賣充斥鄰省實非正辦惟商竈凋零勢難照舊運銷尙係實情但恐一年之後狃於便安全浙引鹽渙散不可不防抑或仿照兩廣山東由商領運由官督銷試令各州縣各歸各境或官運或招商或招販且就各州縣戶口之盈虛分別引目之多寡由各該州縣赴運司衙門請領每次酌給幾成限幾個月銷完交課續領不准拖欠一年之後酌量暢滯嚴定考成墮銷短課照地丁錢糧例

嚴參等因行文到臣當以奉到部文已在四年三
月其時票運業經舉行而廣東山東章程未奉部
發經運司高卿培詳由臣就近咨抄嗣於七八月
間先後接准咨覆轉行查辦去後茲據運司高卿
培詳稱查廣東改埠歸綱一案厚集商貲至百餘
萬兩之多浙省現難援照至山東德州等州縣改
令官辦之法浙省改票後本屬兼行並松太一帶
地方試行官運鹽飭紳民領銷之法前於五年八
月間查明票運試辦一年期滿詳請奏覆案內一

併聲明在案惟查山東官辦之法係責成各引地州縣自行領運浙省官辦之法係於票販不繼之處兼行官運其行之浙東地方者尚有功效行之蘇省及松太紳民領銷者毫無起色查同治四年兩浙所收課釐計一百三萬六千七百千文有奇五年所收數又過之核以引額固屬不足核以課額所絀尚屬無多但其中惟浙東較旺浙西杭嘉湖三府次之至蘇松常鎮太五府州所收課釐既少又不免銷耗於局用經費溯自兵燹以來蘇省

地方戶口雖極凋零應與浙省杭嘉湖無異而銷數兩相懸殊推原其故總緣地屬隔省地方官弁與浙省鹽務委員未能聯絡一氣且督銷經銷處分業已暫免無關考成不無膜視以致場私日形充斥若由浙省多派巡船需費不資得不償失而四府一州之地分設各局糜費滋多徒勞無益不得不審度事勢隨時變更擬請裁撤前設蘇省各局及派往巡船將蘇松常鎮太五府州引地遵奉部議責成各州縣各歸各境自行籌欵或招

商招販集資領運並請復還督銷經銷考成至領銷數目查鹽法志載蘇松常鎮太五府州屬每年額銷場鹽二十九萬八千餘引又定估一萬五千餘引亦配嘉松商人分銷各屬茲值凋敝之餘自難遽復原額然行票已閱兩年某縣暢銷某縣滯銷已有確數可稽以五府州屬合計之現銷不過原額十分之一分四五成以五府州屬分計之蘇松兩屬已及二分以上常州則一分以上鎮太不及一分內松屬上海縣係浙省設局之地年銷去

原額不遠茲將五府州屬通盤籌計以現銷數目參以原額酌量增減擬令蘇州府屬九縣每年暫領銷票鹽二萬六千引松江七縣一廳每年暫領銷六千五百引常州除靖江現由江省包課外其餘七縣每年暫領銷二萬一千引鎮江四縣每年暫領銷七千引太倉州屬除崇明包課外其餘一州三縣每年暫領銷二千五百引統計五府州屬共暫領銷票鹽六萬三千引照原額不過十分之二分有零仍不及杭嘉湖三府現銷之數俾易舉

行而無所藉口等情會同牙釐局司道及浙西局
員候補道馮禮藩詳請具奏前來臣查浙鹽行銷
蘇省各州縣自改行票運設局辦理以來私鹽充
斥銷數未暢雖殫竭心力設法整頓總未能稍見
起色若不亟圖更變坐視因循必致鹽綱日壞莫
可挽救合無仰懇
天恩俯准將蘇屬四府一州行銷浙鹽引地改章試辦
責成各該州縣各歸各境自行籌欵設法領運並
請仍復督銷經銷處分以專責成至各州縣現派

年銷引數應如何分銷飭由各該府州察看情形
酌量匀派詳覆察辦所有分解兩省課釐及一切
章程仍照現行票運俾免紛歧俟接准部覆後再
將前設各局及派往巡船概行裁撤以節經費其
代引照單由各該州縣赴運司衙門請領以憑配
鹽運銷該五屬州縣係例配杭嘉松三所場鹽應
令其照例各赴各場配掣仍於年終核計減成中
銷數之暢滯照例辦理倘有墮銷短課情事當遵
部議將各該州縣照地丁錢糧例嚴參至緝私處

分議敘並請援照道光二十九年山東案內戶部議奏章程分別辦理以昭懲勸似此寬以銷數嚴定考成在各該州縣責任攸關於督銷經銷緝私各事宜自無不奮勉自愛在浙省裁汰局用經費減一分虛糜即增一分正欵於課項實有裨益應俟行至一年後察看何屬銷數可增應如何加成領銷再行核飭辦理其該五府州屬之私鹽充斥以岱鹽爲大宗現在嚴行設法查辦此外浙省所屬地方疏銷應手之處仍行設局辦理票運暫勿

更改合并聲明除咨吏戶二部查照外合將江蘇五府州屬鹽務情形請改章試辦緣由恭摺具奏
十月二十三日軍機大臣奉
旨戶部議奏欽此

同治六年戸部爲遵

旨議奏事浙江巡撫馬新貽奏兩浙運司所屬江蘇四

府一州鹽務請改由官運一摺同治六年十月二

十三日軍機大臣奉

旨戸部議奏欽此欽遵由內閣抄出到部據原奏內稱

兩浙杭紹嘉松四所引鹽前於同治三年十月經

前兼署撫臣左宗棠奏改票運課釐並收並將府

廳州縣督銷經銷處分暫免核計考成查同治四

年兩浙所收課釐計一百三萬六千七百千文有

奇五年所收數又過之核以引額固屬不足核以課額所絀尚屬無多其中浙東較旺浙西杭嘉湖三府次之至蘇松常鎭太四府一州所收課釐既少又不免銷耗於局用經費兵燹以後蘇省戶口凋零與浙省杭嘉湖無異而銷數懸殊總緣地屬隔省官弁與鹽務委員未能聯絡一氣以致場竈私鹽日形充斥若由浙省多派巡船需費不資得不償失擬請裁撤前設蘇省各局及派往巡船將蘇松常鎭太四府一州引地援照山東省官運成

案責成州縣各歸各境自行籌欵或招商招販集
資領運並請復還督銷考成至領銷數目查鹽法
志載蘇松常鎮太四府一州屬每年額銷場鹽二
十九萬八千餘引又定岱鹽一萬五千餘引分配
嘉松兩所匀銷自改行票運兩年以四府一州核
計現銷不過原額十分之一分四五以五府州分
計蘇松兩屬已及二分以上常州則一分以上鎮
太不及一分內松屬上海縣係浙省設局之地銷
數去原額不遠茲將五府州屬通盤籌計擬令蘇

州府屬九縣每年暫領銷票鹽二萬六千引松江
七縣一廳每年暫領銷六千五百引常州除靖江
現由江省包課外其餘七縣每年暫領銷二萬一
千引鎮江四縣每年暫領銷七千引太倉州除崇
明包課外其餘一州三縣每年暫領銷二千五百
引統計五府州屬其暫領銷票鹽六萬三千引各
州縣現派年銷引數應如何分銷飭各該府州察
看情形酌量勻派詳覆察辦其代引照單由該州
縣赴運司衙門請領以憑配鹽運銷該五屬州縣

係例配杭嘉松三所場鹽應令照例各赴各場配
掣仍於年終核計減成中銷數暢滯照例辦理此
外浙省所屬地方疏銷應手之處仍設局行票暫
勿更改等語 臣
等伏查兩浙鹽務向分杭紹嘉松
温台六所同治三年浙省初經收復舊商招集無
人前兼署撫臣左宗棠將杭紹嘉松四所引地奏
改票運經臣部議令仿照兩廣山東由商領運由
官督銷成案妥籌辦理並聲明改歸地方或多窒
礙應令仍歸引課以符定章等因原係爲疏銷引

鹽規復舊制起見玆據該撫馬新貽以行銷松所
鹽飭之蘇松常鎭太四府一州引地改票以來徵
收課釐較少已徵之欵又半耗於局用經費擬請
仿照山東德州二十州縣官運成案責成州縣各
歸各境自行籌欵招集商販領運運銷數目卽以
四府一州分銷併計共令暫領票鹽六萬三千引
仍赴各場配掣並請復還督銷考成等情具奏前
來臣等復加查核浙鹽改票松太地方先據該撫
奏明官運鹽觔紳民領銷實已參用官運成法現

復因銷數不足請援山東成案專歸官運並裁撤
分局由各州縣自招商販籌款運銷係爲撙節經
費俾有專責起見惟立法之初必須因地制宜以
期經久今按所擬章程詳加參酌與山東辦法既
有不同於浙省鹺綱頗多關系謹就兩浙情形論
之山東德州等二十州縣之商懸岸接辦無人於
道光二十九年改由州縣官運額銷引目暨應交
各項課款仍照商運一律交納先課後鹽名爲鹽
由官運實則以官代商課款錢糧並無短絀今松

所引地改歸官辦所定年額僅有六萬三千引瀕
查原額在三十萬有奇引額懸殊課亦大絀且州
縣雖定以考成分數陋習相沿不過完至七八分
而止設此六萬三千引額經徵再缺十之二三是
舉松所數十州縣引地年銷額引纔四五萬較之
原額三十萬有奇之數不足十分之二縱兵燹以
後煙戶未復何至減額如斯之甚銷數既減增復
綦難此虧課之端未可與山東並論也山東以本
省州縣運行本省之鹽運司鹽政經督催銷稽查

較易松所四府一州與浙江係屬隔省各該府州
勢力雖勻難以統攝倘州縣所招商販不守引界
領票之後捷足爭先互相侵灌甚或沿途灑賣在
浙省鹽政運司既因耳目難周鞭長莫及而蘇省
上司又以隣省鹺綱意存膜視不惟松所本境以
競銷而啟爭端浙江杭嘉兩所引岸更慮彼此侵
越此稽查之難未可與山東並論也山東州縣就
場配鹽無論官商均歸運司派員掣驗浙江定岱
私鹽徧地充斥松所又例有勻銷定岱鹽觔入情

趨利孰不舍遠而務近查定岱私鹽由海道達蘇
松境内朝發夕至州縣官辦以後雖令赴場配鹽
仍須假手商販商販營私必將借匀銷定岱爲名
影射場鹽前此商人夾帶尙恃官爲查察今以官
運販私誰復從而過問場鹽少人配運場課必至
宕懸更恐煎戶歇業無以爲生此場竈之害未可
與山東並論也大抵官運之法非不可試行而領
引之數亦未可驟減臣等公同商酌所有行銷蘇
所屬蘇松常鎭太四府一州引地擬請准其

該撫所奏暫行改章試辦責成各州縣各歸各境自行籌款或招商或招販集資領運其年額應銷引目該撫所請按各府州暫領之數不惟比較舊額相去懸殊且未按州縣分晰勻派日後考成易涉牽混應仍令查照各該州縣未改票運以前銷引舊額酌減十分之二作爲官運暫領引額卽按此額數核計考成並仿山東章程將應交各項課款照商運一律交納概令先課後鹽至應領引目試辦期內准由各該州縣自赴運司衙門請領代

引照單各赴各場配鹽運銷以清界限統於年終
核計如能掃數全完准由該撫題給獎敘倘有墮
銷短課即照地丁錢糧定例核計分數嚴參並請
飭下江蘇巡撫無分畛域飭屬嚴密緝私其緝私處分
議敘仍照道光二十九年臣部議復山東案內章
程分别辦理統俟試辦一年後有無成效再由該
撫奏交臣部酌核覆奏施行仍將某州縣額運若
干現時減運暫領若干先行開具清册專案報部
毋稍遲延總之官運所以濟商運之窮而綱引實

行鹽之本上年九月該省奏報票運一年期滿案內復據陳明如有殷商情願認包完運但可多於現銷票運數目即准認包期復引商舊規等因是鹽務改票特一時權宜之計欲求整頓總以招復引商爲正辦浙江地方收復已閱數年其中殷戶諒不乏人如有情願認運者應即飭令自松所爲始按現銷票運實數加增認運概令先課後鹽正雜並交某處招商有人即將某處官運停止俟試辦數年逐漸增復舊額在商人等得引地以爲世

業自必力求整頓較之州縣領銷似有把握並令
該撫轉飭運司認眞經理隨時奏覆毋稍延誤所
有臣等遵議緣由理合恭摺覆奏本日軍機大臣
奉
旨依議欽此

同治七年十二月兩浙鹽運使奉鹽院案行同治七年十一月二十九日准戶部咨開山東司案呈兩浙運司所屬江蘇蘇松常鎮太四府一州引地上年十月據浙江巡撫奏請改由地方試行官運當經本部議覆令照各該府州縣舊時引額減二成試辦並令官運如果試辦無效仍招商認辦較有把握統令體察情形咨覆辦理等因行知在案現計官運試辦將屆一年各該地方州縣領運引數能否與本部飭辦額數相符一切應交課款能

否完足東南頻歲豐稔人民復業者多銷鹽自必
暢旺各該州縣不得仍以煙戶稀少爲詞噎銷虧
課倘或州縣官運無效本部歷次奏案本有飭令
招商認辦期復舊規之議現復據籍隸浙江等省
職員赴部呈請認辦蘇松常鎮太四府一州引地
除已批令前赴浙省自行具呈外查該職員等旣
經赴部呈請自願認辦引地者尚不乏人應令浙
江巡撫將一年內江蘇蘇松常鎮太四府一州引
地官運銷數暢滯情形先行查明聲覆並將四府

一州引地招商認辦之處一併體察情形通盤籌畫毋狃便安毋存遷就總期課餉民食兩有裨益方爲盡善並令赶緊登覆報部毋稍延緩可也等因到本部院准此合就轉行仰司官吏即便分別查明先行詳請聲覆並將四府一州引地招商認辦之處一併體察情形通盤籌畫赶緊詳咨核辦毋再任延致干吏議等因奉此遵查江蘇五府州屬引鹽先於前運使任內同治六年八月間會詳請照山東成案責成各引地州縣各歸各境自行

籌款領運或招商或招販集資辦理統計五府州
屬共暫領銷六萬三千引一切章程仍照現行票
運以免紛歧其代引照單由各該州縣赴運司衙
門請領仍照向例各赴各場配掣仍於年終核計
減成數目查明暢銷滯銷照例詳辦倘有墮銷短
課情事即遵部議將各州縣照地丁錢糧例嚴參
詳請奏咨在案兹於同治七年二月初二日奉前
鹽院行准戶部咨覆蘇松常鎮太四府一州應照
舊額酌減十分之二作爲官運暫領引額即按此

額數核計考成並仿山東章程將應繳各項課款
一律交納概令先課後鹽至應領引目試辦期內
准由各該州縣自赴運司衙門請領代引照單各
赴各場配鹽運銷以清界限統於年終核計如能
掃數全完准由該撫題給獎敘倘有壅銷短課即
照地丁錢糧定例核計分數嚴參並請
勅下江蘇巡撫無分畛域飭屬嚴密緝私統俟試辦一
年後有無成效再由該撫奏交臣部酌核覆奏施
行仍將某州縣額運若干現將減運暫領若干先

行開具清册專案報部毋稍遲延總之官辦所以
濟商運之窮而綱引實行鹽之本上年九月該省
奏報票運一年期滿案內復據陳明如有殷商情
願認包完運但可多於現銷票運數目即准認包
期復引商舊額等因是鹽務改票特一時權宜之
計欲求整頓惟招復引商爲正辦浙江地方收復
已閱數年其中殷戸諒不乏人如有情願認運者
應即飭令自松所爲始按現銷票運實數加增認
運概令先課後鹽正雜並繳某處招商有人即將

某處官運停止俟試辦數年逐漸增復舊額在商
人等得引地以爲世業自必力求整頓較之州縣
領銷似有把握並令該撫轉飭運司認眞經理隨
時奏覆毋稍遲誤等因下司奉經詳請前鹽院咨
明江蘇撫院並由司移行江蘇藩司暨各該州縣
赶緊遵照查辦去後旋於同治七年六月初七日
奉江蘇撫院咨據蘇藩司飭據蘇州府詳所屬長
洲等九縣會詳蘇屬行銷浙鹽向有商人認地完
課配引掣運官爲督銷從前地方完善戸口蕃盛

之時每年銷數不過十分之五六未有能及八成者自匪擾克復後秪銷十分之二所派緝私礮船碁布星羅船堅礮利各有應領正餉猶以私鹽充斥官引滯銷經費浩繁得不償失始擬改章撤局責令蘇省地方官籌資招商運銷蓋用兵以來戶口凋殘較從前十減其七少七成食鹽之人卽少七成銷鹽之路加以西有淮私東有岱私侵灌灑賣其價較廉人情惟利是趨既不肯舍賤而買貴卽不能屏私而食官此舊額之未能遽復者也蘇

省錢漕較重州縣政務本繁兵燹之餘勞來安集
勸墾清糧業已日不暇給若再責令辦理總商甲
商之事實覺兼顧難周如部議官辦督運仍須假
手商販設商販不守引界隨地灑賣影射營私夾
帶侵銷敗壞鹺綱所關尤鉅且按浙省現辦情形
分局派員專司其事竭各員之心思耳目以全力
注之所銷不過二成州縣各有地方公事若令帶
管其用心必不能如局員之一其致力必不能如
局員之專浙省專派師船分頭堵緝猶時有私梟

拒捕之案州縣如果募勇設船則經費繁重無款
可籌倘僅會營巡查則地廣人單難資堵截即此
互相比較浙鹽改歸官運雖欲照浙中現銷二成
之數亦已勢有所難況奉部議照原額八成認銷
數目懸殊尤屬無從設法惟引地乃商人世業事
關切已則規復必赴以精心熟悉情形則補救必
中其窾要果能招商復業認運提費緝私力求整
頓數年之後生聚漸繁或可漸有起色於是再四
籌商浙鹽歸官運銷諸多窒礙擬請仍循定制招

集舊商復行引鹽庶認運配掣緝私督銷各有專
責較官銷似有把握仍令試辦數年再行定額試
辦期內並請免計考成由府詳轉並據松常鎮太
四府州陸續詳覆情形相同均據聲明由商試辦
數年再定引額試辦期內並求邀免核計督銷考
成各等情行司即便會同牙釐浙西各局查照來
咨通籌確核妥議具詳毋稍遲延等因遵經本署
司會局通籌核議該府州等所詳徇屬實情而所
擬招集舊商復行引鹽係遵部議之招復引商自

應加詳辦理卽經詳請咨明江蘇撫院速飭五屬
各府州縣立卽招商認數加增票運銷數先課後
鹽一面由司移知蘇藩司並劄飭各州縣曁諭飭
甲商招復各地引商其無商之地以及有商無力
者卽招集新商分赴各引地州縣認定引數具結
運銷卽經分別飭催已據該甲商等邀同各認商
各赴各州縣認數具結並據蘇州府長洲縣錢令
申送該縣商人潘宏昌等認結到司一俟各州縣
申送認結齊集後卽可移會蘇藩司劄飭各府州

縣並由司查議運銷完課一切章程彙總定案詳

咨茲奉前因除再移行嚴催取結申送以憑定案

議章詳咨外理合將江蘇省蘇松常鎮太四府一

州各屬引鹽遵照部議招復引商現在辦理情形

各緣由先行備文申覆

同治八年四月兩浙鹽運使牙釐省局浙西局司
道爲遵查議詳事奉鹽院案行同治七年正月二
十三日准戶部咨開山東司案呈本部議覆浙江
巡撫馬新貽請將兩浙松所江蘇五府州屬鹽務
改歸官辦一摺同治六年十二月初五日具奏本
日軍機大臣奉
旨依議欽此相應抄錄原奏恭錄
諭旨行文浙江巡撫遵照可也等因到本部院准此行
司即便查照毋違計黏抄戶部議覆原奏等因下

司本署司遵查蘇松常鎮太四府一州各屬引鹽
奉部議准酌減二分應銷有八成之多此後專責
州縣緝私或能得力而戶口凋零食鹽者少恐尙
不能如數且行銷引鹽本當計丁合引該五屬地
方遠在江蘇似應詳請咨商江蘇撫院通飭該五
屬查明年來生聚復業戶口實在情形能否遵照
部議八成行銷而督銷考成既定原額八成又查
照地丁錢糧定例核計處分綦嚴該五屬州縣俱
隸江蘇考成攸關似亦應並請會奏定案當經詳

奉鹽院咨商江蘇撫院飭查並由本署運司移會
署蘇藩司劄飭各該屬州縣確查戶口實在情形
嗣於同治七年六月初七日奉鹽院牌行五月三
十日准江蘇撫院咨開據署藩司杜文瀾詳稱蘇
松常鎮太五府州屬各引地銷數惟有責成五府
州趕緊招復商販詳覆咨商浙鹽撫院會核具奏
等情行司會同牙釐浙西各局查照通籌議詳等
因並奉抄咨內開爲彙案查議詳覆事據署蘇州
藩司杜文瀾詳稱案奉劄准浙鹽撫院咨准戶部

議覆江蘇五府屬鹽務改歸官辦咨商飭查再行
會奏定案等因到院抄黏劄司遵照移會臬司轉
飭所屬各就地方情形確切查明詳覆核辦各等
因並淮浙運司移會到司奉經轉飭各屬確查實
在情形趕緊詳候彙案核辦並又節催去後茲據
蘇州府詳據所屬之長洲等九縣會詳遵查蘇州
等府屬行銷浙鹽向由商人認地完課配引掣運
官爲督銷從前地方完善戶口蕃盛之時每年銷
數不過十分之五六未有能及八成者自匪擾克

復後改行票運完納課釐在上海設立總局各府
州設立分局由浙省遴委道府大員及熟悉鹽務
之同通州縣專心協力督運分銷秖及額鹽十分
之二所派緝私礮船棊布星羅船堅礮利各有應
領正餉猶因私鹽充斥官引滯銷經費浩繁得不
償失始擬改章撤局責令蘇省地方官籌資招商
運銷蓋用兵以來戶口凋殘較從前十減其七少
七成食鹽之人即少七成銷鹽之路加以西有淮
私東有岱私侵灌灑賣其價較廉人情惟利是趨

既不肯舍賤而買貴卽不能屏私而食官此舊額之未能遽復者也蘇省錢漕較重州縣政務本繁兵燹之餘勞來安集勸墾清糧業已日不暇給若再責令辦理總商甲商之事實覺兼顧難周如部議官辦督運仍須假手商販設商販不守引界隨地灑賣影射營私夾帶侵銷敗壞鹺綱所關尤鉅且按浙省現辦情形分局派員專司其事竭各員之心思耳目以全力注之所銷不過二成州縣各有地方公事若令帶管其用心必不能如局員之

一其致力必不能及局員之專浙省專派師船分
頭堵緝猶時有私梟拒捕之案州縣如果募勇設
船則經費繁重無款可籌倘僅會營巡查則地廣
人單難資堵截即此互相比較浙鹽改歸官運雖
欲照浙中現銷二成之數亦已勢有所難況奉部
議照原額八成認銷數目懸殊尤屬無從設法惟
引地乃商人世業事關切己則規復必赴以精心
熟悉情形則補救必中其竅要果能招商復業認
運提費緝私力求整頓數年之後生聚漸繁或可

漸有起色再四籌商浙鹽歸官運銷諸多窒礙擬
請仍循定制招集舊商復行引鹽庶認運配掣緝
私督銷各有專責較官銷似有把握仍令試辦數
年再行定額試辦期內並請免計考成由府詳轉
並據松常鎮太四府州陸續詳覆情形相同均據
聲明由商試辦數年再定引額試辦期內並請邀
免核計督銷考成各等情前來當查蘇松常鎮太
五府州屬額銷正引二十九萬八千餘引內除靖
江改食淮鹽崇明按年包課不計外實銷場鹽二

十九萬四千餘引又額外定岱鹽一萬五千餘引
分配嘉松兩所各引地前因辦理票運兩載核計
各屬每年現銷引數多秪二成有餘少則不及一
成課釐無多又消耗於局用經費得不償失經浙
運司會同牙釐局浙西局援照山東官運成案詳
請奏咨改歸該五屬州縣自行籌款招商招販領
運辦理復還督銷考成並擬查照票鹽銷數酌量
定額暫請領銷六萬三千引合計原額二成有餘
今奉部議秪准酌減二成照原額八成行銷在戶

部以州縣考成分數積習相沿不過完至七八分

而止是以多定額數以裕課釐然卽以七八分而

論尙應銷鹽十餘萬引各屬兵燹之後戶口凋零

人煙寥落計丁合引相去懸殊卽就五六兩年而

論由浙省委員設局督銷派船嚴緝所辦極爲周

密而行銷之數僅止二成若歸州縣辦理籌款則

力旣不能官運則勢難兼顧且募勇僱船經費無

出加以松太兩屬濱海臨江蘇常鎭三府西接大

江東達太湖私販易於出沒巡緝頗費周章當此

蘇省元氣未復生聚未繁卽照原議二成領銷實
係萬無把握若於二成之外稍再加增更屬無從
設法本署司查核各屬所議均係實在情形惟有
責成五府州趕緊招復商販合爲一局或分爲二
局總期整而不散飭照原奏二成認運辦鹽納課
自議緝私章程先行試辦一二年後俟有成效再
行逐漸增運以期規復舊額所有試辦期內督銷
考成並請暫免核計以昭平允是否有當相應彙
議詳覆伏候咨商浙鹽撫院會核具奏實爲公便

等情到本部院據此相應咨明貴鹽部院查照希
卽彙核情形具奏仍祈示覆等因下司本署運司
奉經移會本司道等公同核議遵查此案部覆係
屬奉准援照山東辦理官運惟引數秖准減去二
成並以改辦官運所以濟商運之窮仍以招復引
商爲正辦故文內議及如有商人認運卽將官運
停止是於准行官運之外仍令招復引商今據蘇
藩司轉據蘇松常鎭太各屬詳稱各屬地方從前
完善之時銷數不過十之五六現在戸口凋殘較

從前十減其七而該州縣錢漕較重政務本繁兵
燹之餘勞來安集勸墾清糧日不暇給未能兼顧
官運而引地爲商人世業事關切己請招集舊商
復行引鹽等語本司道等查蘇省現擬辦法係未
能遵照部覆改辦官運而仍遵部議所及之招復
引商責成州縣辦理所以爲浙鹽籌畫者已極周
詳事似可行應請照議辦理至所請仍照原奏二
成認辦查上年奏案總銷之數六萬三千引係屬
二成有餘部覆招復引商係飭按票運實數加增

認運而各屬銷數不同似未便額定二成應請飭
令各商查照票運銷數加增以遵部議仍於認定
運銷之後按年額數如有短少責令賠繳又所稱
責成五府州縣趕緊招復商販合爲一局或分爲
二局等語查各州縣引地向係各有引商兹因引
商零落應招新商或引商力有不逮未能獨辦另
招夥商均須殷實可靠此應由五屬州縣官察看
保充一局二局均無不可但掣鹽則當各歸各所
仍循定章州縣督銷考成並請復還至五屬引商

居蘇省者多在浙者少其有現行票鹽在浙之商人卽由本署運司飭令杭嘉松三所甲商傳諭迅赴江蘇遵辦會詳奉准轉咨江蘇撫院速飭該五屬各府州縣招復引商加增票運銷數詳請會奏定案並由本署運司移會署蘇藩司劄飭該五屬各府州縣趕緊招商詳辦去後旋據蘇州府長元吳三縣會詳據引商潘宏昌等認銷引鹽查照四五六三年票鹽銷數每年一萬引照額領銷二成有零當以各邑運銷票鹽各地情形不同沿海地

方不及一成地居腹裏者本有二成該三縣係腹
裏地方即經本署運司批飭加增認運並據各該
府州縣詳據新舊各商紛紛認運核計所認之數
皆屬無多且訪知各舊商資本並不寬裕勉强承
認以圖復業各新商竟有並無資本姑先佔認引
地者而五屬各地票商存鹽尚有數萬引當即劄
飭各局停運並劄各局員督飭甲商票商認商將
所存之鹽查明票商前半課暨成本路費並銷鹽
遠近日期之應得餘利令認商償還票商並令認

商將後半課先行完納俾認商不能無本空認而票商亦得別謀生理移知署蘇藩司飭知五屬各州縣一體遵照飭令各地認商皆加增認運由各該州縣取具新舊各商認結並杭嘉松甲商保結加蓋印信詳送續據蘇松常鎮太五屬三十一州縣先後遵照詳送到司查核認包之數腹內各地江震長元吳錫金等邑有三四成將及五成者沿海沿江各地除上南華婁金暨丹徒等邑認數較多外不及一二成者居多而核以各該地近年票

鹽銷數則皆已加增認數此固因地勢各有不同是以未能一律而就所加之數體察地方實在情形似不能再令加增惟各屬中有同城分縣不同城分縣從前雖係一地現既分治自應分縣取結今該州縣等皆併取一結未據分別取送又經本署運司駁飭遵照部議各按州縣分晰勻派另行取結仍飭催各局員暨該三所甲商督飭認商票商交價交鹽各在案茲據蘇常鎮松太票鹽各局員先後具稟各將票商存鹽查明本利議定價值

已據各認商照數交清將票鹽盤收於本年二月
初六日起至三月初一等日先後接辦行運等情
並據三所甲商稟同前由又據五屬各分縣分換
各結詳請稟案轉詳等情到司據此本署司等伏
查蘇松常鎮太五屬各州縣地方兵燹以後戶口
凋殘食鹽之人本屬大減且地多濱臨江海私鹽
又易侵銷其在腹裏者止有長元吳江震錫金等
縣而五屬各州縣政務本繁未能兼顧鹽務自應
遵照部議招復引商認運核其所認之數多於票

運所銷之數者卽准認包玆查五屬三十一州縣
暨同配杭嘉所埸鹽與鎮屬毘連先於五年間認
包之建平一縣共三十二州縣認包鹽數六萬六
千引雖較之原額相去懸殊而與票運所銷已加
增不少本署司等竊以爲與其嚴辦票鹽而耗費
既多得不償失似不如減復引鹽而課款所入實
而不虛惟現辦引鹽自應查照舊章但自咸豐十
年以後十載不行引鹽不特案卷蕩然無所憑證
且情形異昔亦難照行惟有溯查鹽志參酌票章

擬具條陳先行試辦一二年仍由運司督飭州縣暨甲引各商等察看情形籌議緝私疏官之法隨時詳辦以期增引計考漸復舊規除將現擬條陳清摺並認商編報清册暨認包各結呈送備案咨部外理合備文會詳仰祈察核奏咨批示遵行奉批查閱來詳章程均尚妥協仰候會同江蘇撫院酌核具奏並抄摺咨明吏戸二部暨兩江督院查照至章程內引鹽完課俟江𪊲停止後再定科則

一條查此項江𪊲已准江蘇咨覆停免劄司𪊲定

各地科則在案，竄混此條改正聲明俟司詳議章程定案另行咨部又五屬引課每年十二月內彙冊奏銷一條查鹽課奏銷向係次年造報現在仍應照辦令於章程內將次年二字代爲聲明矣仰即知照餘並悉

同治八年六月浙江巡撫兼管鹽政臣李瀚章會
同護理江蘇巡撫臣張之萬奏爲江蘇蘇州等五
府州屬鹽務招復引商分地認數設局委員督銷
先行試辦請暫免州縣督銷考成恭摺仰祈
聖鑒事竊照江蘇蘇松常鎮太五府州屬鹽務經前撫
臣馬新貽奏改官辦上年正月間接准戶部咨遵
旨議奏內開官運之法非不可試行而額引之數亦未
可驟減請如所奏暫行改章試辦其年額應銷引
目應仍照銷引舊額酌減十分之二作爲官運暫

領引額按數核計考成應繳各項課款照商運一
律交納先課後鹽准由各該州縣自赴運司衙門
請領代引照單各赴各場配鹽運銷統俟試辦一
年後有無成效再由該撫奏覆核辦如有情願認
運者應即飭令自松所爲始按現銷票運實數加
增認運概令先課後鹽正雜並交某處招商有人
即將某處官運停止俟試辦數年逐漸增復舊額
較之州縣領銷似有把握等因奉
旨依議欽此恭錄行知遵照當經咨商江蘇撫臣飭查

荅覆各屬兵燹之後戸口凋零人煙寥落計丁合
引相去懸殊即照原議二成領銷實巳萬無把握
若於二成之外再有加增更屬無從設法惟有責
成五府州趕緊招復引商飭照原奏二成認運自
議緝私章程先行試辦一二年俟有成效再行逐
漸增運試辦期内督銷考成暫免核計請彙核具
奏等因即經行據浙江鹽運使江蘇布政使浙江
牙釐總局司道會同詳稱蘇松常鎮太各屬從前
完善之時銷數不過十之五六現在戸口十減其

七該州縣錢漕較重政務本繁未能兼顧官運而
引地爲商人世業事關切己請招復舊商復行引
鹽查上年原奏銷數六萬三千引僅止十分之二
成有零而部定銷數十分之八數目懸殊應飭各
商加增認運去後始據蘇州等府詳據商人潘宏
昌等陸續認銷引地因所認之數較之近年銷數
所增無幾當以運銷票鹽各地情形不同沿海地
方不及一成地居腹裏者本有二一成且訪知各舊
商貲本不裕勉强承認以圖復業各新商竟有無

貲估認者而各地票商存鹽尚有數萬引飭局停
運並劄各局員督商查明存鹽前半課曁成本路
費並銷鹽遠近日期之應得餘利令認商償還並
令將後半課先行完納俾認商不能無本空認而
票商亦得以别謀生理兹據各局員分稟查明本
利議定價值照數交清票商將鹽盤收於本年二
月初六起至三月初一等日先後接辦行運等情
查五屬三十一州縣曁同配杭嘉所場鹽與鎮屬
毘連先於五年間認包之建平一縣共三十二州

縣認包鹽數有六萬六千引雖較舊額相去懸殊
而與票運所銷已增不少與其嚴辦票鹽耗費旣
多得不償失莫若減復引鹽而課款不虛惟引鹽
舊章十載不行不特案卷蕩然無所憑證且情形
異昔亦難照行惟有謝查鹽志參酌票章擬具條
陳先行試辦一二年仍由運司督飭州縣暨甲引
各商察看情形籌議緝私疏銷之法以期增引計
考漸復舊規等情會詳請奏前來臣查浙西引地
敗壞已久自改行票運設局辦理以來定岱私鹽

多潑販於蘇松常鎮太各屬雖殫竭心力設法巡緝總未能稍有起色緣該五屬州縣濱江沿海支港紛歧若多派巡船需費不貲多設分局糜費滋多是以前撫臣馬新貽不得已而奏請改章試辦責成各該州縣自行籌款領運嗣經部議准辦而於銷數改爲舊額十分之八相去懸殊官商皆未領辦臣到任後飭次咨准江蘇撫臣飭據蘇州等府縣招復引商潘宏昌等陸續認銷鹽數共六萬六千引按年核數如有短少責令賠課先行試辦

一二年暫免計考仍令運司督飭州縣商人設法緝私疏銷如有成效再行增引計考漸復舊規除咨吏戶二部查照並將章程冊結咨送戶部外合將江蘇蘇州等五府州屬鹽務招復引商分地認數先行試辦暫免州縣考成緣由會同護理江蘇撫臣張之萬恭摺具奏本月二十九日軍機大臣奉

旨戶部議奏單並發欽此

一請發代引印單護照給商完課捆鹽運銷也查

引鹽商人向來赴司先請鹽政頒發買鹽憲單憑單請領部引入場捆鹽並於掣鹽時呈繳單引過掣然後完課給予水程又憑程再請部引現甬試辦不特不及請引即憲單水程轉輾給領亦多周折應請頒發代引印單入場捆鹽並另給護照運銷以省案牘

一先課後鹽應令商人全完課銀後入場捆鹽也查引鹽商人向來先請部引憲單捆鹽過掣然後完課票鹽章程則於請領買單護照之前先

完半課其後半課則於銷鹽時由各府局收完今既復引鹽自應查照引章全完課款惟先請單引入場仍俟捆鹽過掣方能完課行運事較紆迴商人既有所不便且恐該商等捆鹽之後延不完運應令商人先完全課給予引單捆配並將護照發所如過掣無弊立即發照運行以歸簡捷

一掣驗引鹽應於票章之中參用引章也引鹽舊章先本分季四掣嗣分上下半年兩掣至票鹽

章程因兵燹之餘商力不足准其隨到隨掣以免守候現在認商似應查照票章於春季夏初秋季冬初隨到隨掣俾示體恤仍參用引章於夏間醬銷之前將上半年應掣包認之鹽冬間茶銷之前將下半年應掣包認之鹽一併完課掣運以利行銷

一引鹽完課應請暫照票章俟江釐停止後再定科則也引鹽完課向分正雜科則按引徵完票鹽章程則按觔抽收釐課無分正雜從前浙西

之杭嘉湖蘇松常鎮太八屬地情暢滯不同按引徵課自一兩數錢至二兩餘不等舉辦票鹽時該八屬地方沿海沿江私鹽易灌是以按觔抽釐減於浙東各地該八屬塲鹽每觔概抽課釐錢八文岱鹽成本較輕則每觔十文而八屬中之蘇松常鎮太五府州係隸蘇省軍興之時向抽鹽釐嗣經浙省分設各局整頓鹽務而江蘇鹽釐未能即停票商完納每觔八文十文釐課之外未能再令完繳江釐因以四文五文作

爲浙課四文五文作爲江䑋令商人分别完繳
在案今五屬改辦引鹽自應以䑋歸課復還科
則業經本署運司詳奉咨請兩江總督免提江
䑋現奉飭局查議在案此時引鹽課款應俟議
定停免之後察看各地暢滯情形䑋定重輕科
則現仍暫照票章按觔抽收分完江䑋浙課
一五屬各地應分設兩局委員督銷也引商行鹽
從前皆自行巡緝疏銷向不委員督率惟此時
新商既非熟習舊商亦已生疎地方文武州縣

營汛以及營兵縣捕誠恐呼應不靈自應委員督銷以資統率聯絡而五屬地方寛廣並應分設兩局以蘇松太爲一局常鎭爲一局至委員薪水應由各地商人自行籌備不請官項以省經費

一五屬辦巡銷鹽應准其通力合作也五屬地情雖異十年廢弛則同江海緝私實與内地緝私相爲表裏而彼此銷鹽皆滯亦有彼善於此者此時甫經試辦各地皆無把握彼此若不相通

整頓難期有濟所有各地商人緝私銷鹽一切
事宜自應通力合作以收實效
一包認六萬六千引之課款應責令照數全完也
各地商人既經具結認包且有三所甲商出具
保結引有絀銷卽當賠課應於每屆年終合計
五屬銷數如不及六萬六千引責令甲引各商
照數賠完案係通力合作應行通銷通賠至本
年己巳綱六萬六千引各地認商係於二三月
開先後接辦其票商正月初一以後二三月以

前所銷之鹽應歸認商六萬六千引數內核計

一年銷數以昭公允而杜欠課

一完課錢文應令商人易銀納庫也查票章係按

舫抽錢現暫照數完繳而運庫解支均須銀款

自應令商人於完課時查照市價將應完錢文

核數易銀完納以便解支

一巡緝私鹽應照票鹽經費飭商自行分提嚴辦

也五屬私鹽充斥辦理票鹽時海巡江巡內巡

經費浩繁此時商巡如不照辦官引難銷現令

甲引商於完課之時自行按引計觔抽提存儲
公所仍照票鹽巡費分別支用內巡每觔定以
一文江海巡每觔定以二文以嚴巡緝
一五屬各州縣督銷考成應請暫免也此時既復
引鹽原應並復考成是以本署運司前詳仍請
復還茲本署司等復查五屬引鹽甫經試辦正
雜科則尚未釐定而該商人等雖已分地認包
實係通力合作盈絀併計包完六萬六千引似
應暫免考成請俟試辦一二年後察看各地銷

鹽暢滯情形再行定額計考惟商人行鹽全恃州縣督率辦理方能有濟各州縣中如有以鄰省鹽務意存膜視以致銷引日滯者仍隨時詳請撤任參處其有認眞督辦行銷暢旺之員亦即詳請奏奬以示勸懲

一五屬引商鹽課應查照牙釐局收支冊分上下半年查造並按年奏銷也兩浙票鹽課銀係由牙釐局收支造冊移司詳咨此項引商鹽課係由本運司衙門收存運庫解支自應於上下半

年援照票鹽收支冊另行造冊彙案詳咨並於
次年十二月彙冊奏銷以清款目
一五屬各地整頓暢銷後舊商爭認加引應完預
課也現在招復引商原屬儘招舊商惟行鹽商
人當惟力是視舊商有力自應認包舊商無力
應招新商是以現在各地新商之認包者不少
所有該地無力舊商無資盤買票鹽此時難以
認包而力雖不逮心實不甘一經各地整頓暢
銷之後按年加引難保舊商不出而爭認紛紛

訟擾屆時並無存鹽當買即飭令驗資當即發還仍不能知其有力無力自應先定預課章程凡舊商之爭認引地者認引一道即令其預完二引課銀認至十百千引者皆加倍預完此項銀兩存儲運庫俟該商運銷引鹽逾於認額之時准於完納課銀之中十成搭扣一成陸續扣還以省商力而息訟端

續纂兩浙鹽法備考卷[redacted]

綱運一

鹽政大要分次序定額認端在整綱浙省改行票運以蠹抵課雖救時之變法非經久之良規也斟酌利病修復典型爰仿淮南章程改票還綱次序分則無爭運搶銷之弊課額定則無短絀支離之虞兼抽收塘工經費以濟工程之要需藉驗商貲之厚薄計票分綱春秋收課裕課之中寓恤商之意於停票爲布新於復綱爲守舊既杜影射乃專

責成一舉而數善備焉纂綱運

續纂兩浙鹽法備考卷[redacted]

綱運一

綱鹽局詳覆祗准引鹽加觔不准票鹽加耗案

戶部議行御史奇臣條陳浙江鹽務請撤局裁行案附夾片

運司綱鹽局遵飭會詳請奏八府綱地撤行留局案

升任巡撫楊請撤行留局奏案

戶部議覆仍飭裁局奏案

運司綱鹽局會詳請仍留各府鹽局案

同治八年五月浙省牙釐總局司道浙江布政使
兩浙鹽運使爲會議詳請覈示事同治八年二月
二十七日奉鹽院劄開照得浙鹽改辦票運以來
行之數年雖有明效而票商並無限制聽其隨時
零星領運紛紛搶銷以致官棧不敷存儲分寄於
鹽行鹽店弊竇叢生且票商類多某記字號並無
眞名實姓設有弊端難於究詰自應仿照淮鹽章
程計票分綱以期變通盡利劄局立卽會同布政
司鹽運司將兩浙現在行票之地應如何計票分

綱繳課完釐分別運銷以昭公允之處妥議章程
詳候察覈飭遵同日又奉劄開照得浙省應解京
協各餉本年加至數十萬兩庫款實形支絀而海
塘工程浩大需費尤鉅雖經設立捐輸局未能趕
色查浙省之利惟絲與鹽絲捐於正釐之外加抽
善後塘工各捐頗著成效況從前鹽務本有塘工
生息之款仍應酌量抽捐以裕經費現在行票之
地已另劄飭議計票分綱以杜流弊所有塘工經
費似可仿照淮鹽清水潭捐辦成法按票捐輸以

資集腋劄局立即會同藩運兩司將票鹽作何抽
捐塘工經費之處分別覈議章程詳候察核飭遵
毋違各等因奉此伏查兩浙鹽務自遭兵燹舊商
星散改辦票運數年以來頗有成效惟票運引數
並無限制商人僅以字號報運亦無姓名籍貫設
有弊端難於究詰自應仿照兩淮章程計票分綱
令商人呈報真名的姓分地認運商人一經報認
給予執照循環轉運不另招商獲自然之利得久
遠之基應令分別捐輸以濟塘工經費仍准其查

照絲捐塘工經費一體請獎在商人輸納無多可
以定數配銷不致爲他人爭運並得仰邀獎敘自
必踴躍樂輸而海塘工程需款浩繁亦不無藉資
補益惟更定之始必須明立章程茲本司道會同
熟籌酌議章程十四條理合開摺詳請察核示遵
如蒙俯准再行擬送執照告示呈請印發一面將
章程刊刷頒發俾使咸知遵守實爲公便再稽查
舊時引商覈改鹽課銀款以及整綱事務局中無
案可稽應由本運司衙門查案辦理所有商捐塘

工經費仍由本局經收解濟工用合併聲明

綱運章程

一兩浙鹽務自遭兵燹舊商星散改辦票運數年頗有成效惟票運數目並無限制商人僅以字號報運亦無姓名籍貫設有弊端難於究詰自應仿照兩淮章程計票分綱令商人呈報真名的姓分地認運俾有稽查而商人一經報認給予執照循環轉運不另招商應令分別捐輸酌定綱次庶免紛爭浙省現在撥餉浩繁而海塘

工費尤鉅浙中之利以絲鹽爲大宗絲捐已撥包另收塘工經費多年商情踴躍從前鹽務本有塘工生息之款擬令綱商認運綱鹽之始按引捐輸塘工經費解濟工用仍請查照絲捐塘工經費准其一體請奬以示鼓勵

一計票分綱應給予執照以爲信守商人報認綱鹽繳捐後每百引給執照一張塡明商人姓名行銷地方發給該商收執以便按綱捆運時將執照持赴產鹽府局呈驗完課請發買單捆掣

給護春綱以上年八月示期完課開捆起運秋綱以當年二月示期完課開捆起運其完課運行一切仍照向章辦理另列印簿於給運後按綱分記俾有查考所有前項執照爲該商執守之據應由省局刊刷呈送鹽院蓋印以昭愼重請仍發省局轉給收執

一鹽課一項從前各歸引地一律收銀兵燹以後改行票運舊商流離星散市集又無銀號不得已改收錢款原爲恤商起見現在商賈漸次復

業所有行銷之嘉湖金衢嚴嶶廣七屬現擬計
票分綱年有定額所收鹽課現奉戸部指撥京
餉自應改復舊制俾便批解擬請仍以票課錢
數就現在時價改爲銀款俾商情課項兩無偏
抑以後銀價或有長落卽照現定銀數爲準不
再更改惟省城及紹興府城並嘉湖嶶廣等處
商賈流通商人易銀完課尚能兌換其金衢嚴
三府地方偏僻市面較小設或商人易銀維艱
准以淨光本洋作抵銀款赴局完課倘願以銀

款完課者仍聽其便惟須足色鏡面紋銀不准
以低銀攙雜挜交礙難批解部餉各府鹽局不
得抑勒留難仍候月終將此月內所收某商課
銀若干某商課洋若干抵銀若干分別造册送
由總局查覈倘有不肖司事將所收洋錢私自
易銀批解暗中侵蝕舞弊一經訪聞或被告發
從嚴究辦府局委員失於覺察亦應撤參仍將
前定票運各地票課錢數查照現在市價適中
參酌折改銀款並每洋一元抵銀若干款關正

課應由運司衙門分别核定稟請鹽院頒發告
示通行曉諭俾昭信守而垂久遠

一各商認運各地銷鹽暢滯不同現定綱捐亦應
分定等差除各商應完鹽課仍照票運定章按
引完納外嚴州一屬銷數最旺每引應定庚午
綱捐庫平銀一兩二錢廣信衢州兩屬銷數稍
次每引應定庚午綱捐庫平銀一兩嘉興湖州
二屬銷數尤次每引應定庚午綱捐庫平銀八
錢金華嚴州銷數較少每引應定庚午綱捐庫

平銀六錢諸暨義烏浦江三縣本歸商人包辦無須另招認商各屬既已分別繳捐歸綱該三縣情形較勝於金嚴每引應定庚午綱捐庫平銀八錢此項綱捐自庚午年呈繳一次仍即各歸各地應行捆運之府局分別核收詳給執照此後逢綱驗照收課運鹽不再捐輸以恤商力至富陽臨安新城於潛昌化五縣銷數向絀並無商人行運應將捐數與引數暫爲緩定均俟招有認商再行酌議詳奪

一各屬課則本有區別地方情形亦有不同現定
分綱酌派行運數目應查改票以來歷年銷數
酌核定議每綱引數徽州所屬銷鹽較旺應照
改票行運最多年分核加二成計春秋兩綱定
爲五萬引衢州廣信嘉興湖州四屬銷數稍次
應照改票行運最多年分核加一成計春秋兩
綱衢州定爲三萬八千引廣信定爲四萬九千
引嘉興定爲一萬四千引湖州連廣德州定爲
三萬四千引金華嚴州二屬銷數尤次應照改

票行運最多年分爲綱引定數毋庸加成計春
秋兩綱金華定爲五千八百引嚴州定爲一萬
一千二百引又諸暨義烏浦江三縣地方逼近
場竈私鹽最易侵灌前因官鹽滯銷飭商辦巡
包課數年始有成效現辦分綱亦應照包課以
來銷數最多之年爲綱引定數計春秋兩綱定
爲一萬六千引又杭屬之富陽臨安新城於潛
昌化五縣地方較小銷數最絀改票以來無商
捆運皆由地方官辦理官運現在各屬分綱自

應一律招商認定惟引數難於預擬俟招有認

商再行酌議另詳核奪

一商人繳捐給予執照循環轉運應先儘舊商次

儘票商如所捐不及現定綱數再招新商足額

其所捐銀兩准照絲捐塘工經費請獎應查照

絲捐塘工經費成案由省局另刊捐單蓋用關

防每百引爲一張給商收執俟呈驗塡發執照

後再將捐單持赴海塘捐局請獎以憑查核

一現在計票定綱以一百引爲一票第資本有盈

綑卽運數有多寡若不掣定名次必致爭先搶運今定各商赴牙釐總局呈繳綱捐後先給捐單仍以一票爲一籤傳齊各商當堂掣定名次每票百引春綱先運五十引秋綱再運五十引挨號赴場捆運秋綱卽照春綱號數毋庸另掣其有商人承運票數較多掣籤適遇聯號因而資本周轉不及准各就各地於各商內互相調換惟須彼此樂從不得抑勒爭競仍限一月內赴局呈明並將捐單呈驗以便挨號填給執照

此係格外體恤逾限不准呈換至塡發執照後
卽以執照號數爲憑此後挨號完課運鹽不准
再有更改如各商認繳綱捐逾於現定票數請
照兩淮之式責令商人將綱捐半課先行呈繳
聽候另備空號竹籤入筒攙和按名掣籤如掣
得空籤者卽將綱捐半課發還以昭公允而免
爭執

一定綱給照完課捆運如春夏銷數較多卽以秋
綱提前捆運秋冬不敷卽提次年春綱若前綱

短銷餘賸之引應俟銷竣再行接銷後綱總以
按綱儘數銷足接續運銷不致紊亂

一綱鹽行銷之先後應仍照票鹽章程以到地之
先後挨次輪銷蓋鹽爲民食不可一日短少如
有商人託故延挨輪運不到或圖滷耗稍輕臨
期始運必得定以限制杜其趨避令定各商完
課領單後限兩月內過所掣驗倘有逾期將來
運鹽到地俟後到之鹽銷過三十票後再准輪
銷以示薄懲如批驗所書役不爲過掣因而躭

誤許該商就近赴產鹽府局或省局呈請提究

一定綱之前完課未運之鹽如係現在認綱之商

郎令其抵作綱鹽其已運未銷及非現在認商

而先經完課者應俟庚午綱開銷之日起按二

成搭銷銷竣郎止

一各處存鹽甚多且有已經完課尚未捆運者現

定計票分綱郎須舉辦若待前項票鹽全行銷

竣尚須時日應以來年庚午綱爲始自庚午年

正月初一日起一律行銷綱鹽以清界限其餘

未銷票鹽悉照另擬條欵搭銷

一現定綱捐引鹽係自庚午年正月初一日春綱銷起應於八年秋季先行通飭捆配起運之杭所嘉所紹所各府鹽局一律停運一面劄查嘉湖金衢嚴徽廣各府局查其存棧之鹽尚有若干引截至八年年底止是否足敷配銷開摺呈報查核倘鹽尚短缺稟明轉飭捆配府局按照所短引數收課給單捆運總以運足八年分銷數爲止不准踰數多捆倘有存棧票鹽較多之

府約計銷至八年年底止尚有多餘者卽照另擬條欵俟庚午年正月初一日起與綱鹽一成搭銷以示限制

一黨山沙鹽向運浙東搭銷河莊沙鹽並現在議禁尚有存積之餘姚曬鹽向運浙西搭銷出鹽多寡隨時不同未便於綱數內定額應仍聽綱商因時捆買如願運沙曬鹽飭於完課請給買單時呈明於綱數作算其運往浙東之黨山沙鹽仍不得逾於定額運往浙西嘉湖之河莊餘

姚沙曬各鹽應令按照綱鹽分成搭運以衞場
竈而示限制以上各鹽運到各府局仍照歷來
章程按成搭銷俾昭公允
一此次定綱給照仍用票章循環轉運並不另招
他商此後官商休戚相關應照從前引鹽舊章
由各府局委員會同地方文武員弁責令商人
嚴行巡緝緣引鹽以巡緝爲要務巡緝旣嚴私
鹽不能侵灌官引可期暢銷至如何巡緝之法
應令各府局委員因地制宜斟酌情形隨時稟

辦此外如有未盡事宜容再隨時詳請示遵

同治八年五月十九日奉鹽院李批查覈所議章程均尚妥協應准照辦此項銀兩由釐局經收俟有成數即原封解存運庫寄收至三五萬時稟候劄飭發司存典生息作爲塘工歲修之用仰即遵照辦理仍將執照告示擬送印發一面刊頒章程俾知遵守餘並悉繳摺存

同治八年兩浙鹽運使牙釐局會詳事同治八年九月初三日奉憲台批詳所議商人承復興等稟金衢嚴處四府請照徽屬一律分成認運緣由奉批查金衢嚴處各府綱捐銀兩早經認定徽屬足由局解司案已核定本難更張惟該商情殷報効亦屬可嘉且原定認數本不為多將來各地生齒日繁銷數必可日廣既據該票商等一再具稟應否於原定認數之外酌加成數責爲票商認運一律徽捐掣籤配運抑於舊商已認數內酌量勻

撥之處仰牙釐局會同鹽運司體察情形迅速妥議具詳飭遵其徽州一府雖已定舊六票四而原定之數亦尚畧可加增如有急公票商願於前定數外另行認運亦准一律辦理以期裕課便民該局司並查議詳辦可也等因奉批到局伏查此次辦理整綱認數詳定章程先儘舊商次儘票商並因各府地方情形不同年銷引數各異是以定額多寡相殊捐數亦分等差嗣奉憲臺批發徽商俞泰初等稟詞復經本局會同本運司以票商承辦

票運數年以來課釐無虧軍餉有賴攸屬與各府
情形畧有不同請照詳定五萬之額以六成歸舊
商四成歸票商勻分捐認詳奉批准各在案茲金
衢嚴廣各票商情殷報効一再稟求踴躍認捐雖
屬急公向上究未審察底細而原定之數固不爲
多然就各地最旺之年銷數而論業已分別加增
誠如憲示徒多於前遲運於後則公私兩無裨益
似此冒昧從事勢必仍前積滯不特於按年綱次
有礙而於課款商情均難受益自應於原定綱額

酌量情形分別內扣外加按成分給仍與票商前撥之數亦相符合徽州一屬雖銷數最旺惟原定綱數已照歷年銷數核加二成若如憲臺續行批發之蘇寶善等稟詞並赴局具稟之佘日章等冒昧增認至五萬引之多核計徽屬額定數目加至一倍則將來必致額多銷滯於大局甚有關礙斷難照行應請毋庸置議否則繼此而來尙不止於此數且恐嘵嘵呈瀆無所底止查徽屬票商前經詳定四成若在原定五萬數內分認商多引少不

敷勻給亦係實情茲擬適中酌定於原數五萬引
外加增一萬引是徽州一屬共成六萬引仍照舊
六票四分成認運似此酌加將來銷數尚不致積
滯壓擱亦不致紊亂綱章廣信定額並無寬餘亦
請外加五千引共合成五萬四千引衢州地處腹
裏銷路較艱亦請外加四千引共合四萬二千引
廣衢二屬合原定續加之數統作舊八票二分認
金嚴銷數既絀額數甚微金華票商外加正額一
成六百引嚴州票商外加正額一成一千二百引

均飭令各該票商查照七年分完課捆運數目分
勻承認以昭平允而免紛爭現係整頓票綱並非
招復引商將來復歸舊制自應分別情形辦理此
外嘉湖兩屬地居浙西銷數素絀現無票商請認
並據甲商朱源茂等具稟應請毋庸加增先行掣
籤給照奉飭前因理合會議詳覆是否有當仰祈
憲臺察核批示祇遵
同治八年九月十五日奉鹽院李批據詳嚴廣金
衢各屬綱鹽分別酌增引數飭商勻認尚屬平允

應即如詳辦理迅速定案其嘉湖兩屬現無票商
請認自可毋庸加增仰即分飭遵照毋遲切切此
繳

續纂兩浙鹽法備考　卷　三

兩浙鹽運使浙省牙釐總局爲會詳事據杭所甲
商朱源茂紹所甲商鮑存經稟稱竊商存經前奉
運憲諭飭轉准局咨據商源茂稟請臨安引商施
日新遵章認運一案應與毗連之富新於昌四縣
引商一律辦理諭商存經招集該四邑各引商會
同杭甲商併案辦理等因當以該四邑年銷官運
無從查悉及各商均已齊集省垣稟請札查示遵
等情具復均荷批准查示遵行在案商等伏查該
五邑向由官運濟銷並無票商承運此時整理綱

章獨此五邑最爲緊要因其地各毗連肩引又近杭紹兩所場竈向藉富邑沿江散緝與錢江梭巡爲犄角合臨新等縣爲表裏實爲杭紹兩所各引地第一走私門戶各商咸有賴焉故地方雖屬凋敝而水陸鎖鑰實關上游各府藎藩籬之固有不得不責熟練也現當整綱創辦之始若於辦理稍有未宜全局巡務均爲鬆勁以是月來該五邑各商施日新金開泰等疊次會同商等十餘人籌議整頓已多頭緒惟以急公報效之忱專待憲示官

運年銷引數俾可將應辦事宜遵案稟請察核以
期於事悉合機宜第思額引綱捐是非商等所敢
擅擬應請核查飭遵以憑轉飭各該商恪守承辦
稟請迅賜照案飭查核示俾得彙案稟辦等情到
局據此伏查臨富新於昌五邑分杭紹兩所掣配
自辦票運以來並無票商承運歷年官運濟銷爲
數甚微檢核五年五月間曾據該商鮑存經稟請
紹所之富新於昌四邑每年統包五千引是該商
已於四邑確有把握茲加以杭所之臨安一邑核

七年分官運行銷一千引今將五邑定爲六千引每引繳綱捐銀六錢飭令甲商酌量各地暢滯情形分別派認是否有當理合會議詳請仰祈憲臺察核批示遵行爲此備由呈乞照詳施行

同治八年十月初四日詳

同治八年十月十三日奉鹽院李批據詳該五邑引地並無票商承運歷年官運濟銷現據該甲商等認包繳捐應准如詳辦理仰即飭令酌量各地暢滯情形分別派認議詳定案繳

同治八年浙江巡撫兼管鹽政臣李瀚章奏爲浙東及杭嘉湖三府票鹽辦理整綱以杜流弊並捐輸經費以濟塘工要需仍俟試辦數年再行定制恭摺奏祈

聖鑒事竊查浙鹽改票以來行之數年雖有明效而票商並無限制聽其隨時領運紛紛搶銷類多某記字號不列眞名的姓設有弊端難於究詰自應分綱認運以專責成除江蘇五府州屬招商認運業經奏奉

恩准試辦不計外其浙東各屬及杭嘉湖三府行票之
地經臣飭藩運二司會同牙釐總局司道將如何
計票分綱以期變通盡利妥議詳辦去後嗣據議
覆請照淮鹽章程令商人呈報眞名的姓查照票
運最多年分銷數核加額引分地認運按春秋兩
季完課掣運以庚午年春綱爲始給予執照循環
轉運並查從前鹽務本有塘工生息之欵茲擬仍
令綱商分別銷地暢滯按引捐輸一次以濟塘工
經費仍准查照塘捐定章一體請獎旋據各商分

地認定按年運銷計徽州府六萬引每引捐銀一兩二錢共銀七萬二千兩廣信府五萬四千引衢州府四萬二千引均每引捐銀一兩共銀九萬六千兩嘉興府一萬四千引湖州府連廣德州共三萬四千引浙東之諸義浦三縣共一萬六千引均每引捐銀八錢共銀五萬一千二百兩金華府六千四百引嚴州府一萬二千四百引杭州府六千引均每引捐銀六錢共銀一萬四千八百八十兩共認每年綱鹽二十四萬四千八百引繳到捐銀

共二十三萬四千八十兩當即給予印照執守此後逢綱驗照收課運鹽不再捐輸以恤商力惟現係辦理票運整綱並非復引其完課捆運行銷各事宜仍應悉照票章辦理請俟試辦數年察看商力情形再行定制等情會詳請奏前來臣查此次辦理整綱捐輸既有裨於塘工要需而浙東及杭嘉湖票運年有定額商有認地不致如前搶銷從此稍有規模可冀漸復舊制仍俟試辦數年察看商力情形再請定案至各商捐繳經費尚屬踴躍

合無仰懇

皇上天恩准照捐輸塘工經費定章一體給予獎敘以

昭激勸除將前項銀兩劄飭藩運二司發典生息

或另行發存取息以作塘工歲修並令妥議章程

以垂久遠外合將辦理浙東及杭嘉湖三府票運

整綱並捐輸塘工經費緣由恭摺具奏同治九年

正月初六日軍機大臣奉

旨戶部議奏欽此

同治九年三月戶部爲遵

旨議奏事本任浙江巡撫李瀚章奏浙東杭嘉湖三府

票鹽試辦整綱以杜流弊並捐輸經費以濟塘工

一摺同治九年正月初六日軍機大臣奉

旨戶部議奏欽此欽遵由內閣抄出到部據原奏內稱

浙鹽改票數年雖有明效而票商並無限制聽其

隨時領運紛紛搶銷類多某記字號不列眞名的

姓設有弊端難於究詰自應分綱認運以專責成

除江蘇五府州屬招商認運業經奏准試辦外其

浙東各屬及杭嘉湖三府行票之地經臣飭藩運二司會同牙釐總局司道將如何計票分綱妥議詳辦去後嗣據議覆請照淮鹽章程令商人呈報眞名的姓查照票運最多年分銷數核加額引分地認運按春秋兩季完課掣運以庚午年春綱爲始給予執照循環轉運並查從前鹽務本有塘工生息之欵茲擬仍令綱商分別銷地暢滯按引捐輸一次以濟塘工經費仍准查照塘捐定章一體請奬旋據各商分地認定按年運銷計嚴州府六

萬引每引捐銀一兩二錢共銀七萬二千兩廣信府五萬四千引衢州府四萬二千引每引捐銀一兩共銀九萬六千兩嘉興府一萬四千引湖州府連廣德州共三萬四千引浙東之諸義浦三縣共一萬六千引均每引捐銀八錢共銀五萬一千二百兩金華府六千四百引嚴州府一萬二千四百引杭州府六千引每引捐銀六錢共銀一萬四千八百八十兩共認每年綱鹽二十四萬四千八百引繳呈捐銀共二十三萬四千八十兩當即給予

印照執守此後逢綱驗照收課運鹽不再捐輸以恤商力惟現係辦理票運整綱並非復引其完課捆運行銷各事宜仍應悉照票章辦理請俟試辦數年察看商力情形再行定制等情會詳請奏前來臣查此次辦理整綱捐輸既有裨於塘工要需而浙東及杭嘉湖票運年有定額商有認地不致如前搶銷從此稍有規模可冀漸復舊制仍俟試辦數年察看商力情形再請定案至各商捐輸經費尙稱踴躍仰懇

天恩准照捐輸塘工經費定章一體給予獎敘以昭激勸除將前項銀兩劄飭藩運二司發典生息或另行發存取息以作塘工歲修並令妥議章程以垂久遠等語臣等伏查兩浙鹽務同治三年省城克復經陞任撫臣左宗棠以舊商星散認辦無人奏請試行票運經臣部議覆飭令妥辦如有窒礙仍歸引課舊章並於該省報收票課案內令體察情形招復引商以期整頓各在案兩浙行鹽地界隸浙東者甯紹温台處金衢嚴八府江西廣信一府

安徽徽州一府廣德一州隸浙西者杭嘉湖三府
江蘇蘇松常鎮太四府一州改票以後各府設立
分局委員督銷蘇松常鎮太五屬局用巡費開銷
較鉅上年六月撫臣李瀚章奏請招復引商減額
認運每年銷引六萬六千道經臣部議覆准令試
辦一年俟一年後查看銷數酌增引額再計考成
以復舊制等因行知遵照亦在案兹李瀚章復以
票商領運紛紛搶銷不列眞名的姓設有弊端難
於究詰請將浙東及杭嘉湖三府行票之地照准

鹽章程令商人呈報眞名的姓查照票運最多年
分銷數核加額引分地認運以庚午年春綱爲始
給照循環轉運從前鹽務本有塘工生息之欵擬
令綱商分別銷地暢滯按引捐輸一次以濟塘工
經費仍准查照塘捐定章一體請獎計徽州等府
共認每年綱鹽二十四萬四千八百引繳呈捐銀
二十三萬四千八十兩其完課運銷事宜仍照票
章辦理俟試辦數年察看商力情形再請定案捐
繳經費銀兩飭藩運二司發典生息或另存取息

以作塘工歲修等因具奏前來臣等查例載正引七十萬四千六百九十九道票引一十萬六百九十八道餘引十五萬道咸豐九年以前每屆奏銷正票二引均係全完計實銷引八十萬五千三百九十餘道自改行票運府局報收課釐祗列錢數未及銷引數目今該撫請照票運最多年分銷數加額認運查票運銷數未能確核課釐數目有冊可稽同治四年以後收數最多年分制錢一百十數萬串其餘年分亦均在一百萬串有奇該撫擬

將浙東並杭嘉湖三府以二十四萬四千八百引作爲認銷額數合之江蘇五府州屬認銷六萬六千之數前後併計僅有三十一萬四千餘引不及綱運年分銷數十分之四其徵收引課比較票運收數最多年分一百十數萬串能否加增亦未據詳細聲敘惟行票日久既慮弊生綱引一時又難盡復該撫籌辦票運整綱並仿照淮鹽章程令各商具報姓名分地認運自爲預防流弊漸復舊規起見臣等公同商酌應請准如該撫所奏認銷引

數自庚午年春綱爲始試辦一年俟一年後查看
銷數情形加增引額核計考成其完課運銷事宜
據稱悉照票章辦理應令查照票課章程分別引
地按觔徵收仍遵照道光二十九年奏定浙鹽加
觔成案配運掣鹽不得於奏定觔數之外再加耗
觔致虧引額如該商等違例加耗一經發覺定將
本商懲辦失察之該管運司參處以肅鹺政其認
商姓名並令造冊報部仍分晰某商認引若干認
地幾處毋得僅按一府籠統開報致滋牽混其各

府所設分局應否酌量裁併現在認銷額數此後
如何領用部引之處統由該撫詳查奏明辦理以
符舊制又甯紹温台處等五府各有正票二引定
額現在是否一律認銷併令查明覆奏以憑考核
至稱浙鹽本有塘工生息之欵擬令綱商分别銷
地暢滯按引捐輸一次以濟塘工經費每引捐數
自一兩二錢至八錢六錢不等徽州廣信衢州嘉
湖廣德等府浙東諸義浦三縣金華嚴杭等府共
認銷綱鹽二十四萬四千八百引捐銀二十三萬

四千八十兩給予印照執守此後逢綱驗照不再
捐輸所捐銀兩飭藩運二司發典生息或另行發
存取息以作塘工歲修等語查浙鹽塘工生息一
欵係按引攤徵並有在引費項下提充海塘工用
名目自綱引停運此欵久歸無着今議復綱鹽之
始令認運各商分別引地暢滯各按引數捐輸塘
工經費不惟有裨塘工藉可按驗商本應如該撫
所奏准其按引捐輸以濟工用並准捐繳經費後
給予印照執守此後逢綱驗照不再捐輸以恤商

力此項捐欵既稱給照逢綱呈驗庚午春綱以前
自必繳收清楚所稱發典生息或另存取息之處
於何年月日起息每年可得息銀若干兩並令該
撫隨同每年奏銷清册另册報部此後加增引額
即令先捐塘工經費俾昭劃一仍不得發存原捐
商人名下領本生息以杜取巧至請查照塘捐定
章一體請獎之處查同治三年六月間臣部議覆
前署浙江巡撫左宗棠奏興辦善後修築海塘案
內奏准按照浙省向行籌餉事例減成章程勸捐

又三年九月工部會同臣部議覆御史洪昌燕奏
請速籌修築海塘案內奏准將專歸京銅局及皖
省收捐並推廣章程各條准由浙省收捐又四年
四月臣部議覆浙江巡撫馬新貽奏停止米捐並
將海塘捐數酌減案內奏准將前次奏明由塘工
收捐各條准其分別核減各等因先後欽奉
諭旨允准並由臣部將京局推廣各條核定銀數飛咨
浙撫遵辦各在案此項按引捐輸既不在課釐之
內據該撫奏稱係爲接濟塘工之用自應准其按

照歷次奏定捐輸塘工經費章程一體給予獎敘
仍不得於票運案內所收課鳌稍有牽混以防流
弊而昭核實所有臣等遵議緣由理合恭摺具陳
本日軍機大臣奉
旨依議欽此

同治九年二月浙江巡撫片奏再查浙鹽改票以來雖有明效而票商不列眞名的姓隨時領運搶銷設有弊端難於究詰是以前撫臣李瀚章飭司會局辦理整綱核加額引分地認運按春秋兩季完課掣運以庚午年春綱爲始給予執照循環轉運並令綱商分別銷地暢滯按引捐輸一次以濟塘工經費業經奏咨在案嗣據牙釐局司道詳浙省票鹽自同治三年起向歸該局辦理茲因釐務案牘日繁在局各員不克兼顧詳經前撫臣批准

在於省城設立督銷綱鹽總局專辦鹽務飭委運
司主政督辦藩司會辦並飭各府局將鹽捐鹽務
分款報解以清款目局用等項撙節開支作正報
銷並通飭各鹽局及引地州縣實力巡緝整頓辦
理數年可以規復舊制茲據督銷綱鹽總局鹽運
司錫祉會同署藩司興奎詳請附奏立案前來臣
查兩浙鹽務改辦票運不分正雜鹽課並納暫歸
牙鹽局收放係屬創辦之始一時權宜之計令鹽
局既難兼顧而浙東各屬仍辦票綱自應另行設

局俾免轇轕所有一切收放報銷考核事宜均責

成運司督同局員妥爲經理以杜推諉理合附片

陳明

同治九年戸部片奏再據署浙撫楊昌濬片稱浙
鹽辦理整綱核加額引分地認運以庚午年春綱
爲始給予執照循環轉運並令綱商分別銷地暢
滯按引捐輸一次以濟塘工經費業經奏咨在案
嗣據牙釐局司道詳經前撫臣批准在省城設立
督銷綱鹽總局專辦鹽務飭委運司主政藩司會
辦並飭各府局將釐税鹽務分款報解以清款目
局用等項撙節開支作正報銷並通飭各鹽局及
引地州縣實力巡緝整頓以冀試辦數年規復舊

制據運司錫祉會同署藩司興奎詳請附奏立案
前來臣查浙鹽改票釐課歸并釐局收放係一時
權宜之計今釐局既難兼顧浙東各屬仍辦票綱
自應另行設局俾免轇轕所有一切收放報銷考
核事宜均責成運司督同局員妥爲經理以杜推
諉等因於同治九年三月初七日軍機大臣奉
旨覽欽此欽遵同正摺抄出到部臣等查浙東各屬試
辦票運整綱並捐輸經費以濟塘工業經臣部於
本年三月間議覆奏准兹署撫楊昌濬請在省城

另設綱鹽總局專司收放報銷由運司主政督同
局員經理係爲統一事權俾有專責起見應如所
奏辦理惟各府分局設立既多開支較鉅改票之
初由牙釐總局主持收放事屬權宜以致運司轉
多諉卸現在辦理票綱責成運司主政既有省城
一局爲綱鹽之總滙其餘各府鹽釐分局應令酌
量裁撤以節靡費統俟引課復舊之日並將省城
綱鹽總局折歸運署以符舊制於同治九年四月
十三日附片具陳本日奉

旨依議欽此

同治九年綱鹽局爲詳咨立案事同治九年六月
二十六日奉鹽院案行同治九年六月初五日准
戸部咨開以兩浙引鹽杭紹嘉三所原定每引三
百三十五觔道光二十九年查辦鹽務案內紹所
每引加鹽二十觔杭嘉兩所每引加鹽四十觔止
完正課河餉不徵雜款松所仍以四百觔爲定額
各省引鹽科則雜款多於正款加觔成案率因引
額滯銷免輸雜款俾資調劑所有杭紹嘉松四所
認銷鹽觔應令恪遵道光二十九年奏定觔數辦

理所請另增加耗之處應毋庸議等因奉此遵即
通行各場所並諭知各所甲商一律遵照辦理在
案茲本司等細繹部文戶部以浙省引鹽既經減
額認銷正數已形短絀未便於道光二十九年奏
明加觔之外又有加耗是以指明止准加觔誠恐
有礙正引法至周密本司等責有攸歸亦不敢稍
事含混溯查同治三年改辦票運一切章程悉皆
創辦當時紹所正鹽每引統定三百五十五觔杭
嘉兩所正鹽每引統定三百七十五觔照詳定票

運科則按觔計算課釐一律全完並未將道光二
十九年所加之觔減免課釐因而有此加耗正於
恤商恤民之中寓以不背向章之意茲既叠奉部
文只准引鹽加觔不准票運加耗凡屬浙商莫不
頂戴除庚午一屆春秋兩綱所收課釐皆在未奉
部文以前且已運者早經到地未運者亦次第開
捆只可仍照票運章程辦理外現值開辦辛未春
綱自應遵奉部示恪遵道光二十九年奏明加觔
成案辦理各無疑異紹所每引正鹽三百三十五

觔加鹽二十觔杭嘉兩所每引正鹽三百三十五觔加鹽四十觔至所加之觔只完正課河餉不完雜款此指引鹽章程而言浙省改辦票運無分正雜課釐併收即以三百三十五觔照票章應收錢數核計較之引鹽正雜課銀有增無減既蒙戶部體恤浙商准予加觔應完正課河餉查照引鹽成案每觔不及二釐爲數無多現雖改辦綱運一切仍是票章勢難分別正課河餉應請咨明戶部暫且加恩免完正課河餉且俟綱鹽試辦一二年後

規復引章釐訂舊制再行更正辦理且現定綱運
額數較之歷年票運銷數加至數萬引之多本處
銷難足額今似此釐定則年額銷數亦稍事疏通
矣理合具文詳請咨明戶部立案
同治九年閏十月初一日具詳
同治九年閏十月初七日奉鹽院楊批所詳尚屬
可行仰候咨請部示核復飭遵如奉駁斥則加勅
之正課河餉仍應照完也辛未春綱亟應開辦仰
即趕緊飭令甲商傳知各商尅日完課捆運勿再

觀望遷延切切仍移明運司衙門查照繳

同治十年十一月戶部爲遵
旨議奏事同治十年十月初三日內閣奉
上諭御史奇臣奏請剔除浙東鹽務積弊仍照舊章辦理一摺著戶部議奏欽此欽遵抄出到部據原奏內稱竊維浙省善後事宜動需鉅款風聞浙東近來鹽務因設府局奸商猾吏圖利於中久恐有妨
國課向緣軍務初平浙東試行票運各府委員設局開設鹽行票商捆鹽先納半課運鹽到府由府局發鹽行出售其售得之價由鹽行呈局給商即將

未納之半課由局員坐扣鹽價之長落亦由局員隨時酌定同治八年改票爲綱府局鹽行及一切章程未改每逢運商販鹽到府該局員動輒以鹽壅爲詞故低其價以便鹽行收買及買竣復高其價以便鹽行轉售一出一入中飽已不可勝計況鹽價由行呈局由局給商其中延擱多日是鹽行收鹽無須現錢交價時鹽已出售行商不費資本獲利匪淺加以銀錢抵折益生諸弊且各府實銷引數較之各商承認引數並不相侔奴才愚以爲

浙東府局本爲扣收半課而設今改票爲綱商有
一定之人似不妨令各商按照先課後鹽舊章於
捆鹽時將應完全課先交運庫再行運鹽至鹽運
到府卽由運商自行售賣所有現設之府局鹽行
似應一併裁撤並令各商就實銷引數爲認運引
數則前項弊端不禁自除等語臣等伏查兩浙鹽
務向由引商認運先課後鹽立法甚善嗣經粵匪
滋擾至同治三年全省克復陞任撫臣左宗棠以
舊商星散認辦無人奏請試行票運由各府設立

分局委員承辦九年三月復據陞任撫臣李瀚章
奏請將浙東各屬及杭嘉湖三府行票之地照淮
鹽章程令商人呈報眞名的姓分地認運經臣部
覆議准其自庚午年春綱爲始試辦一年並令將
認商姓名造冊報部暨將各府所設分局酌量裁
併是年四月又據該撫臣楊昌濬片奏在省城設
立綱鹽總局責成運使專司收放報銷亦經臣部
議准仍令將各府鹽釐分局分別裁撤以節糜費
各等因行知遵照在案茲據御史奇臣奏稱浙東

前因改行票運各府委員設局併開鹽行現經改
票爲綱而府局鹽行依前設立其中鹽價低昂銀
錢抵折百弊叢生請令各商按照先課後鹽舊章
於捆鹽時先將全課完交運庫至運鹽到府卽由
商人自行售賣所有府局鹽行一併裁撤並令各
商就實銷引數爲認運引數以除弊端等語臣等
查浙省各府分設鹽局前經臣部兩次奏令歸併
裁撤非特慮浮費無益誠以鹽務本稱利藪設有
不肖委員陽借奉公之名陰肆肥己之計必致奸

商猾吏迭相漁蠹於其間課帑因之而虧綱務因之而壞如該御史所奏情形難保現時必無此弊相應請

旨飭下浙江撫臣督率運使迅飭浙東認運各商循照舊章先課後鹽將每引應完課款於領運時全數交納運鹽到地即由該商自行銷售毋庸假手行商由局定價並將各府所設鹽局暨開設鹽行無論浙東浙西一律裁撤即將裁撤日期專案奏報以杜中飽而整鹺綱其府局裁撤以後商人重勵

夾帶諸弊不可不防應令查照從前綱鹽章程由
運司派委妥員認眞掣驗過關盤查毋稍含混仍
令將自設局以來杭紹嘉松四所共有分局若干
處委員若干人每局每年費用若干數查照臣部
節次奏案分晰造具詳細清册題繫送部以憑考
核至浙東各商認運引數臣部前於議覆李瀚章
試辦整綱案内奏令俟試辦一年後加增引額核
計考成計自庚午春綱至今早逾一年上年各該
屬實銷鹽數若干辛未本綱曾否飭令各商增額

認運並令迅速查明據實奏覆再行核辦所有臣

等遵議緣由理合恭摺具陳

戶部片奏再查同治九年陞任浙江撫臣李瀚章

奏請將浙東及杭嘉湖三府行票之地自庚午年

春綱爲始照淮鹽章程令商人呈報眞名的姓分

地認運並令綱商按引捐輸塘工經費案內經臣

部議令將認商姓名及某商認引若干認地幾處

分晰造冊報部又現商認銷額數暫令給照領運

將來如何領用部引歸復舊制暨該省甯紹温台

處五府向有正票二引定額會否一律認銷均飭
查明覆奏辦理至綱商捐輸塘工經費據稱分別
銷地暢滯每引捐銀自一兩二錢至八錢六錢不
等浙東及杭嘉湖等府共認銷綱鹽二十四萬四
千八百引捐銀二十三萬四千八十兩請照塘捐
定章一體請獎所捐銀兩飭藩運二司發存生息
亦經臣部令將此項捐欵是否於庚午年春綱以
前繳收清楚及於何年月發交起息每年可得息
銀若干另造清冊隨同奏銷報部備查並准其按

照歷次奏定捐輸塘工經費章程給予奬敘各等
因奏准行知遵照在案迄今將屆兩年未據該省
隻字聲覆各商捐繳塘工銀兩亦未專案報部事
關鹺課及生息鉅款亟宜及早清釐以重帑項相
應請
旨飭下浙江撫臣嚴飭運使迅即查照臣部前次奏案
指查各節將浙東及杭嘉湖三府各認商姓名並
認領引地實數及前項商捐塘工經費銀二十三
萬四千餘兩發存何處每年收息若干於何年月

起息分別造具詳細清冊限於年內趕緊達部俾
資稽核其各商認領引地引額數目並本屆辛未
綱如何酌量加增所有加額後應隨引捐交塘工
經費續收若干數暨甯紹温台處五府正票各引
是否照章認銷悉令分晰詳查覆奏造冊報部毋
稍含混至塘工生息一項即以前次派定捐數二
十三萬四千餘兩核計每年應得息銀二萬餘兩
果能核實徵收年清年款於塘工歲需裨益匪淺
應令該撫於每年奏銷案內另列一冊報部勿得

遺漏再查本年三月臣部以兩浙鹽務既經核定引額辦理綱鹽且試辦年限已滿咨令遵照奏案將革除耗觔查明確數歸入引額按年赴部領引仍將鹽引紙硃飯食銀兩隨同解部應並令該撫轉飭運使查照臣部奏咨各案迅卽核明現銷引數赴部請領以符定制毋任遲違臣等爲慎重課款起見理合附片具陳本日奉

旨依議欽此

同治十一年兩浙運使督銷綱鹽局會詳請奏綱鹽引地撤行留局事前奉劄准戶部於十年十一月咨開山東司案呈本部議復御史奇臣奏請剔除浙東鹽務積弊仍照舊章辦理並奉抄發原案以浙東鹽行府局日久弊生向緣軍務初平浙東試行票運各府委員設局開設鹽行票商捆運先納半課運鹽到局由府局發鹽行出售其售出之價由府局給商即將未納之半課由局員坐扣鹽價之長落亦由局員隨時酌定八年改票爲綱一

切章程照舊每逢運商運鹽到府該府局員輒以
鹽壅爲詞故低其價以便鹽行收買及買竣復高
其價以便鹽行轉售一出一入中飽不可勝計況
鹽價由行呈局由局給商其中延擱多日獲利匪
淺加以銀錢抵折諸弊叢生請照先課後鹽章程
於開運時先交運庫再行運鹽所有現設之府局
鹽行似應一律裁撤令各商就實銷引數爲現認
引數並經戶部議准奉飭將指查各節分別核明
妥議詳辦遵即諭飭杭紹嘉三所甲商逐細查明

原奏各情是否確有其事並令先課後鹽照章納
課旋據杭紹嘉三所甲商聯名禀稱奉飭指查撤
局裁行先課後鹽事宜會同各地引商公同籌議
僉稱浙省被賊蹂躪從前商八星散四方規復後
各商度日維艱無力重整舊業嗣奉改辦票運間
有一二措資試辦全賴委員設局招商開行既濟
民食且利行銷俾商等省就地承辦經費及至同
治五六等年舊商漸次歸里九年奉諭改票爲綱
商等勉強承認實亦力有未逮比年以來又因銷

不足額以所沾之微利賠滯銷之額課尤慮不敷
若遽令照章先課後鹽在衆商固未能含糊遵允
即商等尤不敢肩茲重任即如現辦章程課分先
後兩次完納每屆開綱猶此推彼諉必得甲商舌
敝唇焦始能清繳無悞凡此凋敝情形莫不共見
共聞委無纖毫矯飾至各府局員數年以來巡緝
疏銷寔於商人大有裨益值此兵燹以後地方官
善後殷繁難期兼顧衆商甫奉招充於該地暢滯
應如何酌盈劑虛之處絕不諳練一旦先將府局

裁撤商力更形單薄先課後鹽就目前商力地情
而論委實難以措辦至鹽行不過一經手之責無
甚出入既奉諭飭當由商等自行設棧發銷子店
以仰副中外體恤商艱之至意然鹽行開設已久
驟然裁撤難保不與商等掣肘更應暫留府局借
資彈壓此外催課辦巡種種仰賴惟有仍乞俯念
衆情分先後半課裁行留局庶不致將歷年整頓
之地自商墮壞各等情據此並取具公同允議切
結在案伏查兩浙鹺務自咸豐初年以來引滯課

縣已非一日迨至同治三年省城克復各屬被兵以後無商可招不得已改行票運由官設局招商開行一時無殷實之家票商力多綿薄斷不能先課後鹽是以定章未運以前先完半課售銷以後補完半課正創辦之苦心亦裕課之權變也其時引地廢弛商情渙散雖欲整頓幾於無法可施幸得委員設局疏通銷路考察地情近數年來京餉協餉以及塘工要需終年收數總在百萬串以外因時變通之法亦不得盡謂無益也况鹽務之繁

賾有非智慮所能周及者卽本司等初贊醝綱竊
謂今人之好爲其難何如宗法前人之較爲易及
歷時既久遇事體察乃知今昔情形迥然各別若
不度量商力詳審事機徒執舊章勢必權盡歸商
至於不可收拾如浙西蘇松常鎭太四府一州於
同治八年請歸舊制課聽商納巡歸商辦鹽由商
銷試辦未及三年業已梟徒充斥認商坐困積壓
之課追呼已至再至三設非官爲之力挽定至片
引不銷揣之改章之初亦未始非希圖復舊然實

偪處此將有綱運不可票運不能之勢此尤本司等昕夕焦思竟至無從補救而又不得不力圖補救者也至浙東各屬自九年由票改綱引有一定之額商有一定之名雖未全復舊規辦理已臻周密如提鹽收課綱商自爲經理者居多已非復向之票運概由府局出納兹奉戶部飭照舊章細繹來文自係爲保全鹺政起見特兩浙鹺務命脉全在浙東苟非確有把握何敢假人以權上年釐定課額案內即經聲明不在驟復舊制惟在保全正

課收票運之利革票運之弊卽此謂也商稟一再
縷陳商力不逮勢難先課後鹽此固本司等歷年
以來目擊寔情雖間有一二殷實之家大抵商人
將本求利必較錙銖倘各地認額年銷年淸有自
然之利無積綱之累本司等具有天良豈肯不仰
承戶部之苦心而嚴切責成認辦無如各地銷數
年積一年每屆開綱必須三令五申方得零星湊
集半課如此全課可想而知此不得不暫違部議
而曲從商請仍留各府局非僅巡緝疏銷兩有裨

益而督催後半課銀尤爲切要之事各地鹽行已
歷數載雖無商人指發其弊旣經户部議准裁撤
本司等亦不敢過於拘執況據該甲商稟請自行
設棧售銷亦與鹽行無異而行用雜費究可節省
凡秤發鹽觔核定價值悉由商人經理自無擡價
扣觔諸弊如是一轉移間於原奏之杜弊恤商旣
相脗合卽本司等疏銷裕課亦不至操縱由人至
各府局除嶽廣兩屬專辦鹽務餘皆躉鹽兼辦可
裁撤者無多此次更章以後商人以銀納課本無

銀錢兌易之責鹽行既撤各屬如何辦理皆委之
商人果能漸臻上理固所深願設有疎虞亦應預
爲防範兵燹後各地情形誠如甲商所禀非其熟
諳遇有惟利是視之徒不顧引地之弛廢不問銷
數之短絀竊恐擡價扣觔之弊不在鹽行而轉在
綱商此尤非暫留府局就近稽查不足以昭儆戒
也總之本運司職司鹺綱責無旁貸凡事之苟可
遵行者莫不寔力奉行既不能聽一面之詞更不
敢執一己之見此次接見甲商反覆辨難無非裕

課恤商其所以裕之恤之之道實非因地制宜就勢利導不能起色應請俯順商情裁行留局使商有經理之責官有監察之司一應銀錢交涉事宜概行革除通力合作互相考核本司等於各屬委員認眞遴選各府局用加意嚴芟以節縻費復將釐訂課額之案斟酌損益再辦二三年果能漸有規模官旣無事察查商亦無從推諉然後議復舊規先課後鹽事事歸商除員撤局斯爲水到渠成不勞而獲之謂也此二三年中如金嚴腹內之地

口岸本小認額較輕設有結實可靠之商情殷包
認仍可次第辦理如紹之諸義浦杭之臨富新於
昌等縣亦皆綱鹽而歸商認辦惟在事期有濟決
不泥定成案愚昧之見是否有當理合會詳

同治十一年浙江巡撫兼管鹽政臣楊昌濬奏爲兩浙綱鹽擬請裁行留局仍照綱章辦理恭摺仰祈

聖鑒事竊臣接准部咨議覆御史奇臣奏請剔除浙東鹽務積弊請照先課後鹽章程裁撤府局鹽行飭商各就實銷引數認運等因經部議准咨行到臣卽經轉行核辦去後茲據會辦綱鹽總局布政使盧定勳鹽運使靈杰會同詳稱飭據杭紹嘉三所甲商聯名稟稱奉飭撤局裁行先課後鹽事宜會

同各地引商公同籌議僉稱浙省被賊蹂躪舊商
星散規復後各商度日維艱無力重整舊業嗣奉
改辦票運間有一二措資試辦全賴委員設局招
商開行既濟民食且利行銷及同治五六等年舊
商漸次歸里八年奉諭改票爲綱商等勉强承認
實亦力有未逮比年以來又因銷不足額以所沾
之微利賠滯銷之額課尤慮不敷若遽遵飭先課
後鹽在衆商固未能含糊遵允卽商等尤不敢肩
玆重任卽如現辦章程課分先後兩次完納每屆

開綱猶多推諉必得甲商再三勸導始能清繳無
誤凡此凋敝情形莫不共見共聞委無纖毫矯飾
至各府局員數年以來巡緝疏銷實於商人大有
裨益值此兵燹以後地方庶務殷繁難期兼顧衆
商甫奉招充於該地暢滯情形未能諳練一旦先
將府局裁撤商力更形單薄先課後鹽就目前商
力地情而論委實難以措辦至鹽行不過經手之
責無甚出入既奉諭裁當由商等自行設棧發銷
子店以副體恤商艱之意然鹽行開設已久驟然

裁撤難保不與商等掣肘更應倚仗府局以資彈
壓此外催課辦巡種種仰賴惟有仍乞俯念衆情
分先後半課裁行留局庶不致將歷年整頓之地
自商墮壞各等情據此伏查兩浙鹺務自咸豐初
年以來引滯課懸已非一日迨同治三年省城克
復以後無商可招不得已改行票運由官設局招
商開行發銷因票商力薄定章未運以前先完半
課售銷以後補完半課正創辦之苦心亦裕課之
權變也其時引地廢弛商情渙散雖欲整頓幾於

無法可施幸而委員設局疏通銷路考察地情近
數年來京餉協餉以及塘工要需終年收數總在
百萬串以外因時變通之法亦不得盡謂無益也
況今昔情形迥別若不度量商力詳審事機徒執
舊章勢必權盡歸商至於不可收拾即如江蘇之
四府一州前車不遠可爲殷鑒至浙東各屬自九
年由票改綱引有一定之額商有一定之名雖非
全復舊規辦理已臻周密如提鹽收課商人自爲
經理非復向之票運概由府局出納茲奉部議飭

照舊章雖爲保全鹺政起見而商稟一再縷陳力
有不逮勢難先課後鹽委係實情不得不曲從其
請以紓商力仍留各府局非僅巡緝疏銷兩有裨
益而督催後半課銀尤爲切要之事各地鹽行議
准裁撤由商自行設棧銷售亦與鹽行無異而行
用雜費究可節省凡秤發鹽觔核定價值悉由商
人經理自無擡價扣觔諸弊如是一轉移間於原
奏之杜弊恤商既相脗合而疏銷裕課亦不致操
縱由人至各府局除嚴州廣信兩屬專辦鹽務餘

皆釐局兼辦可裁無多此次更章以後商人以銀
納課本無銀錢兌易之事鹽行既撤經理皆商遇
有惟利是視之徒不顧引地廢弛銷數短絀竊恐
擡價扣斲之弊不在鹽行而轉在綱商此尤非暫
留府局就近稽查不足以昭約束也應請俯順商
情裁行留局使商有經理之責官有監察之任通
力合作互相考核仍於各屬委員認真遴選該局
用款加意嚴芟以節靡費復將釐訂課額之案斟
酌損益再辦二三年果能漸有規模官既無事察

查商亦無從推諉然後先課後鹽事事歸商除員撤局以復舊制而免中墮此二三年中如金嚴腹地口岸本小認額較輕設有結實可靠之商情殷包認仍可次第辦理如紹之諸義浦杭之臨富於新昌等縣亦皆綱鹽而歸商認辦惟在事機有濟決不泥定成案等情會銜詳請核奏前來臣查兩浙克復以後不特舊商窘乏即新商亦鮮殷實是以改票之初議收半課又以創辦伊始不得不由官經理兼收後半之課內惟徽州廣信兩局地屬

隔省專司鹽務其餘各府均由釐局併辦迨整綱
之際循用票章迄今八九年來商民相安茲欲遽
責先課後鹽商力實有未逮且鹽行既裁領運完
課無不責之於商若更撤局無官過問權盡歸商
隳銷誤課夾帶重運難保必無查核該司等所詳
均係實在情形所有兩浙辦理綱鹽相應懇
恩准予暫行留局以資稽察仍照現行定章先收半課
以恤商力從前所設鹽行概行裁撤由商辦理以
符原議除咨明戶部查照外理合恭摺覆奏軍機

大臣奉
旨戶部議奏欽此

同治十一年十二月戶部為遵
旨議奏事浙江巡撫楊昌濬奏兩浙鹽務擬請裁行留
局仍照現定章程辦理一摺同治十一年十一月
十九日軍機大臣奉
旨戶部議奏欽此欽遵由內閣抄出到部據原奏內稱
竊臣接准部咨議覆御史奇臣奏請剔除浙東鹽
務積弊規復先課後鹽章程裁撤府局鹽行飭商
各就實銷引數認運等因經部議准咨行即經轉
行核辦去後現在課分兩次先後完納每屆開綱

猶多推諉必得再三勸導始能清繳無誤至各府
局員數年來巡緝疏銷實於商人大有裨益一旦
將局裁撤商力更形單薄先課後鹽目前委難措
辦鹽行既奉諭裁撤由商等自行設棧發銷子店
然鹽行開設已久驟然裁撤難保不與商等掣肘
更應倚仗府局以資彈壓此外催課辦巡種種仰
賴惟有仍乞俯念衆情分先後半課裁行留局各
等情據此伏查兩浙鹽務自咸豐初年引滯課懸
已非一日迨同治三年省城克復無商可招不得

已改行票運由官設局招商開行發銷因票商力薄定章未運以前先完半課售銷以後補完半課其時引地廢弛商情渙散幸得委員設局疏通銷路體察地情近年京餉協餉以及塘工要需收數總在百萬串以外今昔情形迥別若不度量商力徒執舊章勢必權盡歸商不可收拾浙東各屬自九年由票改綱引有一定之額商有一定之名提鹽收課商人自爲經理非復舊之票運概由府局出納茲奉部議飭照舊章而商稟一再呈求據會

辦綱鹽總局布政使盧定勳鹽運使靈燕詳稱飭
發杭紹嘉三所甲商聯名稟稱會同各地引商公
同籌議僉稱浙省舊商星散克復後度日維艱無
力重整舊業嗣奉改辦票運間有一二措資試辦
全賴委員招商開行接濟民食且利行銷及同治
五六等年舊商漸次歸里八年奉諭改票爲綱商
等勉强承認實係力有未逮比年銷不足額以所
沾之微利賠滯銷之額課尤慮不敷若遽遵飭先
課後鹽不敢肩兹重任卽如現辦章程課分先後

尙褸陳力有不逮勢難先課後鹽不得不曲從以紓商力仍留各府局巡緝疏銷督催後半課銀各地鹽行議准裁撤由商自行設棧銷售凡秤發鹽觔核定價值悉由商人經理各府局除徽州廣信兩局專辦鹽務餘皆釐局兼辦可裁無多此次更章以後商人以銀納課本無銀錢兌易之事鹽行既撤經理皆商遇有惟利是視之徒不顧引地廢弛銷數短絀竊恐擡價扣觔之弊不在鹽行而轉在綱商此尤非暫留府局就近稽查不足以昭約

柬應請俯順商情裁行留局使商有經理之責官
有監察之任仍於各局委員認眞遴選該局用欵
加意嚴芟將釐訂課額之案斟酌損益再辦二三
年漸有規模官旣無事察查商亦無從推諉然後
先課後鹽除員撤局以復舊制而免中墮等情會
銜詳請核奏前來臣查核實在情形相應懇
恩准予暫行留局以資稽查仍照現行定章先收半課
以恤商力從前所設鹽行概行裁撤等語臣等伏
查兩浙鹽務向由引商認運先課後鹽立法甚善

嗣經粤匪滋擾同治三年克復後陞任撫臣左宗棠以舊商星散認辦無人奏請試行票運各府設立分局委員經理九年三月陞任撫臣李瀚章復請將浙東各屬及杭嘉湖三府行票之地照淮鹽章程令商呈報真名的姓分地認運至四月間又據撫臣楊昌濬片奏在省城設立綱鹽總局由運使收放報銷均經臣部議准並令將各府局酌量裁撤十年十月御史奇臣奏請剔除浙東鹽務積弊裁撤各府屬鹽局鹽行令各商按照舊章先課

後鹽並就實銷引數爲認運引數亦經臣部議奏
令浙撫轉飭運使督令浙東認商將每引應完課
款於領運時全數交納運鹽到地即由該商自行
售銷毋許假手行商由局定價所有浙東西前設
鹽行鹽局一律趕緊裁撤其裁局後商人重觔夾
帶諸弊並令查照從前綱鹽章程責成運使派員
掣驗過關盤查等因先後奏准行知飭遵各在案
茲據楊昌濬覆奏以浙省舊商度日維艱新商亦
鮮殷實票商未售前先完半課售銷後補完半課

比年利徵銷滯完納猶慮不敷若遽飭令先課後
鹽一時委難措辦不得不曲從以紓商力應請仍
照現章先收半課至府局巡緝疏銷督催後半課
銀於商實爲有益今鹽行奏准裁撤權盡歸商恐
壟價扣勒諸弊不在鹽行而在綱商並請裁行留
局藉資約束稽查再辦二三年然後先課後鹽除
員撤局以復舊制等情具奏前來臣等查兩浙迭
遭蹂躪商民舊業凋零前左宗棠奏定票運章程
領運之先交完半課銷竣之後補交半課嗣經或

票歸綱仍按票章納課歷辦數年以來臣部查核
該省奏報鹽課徵收銀數於現額尚不致短絀今
該撫以浙商利微銷滯遽令先課後鹽力有未逮
擬仍先收半課現在商本未充未便操之過蹙應
如所請准其暫照現章仍令各該商於領運時先
交半課卽飭該運使督率實力催徵一俟將鹽出
售隨時補交半課毋稍遲逾蒂欠並令體察情形
稍緩一二年後商力漸紓務卽循復舊章先課後
鹽以重正供而符定制至所請暫留府局以資約

東一節查浙省鹽政撫臣有兼轄之權運使有經徵之責兼設運副運判各一員分司杭紹嘉松四所又每所各設批驗大使一員四所產鹽地界分爲三十二場每場各設鹽場大使一員誠以鹽課爲帑項大宗特置運使以下各官俾各專司其事同治四年該省甫經收復其時商散官虛左宗棠暫請由各府設局派員招商試行票運本係從權辦理之法迄今七八年業經漸復綱運舊章所有鹽務應辦各事宜墮銷誤課則有場員經徵於下

運使及兩分司督徵於上夾帶重運於起運時則
有四所批驗大使依數掣盤是皆責有攸歸亦何
必另派委員越俎以謀其事況鹽務素稱利藪在
實任各員自慮考成或尚不敢任意營私若委員
則陽借奉公之名陰遂分肥之實必致奸商滑吏
造相漁蠹於其間流弊且不可勝詰前經臣部迭
次奏令該省裁撤各府局並經御史奇臣風聞浙
東鹽務積弊陳請剔除實欲藉以維持鹺政乃今
該撫復欲暫留各局未免執意瞻徇臣部礙難核

准相應請
旨飭下浙江巡撫臣楊昌濬恪遵奏案迅將浙東西各
府所設鹽局一律裁撤委員概行撤調回省並將
裁局日期專案奏報其別項釐局委員亦即嚴飭
毋令絲毫干預鹽務並飭該運使督同所屬於鹽
觔則認真掣驗過關盤查於課款則上緊徵收依
時完繳藉清積弊而挽頹綱所有臣等遵議緣由
理合恭摺具奏本日奉
旨依議欽此

同治十二年閏六月兩浙運使督銷綱鹽局爲會詳咨覆事案奉牌開准戶部咨送原奏內開浙商力微銷滯遽令先課後鹽力有未逮擬仍先收半課自爲商本未充未便操之過蹙應准暫照現章辦理至所請仍留府局一節查鹽政撫臣兼轄運使經徵運副運判批驗大使各司其事何必另派委員越俎以謀況實任各員自慮考成不敢任意營私若委員流弊不可勝詰應令一律裁撤等語轉行到司等因奉此遵卽諭飭杭紹嘉三所甲商

會同各地引商籌商接辦茲據該甲商等聯名稟
稱浙省自遭蹂躪商人星散鹽業凋零克復後改
行票運間有一二措資試辦全賴委員設局招商
接濟民食且利行銷嗣後舊商陸續歸里八年奉
諭改票爲綱商等勉力承認復業維艱數年來巡
緝疏銷仍恃各府局員相助爲理現奉部文撤局
竊思商力益單仍乞俯順衆情暫准留局等因據
此伏查兩浙鹽務向例引商認運先課後鹽銷鹽
有一定之數納課有一定之時自可率循無誤迨

軍興以來商散課懸不得已改歸票運設局招商委員經理惟頭緒紛繁百倍於昔幸得各局委員分頭督辦每年收課約在制錢百餘萬串以外京餉協餉塘工善後莫不取給於此今雖逐漸規復舊制仍准參用票章分先後半課其後半課銀須售鹽以後按名追繳若以任之分司大使等員固屬責無旁貸無如浙鹽引地向無專設鹽官如徽廣金衢嚴等屬是也況自同治三年至今一應催課督銷久經局員承辦現時不得不藉資熟手較

爲得力在戸部議主裁撤不過恐局員侵涉鹽務事權致滋流弊不知鹽務爲本運司專責如果局員有礙本運司何肯隨同徇隱祇以催繳牛課分路疏銷及緝私彈壓諸務非局員不足以助指臂是以不憚瀆陳仰懇據情咨部仍准暫留府局一俟綱引全復舊例即行一律裁撤幸勿遽改定章致多窒礙且現止嚴廣等屬專設鹽局其餘俱歸鹽局兼辦所需局費更屬有限理合據情直陳實爲保全鹺綱起見是否有當伏候核示祇遵合將

一時未能裁局緣由先行詳請咨明戸部立案爲

此具詳

同治十二年七月二十一日奉鹽院批仰候咨明

戸部查照立案繳

續纂兩浙鹽法備考卷[redacted]

帑引

兩浙行鹽地連江南蘇松常鎮太五屬改票復引而後商力不支求輕科則原額重則引益滯帑項久懸考核日絀光緒八年以來綱局籌補彌縫之策上下相維於是收買巡緝力求充課董勸江南諸商加認引數以新孳舊上而分完帑課下而支應巡費私日減則官銷日增銷漸旺則完課踴躍雜欵寛免期於正帑之盈減價恤民而又分別暢

滯務通商情庶幾引加則帑裕鹽政之規制可循

承平之景象漸復矣纂帑引

續纂兩浙鹽法備考卷[redacted]

帑引

司局會詳議覆江蘇五屬加引查照帑地減輕科
則請示

浙撫陳奏浙西五屬鹽銷漸旺成本過重擬請加
引照完帑課摺

戶部議覆五屬加引准援案照完帑課奏

司詳五屬新加帑引分别暢滯勻派細數各冊結
請咨部核覆由　附各地分派引數冊

院行部咨覆准前案

司詳溧陽新引較多撥入丹徒認運請咨部核覆

由

院行部咨覆准前案

兩浙鹽運使司督銷綱鹽總局爲會詳議覆事光
緒八年五月初一日奉
憲臺批杭嘉松三所甲商許慶曾等具呈求輕科
則以資減敵等情詞奉批收緝並重而必計其成
本爲減價敵私之計此論頁是惟鹽課攸關
國帑籌議須循例案據稱原額課重今擬加引減課
勻輕成本等情是否可行仰鹽運司會同綱鹽局
迅速查案妥議詳覆察辦可也等因奉此並據該
甲商等具禀到本司局查原禀內稱歷來鹽法收

私出於權變緝敵效在並行官價不能無課故巡
以輔收民食必貪賤私故緝必兼敵茲據蘇省各
地引商陸續來杭面稱
私之旺而多莫過於餘
岱梟販之悍而衆莫甚於江蘇航海盤塘徧市挨
家衆目實所共覩連檣載炮戕弁傷勇歷案皆可
吊查
前陞憲譚一片苦心兩年實力飭集巨資三十萬
盡收餘姚岱山之
復飭歲費二十萬大辦江海
水陸之巡以區區陸萬陸千引之額地而出如許

五六十萬金之資費整頓不可謂不嚴膏血不可
謂不竭就母金子息而論每年五六十萬之本利
不啻加課一倍就引少課多而論較前三十三萬
之課額不啻全完有餘此時並舉者巡收所欠者
減敵伏查原奏六萬六千課案聲明無缺三十三
萬正供將來暢銷增引必應勻減科則奏明在先
覆准有案乃課額如此其重資費如此其多資多
課重則價不能輕本重價昂則私不能敵收功未
覩巡效難徵況收勢同於騎虎巡務等於蹊牛不

敢抽資不能惜費祇有求輕科則俾資減敵課輕則價輕價輕則表裏巡力而銷可暢銷暢則疏通厥收而引可增引數因加以扯課課欵似減而實增等情涚稟前來商等伏查高價卽可招私重本斷難賤賣現在巡費收資碍難抽鬆其成本法惟加引薄賦藉堪扯減其重科以額外之新加救額內之重課上符匀減原案下順減敵實情各該商異口同聲似亦出乎情眞理當合無仰懇憲臺大人俯察五屬情形通核一年會計允其輕課之實

予以加引之名六萬六千引原額仍舊不動絲毫
三萬四千道新加比帑令完輕則部覆議准匀減
亦屬原案相符商情環叩減敵亦復稱情而予實
於裕課恤商兩有裨益爲此不揣冒昧據情轉稟
伏乞鈞裁詳請批示祗遵等情據此本司局等伏
查江蘇五屬濱臨江海向爲私鹽充斥之區自同
治八年復引以來六萬六千引之認額年末銷足
賠課已鉅亟應極力整頓保全引地迺於光緒六
年間飭商集資收餘姚岱山曬私添設內河外海

巡船杜走私之路當經

前升憲譚附片

奏明在案如此收緝並行銷數雖漸有起色惟收緝

經費太鉅在課重引多之地已無餘利可圖而原

認數少之區又復不敷應銷計惟有責商加引以

裕

國課減價敵私以暢銷路卽經轉飭遵照去後茲據

該甲商等具稟前情大致謂收資巡費如此其多

科則如此其重成本太大難於賤賣求請將六萬

六千引原額仍照原定科則完納不動絲毫另加
三萬四千引新額比帑減輕科則以資減價敵私
呈奉
憲臺批飭前因本司局等覆查該甲商等所禀係
屬實在情形現在各商糾集收資三十萬歲輸巡
費二十萬加之原認包課九萬數千兩成本太重
何能減價以敵私價不能減私不能敵不特加引
毫無把握即原認亦難保全查同治十一年釐定
課額案內聲明將來引額加增仍請匀減科則並

靖江運銷岱山劄地所收私鹽辦巡減價以遏敵
淮私祇完正課河餉引規三款其餘概免完納均
經奉
部覆准在案今江蘇五屬各地原認六萬六千引
照舊包完重課不動絲毫請將加認三萬四千引
完納輕課核與釐定課額將來加引勻減科則之
案相符且靖江運銷岱鹽減價敵私今五屬亦運
銷餘岱鹽減價敵私事同一律所有新加三萬四
千引應請即自光緒八年爲始援照靖江之案亦

准減完正課河餉引規三欵仍各按各地原定科
則核算其餘雜款概免完納以輕成本而資減敵
從此逐漸整頓實力辦銷庶可私淨官暢不特原
認課額永無虧短即新加引課亦可責令包完實
於裕課卹商兩有裨益如蒙
大部准行再行諮覆各地引商勻派加引細數並
詳細科則清冊詳請咨送是否有當理合會議詳
覆伏候
憲臺察核批示應否

奏咨辦理抑或先行咨
部請示之處聽候
憲裁再此案係本運司主稿合併聲明爲此備由
呈乞
照詳施行　光緒八年五月十六日詳
光緒八年五月二十四日奉
兩浙鹽院陳　批仰候察核具
奏並抄摺咨明
戶部核覆飭遵繳

光緒八年浙江巡撫兼管鹽政陳士杰奏爲浙西蘇松常鎮太五屬引鹽銷數漸旺成本過重擬請酌加引額照完帑課以利行銷而䘏商力恭摺仰

祈

聖鑒事竊查江蘇五屬地濱江海向爲私鹽充斥之區溯自同治八年復引以來六萬六千引之認額年未銷足賠課已鉅亟應極力整頓保全引地前於光緒六年間飭商集資收買餘姚岱山曬私並添設內河外海巡船杜走私之路以疏官引當經升

任撫臣譚鍾麟奏明在案臣到任後復派內江水
師更番梭巡收緝並行銷數漸有起色惟收緝經
費太鉅在課重引多之地已無餘利可圖而原認
數少之區又復不敷應銷再三思索惟有責商加
引以裕
國課減價敵私以暢銷路二者並行較爲得力卽經
札飭辦理茲據鹽運使惠年會同綱鹽局司道詳
稱轉據該甲商等稟稱此時巡收雖行減敵未辦
收資巡費旣多科則又重成本太大難於賤賣祗

有求輕科則俾資減價敵私請將六萬六千引原
額仍照原定科則完納不動絲毫另加三萬四千
引新額比照帑課減輕科則等情司道等會查現
在各商糾集收資三十萬歲輸巡費約二十萬加
之原認包課九萬數千兩成本太重何能減價敵
私價不能減私不能敵不特難以加引卽原認額
數亦費周章查同治十一年釐定課額案內聲明
將來引額加增仍請勻減科則並靖江運銷岱山
帑地所收私鹽辦巡減價以遏淮私祇完正課河

餉引規三欵其餘概免完納均經奉部覆准在案
今江蘇五屬各地原認六萬六千引照舊包完重
課請將現在加認三萬四千引完納輕課核與釐
定課額部准加引匀減科則之案相符且靖江運
銷岱鹽減價敵私今五屬亦運銷餘岱鹽減價敵
私事同一律所有新加三萬四千引應請自光
緒八年爲始援照靖江之案亦准祇完正課河餉
引規三欵仍各按各地原定科則核算其餘雜欵
概免完納以輕成本而資減敵從此逐漸整頓實

力辦銷庶可私淨官暢非特原認課額永無虧短即新加引課亦可責令包完實於裕課恤商兩有裨益等情詳請奏咨前來　臣　查江蘇蘇松常鎮太四府一州引地招復引商每年認銷六萬六千引包完課銀九萬四千餘兩原案聲明引額雖未復舊課欵不使稍虧是以略仿票章從多核計較之從前正雜額課已屬有盈俟銷路漸廣引額加增仍請勻減科則以昭公允經部覆准在案歷年以來該五屬銷數未能通暢商人不免賠課實以地

處水鄉私鹽易於侵灌巡緝未能得力所致前經
升任撫臣譚鍾麟訪悉各地情形添設江海水陸
各巡分派文武員弁扼要堵緝辦理頗爲周密又
以餘姚岱山曬私充斥久爲浙西官引之害而沿
海窮黎資生無策未便據行禁絶致釀事端特議
集資收買由商集錢三十萬串設局開收運銷加
以臣添撥師船稽查愈密因之江海走私漸少五
屬銷數漸起惟計一年所需水陸巡費至二十萬
串之多該商等亦屬精疲力竭竊維疏銷之法不

外收私緝私敵私三者相輔而行而三者之中敵
私尤爲切務蘇松五屬濱臨江海逼近淮場內私
之充斥既多外私之侵灌尤易查浙省先後辦理
鹽務之善以前督臣李衛爲最　臣細考其法總不
越收餘鹽以淨內私減雜課以敵外私今收緝已
極認眞而減敵尚未舉行若不量予變通商人成
本過重責以加引勢難遵辦亦屬實情茲據該司
局請於原定六萬六千引之外加認三萬四千引
援照靖江帑鹽完課以資減敵實爲裕課卹商保

全引地起見且與原議加引減則之案尚屬相符
臣復加查核此次加增三萬四千引雖完帑課而
所加之數係在原認包課六萬六千引之外似於
課欵不無少有裨益除咨部查照核覆外謹將浙
西酌加引額請完帑課緣由恭摺具奏伏乞
皇太后
皇上聖鑒勅部核覆施行謹
奏
光緒八年六月二十日恭摺附驛具

奏於本年七月十三日遞回原摺後開

軍機大臣奉

旨戶部議奏欽此

戶部謹

奏爲遵

旨議奏事浙江巡撫陳士杰奏浙西蘇松常鎮太五屬

鹽銷漸旺援案請加引額照完綌課一摺光緒八

年七月初二日軍機大臣奉

旨戶部議奏欽此欽遵由內閣抄出到部據原奏內稱

查江蘇五屬地濱江海爲私鹽充斥之區自同治

八年復引以來六萬六千引認額年未銷足光緒

六年飭商集資收買餘姚岱山曬私添設內河外

海巡船經升任撫臣譚鍾麟奏明有案臣到任後
復派內江水師梭巡收緝並行銷數漸有起色惟
收緝經費太鉅課重引多之地已無餘利可圖原
認數少之地又寔不敷應銷惟有責商加引以裕
課欵減價敵私以暢銷路茲鹽運使惠年會同綱
鹽局司道詳由該甲商等禀稱此時巡收雖行滅
敵未辦巡費旣多科則又重求將六萬六千引仍
照原額完納另加三萬四千引新額比照帑課減
輕科則等因該司道會查各商糾集收貲二十萬

歲輸巡費約二十萬加原認包課九萬數千兩不
特難以加引即原額亦費周章查同治十一年釐
定課額案內聲明將來引課加增仍請勻減科則
並請江運銷岱山岕地所收私鹽辦巡減價以遏
淮私祗完正課河餉引規三欵其餘概免完納奉
部覆准今江蘇五屬原認六萬六千引照舊包完
重課請現加三萬四千引完納輕課核與部准加
引減則之案相符且請江運銷岱鹽令五屬亦運
銷餘鹽減價敵私事同一律所有新加三萬四千

引請自光緒八年爲始援照靖江之案祇完正課
河餉引規三款其餘雜款免完非特原認課額永
無虧短新加引額可責令包完等情詳請奏咨臣
查江蘇四府一州每年認銷六萬六千引包完課
銀九萬四千餘兩較從前正雜課額亦屬有盈歷
年來該五屬銷數未暢商人不免賠課又以曬私
充斥特議集資收買添撥師船稽查江海走私漸
少五屬銷路漸增竊惟疏銷之法不外收私緝私
敵私三者相輔而行敵私尤爲切務查浙省辦理

鹽務之善前督臣李衞爲最細考其法總不越收
餘鹽以淨內私減雜費以敵外私今收緝已極認
眞減敵尚未舉行若不量予變通成本過重責以
加引勢難遵辦該司局請於原定六萬六千引之
外加認三萬四千引援照靖江帑鹽完課以資減
敵寔爲裕課恤商保全引地似於課欵稍有裨益
等語　臣等伏查浙西蘇松常鎮太四府一州例配
杭嘉松屬之鹽每引自三百七十五觔至四百觔
每年應領銷三十萬八千四百三十八道每引徵

課銀一兩數錢至二兩餘不等同治三年前升任
撫臣左宗棠奏請辦理票運不分正雜課釐並收
八年前升任撫臣李瀚章奏請改復綱引減額認
運以六萬六千引作爲暫包引額先行試辦釐定
科則每年共徵正雜課銀九萬五千六百八十六
兩並擬定章程巡緝疏銷十一年前撫臣楊昌濬
咨稱靖江一縣地居江北貼近淮場爲淮私侵銷
之門戶應即歸還兩浙另有海私佔鹽請試辦各
商收買並應接辦餘私光緒四年前陞任撫臣譚

鍾麟又咨稱核定靖江縣引三千道每年應徵正課等銀八百五十五兩零均由臣部奏咨覆准行知遵照在案茲據浙江撫臣陳士杰以五屬銷鹽漸旺請加三萬四千引援照靖江縣祗完帑課成案藉以減價敵私等因具奏前來臣等查浙西五府州屬例銷額引三十萬八千餘道嗣認定包引六萬六千道雖正雜並徵比較舊額纔及十分之二該運使果能實力疏銷漸復原額應照從前科則按引全征以期加課裕餉方爲正辦茲請加三

萬四千引援照靖江縣祗完帑課之案與辦未免
避多就少於課欵未甚加增惟據稱各商輸巡費
堵截外私集資本收買內私成本旣重難於減價
無以敵私所陳亦係實情且該運使詳請變通辦
理自是整頓鹺綱力求進步爲因時制宜起見臣
等公同商酌擬請准如該撫所奏蘇松常鎮太五
屬於原定六萬六千引外加認三萬四千引卽自
光緒八年爲始援照靖江縣成案祗完正課河餉
引規三欵其餘雜欵概免完納藉得減價敵私恭

候

命下臣部即咨行該撫轉飭運使遵照辦理並令將此
次加引應完之課與以前包認六萬六千引額課
均限於奏銷期內一律分別全完造入春秋撥冊
報部毋許絲毫蒂欠稍有牽混仍令該撫隨時飭
令運使體察情形再加整理將來銷數愈暢認引
逐漸加多亟宜早復舊制俾還年額而裕餉源所
有臣等遵議緣由理合恭摺具陳伏乞

皇太后

皇上聖鑒謹

奏　光緒八年八月初一日具奏本日軍機大臣奉

旨依議欽此

兩浙鹽運使司爲詳請事竊查光緒八年九月十
六日奉
前憲臺陳案行光緒八年九月初九日奉
戶部咨開山東司案呈本部議覆浙江巡撫陳奏
浙西五屬鹽銷漸旺援案請加引額照完帑課一
摺光緒八年八月初一日具奏本日軍機大臣奉
旨依議欽此相應抄錄原奏恭錄
諭旨行文浙江巡撫遵照可也等因到本部院准此合
就轉行爲此仰司官吏卽便查照遵辦計抄單內

開戶部原奏見本卷第三案抄發下司奉經轉飭杭嘉松三所甲商造具各商包認加引細數及科則細數冊結稟送核辦去後旋據該甲商許慶曾等稟新加引額應分別暢地滯地均勻攤派以昭公允造具各冊結呈送到司豐前署司未及核辦移交前來本司伏查新加帑引三萬四千引分別各地之暢滯均勻攤派尙屬公允其捆運引斤仍應各照各地向捆引斤捆運旣據各商出具承認切結並由甲商加結理合造具新加帑引編報商

名細數清冊並科則細數清冊暨甲引商認保各
結加具印結備文詳送伏候
憲臺察核咨請
戶部核覆飭遵並由司先行分別頒發各商引諭
以資信守爲此備由呈乞
照詳施行　光緒九年六月二十二日詳
光緒九年六月二十九日奉
鹽院劉批據詳已悉仰候咨明
戶部核覆飭遵繳冊結存送

浙西五屬各地原認銷額六萬六千引及新加帑

課三萬四千引分別暢滯勻派細數冊

計開

杭嘉二所

長元吳三縣

原認一萬四千四百引

加認新引一千八百八十三引

吳震二縣

原認四千九百引

加認新引一千一百引

武陽二縣

原認五千七百引

加認新引三千五百六十八引

宜荆二縣

原認四千七百引

加認新引二千九百九十三引

江陰一縣

原認七百引

加認新引三千一百十六引

錫金二縣

原認一萬二千八百引

加認新引一千六百五十四引

丹徒一縣

原認一千五百引

加認新引三千一百七十二引

丹陽一縣

原認一千八百引

加認新引三千五百八十五引

金壇一縣

原認一千七百引

加認新引一千二百二十九引

溧陽一縣

原認四千引

加認新引二千五百七十三引

建平一縣

原認二千八百引

加認新引二千七百四十九引

松所

華婁二縣

原認一千五十引

加認新引一千五十引

奉金二縣

原認四百八十引

加認新引六十九引

上南二縣

原認四千八百引

加認新引一千四百四十五引

青浦一縣

原認三百七十引

加認新引四百五十二引

太鎮一州一縣

原認二百引

加認新引一千四十五引

嘉寶二縣

原認八百引

加認新引九百三引

崑新二縣

原認四百引

加認新引一千二十引

常昭二縣

原認二千九百引

加認新引三百九十四引

以上共加新引三萬四千道

光緒九年十二月十四日兩浙鹽院案行光緒九
年十二月初五日准
戶部咨開山東司案呈光緒九年八月初三日准
浙江巡撫劉咨稱據浙江鹽運使覺羅成允詳稱
准部咨本部議復浙江巡撫奏浙西五屬鹽銷漸
旺援案請加引額照完帑課一摺抄錄原奏行文
浙江巡撫遵照等因業經轉飭甲商將各商包認
加引及科則細數冊結稟送核辦旋據該甲商許
慶曾等造送到司伏查新加帑引三萬四千引分

別各地之暢滯均勻攤派尙屬公允仍應各照各
地捆運造具新加帑引商名並科則細數清冊暨
甲引商認保各結加具印結詳送咨部並由司頒
發各商引諭以資信守等情爲此合咨等因前來
查浙西五屬新加帑引三萬四千引據浙江巡撫
咨稱分別各地暢滯均勻攤派取具各商承認切
結該甲商保結並造具引商科則細數清冊由司
加結一併送部等語應如所咨辦理除將送到冊
結備查外仍令轉飭該商等各按承認引目上緊

行鹽辦運應完課欵依限掃數清完毋稍貽誤日
後如有誤課等情卽將該商照例懲辦並將商名
斥退另換殷商接辦所欠課銀著落該保商照數
賠補以重引課相應咨復可也等因到本部院准
此合就轉行爲此仰司官吏卽便查照毋違須至
案者

兩浙鹽運使司爲詳咨事竊據杭嘉松甲商許慶
曾等稟稱據溧陽縣商人張恒源等聲稱前年奉
加帑引爲數較多配運不支情願撥出帑引五百
七十三引自光緒九年分爲始歸與他地同商編
額認運又據丹徒縣同商聲稱此項溧陽帑引五
百七十三引該丹徒各商情願撥入各具甘結倩
商等加具保結稟請攤撥前來商等伏查光緒八
年蘇五屬各地升加帑引三萬四千引一案當年
係查照上屆五屬引銷總數酌擬加攤成數將帑

引按成一律加攤但其中究有原認年額當年已經認足及原認年額當年未經認足之别而帑引加攤一案則不論其原額之足否祇能視其實銷之多少一律照成加派是以同一計銷加引而原認已足之地不免負重原認未足之地似尚可加今溧陽丹徒一請撥出一請撥入均係出自情願彼此並不勉强卽衡以近年銷數亦皆匀稱查溧陽原加帑引二千五百七十三引現請撥出五百七十三引其間委無情弊理合加具保結並檢同

該商等兩造甘結繕具撥出撥入引數清單一併
呈乞察核辦理等情據此本司伏查新加帑引認
數前經詳奉
憲臺咨部覆准在案今該商等現請改撥認數核
與新加額數課欵均屬無關出入應如所請辦理
合將該商等送到各結並由司加具印結暨撥退
各商引數清冊備文詳請仰祈
憲臺察核批示並請咨明
戸部查照核覆誠爲公便爲此備由呈乞

照詳施行　光緒十年六月　日詳
光緒十年七月初四日奉
鹽院劉　批據詳已悉仰候咨明
戶部查核繳冊結存送

光緒十一年正月十九日兩浙鹽院案行光緒十一年正月初八日准

戶部咨開山東司案呈光緒十年九月十八日准浙江巡撫劉咨稱據浙江鹽運使覺羅成允詳稱據杭嘉松甲商許慶曾等禀稱溧陽縣商人張恒源等聲稱前年奉加帑引爲數較多配運不支情願撥出帑引五百七十三引自光緒九年分爲始歸於他地同商編額認運又據丹徒縣同商聲稱此項溧陽帑引五百七十三引該丹徒各商情願

撥入各具甘結查溧陽原加帑引二千五百七十
三引現請撥出五百七十三引其間委無情弊理
合加具保結並由司加具印結咨部查照等情爲
此合咨等因前來查浙江鹽務向無融銷章程惟
查長蘆於道光八年奏定融銷之外如有未完一
併撥歸暢岸代銷等因今兩浙溧陽縣自光緒八
年奉加帑引二千五百七十三引現據該撫咨稱
商人張恒源等因爲數較多配運不支情願撥出
五百七十三引自光緒九年起歸與丹徒縣同商

張恒源洪源生辦理並據杭嘉松各甲商保結由
司加具印結一併送部等語自係爲顧全引課起
見應如所咨准其比照劃撥除將送到各結存查
外仍令轉飭該商等將此次所劃五百七十三引
上緊行鹽辦課毋稍貽誤日後如有誤課等情即
將該商斥退另選殷商接充並將所欠課銀著落
各保商賠補以重課項可也等因到本部院准此
合就轉行爲此仰司官吏即便查照毋違須至案
者

續纂兩浙鹽法備考卷[redacted]

綱運

減運耗引案二件

停運耗引案四件

馬價生息案六件

督銷綱鹽總局爲詳請暫准變通以蘇商困事案
照杭紹嘉三所甲商許慶曾吳敬儀鮑存經等稟
引多課積叩恩裁勻引數減輸雜欵以蘇商困事
竊查各屬綱鹽自票改綱額數照票銷最旺之年
添加二三成四五成不等本屬額浮於銷嗣又續
加耗引以致引多課積力不能支幸蒙寀准融撥
畧可裒多益寡然試辦三年統牽癸甲乙三綱皆
有絀銷衢廣嘉湖四府爲最鉅截至本年年終止
計算漸及一綱預完課銀不下數十萬兩似此年

復一年商累日重伊於胡底際此試辦三年期滿
若不量減引額商累難蘇然節奉面諭正課不能
絲毫短少仰見愼重課項之至意但積累之商再
令加課成本增重轉運更難不得不仰懇恩施請
將各屬引數酌減匀撥並請將商捐勷提一欵全
數邀免俾得貼補正課一面由商等實力疏銷配
運一年能否如額再行稟定伏乞俯念全局攸關
恩准辦理再龍游一地爲處私首衝與金華首衝
台私者相等其課銀請照貼界之壽昌輸納俾可

減價敵私以衛引地於年額課欵毫無短少合併
聲明并開具清摺等情到局據此伏查杭嘉湖金
衢嚴徽廣八屬綱額經前升任撫憲李　奏定責
認二十四萬六千四百引嗣因酌加耗鹽計觔併
引是以八屬統加二萬四千五百六十四引其時
江蘇五屬因正引銷不如額曾經憲臺
奏請暫免加認耗引奉
旨恩准欽遵在案而浙東各屬究屬有爲之地未敢因
噎廢食總期多銷一引之鹽卽多收一引之課故

本局未敢援案以請無如試辦三年各屬皆有積綱誠如該商等所稟衢廣嘉湖四府爲最巨截至本年年終止積存未銷之鹽不止一綱計課銀已在二十萬外此外金嚴徽三府雖多寡不等總不能無積壓推原其故兵燹以後戶口未見繁盛私販未盡根株實計八屬歲銷總不過二十二三萬引即使設法疏通加意巡緝每年亦不過多銷萬餘引衡之二十七萬之定額相去逕庭該商等所請將各屬引數酌減匀撥固屬貪得無厭之請然

就目前八屬情形而論實非破格變通不能年清
年額再事因循商人伎倆無他必致每屆開綱藉
詞延宕轉恐有碍正供本年春夏兩季紹局收課
屢請展限卽其明證茲查該商等摺開擬將浙東
西八屬實計減認二十五萬八千四百引較之原
認二十七萬九百六十四引之數實減年額一萬
二千五百六十四引適符加認耗引之半第思減
引卽須減課
國家維正之供絲毫爲重頻年以來迭奉

大部行飭清釐課源何敢瀆請減課但目擊該商
等困苦情形又未便恝視擬於核減耗引之中仍
存保全正課之意惟有仰乞憲恩俯念割耗加引
本非
奏定綱額可比三年以來委實積壓無計銷售暫准
於耗引項下核減一半計一萬二千五百六十四
引應完課銀卽按照各地攤入正課按綱完繳不
得絲毫短絀以符同治十一年
奏定綱鹽課銀總數至所稱積累之商再令加課成

本增重轉運更難雖屬不知輕重但旣辦減額原
爲疏銷起見倘成本加重殊與疏銷相背伏查舫
提一項向章每鹽一舫收錢一文七屬一律專供
巡緝經費自癸酉年改辦起迄今三載通籌出入
有盈無絀憲臺加惠浙商無微不至而各屬巡務
亦斷不敢因此偏廢擬請將舫提一項改收銀欵
每引隨正帶徵巡費銀八分仍供巡緝經費之用
準之從前錢欵計銀每引約減銀一錢二分核與
所攤正課相埒俾該商等少有補苴免致別生流

弊而各屬向辦之巡務再當由局另案通盤籌畫
量入爲出以冀功歸實際欵不虚縻似此一轉移
間於體䘏之中兼寓整頓之意謹不揣冒瀆仰乞
憲恩俯念積綱太重疏銷乏術破格施恩暫准變
通辦理萬一七屬之中正額銷足之外可以接續
開辦耗引之處斷不拘定成案總當督同各該商
竭力維持以副憲臺培植鹺商有加無已之至意
抑本局更有請者各屬額引經此改撥之後酌盈
劑虚多與原案未符擬將各地引數科則查照該

商所送細摺另案詳請分別備案並咨明
大部查照如荷恩准即於本年冬季起辦合併聲
明爲此備由具詳伏乞照詳施行

督銷綱鹽局爲詳復事本年十月三十日奉憲臺批本局詳請暫准變通以蘇商困一案緣由奉批察核所議似爲卹商裕課起見姑准暫行變通以蘇商困惟本年冬季起辦則先已完課之商未免轇轕況正案尚未咨達是否照准未能預定應否以明年春季爲始以昭一律之處仰再核明詳奪繳等因奉此竊查杭嘉紹三所引地應完冬季綱課均已一律示期開綱自應遵照憲批以明年春季查照詳定章程起辦奉批前因除移會運司衙

門並諭杭嘉紹三所甲商遵照辦理外理合詳復
仰祈憲臺察核批示爲此備由呈乞照詳施行
光緒二年十一月十二日詳本年十一月二十九
日奉
鹽憲楊批如詳以明年春季爲始照章辦理仰即
飭遵繳

兩浙江南鹽運使司督銷兩浙綱鹽總局爲詳請
復奏以卹商困事竊照本司於光緒四年七月十
三日奉憲臺札開七月初四日准
戶部咨復浙省造送光緒二年上下半年綱票課
釐各數淸冊一案等因到院行司查辦奉此遵查
粘單准戶部咨開至冊稱浙鹽裁耗加引前經奏
明能否銷足尚無把握其蘇省五屬先因額浮於
銷同治十一年奏奉
恩准將耗餘加認之數寬免浙東及嶶廣八屬加耗

二萬四千二百引應完課銀三萬八千餘兩前數
年勉强全完光緒三年再四追呼迄未清繳商力
實有未逮綜計課釐除逐欵報撥外尚餘存銀四
萬有奇當於撥存項下少事變通等語本部查浙
西蘇省五屬應加耗引業經該撫奏准免交浙東
事同一律既據瀝陳商困情形並聲明存有餘欵
足資抵補核與所引成案尚屬相符惟裁耗加引
事關奏案未便據冊率予寬免應查明如果商力
不逮加耗實難完繳該省所征課釐除經本部按

年指撥京協內務府各項餉需暨留備本省塘工雜支一應要欵悉數清解外實有餘存銀兩可以酌量撥補耗課不致於舊額有虧應由該撫專摺奏明辦理以昭核實而恤商艱等因奉此伏查浙東西皖廣八屬自票改綱已屬加成飭認額浮於銷同治十一年釐定課額併耗計引續又加派二萬四千二百道本係不得已之舉所以聲明能否銷足尚無把握試辦四五年來正額多有銷不足數之地雖經本司局等酌盈劑虛隨時改撥統牽

實銷正引不及九成前項續加耗引早已束置高
閣迭據各商稟援蘇省五屬成案邀免一時未便
允准自光緒元年起征收前項耗引課銀已再四
追呼而三年分應完耗課銀兩直至本年始據勉
力清完至光緒四年則任催罔應本司局體察商
情實非有心蒂欠自應據情會詳仰乞憲臺俯郵
商艱查照部復專摺奏明請將續加耗引自戊寅
綱起暫行停運本司局仍當恪遵
部示於指撥京協内務府各項餉需暨留備本省

塘工雜支之外設法變通斷不敢有虧撥額萬一
八屬之中遇有銷能足額者仍當隨時責令領銷
以重庫儲而復舊額理合瀝情詳請俯賜恩准分
別奏咨實爲公便此係本督銷局主稿合併聲明
爲此備由會詳伏乞照詳施行　光緒四年八月
[redacted]日詳
光緒四年九月十二日奉鹽憲梅批仰候察核具
奏另札行知並抄摺咨明
戶部查照至應完耗課於撥存項下如何設法變

通並印議詳察奪繳

兩浙江南鹽運使司督銷綱鹽總局爲詳復事案

查停運耗引一案奉憲臺批示仰候察核具

奏另札行知並抄摺咨明

戶部查照至應完耗課於撥存項下如何設法變

通並即議詳察奪等因奉此捧讀之下仰見憲臺

於恤商裕課之中仍不厭詳求之至意伏查杭嘉

湖金衢嚴徽廣八屬自同治九年經前升任撫憲

李　奏改綱運八屬原派二十四萬六千四百引

同治十一年前撫憲楊蘷定科則案內遵奉

部文裁耗併引八屬共加派二萬四千二百引嘗
經聲明銷無把握暫行試辦奉
部復准有案自十一年以後各地銷數多不足額
而嘉湖衢嚴四府認額最多積引最巨是以本司
局於光緒二年詳蒙前撫憲楊批准將十一年分
所加引額暫准減半行運而未奉部文以前應完
減半課銀仍責各地按引攤賠俾免駁詰上年本
綱鹽局辦理光緒二年銷冊卽於冊尾登註前項
加認之引試辦數年年年賠課商力實有未逮懇

請暫准停運嗣奉
部飭以核與江蘇五屬成案相符暫准免予加認
以紓商力應詳由憲臺專摺
奏明以昭核實而恤商艱至應完課銀三萬八千二
百餘兩本司局於同治十一年釐訂浙東西綱課
鹽釐以及肩住課項每年共應徵銀六十萬四千
九百九十八兩七錢一分六毫三絲一忽內除報
撥京餉內務府公費塘工歲脩以及藩運兩庫雜
支之外實餘銀四萬兩有奇即以此項抵免加認

耗引之課仍於報撥正額無虧庶各地包商得免
賠累之苦仍將徵解各欵開具簡明四柱清摺送
呈鹽核尚祈迅賜分别咨
奏不勝引企之至緣奉飭查理合據實會詳仰祈憲
臺察核批示再此案係本綱鹽局主稿合併聲明
爲此備由呈乞照詳施行
今呈送清摺一扣　光緒四年九月　日
詳
浙鹽課釐徵解各欵

計開

舊管

無

新收

杭嘉湖金衢嚴嶽廣八屬共歲徵銀四十一萬三千二百四十七兩

蘇松常鎮太五屬共歲徵銀九萬一千七百五十一兩七錢一分六毫三絲一忽

肩鹽住鹽及甯温台處四府鹽釐共歲約徵

銀十萬兩

開　除

戶部京餉銀三十二萬三千二十兩七錢九

釐

內務府公費銀六萬兩

塘工歲修銀八萬兩

藩運兩庫雜支銀六萬兩

織造辦公經費銀五千兩

八屬局用巡費銀三萬六千三百餘兩

實在

餘存銀四萬數百餘兩

查前項餘存銀兩即係各地所賠加額之

課現經詳請停運以餘存之銀抵加額

之課仍是有盈無絀理合登明

光緒四年十月初八日奉鹽憲批據詳各情均悉

是案本部院已於九月二十四日恭摺具

奏分咨並抄行在案仰即知照繳清摺存

浙江巡撫兼管鹽政臣梅啟照奏爲浙東各屬綱
引滯銷請照浙西五屬成案停運續加耗引以卹
商艱恭摺仰祈
聖鑒事竊准戶部咨復浙省造送光緒二年分徵收課
釐各冊內稱浙東及嶽廣八屬加耗二萬四千二
百引應完課銀三萬八千餘兩前數年勉强全完
光緒三年再四追呼迄未清繳商力實有不逮綜
計課釐除逐欵報撥外尚餘存銀四萬有奇當於
撥存項下少事變通等語查浙西蘇省五屬應加

耗引業經該撫奏准免交浙東事同一律既據瀝
陳商困情形並聲明存有餘欵足資抵補核與所
引成案尚屬相符應由該撫專摺奏明辦理等因
准此當即飭遵去後茲據鹽運使宗室靈杰會同
綱鹽局司道詳稱伏查浙東杭嘉湖金衢嚴徽廣
八屬自票改綱已屬加成飭認額浮於銷同治十
一年釐定課額併耗計引續又加派二萬四千二
百道本係不得已之舉所以聲明能否銷足尚無
把握試辦四五年來正額多有銷不足數之地雖

經酌盈劑虛隨時改撥統牽實銷正引不及九成
前項續加耗引早已束置高閣迭據各商稟援成
案邀免一時未便允准自光緒元年起征收前項
耗引課銀已再四追呼而三年分應完耗課銀兩
直至本年始據勉力清完至光緒四年則任催罔
應體察商情實非有心蒂欠自應據情會詳查照
部復專摺奏明請將續加耗引自戊寅綱起暫行
停運仍當恪遵部示於指撥各項餉需暨留備本
省塘工雜支之外設法變通斷不敢有虧撥額倘

有銷能足額之地仍當隨時責令領銷以重課項
等情詳請具
奏前來臣復核無異合無仰懇
天恩准將浙東各屬續加耗引援照浙西成案自戊寅
綱起暫行停運以恤商艱謹恭摺陳請　光緒四
年九月二十四日奏
光緒四年十月二十七日軍機大臣奉
旨戶部議奏欽此

戶部謹

奏爲遵

旨議奏事浙江巡撫兼管鹽政梅啓照奏浙東綱引滯銷請照浙西成案停運續加耗引以恤商艱一摺

光緒四年十月二十七日軍機大臣奉

旨戶部議奏欽此欽遵於十一月初一日由內閣抄出到部據原奏內稱竊准戶部咨復浙省造送光緒二年分徵收課釐冊稱浙東及嶶廣八屬加耗二萬四千二百引應完課銀三萬八千餘兩前數年

勉强全完光緒三年再四追呼迄未清繳商力實有未逮綜計課釐除逐欵報撥外尚餘存銀四萬有奇當於撥存項下少事變通等語查浙西蘇省五屬應加耗引業經該撫奏准免交浙東事同一律旣據瀝陳商困情形並聲明存有餘欵足資抵補核與所引成案尚屬相符應由該撫專摺奏明辦理等因准此當卽飭遵去後茲據鹽運使宗室靈杰會同綱鹽局司道詳稱伏查浙東杭嘉湖金衢嚴徽廣八屬自票改綱已屬加成飭認額浮於

銷同治十一年釐定課額併耗計引續又加派二
萬四千二百道當經聲明能否銷足尚無把握試
辦四五年來正額多有銷不足數之地雖經酌盈
劑虛隨時改撥統牽實銷正引不及九成前項續
加耗引早已束置高閣迭據各商稟援成案邀免
一時未便允准自光緒元年起徵收前項耗引課
銀已再四追呼而三年分應完耗課銀兩直至本
年始據勉力清完至四年則任催罔應體察商情
實非有心蒂欠自應據情會詳查照部復專摺奏

明請將續加耗引自戊寅綱起暫行停運仍當恪
遵部示於指撥各項餉需暨留備本省塘工雜支
之外設法變通斷不敢有虧撥額倘有銷辦足額
之地仍當隨時責令領銷以重課項等情詳請具
奏臣覆核無異合無仰懇
天恩准將浙東各屬續加耗引援照浙西戍案自戊寅
綱起暫行停運以卹商艱等情臣等伏查本年五
月浙江巡撫梅啓照咨報光緒二年上下半年徵
收課釐銀兩一案冊稱浙鹽於同治十年十二月

奏請裁耗加引聲明將來能否如數征足尚無把握其蘇省五屬先因額浮於銷同治十一年奏奉
恩准將耗餘加認之數寬免浙東及徽廣八屬加耗二萬四千二百引應完課銀三萬八千餘兩前數年勉强全完光緒三年再四追呼未能清繳商力實有未逮綜計課釐除逐欵報撥外尚餘存四萬兩有奇當於撥存項下稍事變通等語當經臣部查以浙西蘇省五屬前加耗引曾於同治十一年正月據前浙撫臣楊昌濬奏奉

上諭浙西蘇松等四府一州所有耗餘加認之數着暫行寬免以恤商力該部知道等因欽此今浙東八屬事同一律該撫瀝陳商困情形並聲明存有餘欵足資抵補覈其所引成案尚屬相符惟裁耗加引事關奏案未便據冊率准應令該撫查明如果商力難支加耗不能完繳該省歲入課釐除按年指撥京餉內務府各項餉需暨留備本省塘工雜支一切要欵悉數清解外實有餘存銀兩可資撥補耗課不致於餉額有虧即由該撫自行專摺奏請

以昭愼重等因咨覆遵照辦理在案茲據梅啟照
以浙西杭嘉湖暨浙東金衢嚴嶶廣共八屬自票
改綱已屬加成飭認額浮於銷嗣又併耗計引加
派二萬四千二百道迭據各商稟請援案乞免未
便允准連年追呼再四各商勉力措完至本年任
催罔應體察商情並非有心蒂欠實係力有不逮
應照部覆專摺請將續加耗引自戊寅綱起暫准
停運仍遵部示不敢稍虧撥欵倘後有行銷足額
之地即當隨時責令領銷等因具奏前來臣等查

浙省自遭蹂躪戸口凋敝迥不如前各所商八勉
支綱額每苦銷滯運艱完不足數浙西前因引鹽
缺銷經楊昌濬奏准將蘇省等屬四府一州所有
耗餘加認之數免交浙東事同一律本年五月據
梅啟照咨請援案寛免本應照准以昭平允惟因
併耗加引係屬奏准之案臣等未敢擅便率准咨
請停征議覆該撫令其奏明辦理今既據梅啟照
據實瀝陳合無仰懇
恩施俯准如該撫所請將浙省杭嘉湖金衢嚴徽廣八

屬續加耗引援照浙西成案自戊寅綱起暫予停
運以恤商艱仍令隨時督飭運使察看情形日後
銷路暢旺即當責令各該商照前認銷以重課項
並令查照臣部前咨於部撥餉需及本省留支各
要欵外酌撥盈餘藉資彌補不准稍虧餉額以保
正供所有臣等遵議緣由理合恭摺覆陳光緒
四年十二月十九日奏
本日軍機大臣奉
旨依議欽此

兩浙江南鹽運使司督銷兩浙綱鹽總局爲會詳
奏咨事光緒元年二月初十日奉憲臺牌行光緒元
年二月初三日准杭州將軍希杭州副都統濟咨
開左右司案呈准浙江鹽運司咨呈滿營馬價生
息銀兩請自乙亥年正月起按月支解銀一百兩
以資津貼核議詳復等因奉發到司職司等查本
營添拴馬六十六匹已於本年正月初九日採買
到杭現准核計先後拴馬九十六匹每匹每年十
二兩五錢每月共支解津貼銀一百兩惟添置鞍

轄槽道雇用馬夫等項在所必需且遇有倒斃馬
匹俱係自行買補並無再領馬價況現值草荳昂
貴若每匹每年津貼銀十二兩五錢實在不敷喂
養而營中並無閒款籌墊再四思維惟有再行呈
請照會浙江鹽運司查照於前議每月支解銀一
百外再請另核增給於本年正月爲始以資貼補
而抒兵力並請咨請浙江鹽漕部院查照轉飭核
增等情前來除咨照鹽運司查照核增外相應咨
請轉飭核增等因到院行司即便查照議詳等因

並准杭州將軍希杭州副都統濟照會前由各等
因奉准此本司伏查滿營馬價生息一欵鹽法志
載乾隆五十二年浙江將軍寶　奏准將杭州滿
營存庫馬價銀二萬兩發給各商營運歲輸息銀
二千四百兩按月彙解滿營左右二司以為兵丁
養贍之需兵燹以前歷經收完按月批解惟自肅
清以後舊商均已流亡星散馬價本息皆成無着
且改行票運統收課釐又無雜欵可以抵解而滿
營於同治五年間

奏准先行拴養馬三十匹必須貼補喂養即經高前
司詳奉前憲臺馬批准於
奏准所收課釐萬不能不放每月五千兩款內自同
治五年七月起每月動支銀六十兩解交喂養並
經前司造冊報銷奉
部覆准在案嗣復於同治十三年十一月間奉憲
臺札准護杭州將軍濟咨杭防現又
奏准於額馬一百九十二匹內再添拴馬六十六匹
援照前拴馬三十匹案請轉飭籌給津貼以抒兵

力行司籌議詳辦等因奉經本司查馬價生息原
額銀二千四百兩核之滿營原額馬一百九十二
匹計每匹歲得津貼銀十二兩五錢今滿營先後
拴養馬九十六匹以每匹十二兩五錢計之共應
每年津貼銀一千二百兩請自乙亥年正月起撥
月於本局解司每月二千五百兩雜欵內支解銀
一百兩以資津貼詳奉憲臺批准并飭仍應另籌
本銀二萬兩發商生息以歸舊制亦在案今奉准
前因查運庫現在萬不能不放之欵業於詳辦釐

定課額案內奉准
部覆每年准支銀三萬兩是司中用款已有定數
每月僅止二千五百兩本屬入不敷出此項津貼
斷難再行核增而瀕營養馬現在草荳昂貴且須
添置鞍轡槽道僱用馬夫並遇有倒斃又須買補
每匹年津貼銀十二兩五錢不敷喂養亦屬實情
誠如憲批應另籌本銀二萬兩發商生息以歸舊
制惟運庫現無閒款可籌可否於本局所收綱鹽
課釐款內籌銀二萬兩作正開銷發給杭嘉湖金

衢嚴徽廣各綱商具領按引收息銀一分隨同前
半課銀按綱帶繳計現在綱額二十七萬九百六
十四引年可得息銀二千七百九兩六錢四分仍
分數按月解交滿營酌數給發以資喂養此項息
銀較之從前原額有多無少設滿營將來買馬如
額亦即以此數解交毋庸再行加增是否有當理
合備文會詳伏候憲臺察核
奏咨俟奉
部覆再行動支發商具領定綱起息實爲公便再

此案係本運司主稿合併聲明爲此備由呈乞照

詳施行　光緒元年二月二十九日詳

光緒元年四月十四日奉鹽院憲楊批仰候察核

具

奏並抄摺咨明

戶部查照核覆再行動支發商具領定綱起息酌

給繳

浙江巡撫兼管鹽政臣楊昌濬

奏爲杭滿營馬料津貼不敷喂養擬請動撥本銀發

商生息以復舊規恭摺奏祈

聖鑒事案查前准杭州將軍衙門咨稱該營向有裁汰

存庫馬價銀兩乾隆五十二年經前任將軍

奏提銀二萬兩交浙江鹽運司發商生息每月息銀

二百兩按月解營藉以調濟貧苦壯丁買補馬匹

養馬豆料修理軍裝器械之用自發商生息日起

至咸豐十一年止俱係按月解清並無延欠遞年

由營造册報銷兵燹以後始未領解迨杭城克復
後於同治五年
奏准先行拴馬三十四七月初一日一律起支草料
惟月支草乾不敷喂養尚需置辦鞍轡槽道修理
軍械等項且營中馬匹遇有倒斃自行買補並不
再領馬價其中賠累不少實難爲力現時情形不
同能否將前項馬價生息銀兩照數按月解回抑
或尚有月欵可以通融以免掣肘等因經前撫臣
行據運司查得浙省肅清以後鹽務改行票運統

收課躉抵充軍餉並無雜欵各項生息皆不徵完
前項息銀已歸無着議於牙躉局津貼欵內每年
籌銀七百二十兩按月解營銀六十兩以資應用
自同治五年七月起按月如數解營由司造册報
銷奉部覆准在案嗣於同治十三年十一月又准
杭州將軍咨開該營再揀馬六十六匹援照前案
每匹月給銀二兩以資貼補等因經　臣飭據運司
議詳按照從前額馬一百九十二匹每年息銀二
千四百兩之數每匹年支銀十二兩五錢自光緒

元年正月起按現馬九十六匹計算月解銀一百兩卽經臣批准照辦並飭該司月籌銀二萬兩發商生息以復舊規旋又准杭州將軍咨稱每匹每年津貼銀十二兩五錢實在不敷喂養必須月核增給並據督辦綱鹽總局布政使盧定勳鹽運使靈杰詳稱滿營馬價生息一欵續添馬匹不敷喂養係屬實情惟此項銀兩本在雜欵項下動支現已入不敷出難以加給擬於所收綱鹽課釐欵內動撥銀二萬兩作正開銷發交杭嘉湖金衢嚴徽

廣各綱商具領按引年輸息銀一分歲得息銀二千七百餘兩仍分數按月解交滿營酌數給發以資喂養此項息銀較之從前原案有多無少將來滿營買馬如額亦卽以此支解毋庸再增息係按年不計閏月仍俟接准部覆再行動支發商具領定綱起息等情具詳前來臣復核無異謹恭摺具

奏伏乞

皇太后

皇上聖鑒勅部議覆施行謹

奏

光緒元年四月十九日奏五月初九日軍機大臣

奉

旨戶部議奏欽此

戸部爲遵

旨議奏事浙江巡撫兼管鹽政楊昌濬奏請動撥綱鹽

課釐銀二萬兩發商生息加給滿營馬料津貼一

摺光緒元年五月初九日軍機大臣奉

旨戸部議奏欽此欽遵於十一日由内閣抄出到部據

原奏内稱案查前准杭州將軍衙門咨稱該營向

有裁汰存庫馬價銀兩乾隆五十二年經前任將

軍奏提銀二萬兩交浙江鹽運司發商生息每月

息銀二百兩按月解營自發商日起至咸豐十一

年止按月解清遞年由營造冊報銷兵燹以後始
未領解迨杭城克復於同治五年奏准先行拴馬
三十四七月初一日一律起支草料惟月支草乾
不敷喂養尚需置辦鞍轡槽道修理軍械買補倒
斃馬匹賠累不少現時能否將前項馬價生息銀
兩照數按月解回或有另欵可以通融等因經前
撫臣行據運司查得浙省肅清鹽務改行票運統
收課釐并無雜欵各項生息皆不徵完前項息銀
已歸無著議於牙釐局津貼欵內每年籌銀七百

二十兩自同治五年七月起按月解營銀六十兩由司造冊報銷奉部覆准在案嗣於同治十三年十一月又准杭州將軍咨開該營再拴馬六十六匹援照前案每匹月給銀二兩以資貼補經臣飭據運司議詳按照從前額馬一百九十二匹每年息銀二千四百兩之數每匹年支銀十二兩五錢自光緒元年正月起按現馬九十六匹計算月解銀一百兩節經臣批准照辦旋又准杭州將軍咨稱每匹每年津貼銀十二兩五錢實在不敷喂養

必須另核增給並據督辦綱鹽總局布政使盧定
勳鹽運使靈杰詳稱滿營馬價生息一款續添馬
四不敷喂養係屬實情惟此項銀兩本在雜款項
下動支現已入不敷出難以加給擬於所收綱鹽
課釐款內動撥銀二萬兩作正開銷發交杭嘉湖
金衢嚴徽廣各綱商具領按引年輸息銀一分歲
得息銀二千七百餘兩仍分數按月解交滿營酌
發喂養此項息銀較之原案有多無少將來滿營
買馬如額亦即以此支解毋庸再增息銀係按年

不計閏月仍俟接准部覆再行動支發商具領定
綱起息等情臣覆覈無異謹請飭部議覆施行等
語臣等覆查兩浙鹽務從前定額歲銷正票引八
十萬五千三百九十九道軍興以後於同治四年
經前升任撫臣左宗棠
奏辦票運課釐並收無分正雜各項帑利一概停徵
同治八年經前升任撫臣李瀚章
奏請將浙西鹽務招商認引減成試辦江蘇蘇松常
鎮太四府一州按年請領引六萬六千道當經臣

部核議以招辦伊始准以六萬六千道作爲暫包
額數先行試辦同治九年復據浙撫請將浙東引
地及浙西引地内之杭嘉湖三屬招商認引二十
四萬四千八百引十一年五月又據撫臣楊昌濬
咨稱就浙東西均匀酌定歲認銷引三十三萬六
千六百道總計應徵銀六十萬七千二百四十七
兩其每年報撥及應支各項即在應徵額銀數内
另擬條目就欵開除復經　臣部查以該撫前後奏
咨於現認引額三十三萬六千六百道能否銷足

聲稱並無把握議令嗣後浙東西各處引課果能
徵足實銀六十萬七千二百餘兩所有外支欵目
准其如數開支倘徵不足額應將外支核實刪減
不得照數開銷致虧正欵等因行知遵照各在案
兹據楊昌濬以杭州滿營向有發交運庫生息銀
二萬兩按月一分輸息作爲津貼馬料等用自同
治五年杭州將軍奏准拴馬三十四由牙釐局每
年籌銀七百二十兩按月解營以資貼補十三年

十一月該營再拴馬六十六匹援照前案咨商增
給銀兩飭據運司議照從前額馬一百九十二匹
每年息銀二千四百兩之數每匹歲支銀十二兩
五錢按現馬九十六匹計算月應解銀一百兩又
准該將軍咨稱每馬每年津貼銀十二兩五錢實
係不敷喂養必須另核增加並據督辦綱鹽總局
布政使盧定勳等詳稱滿營續添馬匹擬於綱鹽
課釐欵內動撥銀二萬兩作正開銷交各綱商具
領按引年輸息銀一分歲得二千七百餘兩分數

按月解營應用此項息銀較原案有多無少將來滿營買馬足額亦即照此支解毋庸再增息銀係按年不計閏月仍俟援准部覆後動支發商起息等因具奏前來　臣　等查浙鹽現時銷引三十三萬六千六百道不及舊額之半而應徵課銀六十萬七千二百餘兩是否按年交足此後能否永無虧短並引數能否逐漸增銷未據聲明報部其前案咨請外支雜欵已至十四萬四千餘兩之多今復請於綱鹽課釐項下提銀一萬兩作正開銷發商

生息按月解交滿營作爲津貼馬乾等用是銷數
未能復額用項日有加增似此節節開支必致入
不敷出殊非慎重課欵之道惟杭州滿營都係薪
遷旂戸苦累向屬實情自不能不量加優恤既據
楊昌濬
奏明查照成案提銀交商輸息解營藉資津貼臣等
公同查核同治十一年該撫咨請酌定浙東西認
綱銷引案内聲稱浙鹽現應徵銀六十萬七千二
百四十七兩内提正課銀三十一萬三千餘兩加

提銀六萬兩備撥京餉月提銀八萬兩備辦塘工
餘銀十四萬二百餘兩全數提充雜欵茲所請發
商生息銀二萬兩應准如所奏即飭在於餘銀十
四萬餘兩數內提出發交不得擅動備撥銀兩及
塘工經費以重正欵而示限制仍請
旨飭下該撫臣督率運使愼選殷商分綱發給將來如
有拖欠息銀應如何責令賠繳之處亦即議定章
程斷不准於別項挪移藉清欵目其分交各商細
數暨起息日期並令專案報部備核至該滿營應

領息銀既復舊規馬匹亦當買補足額並飭令該將軍撙節支放毋稍浮冒再查銀二萬兩按年不計閏月一分輸息計每年應交息銀二千四百兩該撫原摺內稱歲得息銀二千七百餘兩較原案有多無少究計每月輸息若干並令詳細查明聲覆帑息攸關毋任含混所有臣等遵議緣由理合恭摺覆陳光緒元年六月初二日具奏本日軍機大臣奉

旨依議欽此

兩浙江南鹽運使司督銷兩浙綱鹽總局爲會詳
咨覆事案奉憲臺行准
戶部咨開山東司案呈本部議覆浙江巡撫楊昌
濬奏請動撥綱鹽課釐銀二萬兩發商生息加給
滿營馬料津貼令在外支雜欵項下動支一摺於
光緒元年六月初二日具奏本日軍機大臣奉
旨依議欽此相應抄錄原奏恭錄
諭旨行文浙江巡撫遵照可也等因到本部院准此合
就轉行仰司官吏卽便遵照辦理毋違並粘抄原

奏內開臣等查浙鹽現時銷引三十三萬六千六
百道不及舊額之半而應徵課銀六十萬七千二
百餘兩是否按年交足此後能否永無虧短並引
數能否逐漸增銷未據聲明報部其前案咨請外
支雜欵已至十四萬四千餘兩之多今復請於綱
鹽課釐項下提銀二萬兩作正開銷發商生息按
月解交滿營作爲津貼馬乾等用是銷數未能復
額用項日有加增似此節節開支必致入不敷出
殊非愼重課欵之道惟杭州滿營都係新遷旂戶

苦累尚屬實情自不能不量加優卹旣據楊昌濬
奏明查照成案提銀交商輸息解營藉資津貼臣
等公同查核同治十一年該撫咨請酌定浙東西
認綱銷引案內聲稱浙鹽現應徵銀六十萬七千
二百四十七兩內提正課銀三十二萬三千餘兩
加提銀六萬兩備撥京餉另提銀八萬兩備辦塘
工餘銀十四萬二百餘兩全數提充雜欵茲所請
發商生息銀二萬兩應准如所奏卽飭在於餘銀
十四萬餘兩數內提出發交不得擅動備撥銀兩

及塘工經費以重正欵而示限制仍請

旨飭下該撫臣督率運使愼選殷商分綱發給將來如有拖欠息銀應如何責令賠繳之處亦卽議定章程斷不准於別項挪移藉清欵目其分交各商細數暨起息日期並令專案報部備核至該滿營應領息銀既復舊規馬匹亦當買補足額並飭令該將軍樽節支放毋稍浮冒再查銀二萬兩按年不計閏月一分輸息計每年應繳息銀二千四百兩該撫原摺內稱歲得息銀二千七百餘兩較原案

有多無少究係每月輸息若干並令詳細查明聲覆帑息攸關毋任含混等因下司奉此本司等伏查浙商領項輸息向係按引分派是以此項馬價本銀原議統發杭嘉湖金衢嚴徽廣各綱商具領按綱每引隨同前半正課輸銀一分共計綱引二十七萬九百六十四引核計年應收息銀二千七百九兩六錢四分係按引收息並非按月收息若以原案息銀二千四百兩勻攤二十七萬餘引則數甚畸零不特難於核收且滿營馬匹閏月亦需

喂養引課例無閏月息隨引轉息亦無收轉致營馬遇閏無欵可支不若將此年餘息銀三百九兩六錢四分留存司庫遇閏一律解營二百兩以資喂養在各商每綱每引不過多輸銀一毫有零而於營馬遇閏欵歸有著如將來綱引暢銷加認引額卽可毋庸輸息以昭公允至息隨引繳不致有所拖欠毋庸另議賠繳章程仍按年將收支各欵附入雜欵冊內報部核銷以重帑息所有應動本銀應請遵奉部飭在於綱課撥餘項下動支銀二

萬兩自丙子綱起飭商承領生息息銀收有成數

專欵存儲按月分數解營應用並查馬息一欵本

在司庫雜欵內開支每月銀六十兩現因滿營添

養馬匹詳准自光緒元年正月起解銀一百兩在

案所有丙子綱以前仍無息銀可收應請仍在司

庫雜欵項下開支緣奉前因理合會同備文詳覆

伏候憲臺察核俯賜咨覆

戶部查照寔爲公便再此案係本運司主稿合併

詳明爲此備由呈乞照詳施行　光緒元年十月

初五日詳

光緒元年十月二十日奉鹽院憲楊批仰候咨覆

戶部查照繳

兩浙鹽運使司爲詳請咨覆事竊奉憲臺案行准
戸部咨開山東司案呈查兩浙鹽務前據浙江巡
撫楊咨覆杭州滿營發商生息案內聲稱杭嘉湖
金衢嚴徽廣各府屬共計綱引二十七萬九百六
十四引嗣查該省酌定綱引案內聲稱杭嘉湖金
衢嚴徽廣八屬其認銷二十七萬六百引本部查
該省兩案咨報數目計不符三百六十四引相應
咨行浙江巡撫轉飭運使將前後所報前項引數
因何不符之處迅卽詳查聲覆本部現纂則例立

等考核切勿稍事宕延可也等因到院准此合就
行司即便查照聲覆詳咨毋違等因奉此本司伏
查杭嘉湖金衢嚴穢廣八屬原定綱額二十四萬
六千四百引旋於遵奉部飭割耗勻引補繳綱捐
案內統計加額二萬四千二百引合成二十七萬
六百引當經綱鹽局諭飭杭紹嘉甲商將所加耗
引均勻攤派祇因各商分派數甚零星於完課捆
運均有未便是以捲尾成引如原耗四十觔者每
百引加增十二引原耗二十觔者每百引加增六

引較與原報酌定核數計多三百六十四引合成
二十七萬九百六十四引光緒元年辦理滿營馬
價息銀一案卽按此數核計此綱鹽額引先後兩
案不符之實在原委也並查馬息銀兩一欵原案
按照綱額每引輸銀一分年可得息銀二千七百
九兩六錢四分嗣奉准自戊寅綱起停運續加耗
引將耗引應輸馬息攤入正引計攤派得每年息
銀二千七百十三兩二錢核與原報銀數有盈無
絀緣奉前因理合併案查明備文詳請伏候憲臺

俯賜察核咨覆

戸部查照立案誠爲公便爲此備由呈乞照詳施

行　光緒十三年八月初三日詳

光緒十三年八月十六日奉鹽憲批據詳已悉仰

候咨覆

戸部查照立案此繳

兩浙鹽運使司爲詳咨事案奉憲臺案行光緒十
四年三月十三日准
戸部咨開山東司案呈光緒十三年十月十七日
准浙江巡撫衞　咨稱據浙江鹽運使德壽詳稱
准部咨兩浙杭州滿營發商生息案內杭嘉湖金
衢嚴徽廣各府屬共計綱引二十七萬九百六十
四引嗣查該省酌定綱引案內杭嘉湖金衢嚴徽
廣八屬共認銷二十七萬六百引計不符三百六
十四引迅卽詳查聲覆本部現纂則例立等考核

切勿稍事宕延等因查杭嘉湖金衢嚴徽廣八屬
原定綱額二十四萬六千四百引旋於割耗匀引
補繳綱捐案內統計加額二萬四千二百引合成
二十七萬六百引當經綱鹽局諭飭杭紹嘉甲商
將所加耗引均匀攤派數甚零星於完課捆運均
有未便是以捲尾成引較與原報酌定核數計多
三百六十四引合成二十七萬九百六十四引光
緒元年辦理滿營馬價息銀一案即按此數核計
此綱鹽額引先後兩案不符之寔在原委也並查

馬息銀兩一欵原案按照綱額每引輸銀一分年
可得息銀二千七百九兩六錢四分自戊寅綱起
停運續加耗引將耗引應輸馬息攤入正引計算
派得每年息銀二千七百十三兩二錢覈與原報
銀數有盈無絀理合併案查明咨部查照立案等
情爲此合咨等因前來查本年閏四月本部因纂
修則例核算兩浙綱引數目計不符引三百六十
四引行令浙江巡撫詳查聲覆等因行知在案茲
據咨覆前因查前項不符引數既據該撫詳細聲

覆應毋庸議惟每年應輸馬價息銀二千七百十
三兩二錢按現在行銷引數每引應攤若干遇閏
是否加增文內未據分晰聲敘應令該撫轉飭運
司赶緊查明報部以憑稽核可也等因到本部院
准此合就行司查照毋違等因奉此本司伏查馬
價息銀原案按照八屬綱額每引輸完息銀一分
每年可得銀二千七百九兩六錢四分嗣因浙東
綱鹽滯銷積引日鉅經綱鹽總局核議仿照浙西
成案請將續加耗引暫准停運以紓商力詳奉咨

准
部覆自戊寅綱爲始暫准將續加耗引停運試辦
等因奉經由局復飭甲商核議以爲計票不計引
每季每票輸完馬息銀二錢六分二釐五毫八屬
計共二千五百八十四票按四季核算每票應輸
銀一兩五分年可得息銀二千七百十三兩二錢
緣每票引數各地暢滯不同是以計票不計引俾
額引增減仍可符合前數歷照收解滿營應用各
在案至閏月是否加增一層查原案議明息隨引

轉例不計閏且核與從前馬息每年多輸息銀三百餘兩是亦未便遇閏再令加輸以恤商艱奉飭前因理合查案備文詳請仰祈憲臺察核俯賜咨覆

戶部查照爲此備由呈乞照詳施行　光緒十四年六月初七日詳

光緒十四年七月初二日奉鹽憲批據詳已悉仰候咨覆

戶部查照此繳